教育部新世纪优秀人才支持计划资助项目（NCET-10-0319）

复旦大学国外马克思主义与国外思潮研究国家创新基地项目（08FCZD010）

王凤才 著

从公共自由到
民主伦理

批 判 理 论 语 境 中 的 维 尔 默 政 治 伦 理 学

人 民 出 版 社

目 录

导　论

阿尔布莱希特·维尔默(Albrecht Wellmer)[①]，当代德国哲学家、社会理论家，法兰克福学派第二代与第三代之间的过渡性人物，批判理论第二期发展与第三期发展之间的中介人物。1933年，维尔默生于德国的贝格基尔希。大学时代，先到柏林、基尔学习数学和物理学，后到海德堡学习社会学和哲学，在法兰克福成为阿多尔诺的学生。自20世纪60年代末至去纽约社会研究新学院前，在法兰克福大学任哈贝马斯的科研助手。1971年，跟随哈贝马斯到施塔恩贝格的普朗克科学技术世界生活条件研究所工作。1974年起，任康斯坦茨大学哲学教授。1990年起，任柏林自由大学哲学教授直至退休。2006年，荣获阿多尔诺奖。在批判理论规范基础、现代性—后现代性理论、政治哲学、道德哲学、美学理论、语言哲学等领域，维尔默都有很深的造诣，并提出了许多独到见解。

维尔默的学术生涯始于对批判理性主义、实证主义的批判性研究。例如，在《作为认识论的方法论：波普尔的科学理论》(Methodologie

---

[①] 与 Axel Honneth、Claus Offe 一样，Albrecht Wellmer 也是随着哈贝马斯的著作"来到中国"的。根据目前掌握的材料，20世纪90年代末，"Albrecht Wellmer"出现在大陆中文文献中。不过，像任何一个"初来中国"的外国学者一样，中文译法开始时并不统一。例如："维尔玛"（《认识与兴趣》，郭官义、李黎译，1999）；"韦尔玛"（《重建历史唯物主义》，郭官义译，2000；《理论与实践》，郭官义、李黎译，2004）；"韦默尔"（《现代性现象学》，俞吾金等，2002）；"韦尔默尔"（《追寻马克思》，王凤才，2003）；"维尔默"（《公共领域的结构转型》，曹卫东译，1999，《论现代与后现代的辩证法》，钦文译，2003，《批判与重建》，王凤才，2004；《后形而上学现代性》，应奇、罗亚玲编译，2007；《蔑视与反抗》，王凤才，2008）。

als Erkenntnistheorie: zur Wissenschaftstheorie Karl R. Poppers,1967)、《批判的社会理论与实证主义》(Kritische Gesallschaftstheorie und Positivismus,1969) 等著作中，维尔默不仅对波普尔的批判理性主义进行了重构，对实证主义进行了批判性研究，而且对批判的社会理论进行了阐释。在《实践哲学与社会理论：批判的社会科学的规范基础问题》(Praktische Philosophie und Theorie der Gesellschaft.Zum Problem der normativen Grundlagen einer kritischen Sozialwissenschaften, 1979)、《现代性与后现代性辩证法：阿多尔诺以来的理性批判》(Zur Dialektik von Moderne und Postmoderne.Vernunftkritik nach Adorno,1985) 等著作中，维尔默不仅对批判理论规范基础进行了重建，而且构建了后形而上学现代性理论，这就为政治伦理学提供了理论前提。在《伦理学与对话：在康德那里与话语伦理学中的道德判断要素》(Ethik und Dialog.Elemente des moralischen Urteils bei Kant und in der Diskursethik,1986)、《决胜局：不可和解的现代性》(Endspiele. Die unversöhnliche Moderne.Essays und Vorträge,1993)、《革命与阐释：没有最终论证的民主》(Revolution und Interpretation. Demokratie ohne Letztbegründung,1998) 等著作中，维尔默阐发了共同体主义政治哲学，从而为政治伦理学提供了理论基础；而且对普遍主义伦理学进行了批判性重构，并提出了民主伦理学构想，这些就成为政治伦理学的理论核心。此外，维尔默阐发的介于现代与后现代之间的美学，既表明其政治伦理学的理论拓展，又体现着其政治伦理学的理论向往。

在《蔑视与反抗》①中，笔者曾经指出，在几十年历史演变过程中，法兰克福学派批判理论经历了三期发展：第一期发展（30 年代初到 60 年代末）以霍克海默、阿多尔诺、马尔库塞等人为代表，侧重于批判理论建构与工业文明批判；第二期发展（60 年代末到 80 年代中期）以前期哈贝

---

① 王凤才：《蔑视与反抗——霍耐特承认理论与法兰克福学派批判理论的"政治伦理转向"》，重庆出版社 2008 年版。

马斯为代表，侧重于批判理论重建与现代性批判；第三期发展（80 年代中期——）以后期哈贝马斯、维尔默、奥菲①、霍耐特②等人为代表，实现了批判理论的"政治伦理转向"。准确地说，维尔默处于批判理论第二期发展与第三期发展转折点上，其政治伦理学对法兰克福学派批判理论的"政治伦理转向"做出了重要贡献。

那么，在维尔默视阈里，"政治伦理学"是指什么？"维尔默政治伦理学"包括哪些内容？它与法兰克福学派批判理论是什么关系？这就是本书要探讨的主要问题。实际上，对于什么是"政治伦理学"？维尔默并没有提出自己的界说；"维尔默政治伦理学"包括哪些内容，则是笔者对维尔默政治伦理思想进行重构的结果；至于维尔默政治伦理学与法兰克福学派批判理论的关系，尤其是它对批判理论的"政治伦理转向"的贡献，以及法兰克福学派从"批判理论"到"后批判理论"的过渡，同样是笔者多年的研究心得。

在笔者看来，"政治伦理学"应该从两个维度加以理解：一是从广义来讲，它是对社会政治道德问题进行跨学科研究而形成的政治伦理思想和学说，既包括政治伦理学的"形而下"研究，更包括政治伦理学的"形而上"研究；二是从狭义来讲，它只包括政治伦理学的"形而上"研究，即政治伦理学是对社会政治道德问题进行跨学科研究而形成的政治伦理学说，亦即对政治道德理念、政治道德准则、政治道德规范、政治道德目标等问题进行研究而形成的政治伦理理论，它是介于政治学与伦理学，（确切地说）是介于政治哲学与道德哲学之间的综合性学科。简言之，政治伦理学就是

---

① 奥菲（Claus Offe, 1940—　），当代德国社会学家、政治学家、社会理论家，法兰克福学派第三代主要代表人物之一。奥菲的政治社会学思想，尤其是福利国家危机理论推进了批判理论的"政治伦理转向"。
② 霍耐特（Axel Honneth, 1949—　），当代德国哲学家、社会理论家，法兰克福社会研究所现任所长，法兰克福学派第三代核心人物，批判理论第三期发展关键人物。霍耐特的承认理论及其多元正义构想，最终完成了批判理论的"政治伦理转向"。（参见王凤才：《蔑视与反抗——霍耐特承认理论与法兰克福学派批判理论的"政治伦理转向"》，重庆出版社 2008 年版。）

政治道德哲学。

本书的基本思路是，在全面深入解读维尔默的德文原著基础上，从维尔默政治伦理学与法兰克福学派批判理论关系入手，考察维尔默对批判理论规范基础的重建和后形而上学现代性理论；围绕着"公共自由与民主伦理"这个核心，系统阐发维尔默的共同体主义政治哲学和民主伦理学构想，以及介于现代与后现代之间的美学，建构维尔默政治伦理学基本框架；并在法兰克福学派批判理论语境中，具体分析维尔默政治伦理学对批判理论第三期发展的贡献，进一步揭示批判理论的"政治伦理转向"这个最新发展趋势，阐明法兰克福学派从"批判理论"到"后批判理论"这个最新发展动向。

因而，本书的总体框架：除"导论"和"结语"外，正文可以分为五个部分。其中，"导论"简要介绍了"维尔默其人其学"、"政治伦理学术界说"、"本书的基本思路和总体框架"。"结语"主要讨论四个问题：第一代批判理论家的"文本遗产和思想遗产"；第二代批判理论家的"余威和影响"；法兰克福社会研究所现状与第三代批判理论家的"努力和成就"；预测法兰克福学派第四代核心人物，以及批判理论第四期发展的可能性。

本书第一部分包括第一章和第二章。其中，第一章（"批判理论规范基础"）讨论了维尔默视阈中批判理论与马克思主义的关系；维尔默对启蒙辩证法的重新诠释；维尔默对否定辩证法与交往合理性的批判性重构，及其对多元的、公共的合理性的阐发。通过对这些问题的探讨，考察了维尔默对批判理论规范基础的重建。第二章（"后形而上学现代性"）讨论了处于现代性与后现代性之间的阿多尔诺；主体理性批判与"理性的他者"，以及现代性与后现代性辩证法等问题，借此阐发了维尔默的后形而上学现代性理论。可以说，批判理论规范基础重建与后形而上学现代性理论，为维尔默政治伦理学提供了理论前提。

第三章和第四章是本书第二部分。其中，第三章（"个体自由与共同体自由"）主要讨论了现代自由的两种模式、自由平等与合理性原则，以及自由民主与政治合法性等问题；第四章（"人权、公民权与民主话语"）

主要讨论了人权、公民权与差异政治，人权、公民权与公共自由，以及公民权、人民主权与民主合法性等问题。通过探讨这些问题，阐发了维尔默共同体主义政治哲学，从而为维尔默政治伦理学奠定了理论基础。

本书第三部分包括第五章至第七章。其中，第五章（"形式主义伦理学批判性重构"）讨论了绝对命令与道德原则，以及普遍化原则与许可法则，不仅对康德的形式主义伦理学进行了批判性重构，而且讨论了从形式主义伦理学向话语伦理学过渡的必要性与可能性。第六章（"话语伦理学批判性重构"）不仅批判了哈贝马斯、阿佩尔话语伦理学的两个前提，即真理共识论和最终论证要求，而且对话语伦理学的 U 原则进行了批判性重构，并对有效性要求进行了批判性反思。第七章（"民主伦理学构想"）讨论了政治哲学与道德哲学统一、法哲学与伦理学内在关联，以及民主伦理与世界公民社会等问题。所有这些问题的阐发，就构成了维尔默政治伦理学的理论核心。

第八章（"艺术崇高与审美救赎"）可以视为本书第四部分，它主要讨论了艺术与审美体验、艺术与崇高、艺术与审美救赎等问题。从表面看来，这些问题与维尔默政治伦理学关系似乎并不大，但事实上，它既表明了维尔默政治伦理学的理论拓展，又体现着其政治伦理学的理论向往。

第九章（"从'批判理论'到'后批判理论'"）是本书第五部分，主要分析了维尔默在批判理论三期发展中的地位，以及维尔默政治伦理学对批判理论的"政治伦理转向"的贡献和局限性。这就是对维尔默政治伦理学的理论评价。

第一章　批判理论规范基础

　　法兰克福学派与法兰克福社会研究所密切相关，但法兰克福学派并不等同于社会研究所[①]，它是在社会研究所从美国迁回法兰克福之后形成的，而且主要是由霍克海默、阿多尔诺的教学研究工作形成的。对物质上、道德上、智力上都荒芜的战后德国来说，霍克海默、阿多尔诺回到法兰克福，被哈贝马斯视为一件非常幸运的事情，特别是阿多尔诺成为那个时代的知识分子、文学家、艺术家的导师。维尔默也说，"在社会研究所中，霍克海默在许多方面都是权威，但并非法兰克福学派的真正领袖；法兰克福学派的真正领袖是阿多尔诺。"[②]

　　事实上，法兰克福学派是指对批判理论进行创造性阐发的集体研究规划。正如霍克海默回忆的那样，这是一群"具有不同学术背景、但都对社会理论有兴趣的人，他们怀着在一个转折的时代，陈述否定比学术事业更有意义的信念聚集到一起，把他们联系起来的，是对现存社会的批判性考察。"[③]因而，社会研究所早期的研究活动，以及这个圈子成员以前的著

[①]　法兰克福社会研究所简称"社会研究所"（Institut für Sozialforschung）由 F. 威尔（Felix Well）、霍克海默、波洛克等人筹建于 1923 年。1924 年，几经选择，最后由奥地利马克思主义者、维也纳大学政治学教授格律恩堡（Carl Grünberg, 1861—1940）出任第一任所长。尽管格律恩堡对批判理论没有实质性贡献，但他任职期间确立的超党派、纯学术研究立场，以及跨学科研究方法，一直为法兰克福学派批判理论家所推崇。

[②]　Albrecht Wellmer, *Endspiele. Die unversöhnliche Moderne*, Frankfurt/M.: Suhrkamp 1999,S.224.

[③]　M. 杰：《法兰克福学派史》，单世联译，广东人民出版社 1996 年版，"序"。

作，都不属于这个研究规划。

"我们的时代是真正的批判时代，一切都必须经受批判。"① 但是，本书所说的"批判理论"并非康德意义上的纯粹理性批判，而是特指法兰克福学派"以辩证哲学与政治经济学批判为基础的"社会哲学理论。按维尔默理解，政治伦理学与批判理论的关系，一方面关涉规范基础问题；另一方面关涉以马克思理论为取向的社会历史理论的视角问题。因而，对批判理论规范基础的重建，就构成政治伦理学的理论背景，从而成为维尔默政治伦理学的前提之一。在下面，我们将从五个方面考察维尔默对批判理论规范基础的重建。

一、批判理论与马克思主义关系

（一）批判理论：韦伯洞见整合进被修正的马克思主义理论框架中

当马克思阐发资本主义社会理论时，社会主义和无政府主义关于未来解放社会的观念，即没有人对人剥削和统治的未来社会观念，在当时的工人和知识分子中已经流传开来了。然而，马克思已经认识到，将理想的乌托邦与恶劣的社会现实对立起来是无益的；同时认为黑格尔将社会现实当作理性的显现是完全错误的。因为马克思比黑格尔更加清楚地意识到资本主义的灾难性、非人道性和异化方面。"对马克思而言，黑格尔关于现代国家是理性最高显现的辩护，只是对这个问题的意识形态表达；黑格尔关于普遍性与特殊性的和解，只是思想中的和解，事实上必定仍然要实践地解决的。"② 因此，马克思阐发的资本主义社会理论旨在表明，资本主义社会通过交换关系普遍化、生产力无限发展、经济危机不断加剧、革命无产阶级产生，在内部种下了自身否定的种子。

马克思断定，废除资本主义私有制，必将导致无阶级的共产主义社

---

① 康德：《纯粹理性批判》，邓晓芒译，人民出版社 2004 年版，"第一版序"第 3 页。
② 维尔默：《后形而上学现代性》，应奇、罗亚玲编译，上海译文出版社 2007 年版，第 62—63 页，译文有改动。

会。换言之，共产主义并不是一种纯粹的理想，而是资本主义生产辩证否定的必然结果。对马克思来说，共产主义是这样一个社会，在其中，每个人的自由发展是所有人自由发展的条件。因而，共产主义社会的自由，就意味着所有人不受妨碍地发展，唯一的限制来自社会与自然之间持续新陈代谢的必要性。不过，就社会交往与共同意志形成来说，马克思并未形成"自由人联合体"范畴；毋宁说，就现代自由制度这个黑格尔问题而言，马克思强有力地批判了黑格尔的解决办法后，又通过自己的理论策略埋葬了而不是解决了这个问题，一代又一代的马克思主义者都追随马克思的这个立场。

维尔默认定，韦伯仍然是（将历史视为朝向理性进步的）启蒙传统继承人。但在韦伯那里，"合理性"(Rationität)概念十分模糊：一是指与经济效率、行政管理相联系的目的合理性；二是指与法律普遍形式化、组织科层化相联系的形式合理性；三是指与本真性相联系的话语合理性。因而，在韦伯那里，"现代化＝合理化＝解放＋物化"这个悖论是根本无法解决的。这个悖论之所以出现，是因为在韦伯那里，合理性、合理化，不仅是分析现代社会结构和起源的描述性范畴，而且具有不可还原的规范性内涵。维尔默说，韦伯关于事实问题和价值问题的区分，其职业伦理概念的提出，以及对终极价值选择的准存在主义理解，所有这些都直接影响着其理论基本范畴的形成方式。"但对韦伯来说，合理性与启蒙之间，或者说，形式合理性概念与（象征着本真生活方式的）规范合理性概念之间，依然存在着内在关联。正是基于这个理由，我们才能谈论韦伯的'合理化悖论'。……韦伯的现代合理化理论中蕴含着一种深刻的悲观主义历史哲学"[1]。

对于韦伯无法解决的"合理化悖论"，传统批判理论家，尤其是霍克海默、阿多诺试图借助启蒙辩证法来解决。就是说，这些新马克思主义哲学家试图将韦伯的某些洞见整合进被修正的马克思主义理论框架中。譬

---

① 维尔默：《后形而上学现代性》，应奇、罗亚玲编译，上海译文出版社2007年版，第71页，译文有改动。

如，他们从韦伯那里借用进步的否定辩证法，同时批判韦伯的形式的、目的合理性概念。就像维尔默所说，与马克思不同，他们赞同韦伯的这个观点，即资本主义现代化进程的内在逻辑，并不指向无阶级社会，而是指向工具理性的、行政管理合理性的封闭系统。当然，与韦伯也有不同，由于他们坚持马克思关于解放的、合理组织的无阶级社会观点，所以必须重新思考进步辩证法与革命变革观点的分离问题。

在霍克海默、阿多尔诺视阈里，合理化的根源在于，形式逻辑的（不）矛盾律和概念思维的同一性。他们断定，在被启蒙了的世界中，不再有合理性概念的一席之地。在这一点上，霍克海默、阿多尔诺是赞同韦伯的；但他们给出的解释是不同的：并非合理性概念不可靠，而是现代世界的虚假合理化使合理性概念显得像纯粹幻觉。在他们看来，单向度的合理性，不仅表现在现代合理化、科层化中，而且表现在科学客观化、资本主义交换原则普遍化中；并最终表现在使合理性概念、解放概念逐渐物化。因而维尔默认为，霍克海默、阿多尔诺与韦伯具有讽刺意味的一致性：他们都把适合于支配和自我保护的概念思维视为现代合理性滥用的最终根源，甚至不相信在推论思维领域中可以保持正当合理性概念的活力。然而，霍克海默、阿多尔诺针对韦伯而坚持的客观理性概念本身，并不必然导致这种悲观主义结论：整个人类历史是令人绝望的堕落的历史——用本雅明的话说，是"一堆升天的碎片"。相反，"正是由于霍克海默、阿多尔诺在'合理化悖论'重构中阐述这个概念的方式，以及他们将韦伯的观点整合进马克思主义理论框架中的尝试，最终使他们的立场成为对韦伯主张的一种软弱无力的抗议：没有宗教或形而上学的保障，'客观理性'概念就没有稳定的地位。"[①]

（二）批判理论：黑格尔主义的马克思主义

从联邦德国建国到 20 世纪 60 年代学生运动期间，对有关思想史、文

[①]　维尔默：《后形而上学现代性》，应奇、罗亚玲编译，上海译文出版社 2007 年版，第74—75 页，译文有改动。

化史讨论来说，"法兰克福学派的当代意义"也许是最令人感兴趣的题目。在这里，不仅要研究霍克海默、阿多尔诺对学生运动的自我理解与西方马克思主义在德国重生的意义，而且要研究阿多尔诺对这场讨论以及对战后德国（音乐的、文学的、艺术的）先锋派的意义。维尔默说，也许阿多尔诺的作用用"干预"（der Eingriff）一词来刻画是不坏的选择。在50年代以来的音乐讨论中，以及在克鲁格的电影或B.施特劳斯[1]的文学作品中，都有"干预"痕迹。阿多尔诺，"这个被纳粹驱逐过的知识分子的所有努力，似乎都指向拯救德国人的文化认同……他以这种方式为常常辩护性使用的'另外的德国'概念赋予合法意义做出了比其他人更多的贡献。"[2]不过，对阿多尔诺进行批判的保守主义者，直到今天都不理解这一点。因而，"法兰克福学派的当代意义"就意味着：今天，究竟应当如何看待批判理论？对这个问题，不能离开历史，只能从历史事实出发来回答。

实际上，20世纪30年代初，社会研究所就试图阐发一种马克思主义取向的"跨学科的"（interdisziplinäre）社会理论。尽管霍克海默等人并非正统的马克思主义者，但他们都以马克思的政治经济学批判为取向，且寄希望于无产阶级革命，即使他们对俄国革命不抱任何幻想。[3]所以，这时社会研究所的研究取向还能够被理解为：从黑格尔、马克思直至早期卢卡奇的西方马克思主义传统的继续。然而，由于德国工人运动失败体验，以及法西斯主义与斯大林主义恐怖统治体验，迫使这些批判理论家尝试新的理论定位，而最重要的文献就是《启蒙辩证法》。《启蒙辩证法》描述了这样的尝试，即将保守的"反启蒙的文明批判"（die antiaufklärische Zivilisationskritik）整合进马克思主义取向的启蒙理论中。"人们能这样来描述它，以至于霍克海默、阿多尔诺试图将启蒙批判传统重新服务于批判的社会理

---

① 克鲁格（Alexander Kluge），德国电影导演；B.施特劳斯（Botho Straus），德国剧作家。

② Albrecht Wellmer, *Endspiele. Die unversöhnliche Moderne*, Frankfurt/M.: Suhrkamp 1999,S.225.

③ Vgl. Albrecht Wellmer, *Zur Dialektik von Moderne und Postmoderne*, Frankfurt/M.: Suhrkamp 1985, S.138.

论，即服务于激进的启蒙，就像青年黑格尔已经尝试过的那样。这个绝对值得尊敬的启蒙批判传统，植根于青年黑格尔、德国浪漫派直至尼采，即使在青年马克思那里也还有影响。"①

维尔默认为，早期批判理论的基础就是包含着集体生活过程和谐统一图景（自由、正义、真理与幸福和解）的合理性概念。早期批判理论家用这种理性观分析当代社会，并提出了两个重要主张：一是在发达工业社会条件下，满足合理要求是可能的；二是现代工业社会发展逻辑，导致了工具理性的封闭系统、物化系统、压抑系统确立。因而，在霍克海默、阿多尔诺视阈里，文明过程是一个启蒙过程，自由、和解、幸福、解放只能被理解为这一过程的结果；和解只能被理解为对自然的自我分裂的扬弃，只有通过劳动、牺牲、"断念"（Entsagung）历史中的人类自我建构过程，才能达到这种和解。启蒙过程只有在自身媒介，即支配自然的精神中才能自我超越和自我完成。启蒙对自身的启蒙，只有在概念媒介中才是可能的；但这也意味着，在概念思维中，语言不仅是物化媒介，而且秘密地赋予其乌托邦视角、和解视角。然而，对他们来说，更为真实的是：随着自由程度可能的提高，野蛮的威胁也无限加大。这就是那个旧式口号，即"社会主义或野蛮"的批判理论版本。尽管如此，霍克海默、阿多尔诺并不是非理性主义者；毋宁说，他们详尽阐述的合理性概念，清楚地反映出黑格尔主义的马克思主义传统。就是说，他们很好地坚守着既是马克思主义又是黑格尔主义的立场。

在这个语境中，阿多尔诺的哲学背景与知识分子经历就具有决定性意义："尽管在某些方面，《启蒙辩证法》意味着与法兰克福学派社会理论取向决裂，但并没有与早期阿多尔诺哲学路向真正决裂。"② 相反，随着以货币作为普遍交换媒介的经济系统、以"合法律性"（Legalität）与"道德

---

① Albrecht Wellmer, *Zur Dialektik von Moderne und Postmoderne*, Frankfurt/M.: Suhrkamp 1985, S.138–139.

② Albrecht Wellmer, *Zur Dialektik von Moderne und Postmoderne*, Frankfurt/M.: Suhrkamp 1985, S.139.

性"（Moralität）分离为基础的法律合理化，以及与物质再生产过程相分离的自主艺术领域出现，现代合法性的解放潜能就只能存在于先锋艺术中，因为它拒绝被同化到社会合理化的意识形态功能中。"马克思与批判理论家都试图根据解放社会的规范基础分析现代社会，但他们都没有成功地在现代社会分析与理论乌托邦视阈之间建立合理联系。这样，他们就都接受了……这样的概念区分框架：它最终只允许在对工具理性非批判地肯定（马克思）与彻底地否定（批判理论）之间做出选择。"[1]

因而，晚期阿多尔诺就得出了悲观主义结论：艺术作品，尤其是本真的先锋艺术，就成为合理化世界中理性的最后残余。对阿多尔诺来说，艺术的两种功能紧密地结合在一起：通过要素组合，艺术作品揭示了现实的不合理性与虚假性；通过审美综合，艺术作品预示了一种和解的秩序。这样，艺术作品就成为非物化认知的媒介，同时也是将部分非强制地整合到整体中的典范。这种整合是一种审美综合、非强制的社会综合，而审美合理性则成为合理性唯一可能的选择模式。这就出现了一种独特的历史辩证法。不过，阿多尔诺所信奉的马克思，是相信发达技术解放潜能的马克思。因为在阿多尔诺看来，工具理性的充分发展，不会堕落成古代的恐惧或传统科学的压抑与调和的前提条件。当然，在封闭的工具理性世界中，文明的解放潜能就被遮蔽了：只有通过社会变革才能释放出来。对这种变革，阿多尔诺只能根据工具理性被扬弃为审美合理性来理解。维尔默说，即使人们承认，阿多尔诺关于审美综合包含幸福承诺的观点，也很难把它理解为（能平等地相互承认他者个性的）个体间的对话关系模式。

实际上，阿多尔诺的困扰在于，对"同一性强制"（Identitätszwang）的克服。"如果人们想把阿多尔诺的洞见真正从和解哲学的外壳中解放出来，那就必须把合理性概念从这一困扰的视角下移出来。在这个视角下，那些错误普遍性就消解在阿多尔诺哲学中。这样就十分清楚了：那个工具

---

[1] 维尔默：《后形而上学现代性》，应奇、罗亚玲编译，上海译文出版社 2007 年版，第 79 页，译文有改动。

理性统一性并没有控诉阿多尔诺对和解的希望。然后，我们似乎应该站在更好的立场上，将非强制的统一概念也返回到合理性概念本身。也许应当再次对阿多尔诺的和解概念'去神秘化'（entmythologisieren），并带进理性概念本身中。"① 这也许不是通过审美合理性克服工具理性概念，而是不同话语及其特殊的合理性相互开放观念：一个在多元合理性相互作用中得到扬弃的理性。

(三) 批判理论：最终不属于马克思主义

　　奥斯维辛之后，霍克海默、阿多尔诺想要做的事情：不仅将社会研究所的活动重新纳入法兰克福学派，而且也比较无偏见地转向德国公众与大学生。在他们视阈里，法西斯主义首先意味着，它潜存于所有资本主义社会的可能性；其次是指德国特有的歧途。维尔默说，无论如何评价这种观点，人们都必须承认，对法兰克福学派在后法西斯主义德国的可能性而言，它描述了重要的心理学前提：在返回到否定德国神话无希望的视角方面，它开辟了与法西斯主义论争的可能。就是说，批判理论作为战后德国唯一有代表性的理论立场，它与未和德国文化传统彻底断裂的法西斯主义彻底断裂。但是，"批判理论最终不属于马克思主义传统"②，而是表现为这样一种立场：从这种立场出发，一方面能够分析德国文化传统中反动的、压抑的、敌对的方面；另一方面能够使这个传统中颠覆的、启蒙的、普遍的特征更加清晰。不过，非常残酷的是，"不仅霍克海默、阿多尔诺的解构的—批判的作用，而且首先是解放的作用，最终也没有从这个特有的星座中得到阐释。"③ 维尔默认为，主要是阿多尔诺，清除了战后超发达生产的废墟，从而使被埋没了的德国文化重新清晰起来。作为城市文明人，阿

---

①　Albrecht Wellmer, *Zur Dialektik von Moderne und Postmoderne*, Frankfurt/M.: Suhrkamp 1985, S.164.

②　Albrecht Wellmer, *Endspiele. Die unversöhnliche Moderne*, Frankfurt/M.: Suhrkamp 1999,S. 226.

③　Albrecht Wellmer, *Endspiele. Die unversöhnliche Moderne*, Frankfurt/M.: Suhrkamp 1999,S.227.

多尔诺反对古代浪漫主义的诱惑，并理所当然地保护现代普遍主义的动能，但也不忽视在人道主义形式中支离破碎的痕迹。（一个哲学家很少能够既完全属于现代性又属于德国文化传统）。所以，尽管有很好的论据表明，阿多尔诺的批判理论立场向外转移；但在某些情况下，他又返回到社会研究所早期跨学科的合作研究规划中。

无疑，哈贝马斯拥有处于批判理论核心地位的基本命题，并在批判理论内部以新的方式赋予（康德的形式主义伦理学的普遍主义、黑格尔社会理论的实在主义、韦伯历史哲学的经验主义）以意义；但是，哈贝马斯试图将启蒙要素与非启蒙要素区分开来：譬如，使康德的形式主义伦理学的普遍主义在交往伦理学中得到扬弃，而没有退化为阿多尔诺的同一性强制批判；使黑格尔社会理论的实在主义在范畴理论、文化理论、系统区分理论中得到扬弃，而没有退化为马克思的黑格尔主义批判；使韦伯历史哲学的经验主义要素带入（与反总体主义历史观不同的）批判理论中，而没有退化为批判理论家的韦伯合理性概念批判。"在谈到宗教史时，哈贝马斯说，新教启蒙对批判理论的拯救，同时是批判理论对新教启蒙的拯救。我认为，对民主的、后形而上学的法律文化和科学文化传统来说，容许仅仅从弥赛亚主义出发，将它们仅仅置于物化概念之下。"①

按维尔默理解，哈贝马斯的理论最终并不意味着对批判理论历史视阈的重新占有，而是意味着历史可能性视阈的开启。基于这个理由（当然有许多理由），在今天，讨论"法兰克福学派的当代意义"，而不讨论哈贝马斯的理论，或者说，不与哈贝马斯著作进行严肃论争，是根本不可能的。诚然，哈贝马斯的理论与早期批判理论是联系在一起的，但它通过吸收语言哲学、功能主义社会学、韦伯的合理化理论，而赋予不同于早期批判理论和马克思主义的传统以规范意义。这样，新批判理论就开辟了走出辩证法的否定主义绝境之路，而没有必要回到伪辩证法的实证主义绝境中。在

---

① Albrecht Wellmer, *Endspiele. Die unversöhnliche Moderne*, Frankfurt/M.: Suhrkamp 1999,S. 230.

此，维尔默试图说明，"在早期批判理论中存在着的现代世界不同有效性领域区分、系统区分过程，以及个体越来越物化过程，不仅是历史的、经验的关联，而且是理论的关联。这与谈论启蒙辩证法没有什么两样！"[1]

由此可见，维尔默对批判理论的勾勒有些简单，对早期法兰克福学派考虑得较少，较多地考察了类似于《启蒙辩证法》的立场。当然，正是这种形式的批判理论，对战后德国的批判思想产生了最大影响。即使晚年马尔库塞试图恢复传统马克思主义的内在论，即客观主义，但也非常接近《启蒙辩证法》的立场。因而可以说，《启蒙辩证法》避免了马克思主义的坏的客观主义，但通过强调阶级社会与解放社会的历史断裂而非历史连续性，显示出以新的形式告别乌托邦的危险。

二、启蒙辩证法重新诠释

（一）启蒙辩证法：理性的历史辩证法

霍克海默、阿多尔诺的《启蒙辩证法》除"前言"外，正文有三个部分：一是《启蒙概念》（包括两篇附录：奥德修斯或神话与启蒙；朱利埃特或启蒙与道德）；二是《文化工业：作为大众欺骗的启蒙》；三是《反犹太主义要素：启蒙的局限性》；此外，还包括"札记与草稿"。其中，"前言"说明了写作原因与本书理论框架。第一部分是本书的理论基础，它探讨了合理性与社会现实之间的关系，以及自然与自然支配之间的复杂关系，它揭示了"神话就已是启蒙、启蒙退化为神话"这个主题。第二部分阐明了启蒙向意识形态的倒退，这在现代传媒中表现得非常清楚。第三部分描述了已经启蒙的文明在现实中又退回到野蛮状态。"札记与草稿"涉及辩证人类学。

简言之，在《启蒙辩证法》中，霍克海默、阿多尔诺试图理解启蒙的目标与结果之间的不平衡关系，但这两个新马克思主义哲学家"试图改变

---

[1]　Albrecht Wellmer, *Endspiele. Die unversöhnliche Moderne*, Frankfurt/M.: Suhrkamp 1999, S. 229.

马克思恩格斯所勾画的文明历史图式，以便能够理解：为什么从市民社会中不是产生无阶级社会，而是产生野蛮的文明形式？"① 与马克思恩格斯看法不同，霍克海默、阿多尔诺试图揭示，从社会进步与压抑的历史辩证法中之所以找不到自然的出路，是因为这个辩证法的表演舞台是人类主体本身，人的被废黜植根于人成为主体过程中。

按维尔默理解，在霍克海默、阿多尔诺视阈里，"启蒙辩证法就是理性的历史辩证法。"② 理性的历史之所以是辩证的，是因为从文明的史前史开始，理性就为支配和自我保护意志所浸染。对他们来说，在形式合理性概念中，理性统一的、连贯的力量，来自于概念思维条件：只要思维、语言的使用，与不矛盾律联系在一起，那么，在以语言为中介的知识和人类行为方式中，从一开始就必须在知识和行为中建立连贯性和系统秩序。在所有文化中，不矛盾律作为合理性的核心，仿佛必须作为以符号为中介的互动而起作用。在他们那里，下述两个方面是密切联系在一起的：一方面，已经死亡的自然从根本上成为现实规范，这就意味着，必须根据这个规范标准来理解人的社会现实、精神现实与心理现实，即精神本性的物化或人的本性的精神化，与现代经验科学的还原主义是相适应的；另一方面，可计算的、量化的合理性与技术上有益的知识变成支配社会的合理性形式和思维形式。因而，理性越是被还原为自我保护功能，人的本性与社会现实对非生命自然的适应也就越强。"人的生命变成化学过程，人的肉体成为'身体'，'变换为死者'是从'物质和资料'的自然变换中产生的。这就意味着，在总体上成为工具理性的标记中，不仅有某些科学方法论偏见，而且有人的现实与社会现实的实际变化，即社会成为功能关系，人成为被操控的物。"③

① Albrecht Wellmer, *Zur Dialektik von Moderne und Postmoderne*, Frankfurt/M.: Suhrkamp 1985, S.140.

② Albrecht Wellmer, *Zur Dialektik von Moderne und Postmoderne*, Frankfurt/M.: Suhrkamp 1985, S.141.

③ Albrecht Wellmer, *Zur Dialektik von Moderne und Postmoderne*, Frankfurt/M.: Suhrkamp 1985, S.145.

不过，《启蒙辩证法》留下来的问题是：如果工具理性的蒙蔽关系、物化与"自然的遗忘"（Naturvergessenheit）存在于概念思维条件中，那么如何能够设想一个解放的、人道的社会？如何能够设想真理、自由与正义？[①] 在《启蒙辩证法》中，霍克海默、阿多尔诺（踏着尼采、克拉格斯[②]的足迹）将主体与客体之间的认知关系解释为压抑与征服关系。在他们的视阈里，压抑机关即主体，同时成为被压抑的牺牲品：对于拥有无限本能冲动的内部自然的压抑，是(因为自我保护与支配外部自然的原因)塑造统一的自我而付出的代价。但为了自我保护、为了支配外部的、社会的自然，这是必要的。按照尼采、克拉格斯的说法，为了主体（本质上是自我保护意志）支配与控制现实的目的，概念是一个理想的工具。因而，就像阿多尔诺所说的那样，形式逻辑并不是真正的组织，而只是主体统一性之间，即自我原则与概念之间有效的"中介领域"（Vermittlungsgebied）。这样，根据不矛盾律处理系统化的客观精神概念，在原初阶段（鉴于生命分裂为精神及其对象）就成为工具理性。这个工具化的精神、自然的活生生的部分，最终甚至只能在僵死的自然概念中表达自身。作为客观的东西，它一开始是自我遗忘的；作为自我遗忘的东西，它独立成为工具理性的普遍蒙蔽关系。[③]

在这里，霍克海默、阿多尔诺力图把握启蒙所造成的世界"祛魅"与"施魅"之间的相互交织。所谓"祛魅"（Entzauberung），就是在不断增长的自然客观化与自然支配标记下，克服对自然进行泛灵论的、人类学的阐释。但是，对自然的祛魅同时意味着，有生命力的精神自然去适应非生命体：对死亡的模仿。按维尔默理解，霍克海默、阿多尔诺的"对死亡的模仿"，完全是在卢卡奇物化意识分析意义上的，即完全将它理解为一个

① Albrecht Wellmer, *Zur Dialektik von Moderne und Postmoderne*, Frankfurt/M.: Suhrkamp 1985, S.152.
② 克拉格斯（Ludwig Klages,1872—1956），德国哲学家和心理学家。
③ Vgl. Albrecht Wellmer, *Zur Dialektik von Moderne und Postmoderne*, Frankfurt/M.: Suhrkamp 1985, S.11.

现实的物化过程，人的意识和自我意识与人的社会关系一样，都被置于这一过程下。因为在他们那里，工具理性采纳了社会系统形式。在这个形式中，人类主体成为纯粹干扰要素："资本主义劳动分工所导致的自我保护过程走得越远，它就越来越迫使个体自我放弃。这样，个体就根据技术装置来塑造肉体和灵魂。"①

如果说，卢卡奇通过形式合理性与工具理性的汇集刻画了资本主义社会合理性形式，并用商品交换结构解释这个汇集，即揭示了商品拜物教；那么霍克海默、阿多尔诺则试图深化这一分析。不过现在，他们的真正困难在于，形式合理性与工具理性最终是同等重要的。维尔默指出，尽管霍克海默、阿多尔诺在资本主义社会的交往合理性中，也看到了存在于行政管理、法律、经济等领域的现代合理化过程的动力中心；但若由此断定他们与卢卡奇一致，那就大错而特错了：因为对他们来说，资本主义社会的交往合理性只是形式合理性与工具理性统一的特例，它们的统一存在于概念思维，甚至存在于前概念思维中。"自然支配导致循环，思维在纯粹理性批判中被驱逐"这句话表明，霍克海默、阿多尔诺令人震惊地转向了康德，将纯粹理性批判纳入到理性工具化的历史中。

下面，维尔默试图分成两步来阐释这句话：

第一，如果像霍克海默、阿多尔诺那样，在与现代社会结构关系变化的内在关联中理解自然科学思维方式的实现；那么很清楚，从笛卡尔到塞拉斯②的现代技术发展，就反映了现代社会结构关系变化并使之合法化："泛灵论使物拥有了灵魂，工具主义使灵魂物化"③。这样，卢卡奇所说的"物化"与自然科学思维方式的内在关联，在霍克海默、阿多尔诺那里就变得非常清楚了。

---

① Vgl. Max Horkheimer/Theodor Wiesengrund Adorno, *Dialektik der Aufklärung*, Frankfurt/M.: Fischer 1988,S.34.

② 塞拉斯（Wilfrid Sellars, 1912—1989），美国科学哲学家，科学实在论创始人。

③ Max Horkheimer/Theodor Wiesengrund Adorno, *Dialektik der Aufklärung*, Frankfurt/M.: Fischer 1988,S.34.

第二，在数学物理学意义上，如果一种知识能够将实在客观化为功能性的、可实验的、可量化理解的独白关系，那么它就是一种工具性关系，即技术上有用的、符合目的合理性行为后果的知识，它意味着技术操控游戏空间力量的增强。这样，在客观化过程中，自然科学、理论知识与技术应用的内在关联，就植根于自然科学理论的逻辑语法中，即植根于自然科学思维方式、描述方式和解释方式中。[①] 随着市民社会发展，自然科学思维方式就得以实现；同时，关于知识与实践的工具性理解就扩展到所有社会生活领域。当然，并非最近它才进入韦伯所描述的经济行为系统与科层行为系统的合理化形式中，就像在社会学、经济学、心理学的内在关联中一样。因而，至少在现代，从技术操控出发的自然现实、社会现实的客观化，就成为形式合理化过程的核心内涵。这就揭示了自然科学思维方式的工具主义特征。

总之，在霍克海默、阿多尔诺那里，精神中内含着的物化趋势，在现代数学自然科学思维形式中达到顶点。这意味着，概念思维把握的精神的东西从宇宙中消失了。精神的自我遗忘，也是对主体本性的否定。但是，随着对精神本性的否定，以及对主体本性的否定，启蒙自身也就失去了目标。精神变成了盲目的，理性也就变成了非理性。当然，正如前面所说，他们并不是非理性主义者。

（二）启蒙辩证法：最终变成阴郁的现代性理论

在解释理性与支配的统一时，霍克海默、阿多尔诺试图用康德和尼采的眼光，即知识论批判眼光来看待马克思；用马克思、弗洛伊德的眼光，即唯物主义眼光来看待康德。但是，他们对马克思的知识论批判，最好借助对现代工业社会合理性形式的分析来澄清。霍克海默、阿多尔诺说，在资本主义社会不引人注目的、表面进步的历史变化中，极权主义统治形式

---

① Vgl. Albrecht Wellmer, *Zur Dialektik von Moderne und Postmoderne*, Frankfurt/M.: Suhrkamp 1985, S.144.

要素也日益逼近。"《启蒙辩证法》在物化过程现象学方面迈出了一大步，它第一次使得世界末日视角与极权主义统治条件联系在一起成为可能。"①就是说，当霍克海默、阿多尔诺将资本主义社会刑罚的人道化与20世纪极权主义体系联系起来时，他们就先于福柯做出了与之近似的分析，即在资本主义社会中，刑罚不再直接针对人的身体，而是折磨人的灵魂使之慢慢死亡；甚至可以说，监狱与疯人院没有什么差别。

对于霍克海默、阿多尔诺的物化合理性现象的描述到此为止。下面要回答的问题是，现实的物化与概念思维条件是什么关系？带着这个问题，维尔默接近了《启蒙辩证法》中提出的、并在《否定辩证法》、《美学理论》中进一步展开的知识论批判的核心命题。不过，"就这个命题本身而言，它真正来自于尼采"②。

尼采这个命题的悖谬在于，人们称之为真理的东西，以现实的表象为基础：话语思维的真实性要求只是表象本身。因为在尼采那里，逻辑并非来自于真理意志，表面上似乎是真理意志的东西，实际上是控制现实的权力意志。维尔默指出，这与在《否定辩证法》中阿多尔诺谈到概念的"预备性的"、"剪切性的"特征完全相似，同时也关涉概念认知的表象特征："按纯粹形式来说，同一性表象内在于思维本身中。思维意味着同一。思维想要把握什么，概念秩序会令人满意地送到面前来。"③进一步说，《启蒙辩证法》谈到的概念工具性特征，听起来也像是在重复尼采的话。因为正是接受了尼采的下述思想，即形式合理性与工具理性的统一性植根于语言思维本身中，霍克海默、阿多尔诺对马克思的论述才获得了彻底的知识论批判转向，这就使得他们必然与以往的马克思阐释区分开来：与马克思一样，霍克海默、阿多尔诺的出发点是，知识形式的发展嵌入到通过人的

---

① Albrecht Wellmer, *Zur Dialektik von Moderne und Postmoderne*, Frankfurt/M.: Suhrkamp 1985, S.147.

② Albrecht Wellmer, *Zur Dialektik von Moderne und Postmoderne*, Frankfurt/M.: Suhrkamp 1985, S.148.

③ Theodor Wiesengrund Adorno, *Negative Dialektik*, in: Gesammelte Schriften Bd.6. Frankfurt/M.: Suhrkamp 1970, S.18.

劳动对自然征服过程中；当然，他们与马克思又有所不同：在对自然征服过程中，他们看到的不再是对象化思维的真理明证，而是虚假性与暴力的明证。不过，霍克海默、阿多尔诺也反对尼采固守马克思对诊断的阐释：对他们而言，同一性思维的虚假性表征着工具理性的意识形态特征；但意识形态概念（即必要的社会表象概念）是以真理概念为前提的。在尼采那里，表现为恶作剧的"真理"一词，在《启蒙辩证法》中却成为严肃的。因而，阿多尔诺要求哲学试图"通过概念而超越概念"，同时是《否定辩证法》的出发点。①

到此为止，维尔默阐发了霍克海默、阿多尔诺关于马克思的知识论批判；接着，他试图阐释霍克海默、阿多尔诺关于康德的唯物主义批判。在这个问题上，霍克海默、阿多尔诺的出发点，是主体与客体相互作用的思想，即"我思"与"被思的某物"综合统一的思想。对他们来说，康德的先验主体是非世俗的阴影，它不再能被理解为有血有肉的主体，但现实的主体是自然的一部分，它们是从"生命分裂为精神及其对象"中产生出来的。可见，霍克海默、阿多尔诺在此将"我思"的统一理解为弗洛伊德主义的：自我的形成。概念思维的固有强制以统一的自我的形成为前提，正如概念思维可用自我保护功能来解释一样，自我的形成也能够被解释为自我保护功能：统一的自我的形成是为了保护自我的天然根基，即人的生活。这样，自我就变成了自我保护功能（似乎有些悖谬）。可是，自我的形成服务于自我保护同时是自我牺牲："固守统一的自我"就是"自我牺牲"。因为统一的自我的形成必然以内在本性的压抑与监督为代价。所谓"内在本性"，就是指所有那些当下迫切需要满足的幸福与享乐本能、冲动、欲望。如果人类生活的活生生的本质包含在肉体不受约束的本能中，那么统一的自我的形成就意味着这个活生生的本质的开启。就是说，概念思维的固有强制形成于自我保护的服务中，而作为固有强制又退回到思维

---

① Vgl. Albrecht Wellmer, *Zur Dialektik von Moderne und Postmoderne*, Frankfurt/M.: Suhrkamp 1985, S.149.

本身中：对外部自然的支配只有付出对内部自然的压抑才是可能的，但对内部自然的压抑仿佛逼近自我僵化的界限。由此可以解释，自我匮乏的恐惧与自我保护的动机不可分开来；并且，在文明中表现出来的所有不受约束的感性禁忌与在迷狂中自我匮乏的诱惑是联系在一起的。

长期以来，《启蒙辩证法》被视为法兰克福学派的原创性文献，并意味着霍克海默、阿多尔诺离开了用马克思的思想和革命实践意图所推进的历史理论。这种说法，在今天几乎成为套话，但可以肯定地说，《启蒙辩证法》"最终成为阴郁的现代性理论"①。因为在霍克海默、阿多尔诺那里，启蒙的本质是二难选择，最终必然是统治；不可阻挡的进步的厄运就是不可阻挡的倒退；"文明史就是内在的牺牲，换言之：断念的历史"②。维尔默认定，从这个恶性循环中根本看不到出路：在他们那里，法西斯主义、斯大林主义、资本主义大众文化，只表现为普遍蒙蔽关系程度不同的模型而已。"这个命题也为后期阿多尔诺著作奠定了基础，尽管是以多样化的、辩证的形式。因而，我们能够将阿多尔诺后期哲学著作直至《否定辩证法》，直接理解为《启蒙辩证法》基本命题的完成。"③

当然，这不并意味着可以将阿多尔诺哲学还原为仿佛是元哲学的基本命题，毋宁说这个历史哲学的基本命题如同混浊空气一样，又回到了阿多尔诺的分析中。阿多尔诺觉得，混浊空气通过普照之光起作用：现代世界的普遍蒙蔽关系命题，尽管是从具体历史现象中得出来的，但它同时得到了理论论证——通过普照之光表现为先天是真实的。之所以说是先天的，是因为从阿多尔诺视角出发，普遍蒙蔽关系的他者必然是解构合理性的他者，因而是"历史的他者"：只有从弥赛亚救赎出发，才能将对现实的理性分析理解为对虚假的理性批判。《最低限度道德》的结论是："知识除拯

① Albrecht Wellmer, *Endspiele. Die unversöhnliche Moderne*, Frankfurt/M.: Suhrkamp 1999,S.227.

② Max Horkheimer/Theodor Wiesengrund Adorno, *Dialektik der Aufklärung*, Frankfurt/M.: Fischer 1988,S.62.

③ Albrecht Wellmer, *Endspiele. Die unversöhnliche Moderne*, Frankfurt/M.: Suhrkamp 1999,S.227–228.

救世界之光外没有什么光亮"①。按维尔默理解，对阿多尔诺元理论前提的扬弃，就是对其哲学的否定主义与弥赛亚主义之间结构性关联的扬弃。在这个意义上，必须承认 B. 施特劳斯对《最低限度道德》的注释："没有辩证法，我们的思维立刻就成为愚蠢的；但必须：没有它！"②

这样说来，从霍克海默、阿多尔诺视角出发，民主主义传统就不可避免地被推进辩证法的漩涡中。但如果像克鲁格斯那样，选择前工业社会的压抑，那似乎就是幻想的和潜在的法西斯主义。因此，现代性作为历史状态就是没有出路的：乌托邦视阈必须出现在历史的视角中。然而，如果以这种方式安置人的可能的尊严，那么作为历史可能性就被排除在外了。

三、否定辩证法批判性重构

（一）否定辩证法：从扬弃到抛弃

毫无疑问，"否定辩证法"（negative Dialektik）思想至少可以追溯到黑格尔和马克思。在《逻辑学》中，黑格尔将内在的否定性看作是辩证法的灵魂："这个否定性是自身的否定关系的单纯之点，是一切活动——生命的和精神的自身运动——最内在的源泉，是辩证法的灵魂……第二个否定的东西，即我们所达到的否定的否定，是上述矛盾的扬弃"③。在《1844年经济学哲学手稿》中，马克思把"辩证法的否定性"视为推动原则和创造原则："黑格尔的《精神现象学》及其最后成果——辩证法，作为推动原则和创造原则的否定性——的伟大之处首先在于，黑格尔把人的自我生产看做一个过程，把对象化看做非对象化，看做外化和这种外化的扬弃"④。由此可见，无论在黑格尔那里，还是在马克思那里，否定辩证法

---

① Theodor Wiesengrund Adorno, *Minima Moralia*, in: Gesammelte Schriften Bd.4, Frankfurt/M.: Suhrkamp 1980, S.281.

② Vgl. Botho Straus, *Paare, Passanten*, München 1981, S.115.

③ 黑格尔：《逻辑学》（下），杨一之译，商务印书馆 2003 年版，第 543 页。

④ 《马克思恩格斯文集》第 1 卷，人民出版社 2009 年版，第 205 页。

的实质即"否定之否定",就是否定中包含着肯定,是否定与肯定的辩证统一,是扬弃;但到了阿多尔诺那里,"否定的否定"变成了不包含任何肯定因素的绝对否定,变成了抛弃。

实际上,在法兰克福学派史上,否定辩证法思想最初萌芽于阿多尔诺的《哲学的现实性》和《论音乐的社会状况》两文中。前文是1931年在法兰克福大学哲学系的就职演说,后文是1932年在《社会研究杂志》上发表的关于音乐社会学的文章。在前文中,阿多尔诺开宗明义地指出,"今天,谁选择哲学研究作为职业,那就首先需要放弃(从前用它进行哲学构思的)幻想:用思想的力量足以把握现实的总体性。"① 接着,阿多尔诺分析了现代德国哲学,尤其是从胡塞尔到海德格尔的现象学运动,并表达了对未来哲学的看法。他说,如果哲学必须学着去放弃总体性问题,那就意味着,它必须学会在没有符号功能的情况下活动。因而,"当代哲学思想……首要的和最现实的任务之一,就是对占支配地位的哲学思想进行彻底批判。我并不担心别人指责我的毫无成果的'否定性'(Negativität)概念……。只有一个原则上非辩证的哲学,才能保证指向非历史的真理"②。在后文中,阿多尔诺借助马克思的"生产"、"再生产"、"消费"等概念分析了现代音乐的合理化过程。他认为,绝大多数现代音乐(如斯特拉文斯基③音乐),都是为了适应社会需要的"肯定的音乐";只有"否定的音乐"(如勋伯格的"无调音乐"④)才"与当今社会状况根本分离,因为即使在所有批判性表现中它也无意识地采取防御立场,并呼唤有助于抵

---

① Theodor Wiesengrund Adorno, *Die Aktualität der Philosophie*, in: Gesammelte Schriften Bd.1, Frankfurt/M.: Suhrkamp 1973, S.325.

② Theodor Wiesengrund Adorno, *Die Aktualität der Philosophie*, in: Gesammelte Schriften Bd.1, Frankfurt/M.: Suhrkamp 1973, S.339.

③ 斯特拉文斯基(Igor Fyodorovich Stravinsky, 1882—1971),俄罗斯作曲家,现代音乐代表人物之一。

④ 奥地利音乐大师勋伯格(Schönberg, 1874—1951)的"无调音乐"对阿多尔诺的"否定辩证法"具有重要意义。

制意识进攻的自然”①。

到马尔库塞的《理性与革命》中，“否定辩证法”形态初见端倪。在那里，马尔库塞试图重新理性主义地解释黑格尔，并强调马克思与黑格尔之间的根本连续性。无疑，黑格尔辩证法中存在着神秘要素，但重要的方面是理性因素。马尔库塞认为，黑格尔的理性辩证法的目的就在于说明理性的否定性，而否定性范畴在黑格尔那里有两层含义：一是表明它对常识的固定和静止的范畴的否定；二是表明它对这些范畴所构建的世界不真实特征的否定。按马尔库塞理解，并不是马克思简单地否定了黑格尔哲学，而是历史和社会现实自身否定了它。因为在黑格尔体系中，所有范畴和概念都结束于现存秩序；而在马克思体系中，它们却指向现存秩序的否定。这样就能确定从黑格尔哲学到马克思批判理论的转向包含着一种实践意向，它致力于对异化的、压抑性的社会现实的破坏，以便为实现真正自由和幸福的社会而斗争。诚然，马克思与黑格尔一样，他们都注重这一事实，即“内在的否定实际上就是‘运动和创造的原则’，辩证法就是‘否定的辩证法’”②。然而，两者的辩证法有根本的差别：黑格尔的辩证法被视为特定的一切毁灭性否定的典型，因为在辩证法中，每一个直接的特定形式都成为它的对立面，并只有如此它才能获得它的真正内容：“马克思的辩证法的历史特征包含着普遍的否定性，也包含着自身的否定。特定的关系状态就意味着否定，否定之否定伴随着事物新秩序的建立。否定性与其自身的否定是同一历史过程的两个不同领域，这两个不同领域被人类的历史活动连接起来。”③

在《启蒙辩证法》中，霍克海默、阿多尔诺对启蒙精神、工具理性、文化工业、意识形态所进行的批判和否定，在法兰克福学派史上第一次开创了悲观主义文明批判之先河，为“否定辩证法”提供了一个具体的分析

---

① Theodor Wiesengrund Adorno, *Zur gesellschaftlichen Lage der Musik*, in: Gesammelte Schriften Bd.18, Frankfurt/M.: Suhrkamp 1984, S.736.

② 马尔库塞：《理性与革命》，程志民等译，上海人民出版社 2007 年版，第 242 页。

③ 马尔库塞：《理性与革命》，程志民等译，上海人民出版社 2007 年版，第 267 页。

模型，从而成为否定辩证法的雏形。不过，否定辩证法的经典形态出现在《否定辩证法》一书中，并在《美学理论》中得到了进一步拓展。在《否定辩证法》中，阿多尔诺试图为自己的哲学方法提供辩护，并将否定辩证法称为"反体系"（Antisystem）①。具体地说，在该书基本结构中，"导论"部分主要阐发了哲学经验概念；第一部分（"对本体论的关系"）通过讨论"本体论的需求"、"存在与生存"等问题，对德国占统治地位的本体论，即海德格尔的基本本体论进行了内在批判；第二部分（"否定辩证法：概念与范畴"）讨论了否定辩证法观念，并对几个范畴进行了批判性分析；第三部分（"否定辩证法：模型"）用实际模型开辟了通往不同的哲学具体化之路，并扬弃了关于纯粹哲学与事实科学之间最坏的抽象对立。该部分共有三章："自由：对实践理性的元批判"、"世界精神与自然历史：关于黑格尔的附录"、"形而上学沉思"。在这里，阿多尔诺阐发了新的道德哲学与历史哲学构想。

其中，在"形而上学沉思"中，阿多尔诺试图阐发（在他那里陷入困境的）超越形而上学的"思维"（Denken）概念。按阿多尔诺的要求，理应赋予思维名称的东西，必须参与到形而上学的超越冲动中，但这就阻止了反概念思维形式。这样，在阿多尔诺那里几乎是双赢的论证就走向这个困境：一方面，形而上学没落是不可避免的；另一方面，形而上学真理只有在没落时刻才可以把握。所谓"没落时刻"，从宽泛意义上理解，就是指自康德以来的欧洲启蒙运动的最后阶段；从严格意义上理解，就是指作为启蒙完成与废黜时刻的奥斯维辛犯罪。

在阿多尔诺视阈里，音乐语言与有意义的、有意味的语言表现为真实语言断开的两截。这个真实语言的内涵本身是开放的，正如在同一个碎片中一样，它是在"上帝名义下形成的"。因而，只有在间接的、断裂的、以和解的目光看待走样的现实中，艺术哲学才能保证绝对概念。对哲学来说，这意味着"通过概念去发现那些被概念压抑的、蔑视的、抛弃的东西，

---

① Theodor Wiesengrund Adorno, *Negative Dialektik*, Frankfurt/M.: Suhrkamp 1975, S.10.

而不将它们变成与概念一样的东西"①——这就是否定辩证法观念，它通过撬开系统强制的方式保持对形而上学的忠诚。维尔默指出，阿多尔诺哲学的现实意义是不可中断的：之所以如此强调阿多尔诺，是因为他比其他批判理论家具有更多的思想力量，但这些思想力量没有被进一步扬弃在批判理论的语用学解释形式中。当然，维尔默并不相信，不借助元哲学的知识进步，阿多尔诺关于审美的、文化社会学的个案分析就成为多余的；相反维尔默认为，在这些近于文学作品的文本中，令人激动的地方并不在于哲学前提，而是在于论证方式——它们超越了哲学前提，剥离了具体的（音乐的、文学的、艺术的）坐标；或者说，在于阿多尔诺的微观逻辑学方法——它肯定不是在哲学前提中得到论证的，但在某种程度上却有很好的论据：在阿多尔诺哲学前提中、在"非同一性"（Nicht-Identität）理论中，隐藏着他批判传统哲学固有的"同一性强制"。不过，阿多尔诺的论证方式，至少有一点是矛盾的，这就是：现象必须是被说出来的，而不是用概念揭示出来的。然而，如果阿多尔诺的论证方式中有这样的矛盾，那么其哲学只有在反对元哲学时才能被救赎。

现在所用的哲学概念，或许不是与通常所说的哲学体系相对立的个案分析；毋宁说，是阿多尔诺在概念理论中阐释的哲学。也许，人们能够谈论阿多尔诺的含蓄的语言哲学或合理性理论，但维尔默怀疑，阿多尔诺的含蓄的语言哲学是否正是通过批判理论的语用学表达而得到补充？② 维尔默认为，阿多尔诺用"否定辩证法"这个表述，并不意味着哲学形式的最终关联，它不是从上面（体系的）逻辑学中，而仿佛是从下面（植根于事物的思想的）逻辑学中获得的。在对勋伯格批评传统音乐理论的回应中，阿多尔诺认定哲学模仿在某种意义上就是创作，它必须在不

---

① Vgl.Theodor Wiesengrund Adorno, *Negative Dialektik*, in: Gesammelte Schriften Bd. 6. Frankfurt/M.: Suhrkamp 1970, S.21.

② Albrecht Wellmer, *Endspiele. Die unversöhnliche Moderne* Frankfurt/M.: Suhrkamp 1999, S. 231.

断的前进中更新。"从本质上看，哲学要么是不成熟的，要么是多余的。"[①]
不过在其他地方，阿多尔诺使用了这样的表达，即传统思想与健全理解习
惯，留下了一个（违背哲学体系要求的）坐标系——在其中，发现了哲学
的所有代替物。因而维尔默说，阿多尔诺总是在"重新转向"中阐释其哲
学观念：对现代艺术作品的模仿，不再体现着封闭的同一体系，而是体现
着同一体系的那些方面，即非强制思维的相关物就是"同一性强制"。这
个"同一性强制"原本指向否定辩证法，它或许是哲学碎片，或如阿多尔
诺所说，是"模型分析总体"[②]。

（二）否定辩证法：批判性重构

在《处于没落时刻的形而上学》（1988）中，维尔默对《否定辩证法》
进行了批判性重构。维尔默将"形而上学沉思"视为阿多尔诺与康德批判
性救赎形而上学的唯一论争。维尔默说，在从《纯粹理性批判》向《实践
理性批判》过渡中，康德的"理想概念"（Ideenbegriff）的双重性是可以
理解的。就是说，在实践理性普照之下，上帝存在概念、自由意志概念、
灵魂不朽概念，不再仅仅表现为调节性概念；毋宁说成为结构性概念，并
使纯粹实践理性的必要客体（最高的善）成为现实可能的理由。因而，"最
高的善"只能被理解为现实可能的东西，必须被理解为作为现实的（尽管
是不可知的）上帝概念、自由意志概念、灵魂不朽概念。维尔默强调，之
所以这样来思考这些（作为现实名称的）概念，是因为它们以个体精神存
在概念，或个体精神存在世界为前提。但是，在个体精神存在概念中，是
肉体性的即内含着时间、空间的可能的经验；而个体精神存在的本性、肉
体性，悄悄地以康德的可理解世界概念为前提，同时拒绝它作为必要的前
提。这样，（在调节性意义与结构性意义、先验性与内在性之间的）先验

---

① Theodor Wiesengrund Adorno, *Negative Dialektik*, in: Gesammelte Schriften,Bd.6. Frank-
furt/M.: Suhrkamp 1970, S.44.

② Theodor Wiesengrund Adorno, *Negative Dialektik*, in: Gesammelte Schriften,Bd.6. Frank-
furt/M.: Suhrkamp 1970, S.39.

概念的双重性就表明，"可理解的"概念不仅标志着一个超越可知性的概念，同时意味着一个超越恶的本性（与无意义的历史）的概念。循环的结果不再重述为可理解世界与经验世界之间的知识批判关系，而是实践目的论关系。只有当这些概念（上帝、自由意志、灵魂不朽）是现实的，才有可能表明其目标。在康德那里，目标是通过一系列极限概念，如"善的"或"神圣的"意志、目的王国、最高的善、上帝等来表征的。"在这些概念中，经验世界仿佛高于可理解世界"①。但事实上，可理解世界超越了可能的经验限制，并意味着可能的经验。因而，维尔默指出，所有这些极限概念的悖谬性就在于，对感性的理性存在来说，它们无限接近的极限价值，只有在至善中才能显示出来；而且，"纯粹理性本质"概念同样存在这个"悖谬"：它标志着有限理性的目标，因而标志着理性的理想。但是，在理想这个描述中，所有的条件都被否定了——在这些条件下，有限理性存在仅仅是个体的，即现实的理性存在：本性、肉体性、感性、意志。

康德关于经验领域和可理解世界之间的界限，无疑是康德批判性救赎形而上学的条件。阿多尔诺的批判就对准了这一点。他暗示道，"可理解的"概念中的"二律背反"（Antinomie）与康德的自主性不同，它不仅是不可避免的而且也是不可解决的。这样，二律背反与可理解世界的可知性和可思考性就同样是成问题的。因为二律背反在于，客观实在不能与先验概念相符合；相反，它必然与有意义的思想表达相符合。康德急需证明这一点，即没有与先验概念相符合的客观实在，没有与之一致的可能的经验。但阿多尔诺强调，如果先验概念从不可能的经验出发，那么作为纯粹思想的先验概念，就是空洞的。因此，阿多尔诺讽刺形而上学的、同时也是康德的"唯灵论"（Spiritismus）。他知道，只有付出总体精神化的代价，灵魂不朽学说才能被救赎。这样，批判性救赎形而上

① Albrecht Wellmer, *Endspiele. Die unversöhnliche Moderne*, Frankfurt/M.: Suhrkamp 1999,S. 206.

学及其神学的尝试，就必须从阿多尔诺视阈里退出来，因为可知的东西与可思的东西及必须思考的东西之间的界限，是不可知的，即可理解的概念本身最终陷入了困境。

维尔默断定，与启蒙的进步概念相对应，康德哲学表现为无能为力的。对形而上学的康德形式来说，老年康德抛出来的东西还是适应的，即形而上学概念是"思想的幻象"、"理性的梦想"，它不仅充当可知的东西，也充当可思的东西。"对阿多尔诺来说，这是形而上学最终被不公正地定位成启蒙理论的历史时刻，同时是其理论内涵可能得到救赎的历史时刻。'形而上学真理正是在必然没落时刻才成为可把握的'"①。这就意味着，在这个时刻，形而上学的所有客观主义辩护要求（它使神学作为意识形态出现）都被毁坏。最终，形而上学与错误的启蒙分开来，并总是与启蒙相对立。但是，不仅在形而上学没落时刻，即现代性完全发展的历史时刻，形而上学的内涵是明显的；同样清楚的是，在同一时刻，对作为意识的意识来说，不容拒绝的是，为什么不想删除形而上学自身的要求。"在这个问题的尖锐的悖谬中隐藏着一组主题，通过这些主题，阿多尔诺的'形而上学沉思'就在多重意义上，既走近了青年马克思的宗教批判和后结构主义的形而上学批判，又走近了先验语用学的实在主义批判"。②

事实上，阿多尔诺已经看到，在形而上学真理中，所有现存物从绝对物出发的"超越冲动"（transzendierende Impuls）。

首先，与思想中的所有先验要素一样，如果不以阿多尔诺的真理概念为依据，那么这个超越冲动就是无效的。康德仿佛是在纯粹理性层面上阐发真理概念，阿多尔诺则把真理视为形而上学概念下的最高的概念。维尔默认为康德的做法是可疑的。他说，假如阿多尔诺从康德的概念学说中读出这个命题：没有形而上学理论是不可能的，那就暗示了这样一种可能

---

① Albrecht Wellmer, *Endspiele. Die unversöhnliche Moderne*, Frankfurt/M.: Suhrkamp 1999, S. 207.

② Albrecht Wellmer, *Endspiele. Die unversöhnliche Moderne*, Frankfurt/M.: Suhrkamp 1999, S.207–208.

性：如果形而上学真理内涵是正确的，那么阿多尔诺就必须明白，他对真理概念捍卫，必然关涉他必须接受的困境。"如果阿多尔诺在神学主题中赋予（针对超越冲动世俗化的）唯物主义主题以意义，那他就是非康德主义的，甚至是反康德主义的……从表面看来，阿多尔诺是非康德主义的；但阿多尔诺所假定的'实践理性优于理论理性'则是康德主义的。"[1]

对阿多尔诺来说，真理可能与客观意义相一致。所以，用真理概念可以预设双重意义上的"持续时间"：真理本身的持续时间；对活生生的主体来说，它的持续时间也是真理。在真理概念中，死亡不仅作为真正死亡的隐喻，而且在字面上被否定。这个思想给予赞同或否定康德的神学主题以意义。不过，阿多尔诺实现了富有特色的转向：并不指向谋杀者的完善，而是指向牺牲者的痛苦："没有内心世界的足够完善，正义就要遭遇死亡；没有走近死亡的非正义，康德的理性就没有希望反对理性。康德哲学的秘密是不可思议的绝望"[2]。

其次，这个"超越冲动"并不意味着超越历史世界，而是意味着另一个世界状态。在阿多尔诺视阈里，去神秘化的逃离点（首先是神学，然后是形而上学）是内在性与超越性的坐标，它是必需的，正如它是不可思议的一样。"去神秘化（Entmythologisierung）没有触及到的东西，不是论证……而是体验；不是不被强调的思想流入到超越性中，直到那个世界状态中——在那里，不仅消除了现有的痛苦，而且改变了过去不可改变的东西"[3]。

维尔默认为，这就是马克思对宗教批判的阿多尔诺变种，它与世界祛魅有亲缘关系。在资本主义现代化过程中，所有宗教的、形而上学的

---

[1]　Albrecht Wellmer, *Endspiele. Die unversöhnliche Moderne*, Frankfurt/M.: Suhrkamp 1999, S.209.

[2]　Theodor Wiesengrund Adorno, *Negative Dialektik*, in: Gesammelte Schriften,Bd.6. Frankfurt/M.: Suhrkamp 1970, S.378.

[3]　Theodor Wiesengrund Adorno, *Negative Dialektik*, in: Gesammelte Schriften,Bd.6. Frankfurt/M.: Suhrkamp 1970, S.395.

意义瓦解，表现为形而上学世俗化的前提。[①] 在马克思对宗教批判反思性再现关照下，康德的窘境表现为这个洞见：这个洞见根本不能被描述为不同于窘境的东西。因而，康德的概念学说的歧义性，在阿多尔诺之后的合法性就在于，绝对物既不能被理解为（作为意识形态的形而上学）存在的东西，又不能被理解为（作为思维禁止的实证主义）非存在的东西。在总是新的转向中，阿多尔诺在《否定辩证法》最后一段重复了这个思想。对于康德，阿多尔诺这样说过，"可理解世界概念是某种是其不是的东西，并不仅是其不是的东西"；这个概念"既非实在的东西，又非想象的东西，毋宁说是窘境"[②]。不过，阿多尔诺最终也不能摆脱这种窘境。

为了完全非康德主义地阐述唯物主义转向的先验概念、和解期待的可思性，阿多尔诺借用黑格尔对康德的指责，批评康德试图一劳永逸地给予直观与知识以形式、人的意识仿佛被永久性地监禁在这些形式中进行评判的学说。但在维尔默看来，黑格尔对康德的形式和内容二元论的批评，仍然教条主义地依赖于康德的构想。因而，尽管阿多尔诺谨防"向肯定性过渡"，但其思想价值还是明显的：知识形式的历史性服务于这样的论证，不需要为唯物主义地救赎启蒙理性的期待担忧。"正是阿多尔诺对黑格尔反对康德论证的追溯，使这一点变得很清楚：在这一点上，阿多尔诺不是批判性地高于康德，而是前批判地低于康德。"[③]

尽管人们的思维形式与直观形式未来可能的变化暗示，能够使这个思想变得可信，即形而上学的必要性与不可能性之间的困窘关系，对哲学来说必然不是最后的困窘：困窘或许会通过哲学对概念、问题或前提的超越而消失——从哲学中产生出与表面的必要性联系在一起的困窘，或借

---

① Vgl. Albrecht Wellmer, *Endspiele. Die unversöhnliche Moderne*, Frankfurt/M.: Suhrkamp 1999, S. 209–210.

② Theodor Wiesengrund Adorno, *Negative Dialektik*, in: Gesammelte Schriften,Bd.6. Frank-furt/M.: Suhrkamp 1970, S.384–385.

③ Albrecht Wellmer, *Endspiele. Die unversöhnliche Moderne*, Frankfurt/M.: Suhrkamp 1999, S. 211.

此，哲学重新描述表面上容忍困窘问题的回答。但是，只因为哲学天真的代价，才有可能结束人们的思维形式与直观形式的历史性；作为和解的绝对，或绝对的和解，能成为历史的现实。就是说，人们能知道"已在"（schonjetzt）；人们能够思考——不能始终如一地理解为现实的东西，也不能参与现实的东西。因而，困窘的解决能意味着"谜的去谜化"，但并不能意味着，阿多尔诺试图将它理解为"尚未存在的绝对"：通过历史现实的变形完成弥赛亚主义期待。

在历史中实现救赎的期待，就是对实现了的生活的期待；相反，实现了的东西，实际上是对救赎的期待，意味着一个不新的历史状态。这就表明，阿多尔诺试图通过唯物主义地占有神学而超越马克思对宗教的批判，唯物主义主题与形而上学（神学）主题之间不可克服的矛盾开始存在于其中。只有借助形而上学的回归，才能够在概念媒介中解决这个矛盾。"阿多尔诺所思考的一切，正是反对这种回忆的可能。所以最后，他只能将这个不可思议的和解提交给审美体验。但由于仅仅依靠审美体验自身的力量不能使我们相信，它能经受住哲学的批判，所以阿多尔诺也不放弃这个尝试：封闭的审美和解—思想能够从哲学上破译。事实上，《否定辩证法》和《美学理论》相互引证了困窘；不过，在这个困窘的相互引证关系中，存在着真理的循环——不是批判性地救赎形而上学，而是不能解决的形而上学——阿多尔诺没有放弃又未公开承认的形而上学。"①

四、交往合理性批判性重构

（一）理性、合理性、交往合理性

在《交往行为理论》中，哈贝马斯指出，"意见和行为的合理性向来是哲学研究的主题。甚至可以说，哲学思维源自于体现在认知、语言和

---

① Albrecht Wellmer, *Endspiele. Die unversöhnliche Moderne*, Frankfurt/M.: Suhrkamp 1999, S. 212.

行为中的理性的反思形成。理性构成了哲学的基本主题。"① 当然，对于理性，人们有着各种不同的划分，例如，理论理性与实践理性、先验理性与绝对理性、客观理性与主观理性、工具理性与价值理性、科技理性与人文理性、形式合理性与实质合理性、工具合理性与交往合理性；等等。

　　一般认为，在西方哲学史上，"理性"（Reason）概念源自于古希腊的"逻各斯"（Logos）和"努斯"（Nous）。据古典学者古思瑞（W.K.C.Guturie）考证，Logos 有 11 种含义，最基本含义有 5 种，即：（1）任何说出的话；（2）原因、理由、论证；（3）尺度、标准；（4）关系、比例；（5）真相。最初，Logos 概念具有较强的客观理性色彩，但后来被逐渐主观化；到亚里士多德那里，Logos 就具有了双重性：既是宇宙运动的原则，又是人的心灵的原则。因而，宇宙与人的心灵都受 Logos 支配。② 阿那克萨戈拉提出的 Nous 实现了理性概念主观化的第一步。他说，"将来会存在的东西，过去存在过现已不复存在的东西，以及现存的东西，都是 Nous 所安排的。……这永远存在的 Nous，也确实存在于每一个其他事物存在的地方，存在于环绕着的物质中，存在于曾经与物质连在一起、又从那里分离出来的东西中。"③ 到中世纪，基督教改造了古希腊的理性概念，并将它与上帝观念结合起来，从而使"理性"成为绝对智慧，实现了"客观理性的客观的主观化"（施耐德巴赫语）。近代从笛卡尔、洛克开始，客观理性的主观化过程被大大加速了，到康德那里达到了顶峰。尽管康德将理性分为理论理性与实践理性，但二者本质上是一致的。"归根到底只有一个理性，只是在运用方面有所不同罢了。"④ 就是说，纯粹理性分为理论理性（认知能力），类似于亚里士多德的理智德性和实践理性（指导行为），类似于亚里士多德的道德德性。这样，在康德那里，理性就变成了先验理性（主体

---

① Jürgen Habermas,*Theorie des kommunikativen Handelns*, Bd.1. Frankfurt/M.: Suhrkamp 1981,S.1.

② 参见胡辉华：《合理性问题》，广东人民出版社 2000 年版，第 48 页。

③ 《西方哲学原著选读》，上卷，北京大学哲学系编，商务印书馆 1981 年版，第 39—40 页。

④ 康德：《道德形而上学原理》，苗力田译，上海人民出版社 1986 版，第 40 页。

理性），即以"先验自我"为中心的理性。为了克服康德的理性概念过于主观化的倾向，黑格尔试图将理性绝对化使之变成绝对理性。"绝对观念，本来就是理论理念和实践理念的同一，两者每一个就其自身来说，都是片面的……唯有绝对观念是有，是不消逝的生命，自知的真理，并且是全部真理。"① 然而，在马克思看来，"一个存在物如果在自身之外没有自己的自然界，就不是自然存在物，就不能参与自然界的生活。一个存在物如果本身不是第三存在物的对象，就没有任何存在物作为自己的对象，就是说，它没有对象性的关系，它的存在就不是对象性的存在。非对象性的存在物是非存在物。"② 也就是说，这个绝对理性不过是"非存在物"即"无"。这样，"在黑格尔之后，理性无可挽回地退出了哲学的中心，因为它不再被视为世界和人的中心。"③ 从此之后，理性话语就出现了三个视角：黑格尔左派、黑格尔右派和尼采。

其中，黑格尔左派包括青年黑格尔派和马克思的实践哲学。哈贝马斯认为，尽管青年黑格尔派与黑格尔哲学保持了一定的距离，并导致了意识结构的形成，但赫斯、鲍威尔等人从黑格尔那里接过了现代性自我确证问题，并集中讨论了主体理性批判、知识分子地位、革命与历史连续性平衡等问题；同样，马克思的实践哲学与黑格尔哲学都强调交往共同体、主体哲学、启蒙辩证法等，但马克思与黑格尔不同，他将劳动而非自我意识视为构成现代性的原则。尽管如此，"马克思的实践哲学仍然是主体哲学的一个变种"④。

西方马克思主义发展史，使得实践哲学及其理性概念的基本困境变得非常明了：对马克思来说，科学技术意味着解放潜能；对卢卡奇、布洛赫、马尔库塞来说，科学技术则变成有效的社会压抑手段。这样，实践哲学就

---

① 黑格尔：《逻辑学》（下），杨一之译，商务印书馆 2003 年版，第 529 页。
② 《马克思恩格斯文集》第一卷，人民出版社 2009 年版，第 210 页。
③ 施耐德巴赫：《作为合理性之理论的哲学》，载《德国哲学》第 7 辑，北京大学出版社 1989 年版，第 167—168 页。
④ 哈贝马斯：《现代性的哲学话语》，曹卫东译，译林出版社 2004 年版，第 75 页。

面临着与主体哲学同样的问题：如何抵抗作为目的合理性的工具理性？按哈贝马斯的说法，《启蒙辩证法》只是想澄清这一困境，并不打算走出这一困境。就是说，早期批判理论未能扬弃黑格尔的理性概念，不能真正把握理性的含义；只是局限于工具理性批判，从而陷入了抽象的文化哲学批判中，使得批判理论缺乏规范基础。"早期批判理论的失败并非偶然，而是失败于意识哲学范式的式微。我将阐明，向交往理论的范式转换就是转回到当时工具理性批判已经中断的事业；这就允许我们重新担负起批判的社会理论未完成的任务。"① 换言之，早期批判理论仍然以马克思的历史哲学为根据，始终未跳出主体哲学窠臼。然而，运用主体哲学范式反思现代文明已经进入了死胡同。所以需要转变哲学范式：从侧重主体与客体关系、崇尚主体性的主体哲学，转向侧重语言与世界关系、崇尚主体间性的语言哲学，从传统批判理论转向交往行为理论，即交往合理性理论。

实际上，早在《论社会科学的逻辑》（1970）中，哈贝马斯就看到了建构交往行为理论的可能性，"我将心理分析理解为语言分析的尝试……是通往交往行为理论的第一步。"② 到《交往行为理论》中，哈贝马斯系统阐发了交往行为理论。在《道德意识与交往行为》、《话语伦理学解说》、《事实与价值》、《包容他者》等著作中，哈贝马斯又将交往行为理论拓展为话语伦理学和协商政治理论，从而使交往行为理论得到了进一步拓展和深化。

《交往行为理论》是哈贝马斯于 1981 年出版的一部标志性巨著，共有两卷（1100 多页）。其中，《行为合理性与社会合理化》（第 1 卷）从合理性概念入手，通过分析以往社会哲学家，尤其是韦伯、卢卡奇、阿多尔诺等人的合理化理论，阐发了行为合理性与社会合理化问题；《论功能主义理性批判》（第 2 卷）通过论述功能主义理性批判，尤其是通过分析米德、

---

① Jürgen Habermas, *Theorie des kommunikativen Handelns*, Bd.1. Frankfurt/M.: Suhrkamp 1981, S.518.

② Jürgen Habermas, *Zur Logik der Sozialwissenschaften*, Frankfurt/M.: Suhrkamp 1985, S.12.

杜尔凯姆、帕森斯等人的社会理论，构建了自己的"系统—生活世界"① 二元模型，作为分析后期资本主义"生活世界殖民化"（Kolonialisierung der Lebenswelt）的理论框架。就是说，交往行为这个基本概念包括三个相互交织的主题，"首先是交往合理性概念，我对它进行阐发时尽管非常迟疑，但还是反对将它化约为认知—工具理性；接着是两个层次社会构想，它用一种并非修辞学方法将系统—生活世界范式联结在一起；最后是现代性理论，它用这个假定，即交往构造的生活领域屈从于独立的、形式组织的行为系统命令，对今天越来越清楚可见的社会病理学类型进行阐释。因此，交往行为理论应该尽可能地使发生现代性悖谬的社会生活关系具体化。"②

　　早在《公共领域的结构转型》、《认识与兴趣》中，哈贝马斯就直接或间接地涉及到交往合理性问题；不过只有到《交往行为理论》中，交往合理性问题才得到了系统阐发。在哈贝马斯看来，"交往合理性"（kommunikative Rationalität）不同于工具合理性，它不是表现在自我保护的主体上，而是表现在象征性的生活世界结构上。就是说，交往合理性与工具合理性有本质不同：工具合理性是被功利主义原则浸染了的理性，它把能否为人们带来利益视为唯一标准；而交往合理性则包括三个方面，一是认识主体与事实世界的关系；二是在社会行为世界中，主动的实践主体与其他主体的关系；三是成熟而痛苦的主体（费尔巴哈意义上的），同其自身的内在本质、自身的主体性，他者的主体性的关系。③ 这样，交往合理性就是交往主体以语言或其他符号为媒介、通过没有任何强制性的诚实对话、达到相互理解、获得共识为目的的理性。因此，交往合理性本质上是对话

---

① "生活世界"（Lebenswelt）概念最早来自胡塞尔，海德格尔、舒茨、列斐伏尔、哈贝马斯、赫勒等人对之做了直接或间接的论述。在哈贝马斯那里，生活世界有三个特征，即 unvermittelte Gewissheit、totalisierende Kraft、Holismus；三重结构，即 Kultur、Gesellschaft、Persönlichkeit；两大功能：eine kontextbildende Funktion、ein Reservoir von Überzeugungrn。

② Jürgen Habermas, *Theorie des kommunikativen Handelns*, Bd.1. Frankfurt/M.: Suhrkamp 1981, S.8.

③ 参见包亚明主编：《现代性的地平线——哈贝马斯访谈录》，上海人民出版社1997年版，第58页。

性的。

由此可见，与霍克海默、阿多尔诺一样，哈贝马斯也对工具理性进行了批判，但又不像他们那样几乎完全否定工具理性，而是承认工具理性在现代化进程中的积极作用。就是说，哈贝马斯既不想让工具理性吞噬价值理性，也不想用交往合理性替代工具理性，而是想协调工具理性与价值理性的关系，平衡系统与生活世界的关系，克服生活世界殖民化，实现生活世界合理化，以此重建现代文明。

（二）交往合理性：批判性重构

在《决胜局：不可和解的现代性》中，维尔默这样说，在刚刚过去的十年里，哈贝马斯、阿佩尔在与实证主义、解释学（伽达默尔）、系统理论（卢曼）的社会科学论争框架中，试图解决批判的社会科学规范基础的论证与阐释问题。为此，在与语言哲学新近发展（奥斯汀、塞尔）的密切联系中，构思了（作为社会科学元理论基础角色的）普遍语用学或先验语用学理论。例如，在语言理论层面上，哈贝马斯将真理、自由、正义概念阐释为相互联系的、准先验的规范基础：它在语言交往结构中是结构性的。一方面在真理的话语理论形式中，另一方面在交往伦理学（同时是正义理论）中，哈贝马斯对这个规范基础进行了阐释。"为了在不同的社会理论层面上将经验分析与规范基础带入理论范畴与基础假设的结构中，哈贝马斯使用了以这种方式获得的关于非强制性相互承认的自主的主体与他们之间'非扭曲的'交往的论证与阐释。"[①]

就社会科学理论形成的规范基础的系统阐释而言，正像哈贝马斯、阿佩尔试图将话语伦理学或交往伦理学论证理解为康德的普遍主义伦理学和现代自然法真正的，即非意识形态内核一样，启蒙的中心原则在反对实证主义和历史主义意义上进入了语言理解结构中，因而被解释为语言理解中

---

① Albrecht Wellmer, *Endspiele. Die unversöhnliche Moderne*, Frankfurt/M.: Suhrkamp 1999, S.102.

必然内含着的规范、前提、预设系统。"与康德的形式主义伦理学和现代自然法原则相对立，这首先意味着试图在实践的真理对话概念中'扬弃'那些原则；这样就能够说，所有人非强制的话语和解原则；同时意味着，所有人，作为平等的自由的人，非强制的话语和解原则最终表现为规范有效性要求正当的'论据'"。[①]

按维尔默理解，哈贝马斯的成就在于在批判理论内部做了概念修正，这种修正有可能避免马克思和批判理论的理论困境。大致说来，哈贝马斯将批判理论从适合认知和行为的主客模式的主体哲学框架转换成语言和交往行为理论的概念框架，这一基本步骤使得哈贝马斯将工具理性行为与交往合理性行为区分开来。这一修正的间接结果就是：其一，针对马克思，哈贝马斯能够表明，资产阶级的普遍主义道德和法律不能被理解成资本主义生产方式的纯粹意识形态反映；相反，它们必须被理解成一种与科学技术层面的学习过程区分开来的集体学习过程。其二，针对韦伯，哈贝马斯能够表明，资产阶级普遍主义道德和法律已经带来了现代民主和人权概念，它们的出现代表着一种与行政管理合理化区分开来的合理化类型。其三，针对霍克海默、阿多尔诺，哈贝马斯能够表明，不论以怎样扭曲的形式，社会合理组织概念已经在现代工业社会的民主制度、合法性原则和自我理解中得到了体现和承认。仅仅基于这个理由，对现代社会的批判分析就能够与其对象共享一个规范基础，并采取一种内在批判形式。

为了使哈贝马斯的理论路径比马克思、韦伯、霍克海默、阿多尔诺的理论路径的冲击力变得更加明确一些，维尔默想先谈谈哈贝马斯的交往合理性概念。在这里，维尔默试图比较卢克斯[②]的最低限度合理性概念与哈贝马斯的交往合理性概念。在卢克斯那里，最低限度合理性概念就是逻辑一致性概念，它是所有文化普遍有效的合理性的唯一标准；但在哈贝马斯

① Albrecht Wellmer, *Endspiele. Die unversöhnliche Moderne*, Frankfurt/M.: Suhrkamp 1999,S.102.
② 卢克斯（Steven Lukes, 1941—　），纽约大学社会学教授，著有《个人主义》、《权力：一种激进的观点》、《马克思主义与道德》等。

那里，交往合理性既代表着不同个体间的特定的相互承认关系，又代表着对他人和他们自己的特定的合理态度。当然，它也是用来表示不允许任何一种有效性要求原则上免予可能的批判考察的象征交往概念和自我构想，简言之，它是一种处理有效性要求的模型。

我们知道，哈贝马斯像韦伯一样，将社会行为区分为工具行为和交往行为，并认为它有两种不同的协调机制：一是（通过货币、权力媒介而起作用的）系统整合，二是（通过协调个人之间的行为取向而起作用的）社会整合。因而，所谓社会合理化，就是系统合理化与生活世界合理化（即交往合理化、交往行为合理化）之间的相互协调。在哈贝马斯那里，就内在逻辑可能性而言，现代化进程本质上是一个模糊的进程：它可以向系统合理化转化，也可以向生活世界合理化转化。然而，资本主义的实际历史进程是，系统合理化与系统分化的力量超过交往合理化的力量，并出现了系统对生活世界的干预，从而出现了生活世界殖民化。

在维尔默看来，哈贝马斯对后期资本主义社会发展趋势的诊断与韦伯、霍克海默、阿多尔诺大同小异，但哈贝马斯根据系统与生活世界的区分，重新描述了"合理化悖论"；并对他们提出了异议：这种合理化悖论并不表达现代合理化过程的内在逻辑或辩证法。可见，哈贝马斯的基本论题既针对韦伯，又针对霍克海默、阿多尔诺。在哈贝马斯那里，只有那些系统合理化受生活世界合理化控制的组合才符合现代合理性概念。"正是在这个意义上，哈贝马斯重释了马克思的解放社会观念：在解放社会中，生活世界将不再屈从于系统命令；相反，合理化的生活世界将让系统机制服从自由的个人联合需要……在哈贝马斯的批判理论重构中，马克思的'自由人联合体'概念被解释为充分合理化的生活世界概念……尽管哈贝马斯用理想的生活世界概念详细说明了内在于交往合理性概念的乌托邦视阈，但并不用来回答后自由资本主义社会制度如何可能的问题。"①

---

① 维尔默：《后形而上学现代性》，应奇、罗亚玲编译，上海译文出版社 2007 年版，第 86 页，译文有改动。

在这里，维尔默并不想详细讨论他们的实质内容，而只讨论他们的概念策略。谈到概念策略，维尔默认为哈贝马斯对批判理论重构的巨大成就之一，就是用比批判理论更古老的版本成功地调和了黑格尔、马克思和韦伯的理论视阈。不过，交往行为与话语合理性[①] 不可能产生合法制度；相反，只有合法制度才能将自由的交往行为确立为社会协作机制——用阿伦特的话说，合法权力只能以意见或舆论为基础，但这意味着，合理性概念与激进民主概念并无内在关联。这样，理想的制度问题不可能有一个理性的解决。这就是维尔默对理性主义乌托邦的批评。

当然，维尔默采取迂回曲折的辩护路线，以表明批评者所承认的东西足以证实哈贝马斯的一般立场。所谓"批评者所承认的东西"，就是指以基本规范、基本制度和价值共识为基础的民主合法性。这些共识的题中应有之义是这样一条原则：在关于实际问题存在分歧的情况下，应尽可能地通过论证达成协议。在这些条件下，交往行为也许就成了行为协议的首要原则。这样，所论争的问题归结起来就是，在关于有争议问题的合理共识概念不再有任何意义的地方，从根本上说，是否存在合理论证即合理协商的任何局限。维尔默说，在这个问题上，"解释学左派"的观点是有缺陷的。因而，维尔默的结论是：在双方同意条件下成立的协调原则，必须被当作批评者视为理所当然的民主共识本身的规范内核；而且不可能在"内在的"合理共识与基于纯粹"自愿的"、"外在的"同意之间划出任何明确的界线。反过来说，为了使民主合法性保持活力，仅有与任何可能的合理共识相脱离的规范共识是不够的；因为超过了这一限度，关于实质性问题的分歧必定会转化为关于程序规则或基本规范解释的分歧。总之，具有乌托邦视阈的交往合理性概念并不质疑现代社会分化过程，甚至不质疑系统整合与社会整合的分化。

归结起来说，哈贝马斯将阿多尔诺的基本概念纳入非强制交往概念

[①]　按维尔默理解，在哈贝马斯语境中，"话语合理性"、"交往合理性"、"程序合理性"大致同义；但在阿多尔诺语境中，"话语合理性"与"启蒙理性"、"工具理性"大致同义——作者注。

中，并与语言哲学概念交织在一起，从而实现了阿多尔诺基本概念的交往行为理论转型，这意味着哈贝马斯从否定主义与弥赛亚主义的内在关联中摆脱出来。然而，这个转型并没有抓住阿多尔诺基本概念的那个最重要方面——尽管它不关涉非强制交往，但关涉非强制综合；不关涉对他者的非同一性承认，但关涉对现实性把握与主体自我理解的非同一性承认。维尔默指出，阿多尔诺如此建构事物，似乎交往关系变成整体中的现实关系；相反，哈贝马斯将交往模型当作人与人之间关系模型，这意味着破译了话语言说者的关系。但实际上，阿多尔诺用《否定辩证法》所意谓的东西，根本不关涉交往结构，而主要关涉综合形式（在其中，交往总是能够被一再重新激起），从而关涉"非物化"的论证逻辑。如果阿多尔诺谈论哲学的审美要素，或作为"内在概念的"描述要素，那就不关涉哲学论证的是否，而是如何，即关涉哲学思想关系的逻辑学，关涉哲学语言的特征，因而最终关涉语言和合理性方面。在维尔默看来，哈贝马斯的交往行为理论之所以不能把握这个方面，是因为在每个交往中它都起背景作用：只有反思"交往是什么"才能揭示出来。不过，维尔默没有断定，有某些东西是不能被论证的；只是断定，为哲学语言定位的思想，能够对"合理性论证究竟可以称做什么"问题做点事情。

当然，维尔默并不相信哈贝马斯用交往行为理论解决问题的办法。如果对阿多尔诺提出的问题进行交往行为理论回答是不可能的，那么阿多尔诺对语言理论与合理性理论的贡献，应当被理解为交往行为理论的语言理论与合理性理论的必要内涵[①]——这无论如何是不可思议的。"如果哈贝马斯不把阿多尔诺对同一性强制的批判解释为话语合理性表达，而是解释为话语合理性缺失，那么哈贝马斯就正确地反对了阿多尔诺；相反，如果阿多尔诺试图把我们与哈贝马斯一起安慰性地称之为'话语合理性的'东西，变成交往行为理论明显不能理解的要素，那么阿多尔诺就正确地反对

[①] Vgl. Albrecht Wellmer, *Endspiele. Die unversöhnliche Moderne*, Frankfurt/M.: Suhrkamp 1999,S. 234.

了哈贝马斯。"① 维尔默对话语合理性的兴趣，起因于他对阿多尔诺、维特根斯坦，也许还有海德格尔的语言批判和体系批判的兴趣。阿多尔诺、维特根斯坦、海德格尔的共同点，就是形而上学批判的共同逃离点。

维尔默将形而上学批判理解为无根意识但并非无依无靠的理性，理解为没有最终论证的理性与没有最终和解的期待。当然，还有一种被阿多尔诺称为"同一性强制"的东西从理性中流溢出来。因此，阿多尔诺最终能够将这种理性理解为和解哲学的。维尔默相信，这不仅取决于和解概念，也取决于交往行为理论的世俗化，还取决于从阿多尔诺的合理性概念追求中摆脱出来的那些特征。按一般理解，阿多尔诺的合理性概念，既不关涉工具理性又不关涉交往合理性，而是关涉作为知识批判和语言批判问题的特殊性与普遍性之间的辩证法。在这里，阿多尔诺偶尔谈到"非强制综合"：它并不是（或不仅仅是）交往的非强制性，此刻仿佛向话语合理性敞开；毋宁说，交往合理性触及到语言和现实之间关系（首先不是言说者的关系）的可能性条件，并触及到语言含义交往关系结构的非交往方面（也不是言说者与交往的关系）。"也许在这一点上，阿多尔诺对知识的主客体模型的固守还应得到辩护；也许，正如我认为的那样，阿多尔诺对这个模型的使用中隐藏着合理性概念要素，它并不意味着和解，而是被理解为理性最终没有希望和解的可能。"② 也许，阿多尔诺的说法与哈贝马斯的命题是一致的。哈贝马斯的这个命题——在现代，交往合理化与系统合理化处于相互关联中——应当指明，完全作为相关概念被思考的交往合理性与工具功能合理化结构，以何种方式渗透进无所不包的社会生活关系结构中。"哈贝马斯关于现代社会体系合理化侵蚀交往合理化的独特解释，最终是马克思主义的。"③

---

① Albrecht Wellmer, *Endspiele. Die unversöhnliche Moderne*, Frankfurt/M.: Suhrkamp 1999, S. 234.

② Albrecht Wellmer, *Endspiele. Die unversöhnliche Moderne*, Frankfurt/M.: Suhrkamp 1999, S. 235.

③ Albrecht Wellmer, *Zur Dialektik von Moderne und Postmoderne*, Frankfurt/M.: Suhrkamp 1985, S.22.

就像 T. 多米斯（Tom Dommisse）所说，维尔默与哈贝马斯用交往行为理论对早期批判理论进行创造性更新有着惊人相似：维尔默重新获得了（要求将道德哲学与政治哲学联系在一起的）批判理论的历史视阈①。这样，他就使人们想起，批判意识的解中心化与现代性中理性的自我超越冲动就是人的历史规划的组成部分。从社会历史角度看，这是没有最终答案的未完成的规划：它内含着"乌托邦终结"——但不是在乌托邦能量短缺意义上，而是在乌托邦重述与转化意义上。就是说，维尔默与哈贝马斯的现代性话语理论的重述联系在一起，但有时只能这样理解：维尔默反对对话语原则系统力量的无限信任。维尔默说，与技术合理性相比，交往合理性应当归属于被视为具体需求、历史主体支点的观察方式的"旋转"；但交往合理性概念中的两者，即交往与合理性必须被放在一起考虑：这个概念不仅处于复杂的日常交往结构中，而且处于规范的解放意识概念中，它负载着现代意义上的"开放社会"概念，即后传统的普遍民主。因此，"交往合理性"概念表征着这样一些条件。"在这些条件下，除在普遍价值元层面上不再能够有合法的方式外，还有一个有普遍约束力的意义系统。与技术上匮乏的符号系统错误的齐一性相反，我们不再能够提供客观上有约束力的意义系统——这是因为付出了强制限制交往的代价，而只能从交往潜能的自由设置中产生出多元价值、意义、生活方式。"② 传统方式回归与语义学潜能释放也属于多元价值、意义、生活方式。

五、多元的、公共的合理性

（一）"理性的"合理性与"解中心的"合理性

那么，"理性的"合理性概念与"理性的"社会组织概念如何能得到保证？为了解决这个问题，维尔默又一次与哈贝马斯的思考联系在一起，

---

① Vgl. Albrecht Wellmer, *Revolution und Interpretation*, Van Gorcum 1998, S.10.

② Albrecht Wellmer, *Zur Dialektik von Moderne und Postmoderne*, Frankfurt/M.: Suhrkamp 1985, S.124–125.

因为哈贝马斯在许多研究中都假定了后现代社会的结构特征。哈贝马斯的基本命题是，在所有那些传统、生活方式与解释系统被侵蚀后，在迄今为止的历史中，仿佛在自然起作用的传统道路上，使得与某些内容（价值、规范、需求）的阐释相联系的集体认同形成成为可能。哈贝马斯说，今天，集体认同只有在反思形态中，即奠基于普遍平等地参与交往过程的意识中，才是可以思议的。在这个语境中，哈贝马斯指出了两个相互联系的现象，并把它们理解为历史进化新水平的标志。

一方面，动机和意义缺失，在价值、规范、需求阐释的交往异化中，例如在迄今为止的自主的生活领域去差异化中变成可见的。不过，价值、规范、需求阐释的交往液化，不能通过"民主化"一词恰当地表达，因为它仿佛是对归属于组织形式的政治意志形成过程的补充。"它们总是出现在非常不同的定义中，并从'基础'中流溢出，渗透进归属于组织形式的生活领域的毛孔中。它们有亚政治特征，即它们踏进政治决策过程的门槛内。但是，它们受到政治系统的直接影响，因为它们改变了政治决策的规范框架"。[①] 在这里，哈贝马斯特别指出了艺术的去艺术化、犯罪的去道德化、精神疾病的去病理化、政治的去政治化等。另一方面，动机和意义缺失趋向要求新型社会管理机制形成。正如哈贝马斯所猜测的那样，作为动机形成过程的"反思形成"（Reflexivwerden）和意义缺失兑现的新组织原则，是与反思形成的集体认同形式相适应的。所以，现在可以确定，将维尔默带回到"出发点问题"的，是哈贝马斯表述的二难选择。因为哈贝马斯谈到，在广泛参与和不断强化的社会管理之间、在作为动机形成过程的"反思形成"和社会控制的增强（即动机垄断）之间的"怪圈"，在未来起作用的可能性，是后现代社会构想的悲观主义变种。要想使这个变种成为现实，那就应当保留新的集体认同形式的纯粹规划。[②] 相反，这个二难选

---

① Vgl. Jürgen Habermas, *Können komplexe Gesellschaften eine vernuenftige Identitaet ausbilden*? in: Jürgen Habermas/D.Henrich, Zwei Reden, Frankfurt/M.: Suhrkamp 1974,S.66.

② Vgl. Jürgen Habermas,*Können komplexe Gesellschaften eine vernuenftige Identitaet ausbilden*? in: Jürgen Habermas/D.Henrich, Zwei Reden,Frankfurt/M.: Suhrkamp 1974,S.71.

择的乐观主义变种，或许在一个社会中，发现了集体认同的反思形式沉淀在实际的社会生活过程中。

在哈贝马斯的表述中，仿佛呈现出"解中心的"（dezentriente）合理性概念，以及理性认同概念——它们超越了合理社会的黑格尔主义构想与马克思主义构想之间的二难选择。需要补充的是哈贝马斯说过的话："这时，以未来为取向的回忆的时间结构容许形成（对每个特殊的阐释方向来说的）关于部分接受的普遍的自我结构：因为每个人的立场能够与其他人的立场相一致。在当代，它们相互对立；到未来，正是在特殊性中成为实在化的普遍。"① 但这并不适合于眼前理解的这个阐释，是因为它仿佛又将这个困窘的结构引入到解放社会构想中，在马克思主义传统中又将无阶级社会概念引向这个构想：托洛斯基的不断革命论是一个例证。一般地讲，这个表达困窘的结构在于，无阶级社会必须成为不可达到的历史彼岸的固定点或历史终点，尽管它同时被构想成资本主义历史上明显区域性的"后继系统"（Nachfolgesystem）。②

维尔默承认，迄今为止的思考结果是：仍然不能形成既是完善的或理想的生活方式意义上，又是最终的、主体间性意义上的理性概念；相反，只能给出理性生活方式的某些形式条件，例如，普遍主义道德意识、普遍权利、反思形成的集体认同等；但就实体意义上的理性生活、可能的理性认同而言，根本没有在形式结构术语中描述的理想的"极限价值"（Grenzwert），而只有追求这种生活方式的成败。在这种生活方式中，个体的非强制认同与个体间的相互承认成为经验的合理性。因此，"我们不能够期待意义的完成，而只能够期待无意义的消除；我们不能思考个体间完全非强制关系或合法的思想，但事实上我们能排除经验的强制和阻塞。在这里，正是（同时作为理性的和成功的）生活方式概念引导着我们，当然，这并不意味着我们能够无限接近理想的极限价值。也许正是在这个意义

---

① Jürgen Habermas,*Können komplexe Gesellschaften eine vernuenftige Identitaet ausbilden*? in: Jürgen Habermas/D.Henrich, Zwei Reden,Frankfurt/M.: Suhrkamp 1974,S.75.

② Albrecht Wellmer, *Ethik und Dialog*, Frankfurt/M.: Suhrkamp 1986, S.202.

上，在符号或物质对象的制造那里，我们能够无限接近程度或范围概念；毋宁说，美好生活概念，在这个尺度上已经获得了批评的标准。在其中，我们意识到：在个体与社会生活关系中不可避免地存在着非理性、阻塞和痛苦。"[1]

(二) 多元的、公共的合理性

由此可见，哈贝马斯的交往合理性并没有为真理共识论提供证据，这就允许人们思考多元的、公共的合理性。这个概念，既不依赖于最终论证又不依赖于最终和解。"在我看来，与作为普遍语用学的道德'应当'的阐释密切联系在一起的、话语伦理学的共识论前提，走在了阐发多元的、公共的合理性，但绝不是相对的合理性概念的道路上。"[2] 事实上，凡是在哈贝马斯将普遍语用学的元理论前提翻译成现代性内涵规范分析的地方，都清楚地表明，为了思考（普遍的）生活世界合理化和（特殊的）话语伦理学的开启，根本不需要"强"真理共识论前提。

在维尔默看来，下述两种"区分模型"（Differenzierungsmodelle）包含着两种可能的选择：一是理性统一性；二是要素的区分。

第一，与和解视角相联系的真理共识论区分模型，要么被塑造成热情奔放的，要么被塑造成理性主义的。这样，就可以从理解的理想终点出发思考理性统一性。在这个终点上，两个理性的要素出现在和解定义的坐标中。

第二，有效性区分模型，与现代欧洲哲学中占支配地位的问题意识直接联系在一起。这里的"有效性"，不是真理有效性，而是道德"应当"有效性。因而可以肯定，它也与深层的逻各斯中心主义偏见联系在一起，但这不是全部；毋宁说，道德"应当"之谜表现在，神圣承诺遇到了抵抗，即在真理有效性领域没有其等价物。尽管令人担忧的是反启蒙的习惯用

---

① Albrecht Wellmer, *Ethik und Dialog*, Frankfurt/M.: Suhrkamp 1986, S.221.

② Albrecht Wellmer, *Ethik und Dialog*, Frankfurt/M.: Suhrkamp 1986, S.159.

语：没有神圣权威支持，道德意识必然失去根基；但这个担忧的基础在于，道德论证的有效性不仅与认知的前提，而且与情感的前提保持着联系。对神圣权威或宗教支持的道德共识来说，只能有合理的等价物，只要它（认知的或情感的前提）能够成功地嵌入到相互承认关系中。"第二种区分模型，一方面，与有效性区分模型的独特性紧密联系在一起，因而，不再能从'理想交往共同体'（ideale Kommunikationsgemeinschaft）的逃离点出发来思考合理共识。在这里，理性因素的局限性被扬弃在道德理想的统一中。另一方面，这个模型容许清晰地勾画有效性区分模型的内在关联。"[1]

在《现代性的哲学话语》中，哈贝马斯描述了生活世界合理化的逃离点："对文化来说，（一个）不断修正的状态成为液化的，即反思的传统；对社会来说，（一个）依赖于规范确定与规范论证形式的合法秩序状况，最终是话语程序；对个性来说，（一个）风险自我控制状态，就是一个高度抽象的自我认同。"[2] 就是说，通过生活世界合理化形成了对由知识保障的批判性解决办法、普遍价值规定与规范规定，以及对自我控制的个体化的结构性强制。维尔默指出，哈贝马斯所说的生活世界合理化的逃离点，并不表征无限制的理想交往共同体结构，而是表征（打上普遍价值与普遍合理义务意识印记的）共同性，即生活世界的结构性强制。因而，它不是表征社会理想状态，而是表征并不合理的现代社会背后的困境与可能状态。这样，生活世界合理化的逃离点就是理解合理性的真正逃离点，由于退步、压迫或恐怖的代价，人们只能退回到它的背后。"正是在理解合理性基础上，才能适当阐发社会秩序与美好生活本质问题。我们能这样开发'语言理解的否定性潜能'，以至能开启美好生活、批判性修正与创造性变革的可能性。"[3]

然而，如果生活世界合理化不表征可能的理想状态，而只包含着结

---

[1] Albrecht Wellmer, *Ethik und Dialog*, Frankfurt/M.: Suhrkamp 1986, S.163.

[2] Vgl. Jürgen Habermas, *Der philosophische Diskurs der Moderne*. Frankfurt/M.: Suhrkamp 1985, S.399.

[3] Albrecht Wellmer, *Ethik und Dialog*, Frankfurt/M.: Suhrkamp 1986, S.161.

构变化的描述，那么非常清楚：为了把握某些特殊问题与不合理的社会现象，仅有生活世界合理化概念是不够的。因为它是不只能将其终点理解为完全合理的生活世界的过程，而是这样一个过程——在其中，能起作用的社会意识，并没有可能的有效的保障基础，也没有只能用实际的交往和论证手段来保障共同性的网络。"这个过程就是最终审判机关，因为'语言理解的否定性潜能'的开发，只能被理解为学习和创新过程；但其关涉点并不是一个未来可以思考的无限制的理想交往共同体，而是当代的经验病理学、非合理性、缺陷、非人道性。"①

维尔默认为，哈贝马斯对理性统一性进行的普遍语用学的和真理共识论的重构，一方面，还纠缠在基础主义的、解—哲学的思维框架中；另一方面以特有方式停留在唯科学主义区分中。"从这种区分视角出发，原来应当被理解的东西是什么，最终成为不可理解的：理性的部分因素，在它们相互分离后，又相互联系。"② 现在，理性统一性就被描述为理论的、技术的、道德的、审美的提问方式与论证之间的连线和过渡的网络。在连线和过渡缺失或被剪断的地方，总是导致特殊的病态和理性的片面使用：人们能称一个行为是"不合理的"（irrational），因为它违反前后一致性的基本要求，或只有付出反对论据与经验的代价才能保持前后一致性；相反，人们称理性行为的还原形式为"不理性的"（unvernünftig），在这里，一个合理性维度付出了另一个维度被绝对化的代价。那么，"理性的"（vernünftig）意味着什么呢？在哈贝马斯那里，"理性的"一词表征着"交往的内涵"这个词，也被称为"理性要素整合"。但维尔默认为，现在不再能够只通过程序形式主义刻画的理想的结构模型来解释。对理性的要素来说，不是实现理想的状态，而是开启与拓展自由的游戏空间与生活的可能性。因为理性统一性，是在部分理性要素的相互作用中实现的。对这些要素来说，既不能有最终的基础，又不能有最终的标准，

---

① Albrecht Wellmer, *Ethik und Dialog*, Frankfurt/M.: Suhrkamp 1986, S.162.

② Albrecht Wellmer, *Ethik und Dialog*, Frankfurt/M.: Suhrkamp 1986, S.170.

也不能有最终的和解。

但是无论如何，合理性都有一个基础：那就是活生生的"理性的文化"。在这个基础曾经存在的地方，所有自由的假定都必然成为实践理性的假定。这就是不可放弃的实践理性的"千禧年说"（Chilaismus）①——哈贝马斯、阿佩尔追随康德捍卫它的权利，但总是只有在现存的、可体验到的不自由的背景下，才能获得每个假定的详细意义。这意味着，没有最终的和解，就没有理想的理解。"也许不曾有更多的理由，为政治自由而斗争，可这必须一再保护、继续给予并重新占有自由。不过，在一个理想的理解模型中，这不再是可以思议的。新一代每个人都的确使理想的理解落空，但没有这些重新开始的要素，或许也没有自由。"②

综上所述，维尔默在考察批判理论与马克思主义关系的基础上，对启蒙辩证法进行了重新诠释：按维尔默理解，批判理论不过是将韦伯洞见整合进被修正的马克思主义理论框架中，尽管开始时它属于黑格尔主义的马克思主义传统，但最终并不属于马克思主义。维尔默认为，启蒙辩证法作为理性的历史辩证法，最终变成了阴郁的现代性理论。与此同时，维尔默还在批判性重构阿多尔诺否定辩证法与哈贝马斯交往合理性理论基础上，试图通过理性的合理性与解中心的合理性，以及多元的、公共的合理性的阐发重建批判理论规范基础。如果说批判理论规范基础重建，是维尔默政治伦理学的理论背景；那么后形而上学现代性理论，就是维尔默政治伦理学的理论视阈。对于这个问题的讨论，将是第二章的主要任务。

---

① "千禧年说"（Chilaismus），又译为"千年福主义"、"千年福王国学说"，喻指基督再生重建千年王国，引申为任何理想的未来世界。

② Albrecht Wellmer, *Ethik und Dialog*, Frankfurt/M.: Suhrkamp 1986, S.172.

第二章　后形而上学现代性

在《现代性与后现代性辩证法》"英译前言"中，T. 多米斯正确地指出，维尔默哲学发端于后形而上学现代性的思考①。我们知道，在关于形而上学现代性的社会遗产、政治遗产、文化遗产的讨论中，维尔默基本是站在阿多尔诺的立场上，并高度评价了阿多尔诺哲学的解放作用；但维尔默反对给现代合理化原则划出一个内在边界。他断言，阿多尔诺体验到了非同一性的精神模仿关系，并将来自"理性的他者"的乌托邦和解视为精神自我分化的扬弃。因而，每个可能的历史和解都使弥赛亚主义期待的总体和解失去了价值。这样，维尔默就与阿多尔诺的元理论前提，尤其是准神学动机拉开了距离。然而，"对否定主义历史哲学与弥赛亚主义乌托邦关联来说，这个动机是结构性的"②。事实上，维尔默并不想回避后形而上学现代性，它关系到现代性游戏终结。但维尔默强调必须赋予"游戏"一词以合理性：技术的—经济的合理性，意指现代性是由坚硬材料构成的，以至于决胜局是很容易玩耍的；道德的—政治的合理性，意指自由民主传统是如此成问题的，"以至于决胜局变成了玩火的游戏"③。本章从三个方面考察维尔默的后形而上学现代性理论，以便为维尔默政治伦理学提供一个新的理论视阈。

---

① Vgl. Albrecht Wellmer, *Revolution und Interpretation*, Van Gorcum 1998, S.7.

② Vgl. Albrecht Wellmer, *Revolution und Interpretation*, Van Gorcum 1998, S.8.

③ Albrecht Wellmer, *Revolution und Interpretation*, Van Gorcum 1998, S.10.

一、阿多尔诺：现代性与后现代性

（一）如何阅读阿多尔诺哲学？

在维尔默看来，《否定辩证法》是阿多尔诺与康德和黑格尔的唯一对话。因为阿多尔诺对待传统哲学体系（包括德国唯心主义哲学体系）的方式，就像一个寻宝人试图从坍塌的形而上学大厦中拯救真理碎片，并将它们带至光明处一样。正如将解放理解为物化精神的自我超越一样，阿多尔诺在概念思维的自我超越中看到了哲学真理的可能性，这意味着哲学必须"通过概念而超越概念"[1]。维尔默指出，阿多尔诺对于"通过概念而超越概念"的追求，在这个层面上是有效的，前提是如果同一性概念被质疑的话。当然，这并不关涉先验话语合理性的乌托邦视角，而只关涉哲学话语的非本真特征。"哲学描述，作为从语言描述媒介中摆脱出来的东西，不是由于特殊在普遍面前的退缩，而是由于特殊与普遍的关系，即语言与世界的内在关联，在哲学中成为主题；在哲学中同时关涉这个问题，即我们本身，作为言说的存在，应当如何理解，除语言和世界的内在关联外，合理性问题是最重要的哲学主题。然而，哲学的目的既不是对现实断言的证明，又不是关于行为准则的论证，而是消除混乱、回忆起那些众所周知的事实（维特根斯坦）；或回忆起那些我们已经忘记的东西（阿多尔诺）。"[2]

这样，哲学描述、哲学解释、哲学论证就服务于上述目的，但这些描述、解释、论证也服务于在哲学主题面前失效的对象化语言。当然，这并不意味着，所有哲学命题原本都是错误的或无效的；而应当意味着，哲学命题的正确使用是非本真的。就像阿多尔诺所说，哲学命题想要揭示它所说的东西，但哲学"在本质上是不可说的"[3]。所以，"对哲学而言，

---

[1]　Theodor Wiesengrund Adorno, *Negative Dialektik*, Frankfurt/M.: Suhrkamp 1975, S.27.

[2]　Albrecht Wellmer, *Zur Dialektik von Moderne und Postmoderne*, Frankfurt/M.: Suhrkamp 1985, S.97.

[3]　Theodor Wiesengrund Adorno, *Negative Dialektik.*, Frankfurt/M.: Suhrkamp 1975，S.44.

描述并不是无关紧要的和外在的……而是它的内在观念"[1]。阿多尔诺说，在哲学中人们确实遇到了概念界限，这是因为人们在语言的界限处进行思考：既非完全在语言内部，又非在界限彼岸。

因而，为了能够像尼采那样谈论现实的虚假化，就必须在语言中揭示现实；为了能够有意义地谈论语言退化，就必须有语言的非退化使用；为了使怀疑有意义，就必须有不容置疑的东西。下面，维尔默区分了两种阅读阿多尔诺方式。

由于阿多尔诺没有将对哲学普遍概念的"不信任"（die Misstrauen）应用于同一性思维批判，因而，错误的哲学体系就部分地嵌入到其哲学中，这从他对话语概念的批判一直延伸到后期哲学的困窘结构中。由此，就产生出阿多尔诺哲学的僵化特征：不是否定的辩证法，而是静止的辩证法。"正是由于阿多尔诺哲学的僵化特征，所以一切都取决于如何阅读他：也许我们可以把后期阿多尔诺著作理解成对同一性思维批判的困窘式发展；也可以理解成从哲学语言中推出的假设的兑现。"[2]维尔默认为，这两种阅读方式是不一样的：第一种阅读方式直接接受了阿多尔诺哲学中所包含的体系，这很容易将阿多尔诺哲学的人为性与不一致性搬过来，正如许多批评家所做的那样；第二种阅读方式尽管并不简单地瞄准体系，但也试图在发现模棱两可、矛盾、困窘的地方，从特殊语境出发破译阿多尔诺范畴的可能的含义来"液化"（Verflüssigt）这个体系。

为了使阿多尔诺的反体系哲学更好地发挥作用，人们必须棱镜式地阅读它。维尔默说，如果人们试图这样做的话，那么阿多尔诺哲学在审美体验与社会体验的渗透力方面就是无与伦比的。不过，对阿多尔诺哲学研究来说，困难的深层原因，是阿多尔诺的隐密体系与公开哲学思考之间的不平衡性。这个研究必然试图描述阿多尔诺的基本思想，但这个尝试总是引向这样一种体验：最本质的东西会巧妙地从人们的视线中溜走。就是说，

---

[1]　Theodor Wiesengrund Adorno, *Negative Dialektik.*,Frankfurt/M.: Suhrkamp 1975，S.29.

[2]　Albrecht Wellmer, *Zur Dialektik von Moderne und Postmoderne*, Frankfurt/M.: Suhrkamp 1985, S.157.

最本质的东西不是隐藏在可评论的基本思想中，而是隐藏在可引证的表述中。维尔默指出，阿多尔诺总是在重新转向中解释自己的哲学观念：哲学的审美要素与修辞要素不是偶然的，即描述对哲学来说不是外在的，而是内在的。因而，与现代艺术相似，哲学不再是封闭体系的统一，而是超越体系的统一。此乃阿多尔诺用否定辩证法所指称的东西，它的形式就是哲学片断，或曰"模型分析的总和"。"正是由于这个原因，阿多尔诺的文本才接近了文学作品：我们可以阅读它，可以引证它，但我们不能在不曲解的前提下概括性地介绍它，尽管它是哲学文本，而且是在哲学意义上的哲学文本。"①

当然，人们也许会提出反对意见：可引证的表述、开放的哲学思维观念，怎么可能是全部呢？如果必须对阿多尔诺哲学内涵以及对同一性思维批判提出质疑的话，那么阿多尔诺哲学还能够保留下来什么呢？维尔默说，对这些问题有许多可能的回答：第一个答案，也许指明了阿多尔诺美学的、音乐社会学的、社会理论的、哲学的个案分析。第二个答案，仿佛在阿多尔诺对现代性否定的内部，在困窘的和解哲学内部，使得另一种现代性哲学、另一种语言哲学变得更加清楚。

那么，阿多尔诺的和解哲学如何被理解为对现代性历史自我超越的尝试——用时髦的话说，被理解为后现代哲学？对此，维尔默试图做出解释。他说，阿多尔诺将工具精神的同一性强制（从现代社会的系统、亚系统，经过科学演绎系统，直到资产阶级主体的压抑性统一）追溯到话语思维中，只能以弥赛亚主义方式解释对立关系：非强制的多样性统一观念变成过分热情的拯救自然观念。这种被拯救了的自然就成为超越历史现实的东西，正如每个人都能这样思考它：处于时空中的现实自然，通过实在的生死限制，负载着不可避免的痛苦回忆与无法重新修正的不公正。实际上，《否定辩证法》就结束于一系列的沉思：关于死亡的不公、关于肉体

---

① Albrecht Wellmer, *Zur Dialektik von Moderne und Postmoderne* , Frankfurt/M.: Suhrkamp 1985, S.156.

的重生、关于过去的不公与痛苦的消除、关于形而上学沉思，特别是关于康德（没有隐藏保罗派倾向的）实践理性假设的沉思。"不过，与康德不同，阿多尔诺坚持认为，不可以绝对地思考内在性与超越性之间的合唱：经验的界限是我们自己经验的界限。正如它已经成为历史一样，它也能历史地改变——我们不能知道，可能的经验曾经是什么?"①

维尔默指出，阿多尔诺试图将历史唯物主义期待与弥赛亚救赎期待、永久和平观念与肉体再生观念联系在一起进行思考，并觉得自己有资格这样做。阿多尔诺将（康德、叔本华意义上的）可能的经验界限理解为历史的或历史上可以改变的，因而，从形而上学角度看，阿多尔诺思想已经不再是否定辩证法的，而是传统意义上的思维方式：阿多尔诺试图思考历史变化，也许不仅是将创造物从有限的、完全痛苦的、生死之间的存在的牢狱中救赎出来，而且也是对直观与概念合唱的扬弃。"对阿多尔诺来说，知识和真理的可能性与拯救自然的期待联系在一起，原因就在于阿多尔诺从尼采、叔本华那里接受下来的同一性思维批判，最终把真理驱逐到概念彼岸。然而，如果'知识除拯救世界之光外没有什么光亮'的话，那么对工具理性的批判也只能从整体上被描述为对历史现实的批判：阶级社会与无阶级社会之间的距离就变成历史时间与弥赛亚主义时间之间的鸿沟。"②

但是，如果同一性思维批判在哲学上能够被质疑，那就有理由赞同康德、反对阿多尔诺，取消历史时间与弥赛亚主义时间的混乱，也就是将人的社会尊严概念与肉体再生期待、拯救自然期待区分开来。当然，"这并不意味着简单地修正阿多尔诺的错误，毋宁说，正是由于阿多尔诺将马克思理论的弥赛亚主义成分思考到了尽头，所以在其哲学中同时释放出后马克思主义现代性理论成分。"③这些成分，在阿多尔诺关于哲学语言的思考

---

① Albrecht Wellmer, *Zur Dialektik von Moderne und Postmoderne*, Frankfurt/M.: Suhrkamp 1985, S.160.

② Albrecht Wellmer, *Zur Dialektik von Moderne und Postmoderne*, Frankfurt/M.: Suhrkamp 1985, S.161.

③ Albrecht Wellmer, *Zur Dialektik von Moderne und Postmoderne* ,Frankfurt/M.: Suhrkamp 1985, S.161.

及其《美学理论》中可以找到。

（二）阿多尔诺：非同一性的捍卫者

阿多尔诺认为，欧洲的伟大哲学传统在错误的理想取向上迈出了一大步：知识理想建立在方法论保证的、坚实的基础上。然而，"哲学本质上是不可说的"。维尔默指出，尽管"哲学本质上是不可说的"这个命题，同样适用于过去的伟大哲学，但直到胡塞尔、逻辑实证主义、埃尔朗根学派的结构主义，都以方法论保证的知识进步为理想。阿多尔诺（尽管不是第一个）认识到，这种意义上的哲学是不可能的。"或者说，若这一目标能严格地实现，那就意味着哲学终结。"①

从"哲学本质上是不可说的"这个洞见可以看出，阿多尔诺与海德格尔、维特根斯坦不无相似之处，但阿多尔诺的文本，与康德、海德格尔、维特根斯坦的文本是不同的。按维尔默的说法，尽管康德的文本晦涩难懂，但仍然有着清晰的结构。后期海德格尔的文本令人费解，他将日常语言异化为不可认知的哲学语言，因而，其句法和语法规则失去了可信性；但只要仔细认真地阅读，就能觉察到其结构十分严密，在表面上松散的评论背后隐藏着巨大的思想力量。与他们的文本相比，阿多尔诺的文本缜密而复杂，就像能听出每个细微差别的音乐作品一样——"用耳朵思考"是阿多尔诺的箴言；其缜密性基于这样的观念：在语言形式中表达出来的思想，与语言形式具有同等价值，这个观念源于阿多尔诺对日常语言和科学语言的不信任。因而，在某种意义上，语言批判，或者说，同一性思维批判、语言含义批判、普遍概念批判，"就被描述为阿多尔诺哲学的核心"②。维尔默指出，对阿多尔诺来说，话语合理性的"伪质子"已存在于普遍概念中，而僵化的普遍概念，在某种意义上就是理性虚构本身。"对阿多尔

---

① Albrecht Wellmer, *Zur Dialektik von Moderne und Postmoderne*, Frankfurt/M.: Suhrkamp 1985, S.136.

② Albrecht Wellmer, *Zur Dialektik von Moderne und Postmoderne*, Frankfurt/M.: Suhrkamp 1985, S.137.

诺的概念批判进行元批判，也许就是对一直困扰着阿多尔诺哲学思考的问题进行重述。"①

下面，维尔默试图补充几点：被理解的东西，或更好地说，在潜在意义上被破译的东西，是阿多尔诺关于非同一性的言说，它通过普遍概念成为纯粹的样本，或完整性被伤害。阿多尔诺将普遍概念对非同一性的伤害理解为非真实的概念判断，并接受了这个悖谬：一般称为真实的东西（即语言陈述），应当是非真实的。所以不仅断言，真理概念不再能带进与被称为真实的东西的关联中，而且不能够说，普遍概念使特殊东西遭受了不公正待遇。人们只想说，由于语词意义的普遍化，符号应用的特殊情况不能在语言符号本身中表达出来。维尔默指出，尽管阿多尔诺一再强调，为了表达对概念思维的批判，除了语言之外，哲学不可能有其他立足点；但它仅仅以同一性思维批判，以及语言之外的立场为前提。所以说，"阿多尔诺哲学是对语言界限、主体哲学界限的冲击。不过，尽管它说出了主体哲学的秘密，但没有理解这一秘密。"②

维尔默认为，同一性思维，必然对社会历史现实施加暴力，对线性逻辑关系网络中理解的自然施加暴力，进而对自然本身施加暴力。这样，阿多尔诺的和解哲学及其不可消解的困窘就得到了阐释：阿多尔诺只能将"工具理性的他者"理解为超越话语合理性的东西，并只能将关于非暴力社会设施构想理解为拯救自然的构想。维尔默说，如果严肃地谈论语言判断中"暴力的种子"、"非真实的"与"普遍化"，那就只能关涉语言内部问题；与此相应，如果在语言交往或社会实践的特殊阻塞、病态或反常行为意义上理解同一性思维的暴力行为，那么阿多尔诺的批判就应当被重述为（同一的）。"当且仅当通过语言含义的普遍化，伤害'非同一性'的完

① Albrecht Wellmer, *Zur Dialektik von Moderne und Postmoderne*,Frankfurt/M.: Suhrkamp 1985, S.86.
② Albrecht Wellmer, *Zur Dialektik von Moderne und Postmoderne*, Frankfurt/M.: Suhrkamp 1985, S.87.

整性；或者，在能遮蔽现象的特殊性意义上，这才是可以理解的"①。就是说，仿佛只有将阿多尔诺的非同一性从语言彼岸拉回到主体间性语言实践视阈中，人们才会明白：什么时候、在什么意义上，普遍性与特殊性之间的不均衡，总是能够意味着非同一性的伤害或矫正，而且在这个不均衡中能表达出对交往的干扰、阻塞和限制。为了阐明普遍性与特殊性之间的不均衡问题，维尔默给出了以下三个例子：

第一，与自身体验相对的失语体验。一方面，语言能力和交往能力的界限，肯定与语言含义的普遍化和主体间性联系在一起；另一方面，语言能力和交往能力是语言理解和自我理解的可能性条件。这样，人们就能直接谈论作为语言本身的语言。维尔默指出，当阿多尔诺谈论直观与概念之间的不均衡时，无疑是指与此近似的东西。因为对他来说，语言能力拥有（作为话语的语言用法纠正措施的）文学语言用法与审美对象化的所有形式，诗化的、文学的、修辞的、造型的语言用法，表征着语言能力的创造性拓展。于是，不可说的东西就成为可说的；在个体体验的沉默中，被封闭的东西成为可触及的、可传达的。这关系到语言功能的悖谬：语言表达一旦成功地踏进公共交往空间，这种表达就不再仅仅是个体的表达了，它还开启了一块共同的现实。"在阿多尔诺那里，如同在维特根斯坦的'情绪表达'中一样，体验的'非同一性'成为'中介的'：在其中，它摆脱了私人性，成为主体间性的。在艺术中，如同在创造性的语言能力最不引人注目的陈述中一样，'对语言界限的冲击'是对更新了的语言的又一次回答；但在语言能力中，存在着两种可能：一是意义的空洞化和沉默；二是意义的更新和拓展。"②

因而，只有像阿多尔诺那样，把语言的克服以弥赛亚主义的方式理解为真实语言的获得，那么语言的内部资源（它使人们总是能克服语言的

---

① Albrecht Wellmer, *Zur Dialektik von Moderne und Postmoderne*,Frankfurt/M.: Suhrkamp 1985, S.88.

② Albrecht Wellmer, *Zur Dialektik von Moderne und Postmoderne*, Frankfurt/M.: Suhrkamp 1985, S.89.

失语）才必然表现为毫无希望的、不可接近的。当然，这并不适合于讨论：语言是否永远毫无希望接近；但能给出一个正确观念：真实语言如何起作用，以及具备什么样的可能性。这样，"与自身体验相对的'失语'（Sprachlosigkeit）同时也是与现实相对的'失语'。就此而言，我所指出的创造性的语言能力，对现实的描述、道德话语、哲学论证来说是有意义的。"①在这里，阿多尔诺阐明了表述、描述对哲学的意义，指出了审美要素对哲学的非偶然性。不过，因为阿多尔诺在主客体两极对立中表述这个问题，所以不理解描述问题与真理问题以哪些不同形式交织在一起。

　　第二，对语言的"预备性的"和"剪切性的"使用，非真实与不公正相互交织。维尔默说，贝恩哈特②对"错误的"一词的使用，使人们想到阿多尔诺对"非同一性思维"的刻画。在非同一性被伤害中，它已经达到非真实程度。从心理诊所的例子中可以看出，非同一性就是指，带有非同一性疾病史的个体人，被伤害到这种程度，以至于他人拒绝和之交往，并剪断他重新赢得自我的机会。就是说，人被修剪成纯粹物化的样本。"为了把握贝恩哈特使用的'错误的'一词的所有内涵，我们必须谈论为物化过程准备好的认知科学框架。这就引导我们回到了阿多尔诺。"③对阿多尔诺来说，现代社会的物化过程与人的科学的物化过程不可消解地联系在一起。换言之，人的科学是被物化的，方法论模型是物理学。如果人们假定，病理学是与物理学相符的科学，那么在病理学语言中就潜含着贝恩哈特归之于医生的交往拒绝。在这种情况下，贝恩哈特使用的"错误的"一词就不再被理解为对精神病理学专业术语的有意义使用，而是对科学语言的刻画：这是"错误的"，因为在其日常无规则的使用中已经隐含着病人的物化。

---

① Albrecht Wellmer, *Zur Dialektik von Moderne und Postmoderne*, Frankfurt/M.: Suhrkamp 1985, S.90.
② 贝恩哈特（Thomas Bernhard, 1931—1989），奥地利小说家、剧作家、诗人。
③ Albrecht Wellmer, *Zur Dialektik von Moderne und Postmoderne*, Frankfurt/M.: Suhrkamp 1985, S.93.

在维尔默视阈里，同一性思维与交往拒绝、人格完整性伤害联系在一起。但如果人们不同时给出作为语言理解的潜在的"共生主体"（Kon-Subjekte）和研究客体的话，那人们就不能思考不真实与不公正之间的内在关联。最终，只是由于交往参与者的"施为性态度"（performative Einstellung），才使人们接近了社会事实和心理事实。"这不仅论证了，社会现象和心理现象之间可能的客观界限；而且也论证了，普遍概念错误使用于陈述层面（或普遍概念的错误使用）就能证明为不真实；它使用于行为或态度层面，就能证明为'非同一性'的伤害。"① 在这里，维尔默并不是为经验科学理论的代替性选择做论证；而只想说，只有像阿多尔诺那样看到，物理的、现实的交往客观化，已经植根于现实的语言描述条件中，才能有这样的观点——对语言用法的物化批判，迫使人们超越概念的规范意义，不！这种批判只能迫使人们超越教条的、狭隘的语言观或科学观。

第三，系统强制与"非同一性愤怒"。阿多尔诺完全是从心理学视角看待系统强制的：系统强制是规训统一的自我的强制——在系统强制下，非同一性的、不可通约的、不可化约的东西，都表现为威胁——愤怒和恐惧是对非同一性体验的典型反应形式。因而，必须防御非同一性：排挤（如在社会化过程中）、禁忌（如在原始社会中）、拒绝（如在教条主义那里），或最终从肉体上消灭它。

尽管阿多尔诺接受了韦伯关于合理化与系统关联的思想，但在某种意义上进行了翻转：批评系统强制的疯狂性。这样，阿多尔诺的同一性思维批判就变成了总体化理性批判，并试图将自己的哲学从概念思维的系统强制中摆脱出来。但是现在，只有在单向度的主客体模式中，使概念思维的话语特征为系统的僵化负责，才是令人信服的。不过，在阿多尔诺那里，"话语"（Diskurs）一词是被独白式理解的：根据句子之间的演绎关系思考论据与论证。因而，阿多尔诺必须将以形式逻辑为基础的，即僵化的理想

---

① Albrecht Wellmer, *Zur Dialektik von Moderne und Postmoderne*, Frankfurt/M.: Suhrkamp 1985, S.94.

化假定，重释为概念本身的独特性——对他来说，僵化的演绎系统已经植根于普遍概念中。

不过，阿多尔诺对系统强制的心理学解释要比概念逻辑解释更令人信服。维尔默说，人们最终认识到，概念思维的话语特征无法在句子之间的演绎关系中充分刻画出来，并不是由于对主体进行语言哲学的解中心化；而是因为概念与事物之间的相互作用、一个事物的概念与另一个事物的概念之间的相互作用，都属于论证。在论证中，语言含义获得了反思形式。因而，尽管论证本质上属于同一性逻辑维度，但如果把它还原为同一性逻辑维度，那就不能理解论证的特殊理性要素。就此而言，阿多尔诺也许应当被指责，因为他事先接受了理性主义的话语合理性概念。"正因为如此，阿多尔诺对总体化理性的批判就变成了对话语合理性的批判。"[1] 当然，为了思考系统强制彼岸的相关物，即僵化的同一性强制彼岸的个体形式，人们不必超越话语合理性；毋宁说，非强制统一的规范视角植根于话语理性的语言基础中。"这样，阿多尔诺的话语合理性概念就与唯科学主义描绘的狭隘的启蒙理性画像相同，只是在阿多尔诺那里，这个'征兆'被翻转了。当唯科学主义描绘的启蒙理性从数学自然科学模型中获得了肯定的画像时，这个模型在阿多尔诺那里也被物化为理性主义的话语合理性模型。"[2]

但随着对主体进行语言哲学的解中心化，命题与反命题就都失去了权利。这意味着，形式逻辑、数学、物理学的去神秘化或"祛魔化"（Entdämonisierung）。就是说，其自身的合理性不再符合唯科学主义描绘的启蒙理性画像了。维尔默认为，从某种意义上说，物理学是客观思维方式的典范，因为它将实在解释为工具性干预和技术控制的可能场域。但是，作为客观实在的东西，物理学看不到非客观化的基础，即在历史实践中奠定的

---

[1]　Albrecht Wellmer, *Zur Dialektik von Moderne und Postmoderne*, Frankfurt/M.: Suhrkamp 1985, S.95–96.

[2]　Albrecht Wellmer, *Zur Dialektik von Moderne und Postmoderne*, Frankfurt/M.: Suhrkamp 1985, S.96.

基础。这样，物理学就是从单个主体视角出发的关于现实的知识，它在现代主体哲学中处于核心地位。因而，唯科学主义就不仅植根于物理学中，而且植根于主体哲学中。"在某种意义上，同一性思维批判是对唯科学主义的又一次翻转。它归咎于从中产生出来的语言遗忘的形而上学概念。"①归根到底，阿多尔诺的同一性思维批判，可以被视为对（作为交往合理性的）有限精神进行重新揭示与重新阐发的练习。

总之，在"系统强制"中表现出来的"非同一性愤怒"，不是话语合理性表达，而是表明话语合理性缺乏：它可以被表述为经验无能与论证阻塞。在"反思堵塞"表述中，维尔默将经验无能与对我修正的无能放在一起思考，认为僵化的系统与僵化的自我相符合；并强调对主体的语言哲学批判与同一性逻辑的理性批判进行区分是可能的，这同时意味着相对化；而保留下来的东西，就是在元批判层面上，同一性思维的非相对化内核。

二、主体理性批判与"理性的他者"

（一）主体理性批判②的三种形式

第一，总体化理性的心理学批判（"祛蔽"），首先出现在弗洛伊德的心理分析中，它试图揭示自主的主体，实际的无能或不存在，并试图证明表面的理性，实际的非理性——这关系到"理性的他者"的揭示。

维尔默认为，人类作为表现的存在、"欲望的机器"或尼采意义上的"权力意志"，其实并不知道自己想要什么，自己正在做什么；他们的理性不过是社会力量和权力关系的心理表达与复制。自我（作为哲学主体的不健全的残余物）充其量是自我要求与超越威胁之间的微弱的中介物；具有

---

① Albrecht Wellmer, *Zur Dialektik von Moderne und Postmoderne*, Frankfurt/M.: Suhrkamp 1985, S.97.
② 这里的"主体"是指"自主的"主体、自我统一的主体、意义—构成主体；"理性"是指总体化理性、工具理性、自明的理性。为了叙述方便，合并简称为"主体理性批判"。

自决能力与立言能力的哲学主体显露出合理化能手的原型，它服务于那些异化于自我的权力；自我的统一与自明被证明为是虚假的。因而，"心理分析的'解中心化的'（dezentrierte）主体，与其说是心理力量与社会力量的主人，倒不如说是这些力量的交汇点；与其说是戏剧的导演或历史的作者，倒不如说是一连串冲突的活动的舞台。"[①]

　　在这种情况下，心理分析的发现在某种程度上还不能确定：发生在作为规范概念的主体、理性或自主这些概念身上的应当是什么。很难说，弗洛伊德在什么意义上坚持这些概念；但能肯定，它们绝不再是笛卡尔式的或唯心主义的主体哲学概念，绝不再是理想的假定：用真理意志代替快乐原则或权力意志的明确选择，用非强制的对话代替符号暴力的明智选择，或用道德自决代替力比多经济学的明智选择。[②] 因而，弗洛伊德（或尼采）的发现最终并不在于，使作为不可理解的力量渴望（或权力意志）植根于合理论证或道德意识中。或许应当注意到，只要主体、理性、自主概念，从为心理分析所动摇的理性主义坐标中摆脱出来，与这些概念相关的东西就成为不确定的。

　　当然，正如维尔默所说，尽管弗洛伊德对启蒙持怀疑态度，动摇了对自主的主体与总体化理性的信仰，但他仍然试图强化理性力量与自我力量。因为，一个令人失望的、解—幻想的、将自身控制在理智一定限度内的人，仍然是弗洛伊德批判的规范视阈。正是在这个意义上，弗洛伊德仍然是一个启蒙主义者。

　　事实上，不仅弗洛伊德的心理分析，而且 20 世纪的先锋派文学，也为这个解中心的主体提供了大量的现象学材料。但在先锋派文学中，对自主的主体与总体化理性的心理学批判，是与社会哲学批判交织在一起的。正如霍耐特所说，这些先锋派文学的目的是，"在超越个体语境的事

---

① Albrecht Wellmer, *Zur Dialektik von Moderne und Postmoderne*,Frankfurt/M.: Suhrkamp 1985, S.71.

② Vgl. Albrecht Wellmer, *Zur Dialektik von Moderne und Postmoderne*, Frankfurt/M.: Suhrkamp 1985, S.72.

件中，从审美上表明这些主体的相互纠缠"①。事实上，在20世纪70年代早期利奥塔那里，总体化理性批判集中体现在对理论、表现、符号、真理概念的拒绝上。这时，利奥塔不仅批评了阿多尔诺，因为阿多尔诺固守主体范畴；同时也批评了阿尔托②，因为阿尔托在"普遍的解—符号道路上"走得不够远。维尔默指出，利奥塔对这两个人的批评表明，他并不很情愿地与表现性思维、符号和意义的暴力决裂。如果说，阿多尔诺固守着"表达"（Ausdruck），阿尔托坚守着手势语法；那么，利奥塔则假定，"符号学"（Semiologie）消解在"能量学"（Energetik）中。"因而，对利奥塔来说，主体、表现、意义、符号、真理，显然是作为整体必须被打断的链条的组成部分：'主体是与机器一起消失的、再现机器的产品'"③。这表明，利奥塔已经从总体化理性批判走向了后理性主义。也就是说，利奥塔用意志（"在期待意义上，无论它是什么"）来代替通过建筑艺术与表现艺术调节的行为，而且，并非徒然地用遗忘的激情代替批判的激情。

　　第二，工具理性的哲学—心理学—社会学批判，从某种意义上说，是总体化理性的心理学批判的极端化；它在尼采那里已经出现（当然并不是第一次），并为霍克海默、阿多尔诺所极端化，到法国后结构主义那里仍然发挥着作用。与弗洛伊德不同，霍克海默、阿多尔诺对弗洛伊德还固守着的理性规范坐标（譬如，以人的目的为取向的男性性格）提出了质疑。在他们看来，心理分析内部还存在着某些理性主义要素，尽管唯心主义思维方式事后被弗洛伊德摧毁了。在这里，维尔默试图坚持霍克海默、阿多尔诺在《启蒙辩证法》中提出的，并为阿多尔诺在《否定辩证法》中进一步阐发的这个版本，尽管维尔默承认这样做肯定具有片面性，但同时也期待对这个主题进行创造性界定。

① Axel Honneth, *Kritik der Macht.Reflexionsstufen einer kritischen Gesellschaftstheorie*, Frankfurt/M.: Suhrkamp 1989,S.138.
② 阿尔托（Antonin Artaud, 1896—1948），法国演员、剧作家、戏剧理论家。
③ Albrecht Wellmer, *Zur Dialektik von Moderne und Postmoderne*, Frankfurt/M.: Suhrkamp 1985, S.52.

　　根据霍克海默、阿多尔诺（与尼采、克拉格斯接近）的说法，与统一的自我相关的东西，是客观化的、系统化的、总体化的理性，它借助"生命分裂为精神及其对象"变成工具理性。就是说，在封闭的哲学体系中就像在哲学最终论证的基础主义中一样，表述出对同一性思维确定性与支配性的疯狂追求。在现代合法性系统(从知识论到政治哲学与道德哲学）中，隐藏着转变为话语合理性形态的神秘妄想的残余，但启蒙理性最终变成了纯粹的支配工具。在后工业社会中，它就演变为蒙蔽关系：主体（原本是启蒙承担者）就变成多余的。这样，启蒙就意味着对自身的启蒙，意味着对同一性逻辑支配性的启蒙；但也意味着，只有在同一性逻辑中，启蒙才能修正并超越自身。到《否定辩证法》中，阿多尔诺试图对同一性思维进行批判，不过，对哲学概念的追求，变成了"通过概念而超越概念"的追求。在《美学理论》中，阿多尔诺试图使上述观念更加精确化。

　　维尔默指证，在现代科学中，可以找到关于客观化的、系统化的、工具化的理性的经典表述。因而，现代合理化进程——行政管理、形式化的法律、现代社会与经济的所有制度形式，就是那个促成客观化的、系统化的、总体化的理性的宣言。就是说，理性有独特的历史图景：一个进步的图景，正如它在现代社会不停的技术与经济进步中所预先形成的那样。理性主义者将这个无可怀疑的进步与趋于好的进步混为一谈，并认为这是人类走向理性的进步。维尔默说，这个语言游戏中听起来似乎是，启蒙理性能够期望比纯粹技术的、经济的、行政管理的进步不同的、更好的进步：通过克服无知与贫困而克服支配与错乱。然而，"只要稍稍超越《启蒙辩证法》的文字层面（而非精神层面），那就能补充说，即使在启蒙信念被看作是不可实现的幻想的地方，如在康德之后的德国唯心主义和马克思那里，总体化理性又一次在较高层面上，即在历史辩证法中被固定下来，并在斯大林的恐怖统治中暴露出来。"①

---

① Albrecht Wellmer, *Zur Dialektik von Moderne und Postmoderne*, Frankfurt/M.: Suhrkamp 1985, S.73-74.

维尔默说，在艺术中像在哲学中一样，阿多尔诺在模仿与合理性交织中阐释理性的自我超越，但只能建立历史变化的参照点：借此，他把作为此时此地弥赛亚主义之光显现的艺术作品与哲学的造型艺术语言之间的非强制综合，解释为和解的实际显现。这样，对同一性逻辑的批判似乎就必然陷入二难境地：玩世不恭或神学。这个二难选择，是克拉格斯为之奋斗的，但阿多尔诺不惜一切代价避免它。[①] 就是说，对同一性逻辑的批判终结于一个困境，它又一次重复了（在某种程度上它已经批判过的）欧洲理性主义的"语言遗忘"（Sprechvergessenheit）。

概言之，与弗洛伊德的理性主义（也可以说是实在主义）不同，霍克海默、阿多尔诺不再能够解释，究竟为什么理性的自我超越，作为对启蒙自身的启蒙，能够被理解为历史规划。"如果我理解正确的话，福柯也面临类似的难题"[②]。不过，霍克海默、阿多尔诺通过工具理性批判摧毁了马克思关于（市民社会）理性的自我超越构想。实际上，工具理性批判需要（乌托邦的）和解的历史哲学视角。当然，为了能够从工具理性这个蒙蔽关系中解脱出来，如果历史必须成为"历史的他者"，那么对历史在场的批判，就变成对历史实在的批判——这是对尘世疾苦的神学批判的最后形式。

第三，自明理性及其意义—构成主体的语言哲学批判，出现在后期维特根斯坦哲学中，它关涉对主体的和语言的理性主义构想的哲学解构，尤其关涉对（主体及其经历与意向是意义的源泉）这个思想的解构；此外，还关涉在后期维特根斯坦意义上谈论意义"规范理论"的批判问题。

诚然，对理性主义语言理论的语言哲学批判，既不开始于又不依赖于维特根斯坦，但维尔默断定，从某种意义上说，维特根斯坦是20世纪语言哲学批判的最重要代表。因为他的哲学思考包含了一个新的怀疑形

---

① Vgl. Albrecht Wellmer, *Zur Dialektik von Moderne und Postmoderne*, Frankfurt/M.: Suhrkamp 1985, S.76—77.

② Albrecht Wellmer, *Zur Dialektik von Moderne und Postmoderne*, Frankfurt/M.: Suhrkamp 1985, S.76.

式——借此，休谟或笛卡尔的确定性也被怀疑。维特根斯坦怀疑的问题是：我如何能知道，我在说什么？我如何能知道，我指的是什么？[①] 在维尔默看来，这里需要批判的思想是：通过某人（即符号使用者），使某个符号归属于某些既定的东西（如事物、事物种类、经历、经历类别等）；或者说，将一个名称归属于某个既定的意义，语言符号就获得了意义。这种意义的指称理论似乎深深植根于西方哲学中，在极端经验主义直至罗素那里，它都一直在起作用。维尔默将这个"指称理论"称为理性主义的，是因为它一直明确地或含蓄地建立在命名的、意义—构成主体的优先性基础上，并因为它（无论是否情愿）参与到理性主义观念论传统中，尤其是参与到作为"现存者"对象的意义中——它超越了理性主义与经验主义的巨大区分。

通过对自明的理性的语言哲学批判，作为作者与意义—意向最终法官的主体就被摧毁了。当然，人们也许能提出反对意见：这里的批判不仅是解释学的而且是结构主义的主题——维尔默说，这个指责在某种意义上是正确的。事实上，这里已经孕育着"意义—关系"的新的神秘化胚芽；毋宁说，关键在于，对总是体现在语言规则、语言游戏中的"意义—关系"本身进行启蒙。在这个语境中，维特根斯坦使规则和语言游戏这些重要概念有了新的哲学用法。不过，这里的规则，不能与通常理解的（调节的或构成的）规则混为一谈；而且语言游戏也不是游戏，而是先天形式，即语言的与非语言的行为、制度、程序的总体。维尔默指出，规则概念与意义概念相互交织表明，规则表征着主体间性的实践——在其中，某人必须被训练，意义本质是开放的。这样，作为特殊类型对象的意义就被消解了：作为某种理想的、或心理学意义的、或现实中给予的东西。即使可以将意义理解为一种关系，那也像卡斯托里亚蒂斯[②] 所说，它在"迄今流传下来

[①]　Vgl. Albrecht Wellmer, *Zur Dialektik von Moderne und Postmoderne*,Frankfurt/M.: Suhrkamp 1985, S.78.

[②]　卡斯托里亚蒂斯（Cornelius Castoriadis,1922—1997），法国哲学家、政治理论家、社会批判家。

的逻辑学/本体论中没有位置"①。因为即使最简单的指称关系也不仅以语言的内在关联为前提，毋宁说，其精髓本质上是实践总体概念，而非两种相互独立的既定关系的关系。

(二)"理性的他者"

像对主体理性进行心理学批判与社会哲学批判一样，对主体理性进行语言哲学批判也是为了在理性内部揭示"理性的他者"，但总是关涉不同的"理性的他者"。维尔默说，在对主体主义进行心理学解构时，关涉的是理性内部的力比多力量（与社会权力）的揭示；在对主体主义进行语言哲学解构时，关涉的是先于任何意向性与主体性而存在的准事实：语言的意义系统、生活方式，以一定方式由语言开启的世界。② 因而，这里并不关涉一个没有主体、没有人的自我的世界；而是关涉这样一个世界——在其中，人总是能够以不同方式是或不是自己。当然，人们能够将语言开启的世界业已存在的共同性解释为业已存在的同意，只是不可以想到习俗或共识，它们既非合理的又非不合理的；毋宁说，这个共识对真与假、理性与非理性的区分来说，是结构性的。所以说，维特根斯坦的基本意向，既非结构主义的客观主义又非新结构主义的怀疑主义。因为前者忽视了非客观主义的、本质上开放的"意义—关系"的语用学维度；后者使语言含义的非客观性与开放性指向单个符号应用的不可控制的非同一性。这样，语言含义的存在既不能还原为匿名的语言密码，又不能追溯到非控制的差异游戏。

维尔默所批评的立场，用 M. 弗兰克③ 的表述就是："基于结构重复的可能性……每个语言类型的使用都承担着一系列不可控制的变化"④。很明

---

① Cornelius Castoriadis, *Gesellschaft als imaginaere Institution*, Frankfurt/M.: Suhrkamp 1984, S.416.

② Vgl. Albrecht Wellmer, *Zur Dialektik von Moderne und Postmoderne*, Frankfurt/M.: Suhrkamp 1985, S.80.

③ 弗兰克（Manfred Franke,1945— ），德国蒂宾根大学哲学教授。

④ Manfred Franke, *Was ist Neostrukturalismus?*, Frankfurt/M.: Suhrkamp 1984, S.511.

显，这是指德里达。尽管如此，维尔默仍然认为德里达对语言含义的客观主义观点所做的批评是令人信服的：意义的同一性首先在符号使用的链条中被建构起来；此外，语词使用方式不可化约的多样性，可能像语言的意义不可终止的延异与拓展可能性一样，属于语言含义的存在。但是，只有在意向主义视角中人们才能断言，每个符号的单独使用才能承担一系列不可控制的"他性"；相反，如果人们对这个意向主义视角提出质疑，那么这个断言就导致同一性与非同一性的语言游戏。如果这样的话，"意义"一词有意义地使用彷佛就失去了根基——这就是维特根斯坦思考的关键点。按维尔默理解，"意义"一词依赖于应用语言的共同实践。人们称之为意义的东西，只应当通过追溯到（事实的或可能的）语言符号应用语境的多样性来阐释。因而，既不应将意义、意向或文本的理解重构为关于客观事实的知识，也不应将理解或意欲本身理解为客观的心理事实。因为客观的观察方式只能通向解释学的极端怀疑主义，最终必然消解意义概念本身。这样一来，对"你如何能知道：你表达的是什么？"这个被怀疑的问题，就根本没有答案，只要人们试图从同一个客观立场出发回答这个问题的话[①]。

由此可见，在主体理性批判与"理性的他者"揭示中，维尔默非常重视弗洛伊德、阿多尔诺、维特根斯坦。维尔默认定，阿多尔诺对主体的批判已显露出后现代主义倾向，但与后现代主义的区别在于：对和解哲学的态度不同。在对和解哲学决定性拒绝这一点上，"后现代主义似乎比阿多尔诺略胜一筹。"[②]当然，在阿多尔诺那里，和解哲学视角最终并非代表着反对非理性主义而捍卫理性主义、捍卫永不终结的辩证法的努力——在其中，坏的理性明显有弱于好的理性的印记，这个印记比阿多尔诺觉察到的印记更为明显、更难于消除：为了使它变得明晰，不需要弥赛亚主义期

---

① Vgl. Albrecht Wellmer, *Zur Dialektik von Moderne und Postmoderne*, Frankfurt/M.: Suhrkamp 1985, S.82.

② Albrecht Wellmer, *Zur Dialektik von Moderne und Postmoderne*, Frankfurt/M.: Suhrkamp 1985, S.99.

待。因而维尔默指出，如果人们发誓放弃对绝对的弥赛亚主义期待，而不同时修正理性批判的绝对主义特征，那么主体理性批判就只能结束于肯定、倒退或玩世不恭。事实上，阿多尔诺的例子已经表明，对主体进行语言哲学的解中心化迫使理性批判相对化：主体理性批判并不触及话语合理性，而是触及理性的某种不充分的、坏的或反常的使用。当然，相对化并不意味着批判必要性的减弱；而更多地意味着划界（只有在这个界限内，理性批判才有意义），而不是要么陷入形而上学中要么陷入玩世不恭中。通过对有意义的理性批判划界，理性本身，还有主体就又一次获得了机会。不过，这个机会与启蒙理性曾经向（理性与主体）许诺的那个机会不同。"那么，这究竟是什么样的机会呢？这是一个带着我又回到现代性与后现代性问题。"[1]

三、现代性与后现代性辩证法

（一）"现代性之死"与"乌托邦终结"

在"上帝之死"被人们逐渐淡忘时，大多数后现代主义者又宣告了"现代性之死"。如鲍德里亚说，末世已经来临，一切已经来临，一切都在那里。人们既不能够期待革命乌托邦实现，又不能够期待原子弹爆炸事件。最糟糕的事情、（所有乌托邦最终都以此为基础的）梦想事件、历史的形而上学努力等，都已经被抛在身后。[2] 由此，鲍德里亚将"后现代革命"表述为"伟大意义丧失过程"，它导致所有历史、坐标系、目的性毁灭。这样，后现代性或许就是，已经完成的历史的—非历史的现实，"现代性之死"已经出现。但是，后现代社会或许来自系统理论与克拉格斯不可期待的梦想之中间状态：史前的世界图景从现代电子学精神中获得再生。正是在这个意义上，维尔默说，当从后现代社会历史缺失中认出已经成为弥

---

① Albrecht Wellmer, *Zur Dialektik von Moderne und Postmoderne*, Frankfurt/M.: Suhrkamp 1985, S.100.

② Vgl. Jean Baudrillard, *Tod der Moderne*, Tübingen 1983, S.103.

赛亚主义时刻的阶段时，鲍德里亚比利奥塔更加始终如一。

另一些后现代主义者则宣称，现代性不能被理解为死的，而只能被理解为处于向新的形态过渡中，尽管还不能看出，是朝向自身并超越自身的现代性？还是走向技术信息、文化、政治上倒退的社会？譬如詹姆逊，在对总体化理性强制行为的后现代主义拒绝中，看到了新的、彷佛是对话的、后现代总体性概念。詹姆逊将阿多尔诺刻画为"非强制的多样性统一"的东西，说成是"通过差异而形成的关系"，从而将后现代主义美学刻画为讽喻美学，这使人们想起了阿多尔诺美学和本雅明美学。维尔默指出，这样，对后现代性的刻画就又一次深深地回到了美学现代主义中。人们或许能够将詹姆逊的审美与政治内在关联结构，称为特殊意义的后现代主义：对詹姆逊来说，后现代主义美学与新左派的解中心的"微观政治"一致。但在他的视阈里，后现代主义表征着审美的、心理的、社会的"总体化"的新的后理性主义形式，它不仅是对总体化理性及其主体的否定，而且是理性与主体的"自我超越"运动（卡斯托里亚蒂斯语）。

在维尔默看来，现代性的主要标志在于，说某些重要的东西就意味着说某些新的东西；与此相应的口号是：现代化、城市化、工业化、生态破坏。但是，这个命题不应该与对资本主义经济的盲目肯定相混淆，后者为了自身再生产缘故而要求不断地创新，并由此越来越威胁到人的自然生活条件；毋宁说，"在审美的、认识论的、实践的意义上，我们对'创新'的捍卫意味着：在所有这些维度中，对传统的保护只有在创造性变化道路上才是可能的；这同时意味着，我们根本没有进步与保护之间的选择。我们拥有的唯一选择，是不同进步方向之间的选择。"[1]

这样，维尔默就将（构成后现代主义切入点的）现代性化约为两部分：

一是关于启蒙理性规划。所谓"启蒙"（Aufklärung），从词源学上考察，至少有四层含义：一是指解释、说明、澄清；二是指教导、教育，尤

---

[1] Albrecht Wellmer, *Endspiele. Die unversöhnliche Moderne*, Frankfurt/M.: Suhrkamp 1999, S.276.

其是关于政治、世界观、性问题等方面；三是探寻、研究，尤其是从偏见中解放出来、并建立在理性基础之上的思想；四是（狭义）指 18 世纪欧洲出现的占支配地位的科学、教育创新运动，它旨在反对"任性的支配"（Willkürherrschaft）、（特别是在下层群众中的）宗教迷信和非科学。[①] 按康德的理解，"就是人类脱离自己所加之于自己的不成熟状态。不成熟状态就是不经别人的引导，就对运用自己的理智无能为力。……'要敢于认识！（Sapere aude!）'要有勇气运用你自己的理智！这就是启蒙运动的口号。"[②] 换言之，人类通过独立地运用自己的理智，克服自身的不成熟、不完善状态，就是启蒙。维尔默指出，启蒙作为社会生活不断的合理化、官僚化、科学化，直到韦伯那里，都被毫无变化地保留下来。就是说，资本主义经济、官僚体制、技术进步，还有福柯所说的身体规训形式，都感受到暴力毁坏过程，传统、生态环境、意义、统一的自我毁灭。这个统一的自我，是启蒙过程的发动机，也是启蒙本身的产物。"在现代化进程中，政治实践成为攫取、垄断与组织权力的技术；民主成为精打细算的统治形式；艺术被整合为资本主义文化工业，被还原为虚假的生活（自主的表象）。"[③] 因而，历史地起作用的理性，在合理化过程中是总体化过程。

二是关于反启蒙理性力量。实际上，现代性很早就动员了强大的、始终如一的反启蒙理性力量。这股浪漫主义的反现代理性主义力量，以特有的方式依赖于现代理性主义神话：从早期黑格尔到阿多尔诺都保留了与现代社会物化、分裂、异化相对立的和解概念的乌托邦图景，并与不仅通过纯粹否定而且希望通过同一性逻辑完成的理性意义联系在一起。在成熟黑格尔和马克思那里，主体理性又奏响了新凯歌：市民社会批判及其合理性浓缩为历史辩证法；马克思仿佛同时接受了浪漫主义的反现代理性主义的乌托邦图景。然而，历史辩证法的总体化知识，最终又一次作为合理性知

---

① Vgl. Gerhard Wahrig Deutsches Woeterbuch, S.204.

② 康德：《历史理性批判文集》，何兆武译，商务印书馆 2005 年版，第 23 页。

③ Albrecht Wellmer, *Zur Dialektik von Moderne und Postmoderne*, Frankfurt/M.: Suhrkamp 1985, S.101.

识与支配知识，服务于现代精英阶层；同时，总体化辩证法使国家组织的压抑（直至斯大林主义恐怖）心安理得；无政府主义对国家的否定使个体恐怖心安理得。这就走进了而不是跳出了下述怪圈，而且只能越陷越深：在非辩证的肯定与否定的相互作用中，欧洲启蒙规划已被消耗殆尽，但工业现代化进程却一往直前。

在这里，维尔默省略了伴随着欧洲理性主义发展的非理性主义，尤其是法西斯主义，省略了后现代主义的新保守主义修正，省略了对迄今发挥作用的西方民主主义传统的说明[①]；但对托克维尔、黑格尔、马克思的现代性规划进行了比较。维尔默指出，在托克维尔那里，民主伦理是现代社会的唯一和解形式。因而，从政治上看，现代性规划就是消极自由与共同体自由和解规划。这个规划与马克思、黑格尔不同，它是一个不能终结的、没有最终解决办法的规划，但在这里，乌托邦力量一再转化为新的具体的解决办法。与经济自由主义不同，如果没有理性的、共同体自由，即民主伦理的实现，那消极自由就必然会变为梦魇。实际上，现代性规划与普遍自由概念联系在一起，但自由并不属于能够被实现的东西。这样，现代性规划，就不是一个能够被完成的规划。完成这个规划的唯一的可能，或许是人类毁灭或自我消解——这种可能并非不可思议。

所以说，现代性的不可完成性包含着"乌托邦终结"，如果乌托邦意味着理想的或历史的目标完成的话。"在这个意义上，'乌托邦终结'并不意味着，我们不能完满地实现理想；而意味着，正是理想状态最终实现概念使人类历史没有意义。当然，'乌托邦终结'也不意味着，作为现代性规划组成部分的道德普遍主义与民主修正主义终结；而应当被理解为现代性自我反思重新开始、现代精神激进力量重新理解、后形而上学现代性入场。"[②] 所谓"后形而上学现代性"，也许是这样一种现代性：在形而上学

① Vgl. Albrecht Wellmer, *Zur Dialektik von Moderne und Postmoderne*, Frankfurt/M.: Suhrkamp 1985, S.101.

② Albrecht Wellmer, *Endspiele. Die unversöhnliche Moderne*, Frankfurt/M.: Suhrkamp 1999, S.53.

没落中，它不仅看到了缺失，而且看到了解放，即从客观主义幻想与暴政中解放出来；也是这样一种现代性：越是少地需要形而上学，它就越多地在其世界结构中扬弃形而上学真理。所谓"乌托邦终结"，或许是乌托邦力量的短路，或者说，是它的重新塑造、转型、多元化。只有乌托邦视阈客观化为历史和解状态，才能称为形而上学的。在政治领域，只有乌托邦激进主义与这样错误的客观化联系在一起，才能被称为形而上学的。维尔默说，一个没有乌托邦视阈的人，其生活、痛苦、爱情，是不可思议的；但只有具体的乌托邦才拥有合法地位，因为它规定着现代性条件下美好生活条件。

(二)"后⋯⋯"概念如同一幅"字谜画"

关于现代性、后现代性的理解，鲍德里亚、詹姆逊的观点，前面已经说过；在这里，主要讨论哈桑、利奥塔，以及维尔默本人的看法。哈桑[①]借助近乎解构的废黜运动刻画"后现代瞬间"，即现代知识型某种方式的爆破：理性及其主体作为统一和整体的"占位者"（Platzhalter），在空中化为碎片。对哈桑来说，现代艺术的激进力量，被聚集并扬弃在后现代意识中。这关系到长期以来在现代艺术中开始的对我思、主体理性的解构。维尔默指出，"后现代瞬间"作为后历史时间意识的基本范畴，摆脱了与柏拉图遗产的重负联系在一起的过去和未来。这样，高扬后现代意识的先锋艺术就必须对主体统一性和艺术统一性，从而对艺术概念本身提出质疑。"从哈桑的纲领性表达中可以看出两条线索：一是阿多尔诺意义上的新马克思主义美学；二是利奥塔意义上的肯定美学。"[②]

事实上，在利奥塔的后现代主义幻象中，费耶尔阿本德的后经验主义知识论、阿多尔诺的现代主义美学、后乌托邦的政治自由主义相互联系在一起。因而可以说，后现代思维在利奥塔哲学中找到了迄今最为精辟的表

---

① 哈桑（Ihab Hassan，1925—　），美国后现代主义文艺理论家。

② Albrecht Wellmer, *Zur Dialektik von Moderne und Postmoderne*, Frankfurt/M.: Suhrkamp 1985, S.51.

达。因为在他那里，美学后现代主义表现为美学现代主义的极端化，彷佛表现为成为自身意识的现代主义：“一个作品，只有当它从前是后现代的，此刻才是现代的。这样，后现代主义并不意味着现代主义终结，而是意味着现代性诞生，这种状态是永恒的。”①

对利奥塔来说，现代性是在向现实退却中，被阐释为可思的东西与现实的东西之间的崇高关系；后现代性或许是没有悲哀、没有渴望在场的崇高美学的完成，因而或许是没有“语言游戏之间和解”可能幻想，是没有“整体与统一、概念与感性、透明体验与交往体验渴望”的现代性②，简言之，是意义、价值、实在性不断失去的现代性。实际上，在谈论多元的、视角主义的、后欧几里得的合理性概念时，利奥塔将哈贝马斯真理共识论的合理性概念视为固守德国唯心主义总体化和解思想（或马克思主义传统）的尝试，亦即固守真理、自由、正义三者统一的宏大叙事的最后尝试；同时，他还解释了超越共识的正义是什么：“相互纠缠在一起的语言游戏的多样性与不可翻译性，使得它们的自主性和不可还原的特殊性被承认；并遵循这条规则（它或许是一条普遍准则）：‘让我们游戏并且让我们不受干扰地游戏’”③。这样，在利奥塔那里，后现代主义就表现为欧洲现代性“解合法性”（Delegitimation）运动的结果；或者说，利奥塔代表了多元语言游戏是不可通约的，并强调所有的话语、统一、合法性不可化约特征。④但在维尔默看来，利奥塔对美学现代主义的捍卫，最终并不指向后现代主义的游戏类型或“后现代主义的”理解。

当然，维尔默与利奥塔一起抗议“后现代主义”一词的滥用。他们认为，时代的难题、症结、紊乱反映在这些题目中：正是这个证明了，在后现代主义中能看到比稍纵即逝、很快被人忘记的模式更多的东西。因而，

---

① Jean-Francois Lyotard, *Beantwortung der Frage*: Was ist Postmoderne? , in: Tumult 4, S.140.

② Vgl. Jean-Francois Lyotard, *Beantwortung der Frage*: Was ist Postmoderne? , in: Tumult 4, S.142.

③ Jean-Francois Lyotard, *Das postmoderne Wissen*, Bremen 1982, S.131.

④ Vgl. Jean-Francois Lyotard, *Das postmoderne Wissen*, Bremen 1982, S.123.

他们从现代社会或后现代社会错综复杂的语言游戏不可还原的多样性出发,这既适合于康德意义上理论理性、实践理性、审美理性(或者说,科学话语、道德实践话语、审美话语)的区分,又适合于维特根斯坦意义上生活方式的、"区域化的"、相互网络化的语言游戏,合法性形式以及一再重新创造的过度澄清、多元的统一———如果没有包罗万象的"元话语"(不论宏大叙事还是最终论证),可能就没有期待普遍共识的机会。但这不是对后现代问题的理性回答,而仿佛是一种否定回答。不过很明显,在利奥塔那里,保留了"没有共识的正义"问题:"让我们不受干扰地尽情游戏"这一规则对谁来说是适应的?谁又遵守这些规则?维尔默说,在《后现代知识状况》中,利奥塔描述了一个二难选择:在某种意义上,它又一次重复了幼稚的自由主义与无政府主义传统:"我们最终看到,社会信息如何对这个问题发生作用。它能成为市场体系'梦寐以求'的调控工具,直至知识本身被拓展,并将屈从于操作原则的压制排除在外。它不可避免地带来恐怖。"[1] 它也能服务于那些讨论"元规则"的群体,这些群体借助这些规则为他们提供在大多数情况下缺乏的信息。

维尔默认为,现代建筑表达并改变了人们的生活方式,同时有助于储存所有从现代技术中就像从过去时代与异族文化的审美体验中获得的社会资源。现代建筑只能是一定生活方式、一定自然资源和文化资源的天然维护者,如果它同时是普遍主义价值、现代主义不妥协的捍卫者和彻底的自由主义者的话。当然,"普遍主义的"、"不妥协的"、"激进的"这些词,不可以被误解为政治乌托邦暗示,而应该被视为对现代性实践的适当批评。因而,维尔默所要辩护的,是用干预代替纯粹保护,用现代性规划推进代替对纯粹的捍卫、保守、反动形态的回归。

在建筑中,"后现代性"一词的含义之一,直接与特殊性对普遍性的抗议联系在一起,就像它在抗议所谓"国际风格"错误的普遍主义中所表

---

① Albrecht Wellmer, *Zur Dialektik von Moderne und Postmoderne*, Frankfurt/M.: Suhrkamp 1985, S.105.

现出来的那样。但很明显："特殊主义"与"普遍主义"并不是抽象的对立；毋宁说，作为相互对立的两极，应该发生在辩证的力场中。换言之，在纯粹防御形式中，对特殊性的捍卫是不可能的；相反，只有当特殊性发出自己的声音，并在不同声音合唱中赋予这个声音以意义时，对特殊性的捍卫才是可能的。在维尔默那里，"普遍主义"至少有两种含义：在某种意义上，普遍主义是人们的命运；在另外的意义上，普遍主义是人们的使命。就前者而言，它关涉现代技术的普遍主义；就后者而言，它关涉民主、人权、自决的普遍主义。"今天，若不对普遍主义这两种形式提出挑战的话，那就不能成功地捍卫社会完整性，甚至生态完整性"①。

通常认为，"后……"概念试图表达一种时代界限意识，尽管轮廓尚不明确、尚存在混乱、尚有歧义，但核心概念，即理性死亡，似乎标志着历史规划（现代性规划、欧洲启蒙规划，乃至西方文明规划）终结。但维尔默认为，"后……"概念就如同一幅"字谜画"：借助一个合适视角，人们就能发现其中蕴含着激进现代性、对启蒙自身的启蒙、后理性主义的合理性概念；也能发现两样东西，即对终结的追求与对启蒙激进主义的追求。然而，从理论的、哲学的、认知的、道德的视角出发，人们并不能够说清楚后现代主义是什么。按维尔默理解，后现代主义视角被描述为对当代的观察，同时也是在当代语境中的自我理解；并在认知上、情感上、意志上伴随着同代人的自我理解。进一步说，后现代主义表现为去神秘化的马克思主义、审美先锋派的进一步发展或语言批评的激进主义；或者说，"后现代主义是建筑中的折衷主义与历史主义、绘画和文学中新实在主义与主体主义、音乐中的新传统主义。"②

---

① Albrecht Wellmer, *Endspiele. Die unversöhnliche Moderne*, Frankfurt/M.: Suhrkamp 1999. S.272.

② Albrecht Wellmer, *Zur Dialektik von Moderne und Postmoderne*, Frankfurt/M.: Suhrkamp 1985, S.55.

（三）现代性与后现代性辩证关系

为了刻画现代性、后现代性概念的歧义性，以及它们之间的关系，维尔默选择了"辩证法"一词：它没有历史哲学要求，只是被理解为尚未自我完成的真理内涵或历史内涵。这样理解的"辩证法"一词，也能够被称为"后现代的"。下面，维尔默围绕着詹克斯① 的建筑美学阐发现代性与后现代性辩证关系。

维尔默指出，当詹克斯将建筑语言重新发现、新语境主义、折衷主义或历史主义描述为特殊的后现代主义时，完全不缺乏内在逻辑：詹克斯代表着对包豪斯建筑风格② 的偏离，并以拒绝现代理性主义为基础，这有利于使用碎片与符号游戏、矛盾综合、双重编码与民主规划形式。因而，一方面，詹克斯、文丘里③ 与哈桑、詹姆逊的后现代主义存在着无可置疑的一致性；另一方面，艾克④ 针对现代城市规划数学—几何学般的清晰，而提出的"迷宫般的清晰"（Labyriuths）概念，深深地回到了美学现代主义中；与此近似的是康定斯基⑤、勋伯格——前者的绘画从具象到抽象，后者的音乐从有调到无调。

应当说，詹克斯描述了一个特别有歧义的现象。但是，由于他几乎不承认歧义，所以在其后现代建筑美学中，歧义倍加存在。在詹克斯那里，歧义性主要隐藏在如历史主义、折衷主义概念中。这表明，理论家从来不能将社会环境置于自己的概念控制之下。时代精神的折衷主义、历史主义、复古主义趋向，不能通过定义转化为本真的折衷主义或历史的宣言——正如粗糙的功能主义产品不能通过定义转化为粗俗的功能主义一样。但如果挖掘得深一些，就会在语境主义概念或城市遗产保护概念中

---

① 詹克斯（Charles Jencks,1939—　），美国后现代建筑理论家，后现代主义奠基人之一。
② 包豪斯，德语 Bauhaus 的音译，由德语 Bau（建造）和 Haus（房屋）两词合并而成。原是 1919 年在德国成立的一所设计学院的名称，后成为"利用先进技术和追求经济效益"为特征的"包豪斯建筑风格"。
③ 文丘里（Robert Venturi,1925—　），美国后现代建筑大师，后现代主义奠基人之一。
④ 艾克（Aldo van Eyck, 1918—1999），荷兰新建筑运动倡导者之一。
⑤ 康定斯基（Wassily Kandinsky,1866—1944），俄国表现主义画家，抽象派绘画奠基人。

显露出纯粹防御性方面：仿佛只涉及到几乎被现代性毁灭了的组成部分的保护和再造。"在这一点上，占支配地位的文化新保守主义与敌对的文化复古主义、特殊主义特征联系在一起：现代性文化规划结束于抵抗运动，而社会技术现代化则毫无阻碍地大踏步向前。"① 不过，只要人们与阿多尔诺、利奥塔、巴尔特一起将各种固定下来的规则的决裂要素理解为美学现代主义结构性要素，那先锋派后现代主义就表现为美学现代主义继续，而非决裂。

对现代建筑实践来说，折衷主义、历史主义象征着功能主义，"它是非常像美学纲要一样的道德抗议：并且是蕴含着矛盾的纲领，这个矛盾是功能主义辩证法源泉。"② 维尔默说，尽管对功能主义纲领进行阐释是可能的（根据这个阐释，美学现代主义与先进的建筑技术是相融的，后者在粗糙的功能主义中变成实际的建筑物），但对功能主义的退化而言，部分原因（并非主要原因）是意识形态的：意识形态所起的作用，直接与建筑艺术和技术之间的困境联系在一起；本质原因是社会经济的，它关系到战后资本主义国家建筑生产的社会经济系统。不过，在背离折衷主义与历史主义的错误审美过程中，早期功能主义者，如洛斯③，倾向于在建筑技巧概念中再定义建筑的审美维度。这样，结构主义，作为功能主义的孪生兄弟，就不是最后的美学纲领，也不能将审美的还原为技术的。就是说，伟大的现代建筑并不意味着对建筑审美维度的否定；而意味着在建筑中发现审美方面与技术方面的综合。当然，"从功能而来"就变成了反审美纲领，如果在功能概念中已经明确考虑到技术解决办法的话。"现在，如果我们怀疑，我们能发现一个好的已建成的桥梁……飞机场或火车站，没有审美的抱负，而只是以富有创造性的方式解决技术问题，那么我们就能试图相

---

① Albrecht Wellmer, *Zur Dialektik von Moderne und Postmoderne*, Frankfurt/M.: Suhrkamp 1985, S.57.

② Albrecht Wellmer, *Endspiele. Die unversöhnliche Moderne*, Frankfurt/M.: Suhrkamp 1999, S.261.

③ 洛斯 (Adolf Loos,1870—1933)，奥地利建筑设计师，现代主义建筑先驱。

信，现代建筑物唯一天然的审美质量就在于，其结构的技术恰当性或富有创造性。然而，只要我们承认这一点：把建筑语言还原为现代技术语言，那么很明显，它就不再是语言。"① 维尔默认定，"对功能主义退化为粗糙的功能主义来说，社会经济原因要比功能主义意识形态设定的界限重要得多。"②

正如维尔默所说，在传统建筑中，与在传统手工艺品中一样，技术方面与审美方面处于共生关系中：德国黑森林的农民的房子或诺曼人的船的审美表现力，几乎不能与这些构造的特有功能分开来。因而，传统建筑和手工艺品的造型本质上与区域联系在一起。这个造型是与不可改变的（作为特殊历史时期的特殊空间表达的）"外形"（Physiognomie）联系在一起的社会个性。从 19 世纪开始，技术领域和自主艺术领域就逐渐区分开来了。今天，人们已经明显将技术问题和技术方案与审美问题和审美方案区分开来。因而，自主的艺术作品不再有宗教的或实践的功能，现代技术产品则有纯粹目的的或工具的意义：一是审美和有用性，二是审美和道德，都是与发展、变化、学习、进步的特有逻辑联系在一起的不同的价值领域。"只有在价值领域区分基础上，现代技术与现代艺术的伟大创新才是可能的。当我们在自主的艺术作品中将主观的世界体验为客观美的世界时，现代技术产品就作为对象化自然的控制手段服务于我们。相反，典型的传统手工艺品既非作为艺术作品又非作为纯粹工具性对象……但如果我们将这些形象感受为美的，那我们感受的东西就不仅不依赖于'目的的'或工具的功能的审美质量，而且不依赖于和技术功能或实际有用性区分开来的客体的审美表现力。"③ 维尔默指出，对艺术作品来说，客体，作为功能上客观的东西，体现着生活方式、在世之在的方式、意义的普遍化。尽

---

① Albrecht Wellmer, *Endspiele. Die unversöhnliche Moderne*, Frankfurt/M.: Suhrkamp 1999,S.261.

② Albrecht Wellmer, *Endspiele. Die unversöhnliche Moderne*, Frankfurt/M.: Suhrkamp 1999,S.262.

③ Albrecht Wellmer, *Endspiele. Die unversöhnliche Moderne*, Frankfurt/M.: Suhrkamp 1999,S.263.

管此处的"客体"并不意味着审美凝思客体，而是作为被使用的客体，但客体的审美质量不能与体现生活方式的功能质量和意义的普遍化分开来，也不能简单地嫁接到其他时代的技术产品上。当然，为了使现代技术产品审美化，客体的审美质量就不能不进一步与世界区分开来——这就是功能主义的真理。功能主义的非真理就在于，将现代技术拟人化这个倾向。

"20世纪最后十年，'区域认同'层面发生了戏剧性变化。建筑中的国际风格，自然只是现代技术、现代工业化过程、现代资本主义经济国际化特征的部分表达。当然，现代建筑的国际性不仅是现代技术、现代经济的国际性；毋宁说，它有与伟大欧洲建筑的特殊时代风格相齐并论的审美国际性方面。在某种意义上，审美国际性将建筑带到可与19世纪的音乐和绘画媲美的地位。可是，因为与音乐、绘画相反，建筑总是与一定的区域相联系，这就出现了历史时间与历史空间的辩证法。"[1]在维尔默看来，现代建筑两个维度，即技术维度与审美维度，在欧洲到处都陷入不可忍受之间的张力中。这两个方面的区分是在现代形成的，它几乎不以现代工业技术与现代自主艺术领域的形成为前提。那么，如果建筑的审美维度不能被看作是对建筑功能的考虑，这应当如何理解呢？

阿多尔诺曾给出这样的回答："在建筑中，被证明为超目的东西，同时也内含着目的。不管这些综合是否成功，伟大建筑的核心标准或许是问：一定的目的如何成为在这些形式和材料中的空间感？事实上，所有这些要素都是相互关涉的，建筑的幻想或许是通过目的表达空间的能力，而形式也是根据目的建立起来的。"[2]可见，阿多尔诺以令人感兴趣的方式重述了结构功能主义：建筑物越高，它的两极，即形式结构与功能，就越内在地贯穿。[3]因而，对阿多尔诺来说，功能主义的深层合法性只存在于材

[1]　Albrecht Wellmer, *Endspiele. Die unversöhnliche Moderne*, Frankfurt/M.: Suhrkamp 1999,S.259.

[2]　Theodor Wiesengrund Adorno, *Funktionalismus heute*, in: Gesammelte Schriften,Bd.10/1. Frankfurt/M.: Suhrkamp 1977, S.388.

[3]　Vgl. Theodor Wiesengrund Adorno, *Funktionalismus heute*, in: Gesammelte Schriften,Bd.10/1. Frankfurt/M.: Suhrkamp 1977, S.389.

料、形式与功能的协调过程中。在这个过程中，功能主义将指明关于技术功能的纯粹"目的的"构想。就是说，阿多尔诺试图以功能主义语言成功地达到某种超越纯粹功能关系的东西：建筑物的表达、意义、语言特征，所有这些建筑形式空间的方面，都成为后现代建筑的中心代替点。

维尔默认定，在阿多尔诺的阐释中，既非功能或目的，又非材料或形式，是最终给予的。"因为建筑物与风景不同，它不被投射进仿佛空洞的空间中，它的存在只有作为具体空间部分和历史语境部分，我们才能将空气，以及历史的、社会的、建筑的语境命名为那个协调过程的规定性因素。'风景'的意义是自主地普遍的，它没有区域的、审美的语境；而'建筑物'总是意味着现实社会的、区域的语境的拓展和变化。因而，其意义不是自主地普遍的；毋宁说，它存在于交往、冲突、矛盾与自然的、社会的、建筑的语境之间的张力关系中。"[①] 就是说，建筑物只是农村风景、城市风景的一部分。准确地说，孤立的建筑物从来都不是审美判断的对象。与风景不同，建筑物不仅没有清楚规定的界限，而且也不能以同样的方式被感受。维尔默指出，对一个建筑物的感性体验，就意味着，为了能进入（这个建筑物）中，需要接受外部与内部相互关联的多元视角。只有这样，才能够在空间表达中获得身体运动体验。这个体验内含着整个身体的主动行为和被动反应。事实上，不仅身体体验的客体是空间的，而且身体体验本身也变成空间的。被身体体验到的空间，总是社会空间。"我的感受、我的自我体验，不是我的自然的身体，而是我的社会的身体。"[②] 因而可以说，在建筑物中，被表达的不仅是空间，而且是社会的、历史的空间。"空间总是社会空间"意味着，建筑物表达，并参与一定生活方式的建构和变化：它不仅表达世界而且揭示世界。

如果将所有这些要素综合起来，那就无需惊奇：现代建筑革命很快就

---

① Albrecht Wellmer, *Endspiele. Die unversöhnliche Moderne*, Frankfurt/M.: Suhrkamp 1999,S.266.

② Albrecht Wellmer, *Endspiele. Die unversöhnliche Moderne*, Frankfurt/M.: Suhrkamp 1999,S.266.

导致未来建筑"艺术作品整体"的变种。就像柯布西耶[①] 宣称的那样，这些变种包含着亵渎神灵的技术要素。因为复杂的异质要素相互依存，进入到建筑构思与规划中，并被重释为计算技术方案中的可变要素：审美激进主义转变为建筑技术的激进社会方案。维尔默说，如果现代建筑从传统技术与传统审美束缚中解放出来，走向现代国际建筑学家的可能角色，那就能够将他们分为两个不同的创作群体：审美先锋派和现代工程师。"在这两种角色中，能够将建筑学家理解为创造性的生产者：一是作为审美对象的创造者，二是作为结构良好的机器的生产者。因为建筑的世界定居于两极之间，并因为这个世界就是社会生活本身，那就必须给出一个自然的尝试，即艺术家和工程师这两种角色能够与创造新的生活方式目标协调一致。当然，生活方式并非既不能由艺术家也不能由工程师做出来。"[②]

也许，维尔默试图捍卫早期现代建筑亵渎神灵的审美—技术要素中的真理要素，它涉及到建筑新规定：美学现代主义与技术现代主义联合，在完全干预意识中介入到现存社会空间中。就是说，建筑总是对社会空间与自然空间的干预。建筑对社会空间与自然空间的每个干预，都包含着断裂和解构要素，并产生了一系列严重后果。这就要求建筑学家，以正确方式把握解构并预测创造性的变化方向。所谓"干预意识"（Bewußtsein des Eingriffs），就是指在现代世界中，人的生活空间既可以人道主义化又可能被毁灭的意识所左右。今天，在世界上的任何一个地方，对现存生活空间的纯粹保护都不是现实选择，甚至不是一个吸引人的选择，因为它意味着文明的程序化、想象力的堵塞和创造性的终结。

在这里，尽管建筑现代主义与美学现代主义的紧密关系被忽视了，但维尔默又一次强调建筑的审美维度。他指出，人们的世界体验总是综合体验，体验的综合性通常在审美体验中得到保障甚至提高，即使艺术作品的

---

① 柯布西耶（Le Corbusierss, 1887—1965），原名 Charles Edouard Jeannert-Gris, 瑞裔法国现代主义建筑大师。

② Albrecht Wellmer, *Endspiele. Die unversöhnliche Moderne*, Frankfurt/M.: Suhrkamp 1999,S.267.

决定论特征既是可见到的又是可听到的，在审美体验中也包含着所有的意义——这就是（为什么时间艺术与空间艺术不能分开来，以及人们使用音乐隐喻来描述风景，使用可见隐喻来描述音乐）的原因。"审美体验是两个秩序的体验之一：通过艺术作品我们体验到我们的世界体验，它是复杂意义的浓缩与对象化，同时开启了体验世界的新方式。可是，对建筑物的审美体验特征来说，审美体验的一般特征是不充分的，因为就此而言，建筑物仅仅是艺术作品，它似乎也是'现实的'客体、有用的客体，作为审美的文本同时属于一定社会的、历史的、实践的文本。"① 审美体验似乎抗拒伽达默尔称为"审美意识抽象"的东西，即康德第一次清楚表达的、在维尔默的艺术观中作为自主的价值领域起作用的审美概念。

尽管维尔默并不相信，海德格尔作为艺术上深刻的反现代哲学家，对建筑审美维度的澄明会有很大帮助，但仍认为海德格尔的下述思想包含着真理要素：伟大建筑物的艺术观念超越了作为自主价值领域的艺术本身，同时超越了有用性与无用性的区分。"自主的艺术被定义为无用的，因为艺术作品是为自身缘故，而不是为满足任何技术的、政治的或道德的目的，在艺术作品中总是保留这些目的。相反，建筑物是有用的天堂，它拥有或应当拥有直接的实际用处。"② 但是，如果在建筑物中，有用的与无用的、有用性与审美价值必须相互渗透，那么在建筑物中，有用性概念就必须超出功利主义内涵；同时，审美价值概念必须超出自我满足的艺术作品内涵。这样，维尔默就把审美想象的任务看作是，表达、澄清、建构并改变有用性语境，尽管带有发现意义(感受意义和建构意义)的目标。因而，尽管海德格尔不能用恰当的概念描述建筑物中有用性与无用性的交融，但他也许能够说，这个概念表征着内置于建筑物的乌托邦视角。当然，现代性与后现代性辩证法还可以写很多，但需要在实践中加以解决。

---

① Albrecht Wellmer, *Endspiele. Die unversöhnliche Moderne*, Frankfurt/M.: Suhrkamp 1999,S.269.

② Albrecht Wellmer, *Endspiele. Die unversöhnliche Moderne*, Frankfurt/M.: Suhrkamp 1999,S.270.

　　概括地说，维尔默在分析阅读阿多尔诺哲学的基础上，从讨论阿多尔诺的非同一性思想出发，在后形而上学现代性语境中，分析了主体理性批判的三种形式，并论述了不同形式的"理性的他者"；在考察"现代性之死"与"乌托邦终结"基础上，分析了"后……"概念与"字谜画"的相似性；并以建筑美学为例，阐发了现代性与后现代性辩证关系。通过对这些问题的阐发，维尔默建构了后形而上学现代性理论。可以说，后形而上学现代性理论成为维尔默政治伦理学的理论视阈。正是在这个视阈中，维尔默奠定了其政治伦理学的理论基础，即共同体主义政治哲学。这是接下来两章要解决的问题。

第三章　个体自由与共同体自由

　　一般认为，自由主义与社群主义（或个体主义与共同体主义）是现代政治哲学的两种类型，它们对自由的理解构成了现代自由的两种模式：消极自由与积极自由（或个体自由与共同体自由）[①]。"从某种程度上说，《决胜局：不可和解的现代性》的第一部分，即'消极自由与交往自由'就是与《伦理学与对话》一书中关于道德哲学思考联系在一起的政治哲学。"[②]在这里，维尔默分析了现代自由的两种模式，讨论了自由平等与合理性原则，还分析了作为自由主义文化核心组成部分的基本权利的含义、公民不服从、个体自由与社会正义关系问题。此外，维尔默还论述了自由民主与政治合法性问题。在本章中，我们将围绕着"个体自由与共同体自由"讨论现代自由的两种模式、自由平等与合理性原则，以及自由民主与政治合法性等问题，以此揭示维尔默政治哲学的基本问题，从而为研究维尔默政治伦理学奠定理论基础。

一、现代自由的两种模式

（一）从消极自由到积极自由

　　自文艺复兴，尤其是启蒙运动以来，自由概念，就像平等、民主、正

[①]　在维尔默视阈里，"消极自由"、"个体自由"、"个人自由"大致同义；"积极自由"、"共同体自由"、"公共自由"、"交往自由"、"政治自由"、"理性自由"大致同义。——作者注

[②]　Albrecht Wellmer, *Revolution und Interpretation* ,Van Gorcum 1998, S.10.

义、人权等概念一样，成为西方自由主义政治哲学的核心概念。在西方自由主义思想史上，继贡斯当提出"古代人的自由与现代人的自由"之后，伯林又明确提出了两种自由概念：一是霍布斯式的消极自由，它是指消除某种限制或阻碍的法律自由；二是卢梭式的积极自由，它是指某种道德自主。[①] 笼统地讲，英美传统的自由主义比较注重消极自由，欧洲大陆传统的自由主义比较注重积极自由。那么，自由到底意味着什么？它有哪些表现形式？历来存在着较大争议。伯林关于两种自由概念的划分和论述，被人指为过于简单了。因而近年来，公民共和主义提出了"第三种自由"概念（佩蒂特 1997；斯金纳 2001），认为它既不同于纯粹的消极自由，也不同于自主的积极自由。当然仍有人坚持认为，消极自由与积极自由"毕竟代表了欧洲人对自由在两个不同方向上的追求。就制度性和可行性方面而言，消极自由是法律和政治体制可以比较清晰实现的，或者说，可以明确判断出一种制度是否捍卫了个人的消极自由。积极自由则比较模糊，而且很难通过制度来保障或实现。"[②]

维尔默认为，将启蒙传统中的洛克、卢梭、康德、黑格尔、马克思、密尔、托克维尔，以及当代的哈贝马斯、泰勒、罗尔斯等政治哲学家联系在一起东西，就是与人的尊严和／或人权概念密切相联的普遍自由概念，甚至可以说，这个概念构成康德"纯粹的、甚至思辨的理性体系整个结构的拱心石。"[③] 在康德那里，自由就是人们得以摆脱感性世界而依理性世界法则决定自己意志的能力，简言之，消极自由就是"任性的自由"，它由通常保障所有人自由平等的普遍准则所限制，并且是自然法权学说的根本

---

① 在西方自由主义思想史上，伯林（Isaiah Berlin）继贡斯当（Benjamin Constant）之后明确提出两种自由概念。20世纪50年代，伯林因《两种自由概念》一举成名，并成为20世纪最著名的自由主义政治哲学家和政治思想史家之一。60年代，伯林的"自由论"在西方学界引起轰动。最近十年来，伯林的政治哲学又受到了国外学界的强烈关注。（参阅哈里斯《伯林及其批评者》，载伯林《自由论》，胡传胜译，译林出版社2003年版，第397—417页。）

② 顾肃：《自由主义基本理念》，中央编译出版社2003年版，第446页。

③ 康德：《实践理性批判》，韩水法译，商务印书馆1999年版，第2页。

内容。当然，这里的自然法权学说，只能根据康德对权利的定义来理解。社会契约的任务就在于，使这些自然权利实证化并提供制度保障。维尔默说，"如何理解个体自由与共同体自由，却是一个棘手的问题。前者与伯林的'消极自由'，后者与伯林的'积极自由'具有亲和性。然而，这两种自由的区分，在某种程度上是不可通约的；因为前者是在个体基本权利中确立的；后者是在生活的主体间性形式中确立的。"[①]

由此可见，在自由理解问题上，维尔默既不同于自由主义又不同于社群主义。与前者不同，他不是强调个体自由，而是强调共同体自由；与后者有所不同，他并不完全否定个体自由，而是主张对个体自由进行共同体主义阐释。为了超越自由主义—社群主义之争，为了区别于沃尔泽的"社群的自由主义"，也为了区别于桑德尔的"公民共和主义"（Bürgerliche Republikanismus），维尔默自称为"自由的社群主义"或"共同体主义"。所谓"共同体主义"（Kommunalismus），并不是将自由理解为外在强制的消除，即不是在由法律保障的个体自由空间意义上理解自由，而是把自由理解为个体在社会中生活的规范形式。因此，"从根本上说，共同体自由就是公共自由"[②]，或曰政治自由、理性的自由。维尔默指出，如果人的个体本质上是社会个体，如果人的个性是社会化的产物而非出发点，如果文化、传统、生活方式、社会制度对个体的个性来说是结构性的，那么个体主义理论关于个体与社会的关系、主体性与主体间性的关系，就必须在基本前提中逃离自由问题。共同体主义理论的基本意向是，除非内在地、积极地关涉生活方式和社会制度，否则，就根本不能谈论个体自由。因为在"他人并非纯粹是对我的自由的限制，而可能是我的自由的条件"意义上，共同体自由使个体自由成为可能。因此，自由不仅标志着通过法律确定的行为游戏空间，而且标志着自身与他人交往的规范形式。"自由，不仅做

---

① Albrecht Wellmer, *Endspiele. Die unversöhnliche Moderne*, Frankfurt/M.: Suhrkamp 1999,S.15.

② Albrecht Wellmer, *Endspiele. Die unversöhnliche Moderne*, Frankfurt/M.: Suhrkamp 1999,S.16.

我想做的事情，而且期待好的东西。"①

　　尽管极端的个体主义者，与极端的共同体主义者之间有严格界限：在一般情况下，个体主义理论总是引出社会的民主自治观念，社会主义理论则声称自己比自由主义提供了更为恰当的自由概念。譬如，马克思的"自由人联合体"概念，就是把不受限制的个体主义自由概念接纳入共同体主义。因而，维尔默指出，在现代政治哲学中，个体主义与共同体主义对自由的理解，并不总是表现为两极对立；毋宁说，它们通常是处于相互补充中，这从黑格尔、密尔、托克维尔的理论可以看出来。当然，"如果将个体主义与共同体主义的对立视为人类学基本取向的对立，那么这种对立则是显而易见的。"② 按泰勒的说法，个体主义理论从孤立的、同时是前社会的个体出发——这些个体拥有某种自然权利，从而拥有目的合理性或策略合理性的行为能力；共同体主义理论将政治制度理解为自由平等个体间合法订立契约的结果，将自由理解为做自己想做的事情的自由——不论自己想做的是什么。这样一来，共同体主义理论就使个体主义契约论结构的人类学前提成为可疑的。

　　无疑，在启蒙传统中，从消极自由概念向积极自由概念转变过程中，理性概念起着核心的规范作用。事实上，个体主义和共同体主义都阐发了"理性的自由"概念。维尔默认为，个体主义（第一个最重要的代表人物是霍布斯）的理性概念是人类学的、原子主义的、工具主义的合理性概念：从认识论层面看，个体主义的理性概念与现代科学世界观的客观主义、反亚里士多德主义具有亲和性；从政治层面上看，它是现代欧洲占统治地位的革命阶级自我理解与社会观点的反映。但对共同体主义来说，理性仅仅作为共同体的、交往的理性存在，它体现着反现代理性主义的潮流，部分地与（个体主义权利理论广泛参与其中的）亚里士多德传统联系

---

① Albrecht Wellmer, *Endspiele. Die unversöhnliche Moderne*, Frankfurt/M.: Suhrkamp 1999, S.18.

② Albrecht Wellmer, *Endspiele. Die unversöhnliche Moderne*, Frankfurt/M.: Suhrkamp 1999, S.16.

在一起；部分地作为（卢梭、德国早期浪漫派）现代性极端批判的表达；部分地是从（维特根斯坦、海德格尔推动的）现代主体哲学、语言哲学极端批判中产生出来的主题的同化。

归根到底，个体主义与共同体主义之争，不过是关于下述问题的论争，即市民社会与资产阶级民主对自由在现代世界中的实现起什么作用？维尔默坦承，就自由概念的人类学—认识论基本预设而言，自己站在共同体主义立场上。但是，"如果忽视特殊情况的话，个体主义与共同体主义的对立，原本只是人类学—认识论前提的对立；在政治哲学内涵方面，它们总是相互补充的。所以，对共同体主义而言，严格区分个体主义的人类学—认识论前提与政治哲学内涵是必要的。"① 共同体主义者提出了这样的问题：在现代世界中，公共自由与民主制度，只有在市民社会中才能获得一定程度的、尽管是困难的实现。就此而言，在个体主义模式中，基本权利的制度化就与策略性的（即非团结的或非交往的）互动领域的自由设置紧密联系在一起。

总之，如果现代世界的自由包括（消极的）个体自由与（积极的）共同体自由之间的二元论，那么普遍自由概念本身就内含着辩证的张力。维尔默把这个张力理解为现代自由概念的个体主义与共同体主义之间的张力：在现代世界，消极自由是共同体自由的前提，同时也是"分裂"（Desintergration）的原因、冲突的源泉、团结关系的潜在威胁。"正如黑格尔所看到的那样，消极自由体现着的分裂要素，对每个共同体自由而言是结构性的。这就是黑格尔对浪漫派和解观念批判的真理内涵；追根溯源地说，这种批判也可以被视为马克思对资产阶级个人主义批判的元批判。"②

① Albrecht Wellmer, *Endspiele. Die unversöhnliche Moderne*, Frankfurt/M.: Suhrkamp 1999,S.20.
② Albrecht Wellmer, *Endspiele. Die unversöhnliche Moderne*, Frankfurt/M.: Suhrkamp 1999,S.52.

（二）从个体自由到共同体自由

诚如维尔默所说，黑格尔最初是激进的、浪漫的自由主义者，但最终成为市民社会的共同体主义捍卫者。那么，"在现代世界中如何实现自由？"黑格尔对这个问题的回答，与克服个体主义与共同体主义的二难选择尝试相符合。维尔默下面的思考，是以黑格尔对个体主义与共同体主义的和解为出发点的。

按维尔默解释，黑格尔的基本策略，就是用共同体主义的伦理概念扬弃自然法传统。这就意味着，黑格尔对自然法的阐释既有肯定又有否定：在黑格尔视阈里，市民社会是私有财产者的社会，不管他们在宗教、种族或政治方面有什么差异，在法律面前都是平等的。换言之，市民社会是通过法律许可而获得平等地追求个人利益和自身幸福生活权利的社会。对黑格尔来说，市民社会的权利结构与资本主义市场经济内在地联系在一起。因而，所谓市民社会，就意味着消极自由被普遍地、平等地制度化，也意味着普遍人权的制度化与社会对抗的制度化。这样，"黑格尔对现代市民社会道德歧义性的回答，就是他的国家理论"。[①] 在黑格尔那里，国家标志着伦理领域的实体化。在其中，市民社会的对抗被扬弃了，从而变成了社会对抗相对化、被控制和被驯化的社会。

因而，共同体自由可以在现代条件下加以重述。为了解决这个问题，黑格尔提出的基本观念是，市民社会自然法状态根本不能依据自然法的阐释范畴来理解，因为今天的市民社会概念与自然法描述的市民社会概念越来越不同。就是说，自由平等的法权主体，作为市民社会财产所有者在战略上的相互作用，不仅以这个法权主体在道德上被相互承认为自由平等的主体为前提；毋宁说，它以（不能在策略合理性概念中理解其功能的）政治法律制度为前提。但这就意味着，市民社会法权主体与自然法理解的主体越来越不相同。维尔默指出，黑格尔试图在自然法的阐释中寻找共同体

---

① Albrecht Wellmer, *Endspiele. Die unversöhnliche Moderne*, Frankfurt/M.: Suhrkamp 1999,S.22.

主义内涵，并试图阐明，如果市民社会主体的消极自由不被整合进公共的、共同体的、理性的自由语境中，那就是不可思议的。当然，公共的、共同体的自由实现与否，取决于政治制度。因而，必须将这种公共的、共同体的自由与对公共福利的关心、公民德性的发展、公共讨论、对经济的政治控制放在一起进行思考。

在黑格尔那里，作为自然法体现的市民社会，现在作为现代国家伦理维度出现。在这个维度中发现了特殊法，即个体消极自由的制度化实现。这样，黑格尔将消极自由的制度化实现描述为积极自由即现代政治自由的必要条件。但在完全意义上的理性的自由，只能作为政治共同体的公民自由、作为国民解放的个体自由出现。不过，黑格尔提出了一个幻想的命题，即政治自由只有作为具体伦理形式才能成为现实。在黑格尔那里，伦理和道德的对立，是与制度和传统、集体世界观和个体的自我理解，共同的习俗、实践、价值取向不可消解地联系在一起的，然而，"如果个体只有在具体伦理形式媒介中才能形成，如果个体的自我理解与其社会关系总是打上主体间共有的生活方式的印记，那么个体的兴趣、抱负、实际的具体价值、自尊感、深层结构中的羞耻感与罪恶感，就会被打上社会客观精神的印记；相反，就意味着，如果自由概念要想成为具体伦理形式的话，那它就必须在社会中把握连续的支点。"①

在维尔默看来，当马克思对黑格尔的国家权力进行批判，并坚持现代欧洲民主原则时，他是正确的；但马克思像黑格尔一样，都将民主视为抽象的。不过，黑格尔对民主概念的解释是令人信服的，而马克思的"自由人联合体"概念则是最大的乌托邦，它包含着对民主概念的超政治解释。因为在马克思的构想中，既没有给消极自由也没有给政治制度或政治功能及其政治系统的差异以位置。换言之，马克思并未在批判资本主义民主概念意义上，真正解决黑格尔的现代自由的制度化问题，最终只是消解了这

---

① Albrecht Wellmer, *Endspiele. Die unversöhnliche Moderne*, Frankfurt/M.: Suhrkamp 1999,S.23.

个问题。因而可以说，从头到尾，马克思受卢梭的影响要比受黑格尔的影响大得多。然而，就像卢梭由于否定个人财产权、代议制民主，而遭到后世自由主义者诟病一样，马克思也为忽视自由的政治维度付出了高昂代价：马克思的乌托邦试图将社会理论转变为社会实践，以致最终把黑格尔的国家看作是压抑性的。

实际上，"不仅马克思而且托克维尔也接受了黑格尔的这个问题，即在现代世界中，自由宪法是如何可能的？用黑格尔的话说，托克维尔触及到了：在法律形式合法前提下民主伦理的可能性条件。"[1]因而维尔默指出，尽管托克维尔对美国民主的分析，并不是对黑格尔法哲学的直接回答；但是，在后革命问题与自由问题的理解上，他们之间的共同性如此之强，以至于人们不能将《论美国的民主》理解为《法哲学原理》的民主理论的对立面。因为，其一，对这两位作者来说，法国大革命是决定性的历史体验，对法国大革命的解放和压抑内在辩证法的反思是他们共同的出发点。他们提出的根本问题是：在平等的市民社会合法化意义上，政治的、公共自由的制度化是如何可能的？至少从趋向来说，他们都把这看作是资产阶级革命不可废除的结果。其二，对这两位作者来说，市民社会来临就意味着旧的、封建的，或贵族的政治秩序崩溃；他们首先看到了市民社会中平等的制度化；他们承认市民社会的解放意义，并非仅仅考虑个体权利的普遍实现；最终他们明白，市民社会平等的法律秩序与政治的、公共自由的制度化，根本不是同义的：一方面，在市民社会平等主义中潜藏着新专制主义危险（现代集权制国家的官僚专制主义或不受限制的多数人统治的专制主义）；另一方面，在市民社会中，以个体权利为核心的所有权普遍实现，从趋向上来说，就意味着社会团结留传下来的基础被毁坏。其三，黑格尔对自然法学说政治的或民主的阐释批评的核心是，理性的共同意志不能从原子式的财产所有者的集合中产生出来。财产所有者的关系，本质上

---

[1]　Albrecht Wellmer, *Endspiele. Die unversöhnliche Moderne*, Frankfurt/M.: Suhrkamp 1999,S.29.

必须通过共同体的、团结的纽带的消解而刻画出来。

因此，托克维尔和黑格尔之间的差异，从根本上说只是术语类型的不同。维尔默指出，尽管对法国革命后的政治自由思想与制度失败历史体验的反思，是托克维尔和黑格尔的共同出发点，但他们试图在不同方向上寻找答案：黑格尔的理想目标是普鲁士王国；托克维尔的理想目标是美国——在美国，托克维尔不仅找到了法国革命后社会所缺乏的东西，而且找到了当时欧洲大陆国家所缺乏的东西，也就是使伦理生活关系成为现实的自由精神。在这里，维尔默想对托克维尔的自由概念与民主的关系多说几句：托克维尔的自由概念是共同体主义的。因为在他那里，有三个不可分割的观念，即共同体处理和决定个体间共同的事情；公共协商领域是个体立场、特权、阐释、解释、表达、批评的媒介；每个个体具有平等地参与集体生活形成与目标设置的权利。这样，体现在市民社会结构中的消极自由就转变成共同行为者的积极自由。在积极的或理性的自由媒介中，在新的层面上，重建了共同体与个体的关系。"显而易见，在托克维尔意义上，自由仅仅是作为伦理形式而给出的；即作为共同体实践形式，在所有层面上渗透进社会制度中，并对公民习惯、道德情感有结构性影响。"①

在美国革命后的制度和日常生活中，托克维尔发现：美国革命及其人民主权学说，是在区镇中产生的，由此国家取得了对它的支配权。针对这个观点，维尔默断言，如果托克维尔在（反对殖民统治的）美国革命与法国大革命之间进行深刻区分的话，那他是正确的。因为美国长期以来的区域自治传统，产生了相应的政治经验、观念、知识。若没有这些东西，美国革命就不能走向平等的民主共和国。不容否认，世界上没有任何一个国家像美国那样，能最大限度地将公民权原则当作政治自由原则来实现。然而，托克维尔并不是非批判地对待美国民主，并非把美国视为欧洲国家可以简单模仿的典范。事实刚好相反，在《论美国的民主》出版150年后，

---

① Albrecht Wellmer, *Endspiele. Die unversöhnliche Moderne*, Frankfurt/M.: Suhrkamp 1999,S.32.

由于一系列原因，美国民主理想并没有实现：美国民主的历史，也是在政治上、经济上、社会上将多数人排除在外的历史，也是帝国主义剥削和侵略的历史。但不能忘记黑格尔的箴言：人因为他是人，而不是因为他是犹太教徒、天主教徒、新教徒、德国人、意大利人等而成为人。

（三）从消极自由到交往自由

事实上，黑格尔并没有将市民社会与政治社会严格区分开来——因为民主伦理精神总是渗透进社会制度中；而且也没有将消极自由与积极自由严格区分开来。那么，这是否意味着，共同体主义的政治自由概念扬弃了自然法学说的真理内涵？或者应当假定，黑格尔的概念策略也是托克维尔，甚至是密尔的概念策略？根据市民个体的消极自由来表征独一无二的法权领域？"法权"（Recht）概念是否包含着，它不能被扬弃在共同体主义民主构想中？伴随着这些问题，维尔默又回到了关于个体自由与共同体自由现代模式问题的思考。①

在这里，维尔默只想阐明新个体主义（如诺齐克）的自由概念从根本上说是错误的，新共同体主义（如哈贝马斯）的自由概念从根本上说是正确的。

首先，这两种构想形式相似：无论诺齐克还是哈贝马斯，都涉及到自由的某些"元原则"（Metaprinzip）。这些原则只能解释自由的形式条件，而不能阐明自由的内容。不过，在诺齐克那里，元原则是以个体所有权为核心的消极自由原则；在哈贝马斯那里，元原则是关涉话语合理性的交往自由原则。但是无论如何，在他们那里，自由的元原则不能定义社会乌托邦状况，而是为乌托邦提供一个"元乌托邦"框架。因而，元原则必须满足使某些内容称为合法的条件。就此而言，满足这些条件就使每个内容（如制度安排、生活方式、行为方式）成为合法的。当然，诺齐克与哈贝

---

① Vgl. Albrecht Wellmer, *Endspiele. Die unversöhnliche Moderne*, Frankfurt/M.: Suhrkamp 1999,S.34.

马斯之间的相似性到此为止。

正如维尔默所说，他们之间的不同在于：在哈贝马斯那里，话语合理性的元原则，主要是公共自由和民主意志形成的制度化原则。从这个视角出发，元原则就使所有权表现为可能的民主共识内容。在诺齐克那里，个体权利的元原则，主要是消极自由原则。从这个视角出发，元原则就使参与民主表现为某些社会成员之间可能的契约内容。在与哈贝马斯比较中，维尔默描述了诺齐克的幻象：自由主义乌托邦的后现代幻象——从形式到内容都出现了令人困惑的翻转。因而可以说，诺齐克在很多方面是荒谬的，如人类学、社会学的合理性理论预设；更为荒谬的是，他不止一次地提出这个问题：在自由主义乌托邦中的公民，如何能保证以正确方式实现自由的元原则？①

事实上，洛克、康德就已经阐发了代议制政府构想（还有霍布斯的《利维坦》的国家构想），所有这些都反对诺齐克的自由主义乌托邦构想。因而很明显，如果想勾画形式自由概念，那么它就与（哈贝马斯意义上的）共同体主义视角有许多内在关联。维尔默指出，如果在下述意义上理解市民社会，即将现代国家中消极自由领域的合法化与消极自由领域从结构上区分开来，并使之在一定程度上独立于共同体主义的公共自由领域；那就能尝试着像理解黑格尔的自然法结构那样来理解诺齐克的自由结构：通过团结纽带联结起来的、作为现代自由根本维度表达的消极自由，是现代国家唯一可能的自由形式。不过问题在于：哈贝马斯意义上的共同体自由概念是否能满足消极自由维度？或自由主义意识形态是否拥有（必须能诠释共同体自由概念的）独立的真理内涵？

为了解决这些问题，维尔默考察了"合法性"（Legitimation）的三种类型：

第一种"合法性"强调自由市场调控能力：对市场体制的唯一代替性

---

① Vgl. Albrecht Wellmer, *Endspiele. Die unversöhnliche Moderne*, Frankfurt/M.: Suhrkamp 1999,S.36.

选择就是官僚计划体制，在今天似乎达成了某种共识，即市场体制被如此广泛地思考，以至于关系到经济效果。维尔默指出，从商品的潜在消费者立场出发，"经济效果"涉及到产品使用价值的生产与分配。在现代西方社会经济亚系统中，货币作为一般交换媒介，规定着关涉物质产品生产与分配的互动和决策类型，它表现为灵活可变的，并能成为政治的互动和决策类型。因为它或多或少地成为现代社会经济的共识，那人们就能轻易地将市场经济组织阐释为民主共识的实在内容，至少是潜在内容。这样，共同体主义视角的优先性就被直接确定下来，因为对作为消极自由领域的市场功能再调节，不仅至少被理解为民主决策过程的潜在结果，而且由此而被限制。此乃策略的经济行为领域。

　　第二种"合法性"关系到分配正义问题（这使人们想起罗尔斯的"正义两原则"）。我们知道，罗尔斯正义论既非传统理性直觉主义，又非传统自然主义，而是新契约论，其最高理想是社会基本结构（或制度）的正义，而非"最多数人的最大幸福"；其基本视角是正义合理性，而非自明的直觉原则或至善论；其实质是义务论，而非目的论。"正义是社会制度的首要价值，正像真理是思想体系的价值一样。"[①] 笼统地说，正义论的基本内容有三部分：一是正义原则产生的基础或条件；二是正义原则的系统阐释；三是正义原则的实际应用和选择的操作程序。简言之，罗尔斯正义论的核心是"正义两原则"：第一个原则是"自由平等原则"（liberal equality principle）；第二个原则是"差异原则"（difference principle）。在《正义论》第46节，罗尔斯对正义两原则做了"最后的全面的陈述"：第一个原则——每个人对与所有人所拥有的最广泛平等的基本自由体系兼容的类似自由体系都应有一种平等的权利。第二个原则——社会的和经济的不平等应当这样安排，使它们：（1）在与正义诸原则一致的情况下，适合于最小受惠者的最大利益；并且，（2）依系于在机会公平平等的条件下职务和地位向所

---

① 罗尔斯：《正义论》，何怀宏、何包钢、廖申白译，中国社会科学出版社2003年版，第3页。

有人开放。①

在"正义两原则"之外，罗尔斯又提出了"两个优先原则"：（1）自由平等原则对差异原则的优先性，即自由只能为了自由的缘故而被限制，这有两种情况：一种不够广泛的自由必须加强由所有人分享的完整的自由体系；一种不够平等的自由必须可以为那些拥有较少自由的公民所接受。（2）正义对效率和福利的优先性，即差异原则优先于效率原则和最大利益原则；公平机会优于差异原则。这有两种情况：一种机会的不平等必须扩大那些机会较少者的机会；一种过高的储存率必须最终减轻承受这一重负的人们的负担。

在谈到第三种"合法性"时，维尔默指出，如果共同体自由应被理解为以判断和任意认同为基础的自由形式，那么以个体权利承认为基础的消极自由（黑格尔意义的"抽象自由"）就必须被视为共同体自由形式的一个要素。在黑格尔视阈里，只有当作为个体的人的消极自由具有外部实在性时，消极自由才是存在的。换言之，消极自由只有在个体权利形式中才能存在。"对黑格尔来说，市民社会作为消极自由领域，体现着现代生活的分裂要素；相反，对卢梭、早期浪漫派、后期马克思来说，他们在其中看到了现代性的丑陋。就是说，在个性解放、普遍人权与科学解放条件下，艺术与职业生活受到了前现代社会政治和宗教的限制。作为代价的分裂要素，同时为共同体自由的现代形式提供了前提。"②

在黑格尔那里，市民社会作为越来越大的可能的分裂领域，同时也是实践的、认知的、道德的、审美意义上的个体学习与教化领域。市民社会对个体的教化，主要是使作为社会公民的个体智力状况和道德资质获得积极功能。黑格尔甚至断言，在市民社会对抗性结构中表现出来的共同体团结关系缺失，从现代国家合理的伦理视角看只是一个表象。维尔默指出，

① 参见罗尔斯：《正义论》，何怀宏、何包钢、廖申白译，中国社会科学出版社2003年版，第302页，译文略有改动。
② Albrecht Wellmer, *Endspiele. Die unversöhnliche Moderne*, Frankfurt/M.: Suhrkamp 1999,S.40.

如果马克思将这个断言批判为黑格尔结构不可证明的前提，那他肯定是正确的；但当马克思只是简单地颠倒现实与表象关系时，那他就缺乏黑格尔对浪漫主义现代性进行批判的元批判支点。这个元批判并不依赖于黑格尔臆想的现代国家结构，甚至说，作为现代国家的共同体自由形式的激进民主伦理构想，也必须接纳黑格尔接受的浪漫主义和谐乌托邦的真理内涵。这个元批判的真理内涵在于：如果现代世界没有共同体自由，那是不可思议的，但共同体自由并非建立在消极自由基础上。

二、自由平等与合理性原则

（一）自由平等与合理共识

维尔默的思考表明，个体权利制度化可能的合理共识内涵还没有清楚的界限。准确地说，每个使公民之间获得合理共识的条件都是可疑的。"尽管我们能够借助话语合理性的元原则来描述这些条件，但我们必须明白，通过这些描述并不能够描述个体权利平等原则。这意味着，通过话语合理性条件的说明还根本不能描述这个规范内核。这个规范内核不可以安置在个体权利制度化方面，如果不想使民主话语基础成问题的话。"[①] 因而与流行观点不同，维尔默认为话语合理性条件不能等同于民主话语条件，个体权利不能从合理性原则中引出来。

我们知道，哈贝马斯试图使话语合理性的元原则成为个体权利具体化的唯一真实基础，以此来保证共同体主义视角的优先性。维尔默认为这必然走向失败，因为话语合理性的元原则只有与个体权利平等原则相联系时，才能描述这个真实基础。因而，现代民主文化的规范基础不能仅仅从话语合理性概念中推导出来。维尔默指出，为了突显现代社会合理共识的基本条件，需要使用比合理论证或合理共识概念更多的概念。"如果这

---

① Albrecht Wellmer, *Endspiele. Die unversöhnliche Moderne*, Frankfurt/M.: Suhrkamp 1999,S.42.

是正确的话，那么黑格尔特别讨论的自然法学说的两层意义是正确的：一是试图在自然法的原子主义构想中拯救真理要素；二是拒绝将自然法概念翻译成先验的交往合理性与交往自由原则。"① 这表明，后一个原则，即使在程序合理性意义上，也不能从普遍的消极自由概念中直接推导出来；相反，在一定意义上，消极自由权利甚至反对（共同体的）交往自由权利。从这个视角看，消极自由至少是发表不同意见、作为不同政见者行动的自由。但很显然，必须承认现代世界中每个可能的共同体自由之组成部分的相应权利。

　　为了论证自己的命题，即不能将普遍的消极自由原则，在概念上视为哈贝马斯交往合理性原则的一部分，维尔默在下面做了两点说明：

　　第一，从程序合理性概念出发，个体权利平等原则，要么被理解为保持可能的合理共识内涵不变的道德规范；要么被视为包含在话语合理性的元原则中。根据哈贝马斯的逻辑，在话语合理性的规范预设中，必须包含着普遍主义；换言之，普遍主义必须是话语合理性的元原则的一部分。那么，为什么谈论权利的合理性原则，即使它是交往合理性原则和/或话语合理性的元原则，也能够是不合理的？这是因为，交往合理性领域与话语合理性领域，（从内部看来）是有界限的。因而，如果这个原则是先验原则，那它对可能的言说者来说，必然是合适的，不容许有可能的例外。然而，言说者有时能够在非道德权利基础上，伤害共同体的合理要求。根据维尔默的看法，道德权利从根本上说是内在的，它是在道德义务术语中得到解释的权利；道德义务承认个体的消极自由领域，即使个体以合理方式行使相应权利。但是无论如何，普遍的消极自由原则，并不是合理性原则的组成部分；相反，合理共识原则必定超越消极自由原则而被证明为具有较高可靠性。

　　第二，罗尔斯将第一个正义原则解释为在"原初状态"，即"无知之幕"

---

① Albrecht Wellmer, *Endspiele. Die unversöhnliche Moderne*, Frankfurt/M.: Suhrkamp 1999,S.43.

条件下个体间合理共识的内容，并试图在纯粹策略基础上找出：哪种社会秩序是最好的？按维尔默理解，罗尔斯的第一个正义原则非常接近权利定义，但也接近黑格尔的抽象法概念。从某种意义上说，罗尔斯试图遵循与黑格尔相似的论证程序。因为他试图表明，如果所有人都深刻地思考正义论可能涉及的制度内涵，那普遍的共同体自由概念就走向民主伦理。当然，从论证程序看，罗尔斯与黑格尔也有明显区别："最重要的区别在于，对罗尔斯来说，第一个正义原则，即自由平等原则，直接走向平等的政治参与权原则"①。这样，罗尔斯的论证原则，就既不是哈贝马斯的话语合理性的元原则，也不是哈贝马斯可能的合理共识内涵的特殊道德规范，而是个体正义的元原则。在罗尔斯那里，个体是抽象的个体，自由是抽象的自由。因而，个体间的先验共识是不必要的。

维尔默断定，与罗尔斯一起回到共同体主义构想是不成问题的。这个构想从一开始就将康德的道德普遍主义与法律普遍主义置于现代意识中心。因而，这个构想从一开始就内含着市民社会与国家的二元论———个带有规范内涵的二元论。"我们可以将这个二元论视为黑格尔、密尔、托克维尔政治哲学共有的理论内涵。"②然而，共同体自由概念，除以交往合理性为基础外，没有规范的二元论。一是因为它没有内含着消极自由原则；二是因为在哈贝马斯理论中，市民社会的原子主义方面，只有从复杂性简化视角，即在现代社会调节问题概念中才能得到辩护。不过，维尔默能够论证，从消极自由立场出发不是复杂性简化，而是复杂性产生，这对市民社会来说是结构性的。

维尔默认为，如果哈贝马斯把交往合理性概念理解为后形而上学合理性概念的规范核心，那他是正确的。在这个意义上，交往合理性概念就被理解为现代意识的规范结构。当然，为了阐释现代自由概念的规范内涵，

---

① Albrecht Wellmer, *Endspiele. Die unversöhnliche Moderne*, Frankfurt/M.: Suhrkamp 1999,S.46.

② Albrecht Wellmer, *Endspiele. Die unversöhnliche Moderne*, Frankfurt/M.: Suhrkamp 1999,S.46.

仅有交往合理性是不够的。因为"个体权利平等原则，是关于现代普遍人权内涵合理共识唯一可能的原则。不过，由于'消极的'或'抽象的'自由范畴，以及我们以为的人权最重要的方面，不可能是交往合理性原则的组成部分。所以，人权原则就不能直接内含在合理性原则中：人权原则是实体性道德原则，对它的辩护与对交往合理性原则的辩护要区分开来。但同时，人权原则并不是能够在合理共识中得到辩护的特殊规范。作为权利的'元原则'，它更加接近道德的'元原则'"①。在这个意义上，人权原则能够定义民主话语可能的道德合法性条件。这就是从哈贝马斯到罗尔斯的现代自然法传统的真理内核，但这个真理内核，必须用交往合理性和/或话语合理性加以补充，如果它想成为积极自由或交往自由内核的话。②

总之，个体权利平等原则与交往合理性原则相互依赖，但并非先验意义上的相互包含。因而，在现代世界中，自由与理性并不一致，即使自由的要求是理性的要求，即使消极自由的目标是理性自由或公共自由。不过，维尔默说，在现代世界中，尽管自由与理性不一致，但共同体自由与交往合理性之间存在内在关联：民主自决概念要求非强制交往的公共空间。这样，个体自由权利就被翻译成政治参与权，消极自由就扬弃在集体自决中；而共同体自由简直就是成为伦理形式的话语合理性。就是说，哈贝马斯的程序合理性概念，将确定共同体自由后传统形式的规范内核。"后传统形式的团结要求：我们期待所有其他人都有消极自由空间，这是我们确定自己的生活、能够对自己的决定负责的前提，它包含着对平等的自由说'不'，并做相应地处理。只有在这样的自由基础上，对称的相互承认形式、自愿的协商、平等的合理共识，才是可以思议的。"③换言之，只有当程序合理性概念内含着参与生活方式筹划时，人们才能将共同体自由概

---

① Albrecht Wellmer, *Endspiele. Die unversöhnliche Moderne*, Frankfurt/M.: Suhrkamp 1999,S.47.

② Vgl. Albrecht Wellmer, *Endspiele. Die unversöhnliche Moderne*, Frankfurt/M.: Suhrkamp 1999,S.48.

③ Albrecht Wellmer, *Endspiele. Die unversöhnliche Moderne*, Frankfurt/M.: Suhrkamp 1999,S.49.

念仅仅建立在合理性概念基础上。在理想意义上，这种筹划被理解为交往合理性或话语合理性的体现。但维尔默认为，这种理想化是没有意义的。

事实上，维尔默想说的东西，并不是程序合理性概念包含着先验幻象，而是程序合理性概念并不真正包含理想化。出于这个原因，共同体自由概念，即使它给予合理性论证与伦理共识重建以特殊地位，也不能还原为程序合理性概念。他指出，如果有公共自由的制度化空间，那么这个（被共同承认的）空间只能是自决的空间。在其中，人们能够在公共话语和民主实践媒介中，将他们的自决权利视为政治权利。但当消极自由通过制度与集体自决程序转变为共同体自由时，这种共同体自由必定是自我反思的：它成为自身目的。"如果我们相信从黑格尔到阿伦特的每个哲学家——他们认为古希腊城邦是政治自由的第一个最大典范，那么上述说法对古希腊城邦来说是适应的。"① 就是说，共同体的制度、程序、习惯成为自身目的，对个体的自我阐释、认同、实践取向来说，是结构性的。因为民主意志形成的内容，不能长期地由前政治事件、利益、冲突来确定，毋宁说，共同体自由本身成为政治内容。不过，（城邦）自由的自我反思与共同体自由的自我反思应该区分开来：后者建立在特殊权利的普遍承认基础上；它既不建立在一定的规范内涵基础上也不建立在阐释基础上，并不受可能的理性批判影响。"在一定意义上，每个特殊的规范内涵、每个专门的制度调节、每个确定的阐释语境，原则上都是可疑的、可变的。因而，实际上，程序合理性概念规定着共同体自由的结构条件。"② 这样，程序合理性概念，就是*理性的*自由，但不是理性的*自由*。

（二）"对偶然性的承认"与自由民主原则

在《真理、偶然性与现代性》（1991）中，维尔默讨论了罗蒂与哈贝

---

① Albrecht Wellmer, *Endspiele. Die unversöhnliche Moderne*, Frankfurt/M.: Suhrkamp 1999,S.50.

② Albrecht Wellmer, *Endspiele. Die unversöhnliche Moderne*, Frankfurt/M.: Suhrkamp 1999,S.51.

马斯、阿佩尔之间的相互批评，这不仅涉及到后形而上学真理的理解问题，而且涉及到没有最终论证的自由主义文化基础问题。前者与话语伦理学的前提之一，即真理共识论密切相关，后者与自由民主原则紧密相连。对前者，我们将在第六章"话语伦理学批判性重构"中加以阐述。在这里，我们主要讨论后者。

在谈到没有最终论证的自由主义文化基础时，维尔默首先试图赞同罗蒂的看法：弱反思意识是被描述为现代自由主义文化的东西。"这个弱反思意识与罗蒂描述的'对偶然性的承认'紧密联系在一起——我们的语言的偶然性、我们的价值取向、我们的文化、我们的制度。"[1] 显而易见，对有效性要求的关系而言，所有这些类型的结果都是对偶然性的承认，尤其是它们对言谈者与论证者的"施为性"维度起反作用。当然，如果通往最终论证的道路被堵塞了，正如对最终和解的期待被禁止一样，那么教条主义与基础主义的所有形式就失去了基础。此外，在（没有主体间性的必然论证或明晰性的）冲突中，譬如在某些道德冲突、法庭判决、高尔夫比赛、历史阐释中，人们不能总是从"任何情况下都存在绝对真理"出发：历史的终结无论在何处，从上帝视角看，都在最终的共识中。但是，"如果我们长期不从'任何情况下都存在绝对真理'——即使我们此时此地也许还不能保证它的存在，并且之所以不能，是因为这个假定通过对言谈者或论证者以真理为取向的可能性条件的批判性反思（即通过'对偶然性的承认'）而被解构——出发，那么对我们与上面提到的冲突问题的关系来说，必然有这个结论：如更多的宽容、修正信念的准备、生活多元化的准备、根据新的描述或阐释寻找老问题的准备，或倾听他人说什么的准备。"[2]

如果"对偶然性的承认"最终内含着这个观点，即从"有限的、有死

---

[1] Albrecht Wellmer, *Endspiele. Die unversöhnliche Moderne*, Frankfurt/M.: Suhrkamp 1999, S. 167.

[2] Albrecht Wellmer, *Endspiele. Die unversöhnliche Moderne*, Frankfurt/M.: Suhrkamp 1999, S. 167.

的、偶然的人的存在"引出来的本质，与从"其他有限的、有死的、偶然的人的存在"中引出来的意义没有什么不同，那么每个与社会化联系在一起的尝试，无论是神学的、形而上学的、还是科学灵感的意义构思，都必然表现为深层无用的。但如果"对偶然性的承认"，即对形而上学的解构包含着对一些现代理解的合理性残余，即对教条主义和基础主义、不宽容与狂热的知识基础的解构，那么对偶然性的论证与对自由主义文化的论证之间就有深层关联。维尔默认为，对基础主义和形而上学进行批判，必然导致"对偶然性的承认"，也必然对理解现代自由民主原则发挥作用。就是说，"我们不能长期从这点出发——有一个阿基米得点，如理性概念，合理性原则深植于其中。就此而言，我们能够承认，对自由民主社会的原则、秩序和制度进行'辩护的'唯一可能性在于，我们的信仰、道德取向与观念差异，以尽可能关联的方式被重构。从一定意义上说，这种类型的重构总是循环的，因为它不能从（超越我们文化的、政治的、道德的）语法出发得到实现；在这个意义上，'种族中心主义的'辩护应当被保留下来。这就意味着（罗蒂所强调的东西），语言的、政治的、道德的语法，以及文化秩序与制度，不能完全地（仿佛从外面）得到辩护，因为'辩护游戏'只有在一定的语言游戏中才有清楚的定义，但并不关涉作为整体的语言游戏"[1]。因而，尽管这个命题——"如果我们承认，在我们的语言或文化之外，没有一个阿基米得点"，在某种意义上是有目共睹的，但它实际上内含着什么，则是完全不清楚的。当然，人们能够对从内部出发进行阐释、重构的语言游戏、秩序、制度、原则，或观念差异加以辩护，看来是清楚的。这也适合于形而上学本身，因为没有人能够理解，数学实践的要点、数学概念的意义或一定论证或证明力量。

维尔默说，如果这关涉政治原则、程序、制度，如自由民主传统辩护，那显然是近似适应的。在这种情况下，社会化问题甚至比在数学情况

---

① Albrecht Wellmer, *Endspiele. Die unversöhnliche Moderne*, Frankfurt/M.: Suhrkamp 1999,S. 168.

下还有戏剧性，因为属于自由主义文化的政治原则、程序、制度理解的实践知识，包括道德判断、情感作用，以及它们之间的交织。因而，对自由主义政治文化逻辑的内在澄明与重构，不可能是对这个程序中的文化原则、程序的辩护。问题在于，"所有这一切是否意味着，只在特殊情况下，自由民主原则才能确定可能的政治的、道德的'语言游戏'？也许有特殊情况，我们的道德原则需要我们承认其他文化的'他性'（Andersheit），而这个语言游戏不需要这种特殊情况。"① 在维尔默看来，这个问题特别复杂，不能简单地用"是"或"否"来回答；但他相信，合格的否定应该被辩护。因为这个辩护，不仅是对自身的辩护，而且是辩护的极点所在。

对这个问题，维尔默试图通过构思的逐步完善来阐释。

首先应当清楚，维尔默所说的内在澄明、重构、辩护完全能够相互偏离。因为，自由民主原则的内在重构既可以是保守的又可以是激进的；而且，对自由民主原则进行批判性重构，与对它进行共同体主义批评之间也许没有绝然的界限。这就表明，这里涉及的自由主义文化，不是封闭的语言游戏，而是建立在自身原则基础上、能够对自身进行批判与辩护的语言游戏。因而，无论如何，当维尔默谈论自由民主原则时，他能想到这个批判的潜能是内在的，以及制度和程序是什么与应当是什么之间的张力，也是内在的。在《现代世界的自由模式》（1989）中，维尔默将自由民主原则理解为本质上反对社会不公、反对少数人歧视、反对性别歧视、反对文化帝国主义；或反对垄断公共领域的霸权主义、反对社会暴力。或许像罗蒂一样，维尔默也不把这个原则理解为对社会混乱状况的辩护。

其次，维尔默论证的东西关系到以我们的语言（或文化）与他们的语言（或文化）差异为基础的抽象。他认为，真正令人感兴趣的显然不是这种情况——每个人都试图为与其他文化成员相对立的语言程序与非语言程序进行总体辩护；而是那种情况——不同的、有时重叠的词汇相互冲突，

---

① Albrecht Wellmer, *Endspiele. Die unversöhnliche Moderne*, Frankfurt/M.: Suhrkamp 1999,S. 169.

主要是新词汇与老问题处于冲突中。维尔默承认，在通常的论证实践中，总是容许整体论的、创新的、差异的要素，而论证常常包括这样的尝试：使老问题或令人信赖的状况在新的光谱中显示出来。因而，它是一个需要重新描述的历史要素，是通常的论证实践令人感兴趣的创新形式。此外，它是这样的，以至于作为公共语言的言说常常不是论证的出发点，而是论证的结果。这样，"我们就缺乏论证实践的极点，如果我们在刚性的规则和标准的共同体系标题下解释它的话。只有当我们在刚性的规则体系意义上解释合理性论证的有效范围时，语言的内部论证和外部论证，以及可能的论证领域和不再可能的论证领域的区分才有同等含义。可是，最令人感兴趣的情况仿佛在极限之间。"① 当然，只有当它与下述情况相联系时，这种最令人感兴趣的情况才是可能的。就是说，我们总是能够试图从他人的视角看事情；我们能够用新词汇或新视角使之成为可信的；我们有时同时说两种语言，并且试图发现：一个新词汇或一个新描述是否能够阐明旧体验或解决老问题。

维尔默认为，如果要向前推进罗蒂的自由民主社会偶然性命题，那么这个偶然性就出现在新的光谱中，尽管它很少像罗蒂描述的那样出现。因为自由主义文化能够被理解为封闭的语言游戏。事实上，自由主义文化，从历时性看，有历史；从共时性看，有外延。因而，对自由民主原则和制度来说，这有一系列好的论据：例如，现代革命史、康德、托克维尔、密尔、潘恩，以及对联邦主义文献的研究；又如，极权主义、民族主义、种族主义、反犹主义或宗教的、政治的原教旨主义；进一步的论据是从当代自由民主社会的价值、原则、自我阐释的内在批判性重构中获得的。因此，"如果仅仅放弃自由民主原则最终论证观念，即无需用自由民主的政治逻辑来论证，并且在这个论证中容忍（历史的与他者的）体验，那就揭

---

① Albrecht Wellmer, *Endspiele. Die unversöhnliche Moderne*, Frankfurt/M.: Suhrkamp 1999, S. 171.

示了为自由民主原则和制度的建立与发展的批判性论证密实的网络。"① 尽管这个论证几乎不相信伟大的民族主义者或宗教的原教旨主义者，但事实是，维尔默的论证并不必然意味着，每个人都不相信它是好的论证。

因此，自由民主原则和制度只能在生活中获得，如果它在公开话语和政治冲突中一再被阐释和定义的话；或者说，自由主义文化，完全是通过从其基本原则的公开讨论中获得的建构性原则来刻画的。"在某种程度上，自由民主原则是自我反思的：它保障所有公民平等的权利和自由，同时保障他们平等地参与公共讨论的权利和自由。"② 因而，自由民主原则的自我反思之间的非偶然性关系，是相当明显的：一方面，公共话语对自由民主社会的建构性作用，以及罗蒂意义上的"对偶然性的承认"；另一方面，正如罗蒂所强调的，所有为自由民主制度寻找最终论据的尝试，可以说是失败的。但是，偶然性命题不能这样来理解，似乎它只触及现代自由主义文化；毋宁说，它根本触及真理论证可能性条件的哲学命题。当然，"对偶然性的承认"，对(为宗教奠基的或为神秘的或唯科学世界观定位的)文化而言，必须有深刻的颠覆性后果。不过，所有关于这些颠覆性后果最终论证的尝试，都转变为对自由民主原则的附加论证。这个原则被刻画为唯一能够将"对偶然性的承认"与合法的、非强制的公开再生产统一起来的制度。

这个命题有一系列论据，下面，维尔默试图阐明三个最重要论据：

第一，如果普遍主义地理解自由民主原则（而且应当这样理解），那么它就与对(关涉生活信念、生活方式、认同形式的)他性的承认相一致，而且它（至少从概念上）容许，与对他性和差异的尊重联系在一起思考的平等权利。在这个意义上，"差异政治"就以建立在自由民主原则基础上的道德普遍主义为前提。

---

① Albrecht Wellmer, *Endspiele. Die unversöhnliche Moderne*, Frankfurt/M.: Suhrkamp 1999,S. 173 .

② Albrecht Wellmer, *Endspiele. Die unversöhnliche Moderne*, Frankfurt/M.: Suhrkamp 1999,S. 174 .

第二，因为自由民主原则是自我反思的，它要求公共空间的制度化。这样，自由民主原则的内涵、应用与制度化就必须经过政治话语和文化话语媒介一再重新规定。借此，它同时能成为公共利益的事情。但对那个以实体为基础的社会团结形式来说，"共同体的"公共自由空间是唯一可能的"代替者"（Substitut）。就是说，如果社会团结的传统基础又一次通过"对偶然性的承认"的澄明而被破坏，那它就是唯一可能的代替者。①

第三，在某种意义上，自由民主原则是元原则。在社会团结传统的实体主义基础被毁坏后，这个原则就不再能简单地定义有时被宗教共识代替的实体主义共识；毋宁说，它标志着与实体主义问题不可消解的矛盾进行非暴力交往的可能。因而，在抽象层面上重建共识与团结的可能，仿佛是代替实体主义共识的程序共识。维尔默认为，这个区分是相对的和引人误入歧途的，因为对话程序不是"程序"一词的原本含义，并且对话程序的价值与自由、正义、团结的实体价值联系在一起。这样，浮现在人们面前的就是形式的程序和制度，与非形式的政治话语实践内在交织的动力学。通过这个"内在交织"（Ineinandergreifen），那个实体价值能够成为像公共规划一样的公共事件。在这个意义上，程序共识就能够再生产这个社会的合法性。在政治话语与文化话语的媒介中，它不断地超越和改变形式。

总之，"对偶然性的承认"不仅使自由民主原则和制度获得了新的论据，而且保障了对自由民主原则和制度的承认。当然，这个不可消除的偶然性并不表明，自由民主原则缺乏好的论据；毋宁说，它标志着在下述所有这些尝试的偶然性要素。这些尝试是指，这个原则被富有成效地制度化，并被转化成民主伦理。维尔默断定，马克思对现代自由民主原则的描述，尤其是关于贫富国家对立的描述，具有意识形态嫌疑，而且是前后矛

① Vgl. Albrecht Wellmer, *Endspiele. Die unversöhnliche Moderne*, Frankfurt/M.: Suhrkamp 1999,S. 176 .

盾的，因而它根本不能阐发规范视角，毋宁说，它是作为内涵被理解的。然而，在特殊意义上（不是在乌托邦意义上，但或许是在西方民主条件过时意义上）马克思（颠覆所有……关系）的绝对命令具有最终效力。[①] 事实上，由于社会之间的张力或生态破坏、种族主义或种族冲突，暴力增多、经济危机或经济帝国主义，自由民主社会最终必然崩溃。

三、自由民主与政治合法性

（一）自由主义与社群主义：正义与善谁更优先？

众所周知，"自由主义"（liberalism）概念是十分复杂的。笼统地讲，如同古典自由主义一样，当代自由主义也可以分为两个传统：一是功利主义传统，二是契约论传统。前者被称为"自由至上主义"（libertaranism），又称为自由放任主义、极端自由主义；后者被称为"自由平等主义"（liberal equalitarianism），又称为权利自由主义、义务论自由主义。实际上，在自由、平等、民主、正义这些自由主义基本价值问题上，它们之间并没有什么根本不同；不过应当承认，关于自由、平等、民主、正义在自由主义价值体系中的地位，它们的看法是有差别的。例如，罗尔斯、诺齐克、德沃金等人都被视为自由主义的"权利优先论"者，但他们对自由与平等的关系，以及对民主、正义的理解有较大分歧。简单说，只有在"正义独立于善"的意义上，他们才"行进在同一条道路上"，但"以不同方法捍卫着自由主义的结果"：在分配正义问题上，德沃金像罗尔斯一样，既坚持程序正义（形式正义），又兼顾社会正义（实质正义）。所谓社会正义（实质正义），就是强调社会环境的正当以及分配标准的合理，如确定某些特定的分配原则，以追求某些结果平等；但这往往导致某些事实上的不公正（非正义）。因此，诺齐克像哈耶克一样只坚持程序正义（形式正义），反

---

① Vgl. Albrecht Wellmer, *Endspiele. Die unversöhnliche Moderne*, Frankfurt/M.: Suhrkamp 1999, S. 77–78.

对社会正义（实质正义）。所谓程序正义（形式正义），就是按照某些普适原则而行动，坚持起点平等、规则普适平等，强调机会平等，但这往往导致某些事实上的不平等。简言之，对诺齐克来说，自由就意味着一切，平等算不了什么；相反，德沃金强调平等是自由主义的原动力，因此捍卫自由主义就是要捍卫平等；罗尔斯的政治正义论则力图在自由与平等之间寻找某种平衡。

　　同样，"社群主义"（communitarianism）也是一个充满歧义的概念，就连公认的社群主义代表人物也承认这一点，以至于他们不愿意被称为社群主义者。例如，在《自由主义与正义的局限》（1982）中，桑德尔承认就坚持"正义内在于善"而言，自己是社群主义阵营中的一员。但是，对"正义内在于善"有两种理解：一是主张正义原则应当从特殊社群成员共同享有的价值中汲取道德力量，或者说，社群的价值规定着何为正义，何为不正义——只有这种理解才是通常意义上的社群主义；二是主张正义原则及其证明取决于它所服务的那些目的的道德价值或内在善——这种理解最好描述为至善论。桑德尔断定，困扰着当代自由主义—社群主义之争的大部分混乱都源于人们未能区分这两种理解。到《论共和主义与自由主义：桑德尔访谈录》（1996）中，桑德尔声明，如果说社群主义意味着"多数至上主义"（majoritarianism）或某种道德相对主义，那他本人的观点就不是社群主义的。因为"多数至上主义"坚持这样一条错误原则：在一个具体的社群中，只要能够得到大多数人赞成的政策就应该加以实施。所以，桑德尔宁愿被称为"公民共和主义"（civic republicanism）①，也不愿意被称为社群主义。在他的视阈里，公民共和主义的核心思想就是自由取决于自治，而自治需要公民能够就公共利益进行协商，能够有意义地共享自治与

---

① 像"社群主义"概念一样，"共和主义"概念也是充满歧义的：一般分为古典共和主义与公民共和主义，前者如亚里士多德、卢梭、阿伦特等；后者如波考克、斯金纳、佩蒂特、米歇尔曼等。在这里，共和主义与社群主义是区分开来的。但在哈贝马斯、维尔默、霍耐特、桑德尔等人的语境中，共和主义与社群主义往往是混用的。——作者注

自我管理。

在《正义诸领域：为多元主义与平等一辩》（1983）中，沃尔泽划分了社群主义的两种含义：一是在道德基础问题上，它诉诸共同的意义；二是把社群视为一种善，或许是一种最重要的善。有鉴于此，他宁愿称自己为"社群的自由主义者"。在《答非所问：自由主义—社群主义之争》（1989）一文中，泰勒指出，诚然，自由主义与社群主义之间存在着重要差异，但在自由主义—社群主义之争中，也确实存在着大量答非所问的现象。原因就在于，混淆了"本体论论题"（ontological issues）与"辩护论题"（advocacy issues）：前者关心人们在解释社会生活时所承认为终极的项，这里有原子主义与整体主义之争；后者关心人们所采取的道德立场，这里有个人主义与集体主义之争。这样，就出现了下列复杂的情形：既存在原子主义的个人主义（如诺齐克），整体主义的集体主义（如马克思）；又存在原子主义的集体主义（如斯金纳），整体主义的个人主义（如洪堡）。因此，为了避免这种误解，应当废弃自由主义、社群主义这两个概念。

由此可见，自由主义与社群主义的根本分歧在于正义与善的关系问题。一般认为，罗尔斯、诺齐克、德沃金关于自由、平等、民主、正义等问题的论争属于"家族内部之争"；而自由主义—社群主义之争则属于"不同家族之间的论争"。但是，由于自由主义、社群主义这两个概念，或者说，这两种思潮的多义性、模糊性、交叉性，使得这个争论变得扑朔迷离。针对社群主义对程序自由主义的批评，金里卡（Will Kymlica）进行了反驳，并为自由平等主义辩护。在《自由平等主义与公民共和主义：朋友抑或敌人?》（1997）一文中，他把社群主义视为一种公民共和主义，并在分析自由平等主义与公民共和主义政治观念之后，强调"在所有的实际问题中，共和主义与自由平等主义都应该是盟友"①。不过，当自由主义的

①　（加）金里卡：《自由主义、社群与文化》，应奇、葛水林译，上海译文出版社 2005 年版，第 287 页。

正义与共和主义的民主发生冲突时，自己将站在自由平等主义一边，因为正义是政治制度的首要德性。

实际上，在当代政治伦理学语境中，人们对自由主义与社群主义关系的理解是不同的：一种观点认为，社群主义与自由主义是对立的。如泰勒断言，在英语世界，程序自由主义非常流行，姑且不说是支配性的话。按照程序自由主义说法，一个自由的社会不应该以任何特定的美好生活观念为基础，它的核心伦理是正义而非善。然而，程序自由主义存在着严重的问题：坚持平等会削弱道德承诺、相互团结的共同感。这些问题只有当人们开启了关于社群认同的本体论论题之后，才能得到恰当阐明。桑德尔也说，在美国的公共生活中，共和主义（社群主义）已经为平等自由主义所代替，但它们对权利的辩护，或者说，对自由与善的关系理解是不同的。另一种观点认为，尽管社群主义作为一种政治道德哲学，与公民共和主义一样，是以自由主义对立面形象出现的；但"社群主义理论与自由主义并无实质性的冲突"[①]。

（二）自由主义与社群主义：自由民主社会内部之争

与上述第二种观点相似，维尔默断定自由主义与社群主义之争仍然是自由民主社会内部之争。在《民主文化的条件：自由主义与社群主义之争》（1992）中，维尔默指出，尽管自由主义与社群主义之争深深植根于现代政治哲学史中，但都延续了政治合法性论争：它们将这个使卢梭、早期浪漫派、黑格尔、马克思、托克维尔甚为担忧的、与现代市民社会一样古老的问题，带到了一个新的平台上。

首先，维尔默认为自由主义和社群主义的差异是共同价值取向内部的差异。毫无疑问，自由主义和社群主义对待欧美自由民主社会的态度是不同的，但很大程度上是共同价值取向内部的不一致。就是说，它们强调同一传统内部的不同方面：自由主义强调自由的基本权利及

---

① 顾肃：《自由主义基本理念》，中央编译出版社 2003 年版，第 544 页。

其非欺骗性；社群主义更喜欢美国早期的公民共和主义，即"共同体"
(Gemeinschaft) [①] 的民主自治传统。因而，它们的不一致可以这样描述：
自由主义的兴趣在于自由的基本权利。这样，对自由主义来说，个体的
自由权利就构成自由民主传统的规范内核。社群主义则试图证明，只有
在社群的生活方式中，自由的基本权利才能获得合法意义。"社群主义更
喜欢那些被遗忘的前提条件：只有在这些前提下，'自由的自由权利'才
能成为社群的生活方式内部的创造性要素。概言之，自由主义依靠的是
个体基本权利保障；社群主义给予社群的生活方式或集体自决权利以优
先地位。"[②] 如果将这些不一致尖锐化，那么这些不一致，如民族的、种族
的、文化的自我保护缺失与个体基本权利诉求之间的矛盾，就不能从根本
上得到解决。

　　归根到底，自由主义与社群主义的根本差异在于善或正义的优先性问
题。那么，现代世界的参与民主和民主伦理意味着什么呢？维尔默说，沃
尔泽[③]的描述非常接近黑格尔："这种整体的和一元的学说将能量聚集在政
治领域。它适合于（无论是在古典主义还是新古典主义形式中）小的、同
质的共同体的需要——在这样的共同体中，市民社会是毫无差异的。"[④] 但
是，如果像在自由民主社会中看到的那样，美好生活构想、价值取向、价
值认同的多样性和私人化，那这种共和主义形式就失去了基础。因为现在
能够共同分有的公共的善，即体现在自由民主制度中的共同善，只能被理
解为相互修正的美好生活概念多元化的交叉点，因而不能将它仅仅理解为

---

① "Gemeinschaft" 这个多义性概念，在德语中是指由共同的思想、目的、职业等联系起
　　来的组织、集体、团体；或者是具有共同的经济、政治等目的的国家之间的结盟、联
　　盟、集团；或者直接意味着结合、联合、联系等。一百多年前，共同体概念在社会学
　　中被加以阐发，从此以后被广泛运用，如社会共同体、法权共同体、交往共同体、价
　　值共同体、自由共同体、文化共同体、道德共同体，等等。

② Albrecht Wellmer, *Endspiele. Die unversöhnliche Moderne*, Frankfurt/M.: Suhrkamp
　　1999, S.58.

③ 沃尔泽（Michael Walzer, 1937—　　），美国政治哲学家，"社群的自由主义者"。

④ Michael Walzer, *The Communitarian Critique of Liberralism*, in: Political Theory, Bd.18,
　　Nr. Ⅰ, Februar 1990, p.20.

美好生活的优先点。不过现在，这种思考必须重新激发民主伦理概念。"这个概念意味着，自由民主的行为方式的习惯化，就像它们只有在相应的制度、传统、程序中才能发生和再生一样。从根本上说，它意味着与体现在社会政治文化中的自由民主原则没什么两样。"①

其次，维尔默承认社群主义对自由主义批评的正确性。因此，他利用了沃尔泽的有关研究成果。例如，关于今天的民族认同、文化认同、种族认同与欧洲宗教战争时期的宗教认同的比较研究。维尔默说，"如果现在像沃尔泽想做的那样，将平等的公民社会结构初步整理为民族认同和伦理认同的'特殊主义'（Partikularismus），那就会想起（沃尔泽在《社群主义对自由主义的批评》中没有引起特别注意的）自然法的基本动机。"②诚然，社群主义对自由主义批评的对象主要是（作为自由民主社会病态与反常行为反映的）原子主义的个人主义，但沃尔泽对欧洲宗教战争的回忆，凸显了自由主义传统的一个侧面，它是作为社群主义批评自由主义的出发点提出来的，尽管自由主义传统的个人主义不能表述为人类学的原子主义，而只能表述为特殊的现代性反思和解放动力。

实际上，承认社群主义对自由主义批评的正确性，就等于宣告了自由的基本权利和民主参与权的内在关联。就是说，在自由主义传统中嵌入了一个社群主义的修正，尽管自由的基本价值依赖于激进民主参与，即依赖于民主伦理，但现代民主也依赖于自由的基本权利。不过，与一般的社群主义者不同，沃尔泽试图将社群主义对自由民主社会病态与反常行为的反对置于自由主义传统内部，以至于自称为"社群的自由主义者"。"被正确理解的社群主义或许就是被正确理解的自由主义"③。在这里，沃尔泽一方面提醒社群主义者，在美国的政治传统中，基本权利话语占据核心地位。

① Albrecht Wellmer, *Endspiele. Die unversöhnliche Moderne*, Frankfurt/M.: Suhrkamp 1999,S.67.
② Albrecht Wellmer, *Endspiele. Die unversöhnliche Moderne*,Frankfurt/M.: Suhrkamp 1999,S.54.
③ Albrecht Wellmer, *Endspiele. Die unversöhnliche Moderne*, Frankfurt/M.: Suhrkamp 1999,S.60.

因而至少在这种语境中，具体个体与抽象个体的基本权利对立是没有意义的；另一方面试图证明，在民主参与程序意义上，"社群的"就是这个传统的本质组成部分。简言之，沃尔泽的核心论证就是，自由的与民主的基本价值交织在一起。

最后，维尔默断定自由民主是自由主义和社群主义的共同规划。在分析自由主义与社群主义基础上，维尔默对自由主义与社群主义进行理论定位。他将社群主义表述为这样的立场，即仅仅建立在保障个体自由民主权利基础上的稳定社会，不能引发作为"统一的宗教力量"的等价物，毋宁说，义务构想如同以认同为基础的共同善构想、集体纽带一样，将个体权利规范地安置同时确定其界限与合法性要求的价值视阈、理解视阈，都是必需的。与此同时，维尔默将自由主义表述为这样的立场：一是自由民主权利内在地（至少是潜在地）与建立在团结基础上的共同善构想联系在一起；二是在现代社会中，即使没有超越善的构想，也可以走向为所有社会成员负责的社会统一的基础。[1]

为了阐明下述问题：社群主义主题为什么、在什么程度上能够被整合进自由主义理论中？维尔默首先同意泰勒的观点：对自由的基本权利与自由权利来说，社群主义提到的个体自我的社会性，并不能够无结果地保留，因为该问题的"本体论的"层面，并不依赖于"辩护的"层面。同时，维尔默指出沃尔泽为这个论争的解决办法指明了正确方向。因为在沃尔泽那里，自由主义的自我，或许是一个后社会的，而非前社会的自我[2]。所谓"后社会的"(post-sozial)，当然不是指自由的自我独立于打上社会印记的认同、生活方式和传统，而是指它与所有的自治认同、生活方式和传统有一定的反思距离。对这个反思距离而言，有两个传统是结构性的。其一就是，自由主义理论家试图重新描述其规范实质的现代西方社会传

---

[1]　Vgl. Albrecht Wellmer, *Endspiele. Die unversöhnliche Moderne*, Frankfurt/M.: Suhrkamp 1999,S.57.

[2]　Vgl. Michael Walzer, *The Communitarian Critique of Liberralism*, in: Political Theory, Bd.18, Nr. Ⅰ, Februar 1990, p.21.

统——自由的基本权利构成这个传统的核心。

实际上，自由民主是自由主义和社群主义的共同规划。因而，在某种程度上，民主的与自由的基本价值是等同的：两者在同等程度上都以实质上固定的共同体生活的历史断裂为前提；并且只有在民主参与的媒介中，社会个体间的交往纽带才能非强制地重建和更新。因而，在自由民主社会中，如果没有美好生活概念，那就肯定没有实质的价值取向或文化认同；并且，就不再把自由民主共识阐释为现代民主伦理的唯一可能基础。在这个意义上，现代民主本质上是"超压抑的"（transgressiv），没有牢固的根基。这样，就有再次形成恶的循环的嫌疑：民主话语必须植根于自由的基本权利中，同时只有在民主话语媒介中，基本权利的意义和制度化才能被进一步描述。

（三）自由民主的政治共同体：自由与民主相互交织

首先，维尔默肯定了沃尔泽策略与黑格尔策略的亲缘性。他说，将沃尔泽、罗尔斯与自由主义理论家联系在一起的、并不可避免地与黑格尔区分开来的东西，就是他们对交往自由进行民主理论重述。在《法哲学原理》第 273 节中，黑格尔曾经提出，民主在现代国家中是不可能的，因为它以公民德性为前提；在特殊法中，黑格尔又一次承认，民主政府形式的可能基础毁坏了。当然，"如果人们对这个论证稍加改变，并考虑到黑格尔看到的是民主共和国的前现代形式，那么也许会显露出沃尔泽、罗尔斯的最重要的反社群主义先驱。"[①] 不过，黑格尔的其他思想，在沃尔泽那里以变化的形式得到了再现。例如，黑格尔将市民社会描述为"失去了伦理的极端形式中的体系"[②]。在《社群主义对自由主义的批评》中，仿佛也包含着这样的描述。在沃尔泽那里，（市民社会中潜含着的原子主义所包含

---

① Albrecht Wellmer, *Endspiele. Die unversöhnliche Moderne*, Frankfurt/M.: Suhrkamp 1999,S.66.

② G.W.F.Hegel, *Grundlinen der Philosophie des Rechts*, Werke in zwanzig Bänden, Bd.7,Frankfurt/M: Suhrkamp 1970,S.184.

的）分裂要素，与自由的基本权利的"反共同体潜能"（antikommunitäre Potenz）相符合。可见，沃尔泽的论证，与泰勒的"公民共和主义"是不同的。

其次，维尔默论述了自由与民主能够联结成自由民主的政治共同体。在这里，维尔默对哈贝马斯进行了指责：一是哈贝马斯将自由的基本权利嵌入到民主原则中，仍然没有改变事实上的循环论证；二是哈贝马斯关于"自由的基本权利可以从话语原则应用于权利形式中推导出来"的说法，是靠不住的。因为在话语原则中隐含着一个困难的前提：只有平等地再分配基本权利，共识才能是合理的。维尔默说，这肯定可以被视为自由主义文化的前提，但没有任何论据断言，在恰当的、形式主义纲领意义上，它能够被视为先天的。这就意味着，对现代民主平等原则来说，有一些好的论据；然而却不能同时意味着，这些好的论据能够从话语原则应用于权利形式中产生出来。

在批评哈贝马斯基础上，维尔默又对罗尔斯与哈贝马斯进行了比较。他认为，罗尔斯在参与民主中，看到了作为民主参与形式最终标准的自由的基本权利特殊表达的正义原则；哈贝马斯在所有人平等参与的民主话语中，看到了作为现代社会基础的、整理自由的基本权利特殊表达的合法性原则。"在某种意义上，罗尔斯的自由主义理论与哈贝马斯的民主主义理论的差异，标志着最令人感兴趣的东西，因为这是自由主义与社群主义之争最先进的变种。"① 这样，维尔默就可以确定罗尔斯与哈贝马斯的对错：当说民主话语不能从自身的现实基础中产生出来时，罗尔斯是正确的，因为并不存在关于所有理性本质的事先确定的共识，因此，民主话语必须首先保证自由的基本权利与自由权利时，它才能出现。维尔默说，如果从下述错误的前提出发，即民主的平等的参与权和交往权标志着完全非强制的理想话语的终点，同时标志着现实社会的价值评判标准，那就只能从理论

---

① Albrecht Wellmer, *Endspiele. Die unversöhnliche Moderne*, Frankfurt/M.: Suhrkamp 1999,S.62.

上忽略民主话语前提。但如果不是这样，那么，"平等的参与权和交往权"应当意味着什么，就只有在整个法律程序、法律制度体系语境中，才能被确定。当然，哈贝马斯反对罗尔斯也是正确的：如果基本权利的阐释与制度化包含在社会状况中，那么民主话语在自身基础面前也不能保持力量。就是说，在民主话语之外不存在一个最高审判机关——既非哲学家又非宪法法官——能够触及不可质疑的、摆脱了批判的决定。换言之，"民主话语自身的基础，只有在民主话语媒介中，才能保证与长期安置。如果人们把民主话语不仅视为制度联合网络，而且视为公共领域网络，那就只能这样来思考问题。"①

在维尔默看来，所谓"公共性"（Öffentlichkeit）是指这样的原则，通过它能够将平等交往权原则的两个不同的、但同样重要的含义带入实际关联中。其中，一个含义关系到参与权、话语权：只有在法律程序、程序系统语境中，它们才能有确定的形式；另一个含义直接是道德的：它涉及到的每个权利在于，他（她）的声音在民主话语中被恰当地赋予意义。只有当这个（或那个）人的声音在民主话语中得到恰当体现，那民主决策才是正确的。"现在，现代民主的超压抑性（与现代经济、科学、艺术的超压抑性联系在一起），就建立在特别不稳定的、不能追溯到自由与民主联系的基础上。但是，自由的基本权利与民主实践之间的张力植根于这个关系中。"② 这样，自由的基本权利，一方面就是后现代民主理论形式的可能性条件；另一方面，对社群的生活方式来说，它又是潜在的炸药包。实际上，沃尔泽已经发现：自由的基本价值在解中心的、多元的、民主的公民社会结构中实现，即国家层面下的制度与公共领域的自发联合，即自由的基本权利与民主的合法形式就联结成自由民主共同体的政治统一。就像维尔默所说的那样，"民主国家需要多元主义，以及作为民主的公民社会

---

① Albrecht Wellmer, *Endspiele. Die unversöhnliche Moderne*, Frankfurt/M.: Suhrkamp 1999,S.63.

② Albrecht Wellmer, *Endspiele. Die unversöhnliche Moderne*, Frankfurt/M.: Suhrkamp 1999,S.64.

生活要素的政治文化；相反，只有在民主国家框架中才能阐发民主的公民社会。"①

综上所述，该章围绕着"现代自由的两种模式"，讨论了从消极自由到积极自由、从个体自由到共同体自由、从消极自由到交往自由的过渡；围绕着"自由平等与合理性原则"，考察了自由平等与合理共识，以及"对偶然性的承认"与自由民主原则；围绕着"自由民主与政治合法性"，分析了自由主义与社群主义之争，以及自由与民主之间的相互交织能够构成自由民主的政治共同体。在这些问题的阐发中，显露出维尔默的自由民主观念介于自由主义与社群主义之间，因而是"自由的社群主义"或曰"共同体主义"。在下一章，我们将讨论维尔默视阈中的"人权、公民权与民主话语"，以便进一步揭示维尔默政治伦理学的理论基础。

---

① Albrecht Wellmer, *Endspiele. Die unversöhnliche Moderne*, Frankfurt/M.: Suhrkamp 1999,S.64.

第四章　人权、公民权与民主话语

在维尔默看来，现代民主文化的规范内核及其道德的、法律的元原则，如人权原则，根本不像哈贝马斯、阿佩尔所说的那样，能够仅仅从话语合理性或交往合理性中推导出来，相反，它们是形成民主共识合法内容的限定条件。这样，维尔默"就重新获得了法兰克福学派批判理论的历史视阈，它要求将道德哲学与政治哲学联系在一起。"[1] 在《现代世界的自由模式》中，维尔默试图在人权与民主话语内在关联中，阐发个体自由与共同体自由之间的张力。《民主文化的条件》则试图在人权与公民权的内在关联中得出规范结论。到《革命与阐释》[2] 中，维尔默试图回到民主法律体系内在关联中，确立公民权与民主话语的"解释学循环"。在本章中，我们将考察维尔默对人权、公民权与民主话语等问题的论述，以此深化对维尔默政治伦理学的理论基础，即共同体主义政治哲学的认识。

一、人权、公民权与差异政治

(一) 人权不能化约为公民权

众所周知，在深受宗教影响的文化语境中与自由主义文化语境中，

---

[1] Albrecht Wellmer, *Revolution und Interpretation*, Van Gorcum 1998, S.10.

[2] 1996 年夏季，维尔默在阿姆斯特丹大学的"斯宾诺莎讲座"，包括两个题目：一是"人权与民主"，二是"汉娜·阿伦特论革命"；1998 年，这两个讲座以《革命与阐释：没有最终论证的民主》德文单行本出版。

"人权"（Menschenrechte）和／或"人的尊严"（Menschenwürde）概念
有不同的含义。在前一种语境中，针对所谓渎神的作家实施的"裁决"
（Fatwa），或用火刑对付异教徒，并不意味着人权侵犯。维尔默说，而"我
们的"人权概念，即自由民主传统语境中的人权概念，已经嵌入到总体的
人权概念中。这个总体的人权概念，几乎不能与描述政治法律传统规范内
涵的概念区分开来。就是说，"'我们的'人权概念与公民权概念有亲缘关
系，而且几乎不能与在基本权利中阐发的普遍主义道德理解区分开来。尽
管像麦金泰尔所说的那样，人权概念本质上是一个有争议的概念；但关于
人权的'我们的'理解这个说法只是表明，在自由主义文化内部通过显著
的共同性，为论争的游戏空间划定了边界。属于这些共同性的，除普遍主
义道德理解外，还有对自由的基本权利的承认。"①

可是现在，在（"我们的"）人权概念与公民权概念之间，不仅存在着
不能否定的内在关联，而且也存在着特有之间的张力关系。按维尔默理
解，人权是以道德为基础的权利，因而对人权的承认，就是对以道德为基
础的权利的承认；而公民权则是处于或对立于一定的法权共同体的法律权
利，即被法律认可的权利。因此，在某种程度上，人权与公民权的内在关
联应当这样来理解，以至于以道德为基础的人权转变为由法律认可的公民
权，并同时走向新的民主合法性类型建构。然而，从人权到公民权的转变
同时意味着特殊化，因为公民权总是只关涉法权共同体——在其中，公民
权被承认为（法权共同体成员的）公民权。这样，与人权普遍主义相对的
就是公民权特殊主义，尽管按实质来说，公民权只能被描述为从人权向天
赋权利形式的转变。总之，"人权与公民权的内在关联，同时内含着特殊
主义与普遍主义之间的张力，……这个张力在导致人权与公民权的政治化
同时，也导致人权与公民权的特殊主义化。"②

维尔默指出，现代人权概念总是关涉政治合法性问题。人权作为天赋

① Albrecht Wellmer, *Revolution und Interpretation*, Van Gorcum 1998, S.17.
② Albrecht Wellmer, *Revolution und Interpretation*, Van Gorcum 1998, S.56.

权利，应当为新的政治合法性类型提供基础，并总是关涉法律制订；但这就意味着，在现代政治哲学中，内含着人权概念的道德普遍主义，主要是在普遍有效性要求意义上考虑新的政治合法性类型。从表面上看，公民权特殊主义与人权普遍主义之间似乎不存在张力，但事实上，公民权特殊主义总是与人权普遍主义处于结构性冲突中。今天，这个冲突出现在所有地方——在那里，与公民权特殊主义联系在一起的民主政治特殊主义（例如，西方工业社会的经济政策、外交政策、环保政策、政治避难政策等），给不属于特殊主义的人权实现带来了消极后果。就是说，在所有地方都表明，自由民主社会的特殊利益与（植根于西方民主合法性基础中的）人权借口陷入冲突中。因而，人们应该记住：人权问题不能化约为公民权问题。否则，人权普遍主义与公民权特殊主义之间的张力将变得毫无意义。维尔默说，尽管这个张力对西方自由民主社会政治与道德提出了巨大挑战，但这些挑战可以通过自由民主的世界公民社会稳定化得到消解。"在世界公民社会中，所有人权与公民权都以正确方式得到社会保护。"[1]

在维尔默看来，人权、公民权、正义，是确定民主话语的核心概念。从根本上说，这也是马克思所指的普遍主义。因为马克思相信，革命只有作为世界革命才能成功，仿佛只有物质对象才能提供康德的世界公民社会概念。所以，"当阿伦特使自由民主传统与马克思主义传统如此地接近，仿佛作为唯一的历史阐释的两种相互补充的表达形式时，她并非完全不正确。"[2] 可在这里，维尔默试图突出这个历史挑战，即自由民主传统的普遍主义与马克思主义传统的普遍主义，不仅能够相互印证，而且它们都以现代性不可被超越和不可超越问题为基础。他认为，这个问题产生于经济的、技术的物质普遍主义与不可超越的人权概念之间的相互作用。实质的经济的普遍主义与规范的人权的普遍主义，只有在自由民主世界公民社会（在此，我们自然不应想到世界国家）的结构中才能提出来。

① Albrecht Wellmer, *Revolution und Interpretation*, Van Gorcum 1998, S.57.

② Albrecht Wellmer, *Revolution und Interpretation*, Van Gorcum 1998, S.58.

（二）人权作为公民权

下面，维尔默将忽略人权普遍主义与公民权特殊主义之间的张力，只讨论作为公民权的人权。当然这并不意味着，不再谈论人权与公民权之间的张力。实际上，人权与公民权之间的张力关系，是作为公民权阐释与对这些阐释进行道德批判之间的张力关系出现的。因而，如果超越公民权来谈论人权，并在无法界定的法律意义上谈论权利——尽管这些权利隐含着已经转化为法律权利的"强制"（Nötigung），只要人权与公民权可以化约（这在现代自然法传统中大量存在），那就可以将权利主体理解为强制的接受者；而强制本身，要么被理解为实际强制（在霍布斯那里），要么被理解为道德相关性强制（在康德那里）。在这两种情况下，强制就被概括成一句话："必须走出自然状态"（Exeundum est e statu naturae）。从根本上讲，人权在这里只能作为法律体系建构的出发点，这个法律体系是与合理期待相符的、自由的或民主合法性类型；相反，今天所谈论的人权，在道德与法律之间所起的作用，无论如何是不同的（或可能不同的）。"在迄今为止的思考中，我已经在民主法律体系内部作为主题加以讨论的这个不同，在关系到公民权阐释时是有作用的。不过，从民主法律体系视角出发，在关系到非公民的人权的地方，这个不同完全以另外的方式起作用。"[1]

总之，人权作为公民权，是由自由民主主义者借助普遍主义道德理解而承认为道德的或以道德为基础的法律诉求。所以，在法律体系中发生的人权侵犯，同时被描述为对公民权的侵犯，如果有关法律体系容许这样侵犯的话。在这里，维尔默不仅指向极权主义的、威权主义的、原教旨主义的独裁统治，而且指向自由民主社会：在这些社会中，难民的人权或女性公民的人权似乎完全能用有效的法律来侵犯。维尔默认为，这两种情况的共同性在于：从以道德为基础的人权概念走向反对占统治地位的法律实践或法律解释领域；这两种情况的差别在于：女性公民的人权侵犯真正属于现代民主内部史，例如，性别歧视和宗教偏见导致对作为被强奸后果的不

---

[1]　Albrecht Wellmer, *Revolution und Interpretation*, Van Gorcum 1998, S.34.

希望生育而堕胎的野蛮对待。当然，有大量不同于这两种情况的例外，例如，通过民主法律体系侵犯难民的人权。不过，维尔默不想谈论关于人权侵犯的一般情况，他感兴趣的仅仅是：在德国，在政治避难申请和难民中的情况是怎样的？这不仅是事实判断之争而且是道德判断之争。

现在，维尔默试图以特别简明的方式表述，道德话语与法律解释话语的边界是打通的。例如，"人的尊严是不可侵犯的"这个道德原则，作为法律命题出现在德国宪法中。维尔默说，这个命题无疑表明，在德国法律体系中，人权侵犯，通过宪法或法律而被禁止，不论对德国公民还是外国难民都是一样的。因而，有争议的仅仅是：某些法规或行政命令或法律行为，是否意味着人权侵犯或可能的侵犯？不过在这里，维尔默悬置这个问题，他只想阐明，在某种程度上，对非公民的人权承认与公民权承认是并行不悖的。"如果我看得不错的话，通过民主管辖权批准的国际人权公约和难民公约，与人权承认并没有什么不同。令人感兴趣的是：只有在这种情况下，主要通过道德定义的人权问题，才能完全变为自由民主社会内部全新的权利问题。这样，所有现代民主宪法中的人权普遍主义（至少是潜在的）就以全新的方式表现出来。"[1]

维尔默认为，对现代自然法代表人物来说，人权普遍主义原本只是政治合法性概念普遍要求的另外表达形式。这样，从民主宪法内含着的普遍主义中就产生出了对自由民主社会全新的同时严格的要求，即非公民的人权诉求：在这个法律体系中，他们在多大程度上被伤害，他们就将发挥多大的作用？只要他们是人，他们就渴望被接纳并寻求保护。不过这也表明，对那些在其他社会中发生的人权侵犯行为，采取相对主义的或漠视的态度，不是自由民主社会的真正选择。尽管对难民的接纳是有限度的，"但我想说：只要我们从根本上谈论人权，那么人权普遍主义问题唯一可能的解决方式就在于，人权就是被'我们的'公民权排除在外、在'他们的'

---

[1] Albrecht Wellmer, *Bedingungen einer demokratischen Kultur. Zur Debatte zwischen liberalen und Kommunitaristen.* 1993, S.75.

社会中成为公民权的东西"①。因此，人权普遍主义要求民主的基本权利普遍化。在世界公民社会中，人权能够变为被保护的和被承认的权利，这就是现代民主话语的深层辩证法。

对自由民主社会来说，今天在人权概念中确定的诉求，最终并不在于必须考虑它的政治必要性。乍看起来，这个"必须"最初是道德的"必须"，但对可能的政治历史在世界公民社会方向上发展的期待，并不仅仅依赖于道德立场和道德意志是否在与政治行为相符的方向上建立起来，而且还依赖于人民本身。维尔默强调，即便一个恶魔的民族也应该被拉入世界公民宪法中。因而，他不想说，世界公民宪法只能变成过时的问题；相反他认为，"整个世界都在努力实现人权"②。当然，这只是问题的一个方面。因为在所有（人权尚未转化为民主的基本权利）的社会中，如果文化的、宗教的、传统的自我理解没有发生深刻变革的话，那么，"我们的"意义上的人权要在整个世界完全实现几乎是不可设想的。

（三）普遍人权与差异政治

不过，维尔默仍然乐观地肯定，在非西方社会实现人权也是可能的。他说，尽管很难给出正义与非正义的标准，但是，若将对文化认同的破坏、对宗教认同的破坏、对传统的破坏描述为伤害的话，也许是没有问题的；另一方面，如果完全没有这样的伤害，那就不可能在世界范围内形成广泛的自由民主共识，这也是无可争议的。"如果我们在这里（从自由民主立场出发）能够提供一个容许我们将'合法地'伤害与'非法地'伤害区分开来的模型，那也许会令人放心。给出这样一个模型，也许并不难；它能够说：在政治道德立场下，民族的、文化的或宗教的集体认同是不断被伤害的东西。它们的权利通过为所有人负责的善，即保证所有人人权的程序正义而限制。这种正义只有作为世界公民的自由的、民主的、社会的

---

① Albrecht Wellmer, *Revolution und Interpretation*, Van Gorcum 1998, S.35.

② Albrecht Wellmer, *Revolution und Interpretation*, Van Gorcum 1998, S.36.

公民权实现，才是可以思议的。"① 如果这些公民权能够再一次形成，那就同时形成了对特殊传统和文化认同暴力破坏的唯一可能的合法保护——现在维尔默相信，这个模型是正确的，只要再次将已发生的变革过程置于历史焦点上；在某种程度上，它只能被描述为可能的世界公民社会的"重叠共识"（overlapping consensus）。

维尔默提醒道，今天，只要存在罗尔斯意义上的重叠共识，那就是以传统价值为取向的制度和宗教的自我理解发生深刻变革的结果。但不应该忘记，在欧洲变革过程中发生了大规模流血和暴力事件，甚至可以说，欧洲的宗教战争时代并没有最终结束。换言之，这个变革过程也许从来没有到达终点，那么这个模型就从来不可能使人们完全放心。关键问题在于，根本不能谈论重叠共识的政治坐标。这意味着，"如果我们根据正义标准来评判其他文化，那这就（已经）不是他们的文化。只要这样的评判以实践行为为取向，那我们就不必关心历史。帝国主义监控的危害与政治的、经济的、军事的暴力同样包含着人权普遍主义。尽管我认为这不仅是在公开的意识形态—强权政治超常危害意义上；毋宁说，这个危害也许根本不是从整个世界出发的秘密艺术，因为当我们根据不是他们的正义标准来评判他人时，我们对他们的行为也是非法的。"②

当然，这并不是一个相对主义命题，相反，它刚好适合于自由民主特征。在这些情况下，根本不能指望参与者的非强制共识。如此说来，民主话语的内在局限性结构，又出现在人权问题的世界舞台上。因为很清楚，一方面，所谓为保护人权而侵占他国的决策，不能够期待得到共识；另一方面，所有以公民权方式保护民主话语的审判机关，试图通过某种程度地修正非正义标准，而拥有国际标准几乎是不可能的。这里所说的"非正义"，主要是指对文化认同、政治主权的区域形式和自决的破坏。维尔默说，人权侵犯显然也在于此。因而，人权政治从内部为自己划定边界，就

---

① Albrecht Wellmer, *Revolution und Interpretation*, Van Gorcum 1998, S.37.

② Albrecht Wellmer, *Revolution und Interpretation*, Van Gorcum 1998, S.38.

越来越重要：借助差异政治，不仅赋予个体他者的他性以权利，而且赋予其他文化的他性以权利。例如，在反对将伊斯兰与原教旨主义混淆的辩护词中，席默尔[①] 指出了伊斯兰文化的多样性及其启蒙传统，并在强调伊斯兰文化世俗化同时警告人权借口中存在着监控。维尔默指出，这个警告表明，向世界公民法状态过渡就已经包括了"伦理中的悲剧"。所以说，"没有矛盾的人权政治与完全纯粹的良知，在今天几乎是不可能的。这也许是绝对必要的、对我来说毫无疑义的问题。当然，人权政治有时也许会变得更好，如果它不仅较少地滥用强权政治，而且较少地迫使矛盾产生。"[②]

因此，根本不能设想关于自由民主社会的某种连续的重叠共识，因为在其核心中存在着冲突，存在着可能的暴力因而也存在着可能的非正义。"就此而言，我们必须在可能的世界公民社会结构中共同思考，这同时意味着，保留了在自由主义文化政治概念中产生的内外差异的含义。就是说，这不仅意味着谈论将其他动物排除在外的人权，也留下了一个令人不放心的问题：'排除在外'意味着什么，他应当如何更准确地思考；毋宁说，这掩盖了谈论令现代人权理论从一开始就感到尴尬的所有人的权利问题。如果我们承认人权与公民权的内在关联（这适应于自然法状态）的话，这个问题就以完全尖锐的方式产生出来。"[③] 因而，尽管公民权关涉的东西，至少与它扩展到成年妇女和男权终结联系在一起。但实际情况是，在谁被视为成年人问题的规定中，不仅隐含着任意性，而且成人数量也被一再削减，因为精神病人、罪犯，或国家的敌人，丧失了或被长期剥夺了完全公民权。

---

① 席默尔（Annemarie Schimmel），德国东方学学者、伊斯兰学学者。

② Albrecht Wellmer, *Revolution und Interpretation*, Van Gorcum 1998, S.39.

③ Albrecht Wellmer, *Revolution und Interpretation*, Van Gorcum 1998, S.40.

二、人权、公民权与公共自由

（一）"协商体系"与政治自由

维尔默坦诚，阿伦特的政治哲学对自己具有重大意义。因而，在"早年的三个老师或同事（阿多尔诺、约纳斯[①]、阿伦特）中，最钦佩阿伦特：一个直接明了的知识分子代表与政治道德哲学家。"[②] 不过，维尔默几乎把阿伦特的成熟知识分子形象与政治道德家形象对立起来，认为她既没有觉察到人权与政治自由的内在关联，又没有觉察到民主话语。所以，为了阐发人权与政治自由的内在关联，以及公民权与民主话语的"解释学循环"，维尔默试图在自由主义—社群主义论争语境中对阿伦特的政治哲学，尤其是《论革命》一书进行重构。

阿伦特作为当代最有创造性的政治伦理学家之一，为世人留下了许多富有天才洞见的著作。例如，《极权主义的起源》（1951）因对反犹主义、帝国主义、极权主义进行了独特的分析，而被奉为现代西方政治哲学经典著作，尽管有人批评她在极权主义问题上并没有建立起真正的理论，而且对待历史事实的采纳往往带有先入之见，甚至陷入浪漫主义遐想。《人的境况》（1958）通过区分"劳动"、"工作"、"行动"而考察了人的不同境况，并讨论了公共领域与私人领域等问题，该书不仅对现代性进行了批判，而且被视为"参与民主"（Participatory Democracy）的"教科书"；《耶路撒冷的艾希曼》（1962）用"平庸的恶"概念代替《极权主义的起源》中的"绝对的恶"概念，并区分了集体责任（政治责任）与个人责任（道德责任、法律责任），从而揭示了现代伦理的困境；《马克思与西方政治思想传

[①] 约纳斯（Hans Jonas,1903—1993），美裔德国哲学家、伦理学家，著有《责任原理：技术文明的伦理学尝试》、《医学与伦理学：责任原理实践》、《主体权力或无能：作为责任原理前奏的肉体与灵魂问题》等。

[②] Albrecht Wellmer, *Endspiele. Die unversöhnliche Moderne.* Frankfurt/M.: Suhrkamp 1999,S.11.

统》（1953年讲稿）则讨论了马克思与西方政治思想传统的内在关联。不过，维尔默最感兴趣的还是《论革命》（1963）一书。

在《论革命》中，阿伦特首先断定战争与革命决定了20世纪的面貌。她说，迄今为止，战争与革命依然是当今世界政治的两个核心问题。然而，战争造成的大灭绝威胁着以革命来解放全人类的希望。这样，革命就只剩下了一个最为古老的理由："以自由对付暴政"。与革命相比，战争的目的只有在极少数情况下才与自由有关。不过二战后，战争的目的就是革命，换言之，能够为战争正名的唯一理由就是为自由而革命，这几乎成了不争的事实。其次，对法、美、俄三次革命，尤其是法国革命与美国革命的差异进行了比较。她认为，法国革命偏移了目标，即从"自由立国"转向对社会问题的控诉，从民主追求沦为"多数人暴政"；美国革命按照"自由立国"原则建立了民主共和国，又避免了陷入"多数人暴政"。因而，"美国革命原本一直都是对的东西，在法国大革命的进程中迅即化为一场春梦。"[①] 再次，阿伦特对近150年来占支配地位的两种政治传统，即自由民主传统与马克思主义传统做了相反评价。如果说，她对自由民主传统（如托克维尔、孟德斯鸠、柏克等）多有褒扬的话，那么对马克思主义传统更多的是贬抑。阿伦特指出，马克思，这位有史以来最伟大的革命理论家，他的兴趣所在是历史而非政治。因此，他几乎完全忽略了革命者自由立国的本来意图，而将注意力集中在貌似客观的革命进程上。诚然，马克思对革命事业最富创见性的贡献，在于他运用政治术语将贫苦大众的生存需要解释为一场起义，一场不以面包或财富名义，而以自由名义发动的起义，但后来他用经济术语代替政治术语谈论社会革命问题。这样，马克思就比其他任何人都强化了现代政治最有害的信条，即生命是最高的善，社会的生命过程是人力所能及的中心。"在政治上，这一发展导致马克思让自由事实上屈从于必然性。马克思重蹈了他的革命导师罗伯斯庇尔之覆辙；而他最伟大的学生列宁，则在一场马克思的教义激发的最大革命中，

---

① 阿伦特:《论革命》，陈周旺译，译林出版社2007年版，第61页。

步了他的后尘。"①

当然，不论自由民主传统还是马克思主义传统，它们的革命命题都不能被理解为现代革命的戏剧性事件，因为两者都不理解总是失败的"宪法自由"（Constitutio Libertatis）尝试是真正的现代革命，是一种建构公共政治自由空间的尝试。尽管它们都在同等程度上抓住了政治家的理解：政治的最终目的是某种超越政治的东西，即对个体利益、公民福利、无阶级社会的不懈追求。

维尔默指出，阿伦特批评马克思主义的做法是不可取的，但她对现代自由民主社会的批评是有挑战性的。因而，再一次扼要重述阿伦特的论证是值得的：（1）她阐发了美国革命天堂观念，认为这是近代唯一一次接近成功的革命，因为在美国的现代大都市，公共自由空间建构第一次变成了现实。"在那里，自由不仅具有宪法保障普遍平等的人权与公民权的消极意义，而且具有联邦政治制度稳定化的积极意义。"②（2）她阐发了作为对传统的自由民主构想、社会民主构想、马克思主义国家构想替代性政治选择的"协商体系"（Rätsystem）概念，但对政治保守主义、政治极权主义却保持了沉默。她说，为了压制获得权力的革命精英或保守的幕后统治集团的流血逻辑，在法俄革命中，"协商体系"概念被革命人民自发地发现，但只有在美国，区域自治传统才找到了出路，并能够自由平等地获得公共福利。不过，在革命后不久，美国也出现"政党政治"（Parteienstaat）稳定化趋向，最终出现了大众民主越来越强的发展。（3）她认为，现代政党政治与社会主义国家的一党专政一样，都意味着政治消解于行政管理趋向中。在某种程度上，马克思主义的政治专政是从（以自由民主的政党制度为根基的）公民的"去成熟化"（Entmündigung）、政治的"去政治化"（Entpolitisierung）产生出来的。这样，在现代大众民主中，公民只有消极意义上的自由，因为他们失去了政治自由，即失去了在公共行动与公共协

---

① 阿伦特：《论革命》，陈周旺译，译林出版社 2007 年版，第 52 页。
② Albrecht Wellmer, *Revolution und Interpretation*, Van Gorcum 1998, S.45.

商中得到发展的特殊的自由。

维尔默说，"在现实社会主义瓦解后，即使不再能够把阿伦特所谓最终论证视为完全必然的，但也很容易考虑这个论证的变形。在这里，她的真正的视点就得以保留：自由民主自我消解趋向，日益增长的公民的'去成熟化'与政治的'去政治化'趋向，似乎在现代民主中到处都起作用。就此而言，阿伦特的政治自由概念作为现代革命秘密的引力中心，至今还保留了批判的、时代诊断的力量。"[1] 这样说来，阿伦特对现代革命史的重释，以及她对自由民主传统和政治自由遗忘的批判，在哲学意义上就是激进的：阿伦特希望其同时代人在涉及到现代社会核心范畴的政治表达方面有彻底断裂。借此，她就使政治自由范畴处于变化中，并带入新的结构关系中。

其一，阿伦特否定政治自由概念与人权普遍主义根本关联。"阿伦特对现代政治遗忘的批判确立了两个不同哲学终结：最重要的参照点是亚里士多德和海德格尔……也许应当更好地说：最重要的参照点是她赞成还是反对海德格尔对亚里士多德的新解读。"[2] 维尔默认为，在阿伦特的政治概念中，亚里士多德的实践哲学痕迹如此清晰，以至于只需记住人们普遍熟悉的东西就可以了："如果阿伦特将'行动'（Handeln）或公共行动领域与'制造'（Herstellen）或劳动领域对立起来，那么所有这些对立——实践智慧的、政治协商的、政治判断的合理性与科学知识的、技术制造的、经济的或'行政'管理的合理性的对立，以及'法律平等'（Isonomia）的公共领域与劳动个体追求福利的私人领域的对立——听起来似乎就是亚里士多德的区分。这样，阿伦特似乎试图将在现代被湮没的古希腊罗马政治思维传统再次当代化。当然，她并不是一个简单的新亚里士多德主义者。"[3] 因为尽管阿伦特有对亚里士多德的回归，有反对海德格尔政治的倾向或反—政治的倾向，但也有亚里士多德范畴的海德格尔主义再思考。

---

[1] Albrecht Wellmer, *Revolution und Interpretation*, Van Gorcum 1998, S.46–47.

[2] Albrecht Wellmer, *Revolution und Interpretation*, Van Gorcum 1998, S.47.

[3] Albrecht Wellmer, *Revolution und Interpretation*, Van Gorcum 1998, S.48.

就是说，阿伦特将宪法自由描述为世界开启、历史连续性断裂、彻底重新开始，并否定现代政治自由与人权普遍主义的根本关联。"《论革命》是一部彻底的非康德主义著作。因为它剪断了……政治自由概念与人权普遍主义之间的根本关联"[1]。

其二，阿伦特不否定人权普遍主义，但却否定政治普遍主义。维尔默认为，阿伦特对进步主义历史哲学的批判，是"终结哲学"（Endlichtkeits-philosophie）的要素。在这里，公共自由空间建构仿佛表现为连续的"施为性的"行为（它决定着自由平等行为）；政治自由空间扩大必然表现为有限的与局部的（按阿伦特说法，"用篱笆围起来的"）。在阿伦特视阈里，人权与公民权，作为政治自由的必要前提，完全是在自由主义传统中确立的。她认为，将宪法保障的人权与政治自由混淆起来是灾难性的。因而，作为现代宪法国家自由的消极自由，不能被理解为普遍主义的，即不能要求有普遍约束力的法治国家概念；平等也不再能被视为积极的，即共和主义国家形式的政治自由。由此可见，尽管阿伦特不否定人权普遍主义，但却否定政治普遍主义的重要性。

其三，阿伦特试图对政治自由概念进行普遍主义阐释。维尔默指出，尽管阿伦特将政治自由概念与现代自由话语的普遍主义逻辑直接对立起来，但《论革命》一书总是有对政治自由概念进行普遍主义阐释的痕迹，因此也有法国大革命与俄国革命的革命普遍主义痕迹。阿伦特说过，为20世纪革命的可怕灾难所掩盖的东西不外乎是，真正的革命者希望新的国家形式（首先在欧洲最后在世界各地，或许在地球上的所有国家）实现，它容许每个人都进入公众社会、参与公共事务。[2] 在这里，阿伦特所说的东西不外乎是，政治自由概念植根于"有限的行动要素"中，即使不在理论意义上也在实践意义上。维尔默说，"这就是阿伦特对革命普遍主义的独特修正。但尚不清楚的是，她的潜在的、仿佛为人类学奠基的政治普遍

---

[1]　Albrecht Wellmer, *Revolution und Interpretation*, Van Gorcum 1998, S.49.

[2]　Vgl. Hannah Arendt, *Über die Revolution*, München 1963, S.241.

主义与人权普遍主义是一种什么关系?"[1] 在她那里，政治自由与宪法保障的人权与公民权显然是不同的东西：它是自由的前提，但不是自由本身。由此看来，阿伦特完全是在后传统现代性条件下谈论政治自由概念。

这样，阿伦特就与她的前驱（既包括古希腊城邦的无神论者，又包括美国共和主义者）保持了富有特色的距离，这个距离决定了她的后形而上学思想。"在对自由主义的所有批判中，她与自由主义者联系在一起的东西，就是在向现代性过渡过程中，传统不可避免的断裂意识……阿伦特将这个断裂描述为作为现代政治基础的权威、宗教、传统的破裂。在对这个断裂的肯定中，她更接近自由主义而非社群主义"[2]。与此同时，阿伦特对自由主义的批评是下述尝试的组成部分，即不仅试图解构现代政治思想基础，而且试图回到柏拉图、亚里士多德思想谱系。所以说，阿伦特对政治哲学传统的批评，在海德格尔意义上是彻底的；但试图对海德格尔的形而上学解构在政治上进行根本调整。这意味着，阿伦特已经看到，自由主义理论的政治遗忘植根于欧洲政治哲学传统中。

在阿伦特那里，政治自由是普遍可能的，它植根于"行动的要素条件"；相反，每个公共自由空间的实际建构，只能是有限的、"用篱笆围起来的"自由空间建构。这样，政治制度就必须被发现并被制度化，它的稳定化必须被成功（也能或多或少失败）地保护。在某种意义上意味着，它不断地被重新发现与重新制度化，而且它的稳定化产生了政治话语的新语法、新体验、新立场；相反，它依赖于体验和立场、判断力与政治德性。所以说，自由制度的稳定化，不仅意味着人权与公民权的具体化和制度化（没有人权与公民权的具体化和制度化，就根本不能谈论权利的宪法保护），而且要求根据自身不能读出的标准使这些权利实现和制度化。这样看来，阿伦特的核心论证就是：将代议制民主与直接民主区分开来的公共自由标准，不能从平等的民主的基本权利原则中推导出来。

---

① Albrecht Wellmer, *Revolution und Interpretation*, Van Gorcum 1998, S.50.

② Albrecht Wellmer, *Revolution und Interpretation*, Van Gorcum 1998, S.52.

　　因而，"在阿伦特意义上，政治自由的不可推导性，建立在（属于它的要素的）'重新开始'之上，同时是不断威胁其永恒性的破坏要素。这是因为，政治自由总是只有在一定的制度或组织形式中才能实现；而且因为，没有一个规范原则使政治自由制度化成为人的义务。只有在有限的、'用篱笆围起来的'空间形式中才有政治自由。这就是政治自由的'特殊主义'"①。无疑，阿伦特试图通过属于政治自由要素的"重新开始"和"人的单方许诺"概念来理解那些本质上是意志的和"施为性的"要素。但是，下述属于政治自由的要素，如喜悦、体验、判断力、幸运状况等，不能通过规范原则，如普遍平等权利要求而被普遍化；毋宁说，政治自由的这些要素像依赖于文化传统一样，依赖于历史连续性；像依赖于个体的创造性、想象力、决定性、判断力一样，依赖于物质边际条件。另外，与资本的"增殖兴趣"（Verwertungsinteressen）、政治精英的权力诉求、行政管理体系的独特逻辑相比，公共自由制度总是必须被保护和强调。或许，正如阿伦特所说，政治自由的可能性希望植根于"行动的要素条件"：它使得政治自由到处成为可能，仿佛成为人的"自然的"规划。"就此而言，如果阿伦特将每个公共自由空间本质上'区域的'（lokale）、'特殊的'（partikulare）特征与革命的希望，与或许把握'地球上所有居民'的可能放在一起思考，那是没有矛盾的。"②

　　由此可见，在《论革命》中，阿伦特试图借助协商体系与政党政治、代议制民主与直接民主的对立取消自由民主传统中的政治自由概念。在她那里，自由趣味与自由体验，是从多方面参与公共事务的，只要它们在有足够自主的组织形式中实现。这样，阿伦特（在自由主义与社群主义论争中被严肃提出的）著名思想就是，政治自由原本只有在特殊的制度、组织、联盟的系统中才能表达出来，而且，参与者本身仿佛抓住了公共事务，并能够以自主的方式直接处理这些事务。在《汉娜·阿伦特论革命》

---

① Albrecht Wellmer, *Revolution und Interpretation*, Van Gorcum 1998, S.59–60.

② Albrecht Wellmer, *Revolution und Interpretation*, Van Gorcum 1998, S.61.

中，维尔默指出，对这些对立进行批判性诊断是可以的，但若从字面上理解这些对立，那是天真的。因为现代社会复杂的政治制度不是根据协商体系模型重构的。因此，"我首先把这个概念视为自主的或部分自主的制度、组织、联盟的网络。……但在这个复杂的结构关联中，不仅关涉联邦体系的政治制度，而且关涉与原有政治制度对立的民主的公民社会的联合、组织和制度。"[1] 就是说，阿伦特的协商体系概念，必须意味着两个方面：一是联邦体系的政治制度；二是自主的或部分自主的公民社会组织和联盟的网络。

（二）公共自由与激进民主

维尔默指出，如果将阿伦特的协商体系概念视为隐喻，那就有许多好的论据赞同说，阿伦特使直接民主及其制度化要素退回到了政治自由概念的中心。这就意味着，政治自由标准的引入，不应从平等的自由的基本权利原则中引出来。因为在这个意义上，公共自由规定着参与者的创造性、想象力、体验和勇气；也规定着相互承诺的凝聚力；此外，公共自由还不断地受到高级的或中心的政治制度和管理的权力诉求、调整要素的威胁。可是，如果要使公共自由概念退回到中心，那最终并没有变为民主合法性概念本身。实际上，"我们"（作为人民主权者）能够共同期待的东西，最终并不取决于，"我们"如何在政治系统与社会制度中共同组织这些东西。只有在公共自由作为实际体验的地方，它才构成（在政治决策过程中有效发挥作用的）共同价值。但这个价值并非所有在政治决策过程中相互修正的价值中的那个价值，而是这样的价值——无论多么碎片化地实现，它都依赖于民主是否以及在什么程度上是政府形式；或在民主中，尽管所有权利是从人民出发的，但只有在选举日人民才拥有权利。这样，它就成为政府财产。

维尔默说，阿伦特谈到的公共自由空间，对民主法治国家的功能来

---

[1] Albrecht Wellmer, *Revolution und Interpretation*, Van Gorcum 1998, S.51.

说，由于民主合法性原因成为必要的。尽管"在这里，没有给出一般的理论解答；但或许可以断定，代议制民主与直接民主的关系（与阿伦特描述不同）又被进一步复杂化：因为目前，阿伦特意义上的公共自由空间不仅表现为自由民主的结构性要素；而且很清楚，对这个公共自由空间的稳定化而言，民主法治国家也有结构性意义，尽管实际上应该谈到'被分开来的统一体的同盟和联盟'（阿伦特意义上的'共和国要素'），即应当能谈到特殊的'共同事务'与政治共同体的大量普遍事务的调解"①。无论如何，多元的公共自由空间依赖于三权（立法权、行政权、司法权）分立制度，正如在法治国家中所看到的那样。因此，对现代民主的两个相互依赖、又潜在对立的功能条件或原则来说，存在着代议制民主与直接民主概念。但是，"公共自由的标准就是政治系统民主合法性的标准。这个系统超越了平等的民主参与权的保障，就像它超越了民主共识或话语的意志形成一样。不然的话，也许我们能够说，为了表达政治自由概念，传统的民主合法性概念是不够的。"②

事实上，阿伦特并不想使政治概念与自由秩序的道德基础对立起来（由此她与C.施密特区分开来）；毋宁说，她的基本命题是，为了论证政治概念，仅有自由秩序范畴是不够的。对她来说，"政治的"是在公共自由空间中，自由平等地共同行动。就是说，在公共自由空间中，言谈的说服力与行动者的判断力代替了可靠的知识与技能。正是在这些空间中，人的本质力量成为认识世界的力量；并且，政治权力最终在公共自由空间中建构起来。因而，对阿伦特来说，行动者之间的世俗活动空间是在共同行动中形成的位置。但正是公共自由空间结构，能够使人从纯粹个人的或社会的黑暗中摆脱出来并进入神圣的公共世界中。

维尔默指出，阿伦特的政治概念特有的困难在于歧义性，即"在彻底的现代性批判意义上，我们能够将它理解为准海德格尔主义的。在现代政

---

① Albrecht Wellmer, *Revolution und Interpretation*, Van Gorcum 1998, S.69.

② Albrecht Wellmer, *Revolution und Interpretation*, Van Gorcum 1998, S.73.

治遗忘批判中的体验和可能性暗示被广泛地湮没在自由民主中，并且只有在革命的或准革命的瞬间又一次获得了易逝的实在性。"① 这样的阐释也许是，谈论阿伦特的政治概念的"去政治化"悖谬所付出的代价。实际上，阿伦特的政治概念并没有理解地关涉自由民主社会日常生活中的政治体验和可能性，从而使政治变成了"政治的他者"。这个阐释在阿伦特那里肯定可以找到根据，但如果说"政治哲学要求他者"，这肯定不是从对美国革命的宪法自由框架中产生出来的。"这是一个近乎二难选择的阐释，它试图……将阿伦特的政治概念整合为民主理论的。"② 但是，这种阐释有使阿伦特的民主理论平整化的危险。

下面，维尔默试图对阿伦特的政治概念进行民主理论阐释，同时赋予其革命概念、政治概念的原创性以意义。维尔默指出，尽管阿伦特承认康德的人权普遍主义，但她仿佛剪断了自由主义传统中的人权与公民权之间、民主主义传统中的公民权与政治自由之间的联结纽带：她将人权概念仅仅理解为前政治的道德概念；并仅仅在法治国家意义上理解公民权。这样，她的政治概念所表征的东西，就与独特的特殊主义联系在一起。"与政治自由主义最强的代表人物相比，阿伦特对人权与公民权的评价较低，这自然意味着对人权与公民权的系列限制，因为她仿佛在概念层面上已经临时决定，必须打断人权与政治自由概念之间的连续性。与此相反，罗尔斯与哈贝马斯都用很好的论据断定，必须将人权与自由的基本权利联系在一起思考，以使私人自主与公共自主相互确证。严格地说，如果没有后者，前者就是不可思议的；反之亦然。"③ 这就暗示着，"在现代，人权与政治自由之间具有内在关联。"④

维尔默强调，阿伦特的几乎是经验的革命普遍主义，如何对待既是

① Albrecht Wellmer, *Revolution und Interpretation*, Van Gorcum 1998, S.54.
② Seyla Benhabib, *Modelle des öffentlichen Raums: Hannah Arendt, die libberale Tradition und Jürgen Habermas*, in: Soziale Welt,Jg.42/1991.
③ Albrecht Wellmer, *Revolution und Interpretation*, Van Gorcum 1998, S.55–56.
④ Albrecht Wellmer, *Revolution und Interpretation*, Van Gorcum 1998, S.56

自由主义传统又是马克思主义传统的普遍主义,并不是确定无疑的;但她的论证根本不能被质疑:经济的、技术的普遍主义不能从世界中创造出来。因为在她那里,未来自由世界也不排除文明的野蛮形式:在很大程度上,它或许是安抚人的生活的野蛮,它与行动自由联系在一起的同时,却失去了人性与观察世界的力量。不过,维尔默说,自由民主世界到来(所有人权在制度上都能得到实现),是新的野蛮的世界战争的唯一替代性选择,因此也是现存自由民主社会的长期存在条件。这样,维尔默就勾勒了新的自由民主视角。根据这个视角,至少不能不考虑阿伦特的政治自由要素,但同时表明的,阿伦特的"特殊的"政治自由忽视了特殊主义趋向(或许不得不忽视)。"如果这两者都是正确的,那人们就必须指责阿伦特:她把自由民主阐释的含义与潜能看作是不正确的;并且,她关于代议制民主与直接民主的对立、自由主义民主与共和主义自由的对立,即使人们不把它们误解为特殊主义的、不是最终思考的东西,也包含着不可解决的问题。"① 这样,作为维尔默思考的结果就呈现为相互挑战的坐标系:

一方面意味着,阿伦特的政治概念对民主理论的挑战。这种挑战在于,在(完全拒绝社会主义传统的)自由民主传统中,当代政治哲学几乎没有形成这样的范畴:公共自由领域能够被恰当地理解,因此在政治话语中赋予它意义。"即使在罗尔斯那里,也很少渴望同时获得私人自主与公共自主的原始命题……因为罗尔斯本质上是在选举权与被选举权、陪审团、民主决策程序等术语中,即在概念中介绍公共自由的。对阿伦特重述的直接民主的、自由的、平等的共同行动来说,一个交往的公共自由(这是维尔默和哈贝马斯想说的东西)是不够的。"② 另一方面意味着,民主理论推进形式对阿伦特思想的挑战。这种挑战在于,阿伦特通过代议制民主与直接民主的对立、自由主义民主与共和主义自由的对立重述自由民主的阐释是困难的。因此维尔默强调,为了能够使阿伦特思想成为对当代政

---

① Albrecht Wellmer, *Revolution und Interpretation*, Van Gorcum 1998, S.61

② Albrecht Wellmer, *Revolution und Interpretation*, Van Gorcum 1998, S.62.

治哲学的创造性挑战，她对当代哲学思想的解构本身还需要某种形式的解构。

也许，哈贝马斯最早试图将阿伦特的公共自由概念纳入反传统主义的激进民主理论中；并从自由的基本权利与话语合理性结合出发，对这两个概念做了进一步阐述。哈贝马斯在以基本权利和政治概念为核心的民主理论中，尽可能地扬弃阿伦特的政治自由概念。这样，从哈贝马斯对自由秩序的重构中，就又一次获得了批评阿伦特的重要立场。就是说，哈贝马斯对阿伦特的指责触及到她关于自由主义民主与共和主义自由对立中潜含着的特殊主义。维尔默认为，阿伦特"既非在规范意义上又非在功能意义上，使（她用来阐发公共自由概念的）政治自主这个核心范畴，归属于道德的、社会的或法律的范畴；但她倾向于在内涵意义上理解政治自主。与此相应，她试图将特殊的政治问题和对象，与道德领域、社会福利领域、私人领域、经济权利和基本权利保护领域割裂开来。"这就是阿伦特潜含着的特殊主义。"①

这个"潜含着的特殊主义"是阿伦特的政治理论的最大缺点，也是今天非政治或反政治潮流中，崇拜者使用阿伦特政治概念的原因。但是现在，政治自主肯定不在于，它能简单地翻转基本权利保障和制度化问题、社会正义或经济问题。维尔默说，即使人们承认，公共自由是某种与消极自由、个体权利保护、社会正义、有效管理或普遍福利不同的东西，那么仿佛悬在空中的政治领域，也不能将所有命题都转变为政治命题。因为，在基本权利或社会正义中，不仅关涉现代社会政治自由的必要前提，而且关涉政治话语的核心对象，即应当在共和制度中处理的公共事务。如果人们不承认这一点，那么很清楚：个体自由、社会正义、公共自由就处于复杂的相互依存关系中。这个关系对政治话语来说，一直是必要的，它仿佛反思性地回到自身基础和前提。维尔默说，如果现在考虑到，在自由民主的阐释中，个体自由权和民主参与权内在地联系在一起，那就表明，个体

---

① Albrecht Wellmer, *Revolution und Interpretation*, Van Gorcum 1998, S.63.

自由权与社会正义就不仅是公共事务的本质组成部分，而且是公共自由领域的基本权利。这样，阿伦特的公共自由概念就只有在现实政治意义上才是有成效的。

维尔默指出，阿伦特试图在双重意义上捍卫政治自主：一是自主的政治领域；二是私人的社会领域。这种做法的意义在于，公共自由空间中的公共行动的意义，在自身中并服务于政治外的目的；在这个意义上，自主也是政治领域。显而易见，阿伦特用这两个自主从两个方面把握自由主义传统。在这两种情况下，她的批评最终都指向自由主义框架中人权与公民权的核心作用：对自由主义思想来说，这就形成了先验类型的规范基础；并且，她为政治理解作论证。据此，个体基本权利的保障与福利，就是它的目的和目标。

（三）基本权利与社会正义

下面，维尔默试图通过三个思考使对阿伦特的批评变得更加清楚。

第一，关于基本权利阐释与编码问题。维尔默指出，基本权利是将阿伦特与自由主义理论家联系在一起东西。因而，像罗尔斯一样，阿伦特将自由的基本权利简单地置于民主话语之前。不过，只有在理论意义上而非政治制度意义上，这种说法才是恰当的。因为，"抽象地说，基本权利不是程序推论的公理，而只是'给予'判断形成的原则，并且它总是'存在于'具体历史形态中，即作为制度的和阐释的系统而存在。与此同时，基本权利，一方面与民主话语相联系；另一方面又必须从民主话语中凸显出来，即重新阐释与重新编码。"[①] 在这个意义上，自由民主社会也规定着民主制度和民主公共领域，似乎只有在这个媒介中，满足民主合法性要求的基本权利保障与调整才是可思议的。在民主话语之前的基本权利，或许只有在民主话语中并通过民主话语，才能获得具体的合法形态。

显然，关于基本需求与美好的自决的生活构想的历史体验以及历史上

---

① Albrecht Wellmer, *Revolution und Interpretation*, Van Gorcum 1998, S.65.

可变化的阐释，已经进入关于基本权利的阐释与具体化中；体验、阐释、构想需要在民主公共领域媒介中澄清，如果它们不应教条地或任意地流入立法过程中的话。当然，如果人们考虑到，在什么意义上基本权利能够预先给定，在合法的具体化中阐释扮演什么角色，那就能够从实践循环的不可避免中得出，基本权利概念本身需要公共自由领域。在这个领域中，政治自由平等能够使公共自由平等的意义成为主题。这样，私人自主与公共自主就处于互为条件、互为可能的关系中。

第二，关于社会正义问题。与阿伦特的政治自由和社会正义的对立极为相似，为了澄清政治自由，社会正义问题是通过一个功能好的社会福利官僚机构来合理解决的。但是无论如何，结果是社会的、经济的问题成为政治问题，只要它们在公共自由空间中被主体化为公共事务。维尔默说，关于社会正义的阐释和标准是有争议的，即潜在的政治问题，总是必须在具体历史的经济边界条件下被回答；毋宁说，社会正义应当以什么样的形式实现问题在政治上是卓越的：经济上违约的失败者，是否以及在何种程度上，成为匿名的福利官僚机构的被动的当事人，或通过社会基本权利保障而使自决的生活，同时使对公共事务的参与成为可能？

非常不幸的是，阿伦特在对政治遗忘进行合法批判时，将孩子与洗澡水一起倒掉，从而她忽视了马克思的问题说到底还是政治问题；这同时意味着，她触及到了现代世界政治自由可能性条件问题。维尔默指出，正如阿伦特强调的那样，如果在公共政治行动与政治话语中关涉公共事务，那么生态问题、经济问题或行政管理问题，就是潜在的政治问题。因而，政治自主也许并不在于，政治超越了生活领域，而是政治话语使生活领域主题化。这样，就"不是由企业家、个人消费者、科学家或行政管理人员，而是由公民来决定他们应当怎样生活，即把它们主题化为公共事务"①。实际上，在政治自主话语中，既非纯粹的私人利益又非专家的知识与合理性有最终发言权。因而，如果阿伦特坚持政治是公共事务领域，同时是与知

① Albrecht Wellmer, *Revolution und Interpretation*, Van Gorcum 1998, S.67.

识、说服、判断力相对立的意见领域，那她就得出了错误的结论。因为，那个领域的功能意义是通过(存在于政治意志形成领域之外的) 私人利益、策略行动或简单的权能确定的。

　　第三，关于公共自由空间中的特殊主义问题。在公共自由空间中总是有特殊主义趋向，这几乎不需要证明。因为公民社会、公民创造性、社区议会总是不断地追寻，纯粹的特殊利益是通过普遍利益来实现的。但阿伦特没有看到，她想避开政治领域的"利益"一词所表征的一切，仅仅是"特殊主义的"政治概念的另外表达。因为在她看来，没有必要在政治上调解特殊利益与普遍利益。不过，"如果我们将实际的利益冲突当作政治上有待解决的问题严肃地对待，那我们就不再能将政治共同体理解为仅仅自下而上，而且必须理解为自上而下建构的。"① 维尔默说，在欧洲传统中，"自上"就意味着"从民族国家出发"。今天，无论用什么样的国际政治组织来完全地或部分地代替民族国家，似乎都可以肯定，这种代替是通过与特殊利益不同的普遍利益的实现来确定的。实际上，至今没有能够代替民族国家功能的固定组织。所以说，民族国家是不能废除的。但是，在这个功能中，国家（或未来能代替其功能的组织）与特殊利益相对立。至于谈到私人利益，在某种程度上说，它属于自由的法治国家结构；相反，在制度和联盟中相互作用的特殊利益，是从新型结构问题中产生的。因为在这里，共同体已经是特殊的、并常常要求普遍的东西。这就意味着，"在公共自由空间中，已经发生了从纯粹特殊利益向共同利益甚至普遍利益的转化。借此，民主公共领域的细胞，同时是特殊集体的结晶形式，从而体现出特有的双重性。"②

① Albrecht Wellmer, *Revolution und Interpretation*, Van Gorcum 1998, S.68.
② Albrecht Wellmer, *Revolution und Interpretation*, Van Gorcum 1998, S.68–69.

三、公民权、人民主权与民主合法性

(一) 公民权与民主话语的"解释学循环"

在论述这个循环之前，维尔默试图讨论基本权利的自由主义阐释和民主主义阐释的二难选择问题。这是洛克与卢梭之间的二难选择，今天以更精致的形式出现在罗尔斯与哈贝马斯对立中。对罗尔斯来说，民主参与权不过是从总体上规定每个可能的民主话语的公民权的组成部分；哈贝马斯则将自由主义传统的"主体的"自由权利理解为民主参与权和交往权，并认为私人自主与公共自主之间的论证关系是成问题的。[1] 维尔默说，这关系到公民权建构或论证这个重要问题。"引人注目的是，罗尔斯与哈贝马斯在'建构'问题上似乎是一致的，即一方面，没有对主体自由的基本权利的保障，就不能有赋予他/她身份地位的民主话语；另一方面，对这些自由的基本权利的阐释和具体化，正如民主参与权、福利分享权的阐释和具体化一样，只有在民主话语中才能被确定。"[2] 因而，罗尔斯与哈贝马斯之间的一致不仅在于，如果没有这两种自由的基本权利（即民主参与权与福利分享权）的内在关联，如果不把私人自主与公共自主理解为统一整体的两个组成部分，那么自由的基本权利概念和民主参与权概念就不可能是完整的；而且还在于，从私人自主与公共自主关系中产生出公民权与民主话语的双重关系：民主话语必须将公民权预设为自身可能的条件，同时又必须在作为公民权的人权概念和制度形态中才能产生出来。

对公民权与民主话语的双重关系，可以用两种方式来分析：一是概念—构成分析（如哈贝马斯和罗尔斯）；二是语用学—解释学分析（如维尔默）。

---

[1] Vgl. Jürgen Habermas, *"Reconcilition through the Public Use of Reason: Remarks on John Rawls's Political Liberalism"* und John Rawls, *"Reply to Habermas"*, in: The Journal of philosophy, No.3, March 1995.

[2] Albrecht Wellmer, *Revolution und Interpretation*, Van Gorcum 1998, S.20.

在这里，维尔默追随哈贝马斯的民主理论视角，强调四个公民权范畴，即民主话语概念，民主话语具体化、民主话语阐释、民主话语制度形态。不过，在哈贝马斯那里，这四个范畴是民主话语的可能性条件；在维尔默这里，这四个范畴则被视为民主话语的本质。因而，与哈贝马斯（和罗尔斯）不同，维尔默采用第二种分析方式：一方面，只有当自由的基本权利（在形式法的或非形式法的）具体形式中被承认，（就像哈贝马斯所说的那样）只有当公民权范畴不仅作为权利范畴被承认，而且作为具体化了的公民权被承认，民主话语才是可能的；另一方面，什么是公民权的正确阐释、具体化和制度化问题，只有在民主话语中，在立法、判决、宪法法庭审判中才能被确定。维尔默指出，在前面的视角中，民主话语的前提不是公民权范畴，而是公民权某种程度的制度化和具体化；在后面的视角中，"公民权被承认，就是民主话语的前提和结果。"[1] 就是说，公民权与民主话语的双重关系不可避免地存在着解释学循环。所谓"解释学循环"就是指，人权承认不仅是政治自由、民主话语的前提，而且是政治自由、民主话语的结果。

这个循环被以严格的方式讨论着：在立法和判决过程中，宪法规范解释冲突，如何、通过什么、是否能够借助宪法规范事先给出的明确含义和/或解释史而被限制或控制的问题。德沃金与费什[2] 之争是一个例证。这个论争表明，一方面（费什认为），在民主话语之外原则上不存在能够运用证据调解宪法规范解释冲突或定义宪法解释史的审判机关；另一方面（德沃金认为），产生于参与者视角的冲突，或许能够以较好的论据被理解为人权与公民权的正确阐释的冲突。这样，就能够与哈贝马斯一起，将这个正确的阐释描述为关于这些和那些论证的、所有参与者都必须遵循的合理共识。于是，维尔默假定，对人权与公民权的某些阐释和具体化来说，这些论据所指向的东西，就是所有参与者的合理共识。因此，每个参与者

---

[1] Albrecht Wellmer, *Revolution und Interpretation*, Van Gorcum 1998, S.21.
[2] 费什（Stanley Fish, 1938— ），美国批评理论家。

当然必须被设想为拥有平等的人民主权的成员。在超党派立场下，他们必须同时拥有足够的知识和判断力。但这也表明，所有参与者的合理共识必然是不可能的。之所以不可能，不仅因为关于真理的论争永无休止，主要因为关于人权与公民权正确阐释的冲突，并非仅仅是意见冲突，而且必然导致必须事先假定每个可能共识的一系列实际决策。

无可争议的是，在通常情况下，民主决策不能够依据所有参与者的话语共识。"对某些法律规范或公民权阐释和具体化来说，即使我们承认，所有的'法律同事'（作为议会会员、法官或公共话语参与者）能够借助论据指向所有参与者的合理共识，事实上，在所有情况下，对争议事件的决策并不能够期待共识。"[①] 这样，如果要想保障民主合法性，即共识的决策基础，那就只有一种可能，即为较高程度的共识（也许是接近共识）寻找合法的决策程序。例如，多数人决策、宪法法庭审判、判决程序等。维尔默断言，在重要的权利问题上，不可能有（罗尔斯意义上的）纯粹的程序正义，尽管立法程序和判决程序在很大程度上是合法的。民主话语条件下的决策从来都不是最终的、不可撤销的或必须承认的判决；毋宁说，它们是对民主话语的双重回归，这种民主话语原则上总是导致对争议决策的修正。这就意味着，一是并没有从前面描述的解释学循环中跳出来；二是原则上不可修正的决策，在下列意义上常常是最终判决：堕胎的母亲被惩罚，杀人犯被判入狱，纳粹罪犯或经济罪犯被判无罪释放，政治避难申请人被驱逐，游行示威者被击打。因此，合法的(对有些参与者来说或许是：不可撤销的）审判机关，常常借助民主决策、行政管理决策或法律判决作出终审判决。

关于民主决策要素，C. 施密特和德里达都有过著名论述。在这里，维尔默首先区分 C. 施密特的反自由主义的政治神学与法哲学的元理论：前者内含着所有使 C. 施密特成为纳粹法学家的政治学和法哲学立场，以至于他错误地相信，从后者能够推出威权主义乃至极权主义的政治选择

---

① Albrecht Wellmer, *Revolution und Interpretation*, Van Gorcum 1998, S.23.

权；后者由很少几个反对两个典型幻想的论证构成。第一个幻想关涉在代议制民主中，所有权力关系消解在话语关系中的臆想，尤其关系到法律的制度化；第二个幻想关涉法律在自由法治国家中的使用，即一般法律命题被迫合理地转变为具体判决。"在这两种情况下，C. 施密特都致力于证明，将法律判决的创造性要素归于法律形式是错误的还原主义。这样，它与自由主义法律文化的理性主义自我阐释就是不一致的。"① 因而，维尔默试图重述 C. 施密特的关键论据，以使它与当代讨论语境相关联。维尔默说，这个论据表明，不仅在宪法秩序的制度化中，而且在立法行为和判决行为中，论据与判决之间都有着根本不能通过论证或讨论而跨越的距离；这个距离首先直接标志着判决的讨论终结和"施为性的"特征。因而，在这个意义上，判决要素内在于法律中，几乎是没有争议的。这样，被安置在法律之内或之外的属于法律的东西，必须确定法律的特殊情况的适用、具体化和具有法律效力的阐释。

　　然而，如果像哈贝马斯那样，假定所有阶段的法律判决都只是由于所有参与者的合理共识而取得合法性，那么立刻就非常清楚，为什么法律判决的兑现必然事先赋予相应的规范有效性要求：法律判决并不能够期待规范共识。在这个意义上，法律判决就意味着合理共识与法律事实的事先断裂，最终并不包括暴力转变为法律实施的合法性。可问题在于，如何解释判决程序的合法性是非本质的东西？维尔默说，即使在某些情况下，人们可以谈论共识，但根本不存在这样的共识：它既不关涉后来附加的东西，又不关涉保证自身存续的事态本质。在这个意义上，每个经验共识都是临时性的。这就意味着，即使在共识情况下，人们最终可以把判决描述为与规范有效性要求相适应的兑现，但并不是以必然的方式。"由此可以得出两个结论：一是在民主话语中，权力关系不能被化约为纯粹的承认关系，尽管民主决策权只能是被承认的权力；这句话也可以反过来说：没有承认关系，就没有权力关系。二是在民主法治国家中，法律必须被不断地重新

---

① Albrecht Wellmer, *Revolution und Interpretation*, Van Gorcum 1998, S.25.

'发现'，即使这里只关涉它的具体化、阐释和应用。"① 因为民主法律过度道德化(也可以被描述为与法律具体化不同的过度正义化)迫使正义问题，在具体情况下通过法律解释而重新提起和解决。

然而，如果我们将民主决策目标指向正义、人的尊严、公民权实现；那么 C. 施密特的论据就以令人惊讶的方式反对自己的法哲学和政治学结论。因为这些论据给自由民主的法律理论附加了批判的酵素，它们能够使这个理论从纯粹肯定论证与乌托邦批判二难选择中解放出来。这样，先验正义概念，就比以前更清楚地体现在现代民主宪法原则中。因而，既不能将正义理解为此时此地的实现，也不能将它理解为在乌托邦终极状态中实现。与德里达一样，维尔默这样描述正义：正义总是正在"到来"(Kommen)，以至于在民主法律条件下，正义概念必然能够保留在具体的法律判决中。"在此时此刻，正义概念超越了具体的法律判决，尽管像德里达补充的那样，不是在调节概念意义上——包含了无限接近理想状态的思想，或弥赛亚主义许诺；而是在要求意义上——总是在此时此刻得到满足，也能够在非此时此刻得到最终满足。"②

概言之，维尔默试图通过公民权与民主话语的解释学循环回到民主法律体系的内在关联中。这种内在关联，对民主法权共同体来说是结构性的：以道德为基础的普遍人权与以人权为基础的公民权之间的张力，应当在法律认可的权利中得到转化，但这种权利由此成为特殊的。"因此，人权普遍主义与公民权特殊主义之间的张力只有通过下述方式，即所有人的人权与公民权都能得到自由民主世界公民社会的保障，才能得到解决。"③正如 T. 米多斯所说，"人权概念形成的困境不仅表明，道德话语与法律话语的界限消失了；而且指明了民主共同生活的政治的—法律的双重任务。因而，从内部看，在多元文化公共生活层面上，应当保障人权而非公民权的有效性。在这个意义上，公民权在特殊法体系内部受到了蔑视。从外部

---

① Albrecht Wellmer, *Revolution und Interpretation*, Van Gorcum 1998, S.26.

② Albrecht Wellmer, *Revolution und Interpretation*, Van Gorcum 1998, S.27.

③ Albrecht Wellmer, *Revolution und Interpretation*, Van Gorcum 1998, S.13.

看，在跨文化层面上，普遍人权要求特殊公民权的普遍化。"①在人权概念与正义要素中，世界公民社会视角将成为超越现代民主的生活条件，即对是否关涉纯粹乌托邦视角的怀疑，导致了对是否拥有自由民主视角的怀疑。

（二）人民主权幻象与民主合法性

维尔默认为，从法律判决、法律阐释、法律应用要素出发，"人民主权"（Volkssouveränität）概念像合理共识一样必然被描述为幻象，即使像哈贝马斯那样，将自由的基本权利假定为人民主权的可能性条件。换言之，人民主权不再被设想为民主过程的源泉或逃离点；毋宁说，必须将它设想为（到处和无处）在民主法律过程中被确定：到处，因为它必须在每个立法行为和法律判决行为中"在场"（anwesend）；无处，因为它必须保持与所有当代代议制不同的差异（差异能转变为冲突）。不过，理想的人民主权从不仅仅处在纯粹的当代形式中，这意味着，每个具体决策（准判决）都是权力领域中的政治行为，但每个这样的行为却改变了民主话语的条件；并且，因为民主话语的前提都归功于这些宪法授权的政治行为，但它们从来不能完全地相互满足人民主权概念的两个结构性联合：一是非强制的、通过论证而形成共识的联合；二是主权意志的联合。第一个联合适合于通过人民自己立法的统治而消解统治关系概念；第二个联合适合于所有事先给出的与法律认可不同的人民意志的权威。但是，"人民意志的权威作为人民主权，只有通过代议制体系和权力分配体系，才能够在制度上加以描述。"②

现在，维尔默试图对"解释学循环"做另外的描述：在民主话语之外没有合法的审判机关，能够在最终判决中决定公民权阐释和制度化的进一步发展、拓展或改变。因此，民主话语必须使自己的基本状况得到保持、

---

① Vgl. Albrecht Wellmer und die Idee einer postmetaphysischen Moderne, in: Albrecht Wellmer, *Revolution und Interpretation*, Van Gorcum 1998, S.14.

② Albrecht Wellmer, *Revolution und Interpretation*, Van Gorcum 1998, S.28.

批判和拓展。但维尔默试图阐明，民主话语不能停留在自己的基本状况中，而必须通过话语描述为论据与判决、话语理解与政治权力不可消解的张力关系。当然，这个描述是不完善的，因为它不能认识到，在非强制形成的人民意志中，统治关系消解意味着什么。抽象地说，这个概念的有效性在于，没有判决能够避开话语测试和批判的"非强制的强制"，尽管在精确意义上，话语测试和批判可以使民主合法性原则因为法律判决而要求所有参与者可能的合理共识。

这样，在一定程度上，民主话语就只能进行双重解码：一是作为与形式决策程序相联系的制度网络；二是作为公共领域网络。"民主合法性原则这两个结构对称的层面，只有用一定方式才能够在创造性的张力关系中相互引发：在第一个层面上，它表现为平等的参与权和交往权；作为政治意志形成的组织形式，民主话语允许触及民主合法性决策。在第二个层面上，它表现为这样的要求：使每个参与者的声音以适当方式在民主话语中发挥作用，只要做到这一点，民主决策就是合法的。"① 换言之，民主合法性原则的两个层面能内在地相互阐发：如果民主决策是合法的，假如它能发现所有参与者的非强制共识，那就意味着，所有参与者的声音必须以适当方式在民主话语中，从而在现实话语中发挥作用：一方面，民主合法性原则作为正义原则，要求所有参与者有可能实际参与民主话语；另一方面，民主合法性原则作为平等的参与权和交往权，包括参与民主话语要求。

按维尔默理解，民主合法性原则的两个层面都是基础性的，但它不能从概念上揭示出来，因为民主合法性决策（demokratisch legitimierte Ents-cheidungen）并不必然是正当的。如果这样的话，民主合法性原则的第二个层面就需要独特的组织形式，这就是民主公共领域。所谓民主公共领域是这样一个领域：在其中，所有参与者可能的合理共识不能因为决策话语的强制性而使有局限的个人的、时代的话语发挥作用。就是说，公共话语

---

① Albrecht Wellmer, *Revolution und Interpretation*, Van Gorcum 1998, S.29–30.

不仅对决策话语起作用，而且也是对决策进行话语测试和批判的媒介。因此，民主公共领域是这样一个领域：在其中，话语不能进一步超越决策要素，但公众意见的交往权能迫使决策做出修正。当然，不可加以理想主义地误解。公共讨论也通过交往权阐释和制度化划定边界，并通过权力关系实现。也许，民主公共领域保留了关于信念和论证的试验领域：在其中，民主话语不能通过形式排除规则与决策强制被限制，即民主话语不能通过民主合法性决策被终结。"尽管民主公共领域与民主制度能够以复杂方式相互补充、相互渗透和相互矫正，但这两者总依赖于其他领域的资源：公共领域需要权利制度化和法律保护，制度需要公共话语。此外，民主领域与民主制度之间的复杂过渡，可能存在于公民对形式的决策程序半正式或非正式的参与中，而不谈论公民社会联合。在公民社会中，不仅公共领域和正式程序两极分化趋势趋缓，而且公民社会本身就是民主公共领域与国家制度之间的协调机关。"①

当然，民主合法性原则的双重解码，需要与制度和公共领域的协调相适应。因为只有保持这种状态，民主过程的解释学循环才是根本可能的。由此出发，"就能引出自由民主社会形式的拓展和深化，并由此引出民主伦理。这样，自由民主才能从非正义的沼泽中超拔出来。"②不过关键在于，（在民主变革形态中起作用的）正义概念的先验力量，既不能被描述为理想终点，也不能被描述为弥赛亚主义许诺。更恰当地说，对每个能想到的民主形式而言，正义是正在到来的东西：它不是在上帝王国中，也不隐藏在理性和决策的相互关联中。在这个意义上，代议制和权力分配必然保留现代民主的不可扬弃性。

（三）普遍民主与民主化问题

在阿伦特看来，公众必须获得自由进入储存器和信息库的通道。就像

---

① Albrecht Wellmer, *Revolution und Interpretation*, Van Gorcum 1998, S.31.

② Albrecht Wellmer, *Revolution und Interpretation*, Van Gorcum 1998, S.32.

利奥塔所说，一个自由讨论的公共领域，总是对启蒙的普遍民主做出让步，并且是对哈贝马斯的交往合理性概念令人惊奇的确证。维尔默指出，"利奥塔为后现代知识层面描述的东西，对后现代实践层面来说也可以这样描述。但这意味着，启蒙的普遍民主概念被翻译成政治科学。在其中，多元化的'语言游戏'，作为多元化的制度（正式的和非正式的、区域的和中央的、临时的和持久的）再现出来。当然，如果没有哈贝马斯意义上的交往行为作为协调机制，社会的与群体的民主自我组织要想体现在这种多元化的制度中，那是不可能的；如果个体没有机会获得与冲突合理交往的习惯，从而在个体的与集体的自决的第二个生活方式中成长，那它或许是可能的。"① 不过，如果要在多元化的语言游戏概念中揭示（使个体自决与集体自决之间的沟通成为可能的）民主制度问题，那么至少有两点是非常清楚的：

第一，如果人们不重新占有并扬弃启蒙的普遍民主，那就不能超越它——这是哈贝马斯、卡斯托里亚蒂斯的现代社会哲学的重大主题。维尔默指出，在政治实践意义上，普遍民主不应当被追溯到同一性逻辑意义上的现代性规划，这样做或许是一种庸俗的马克思主义；但如果不触及普遍民主的基本共同点，即使在后现代性条件下，也不能将普遍民主理解为抽象原则，而只能理解为共同程序、基本趋向与含义的总和。"也许应当更好地谈论两个秩序的程序、趋向与含义，它们并不关涉这个或那个价值、这种或那种生活方式、这种或那种制度安排；毋宁说，它们关涉第二秩序习惯的共同基础：合理自决的习惯、民主决策的形成、冲突的非暴力克服。"② 这也许是自由、平等、博爱的实现，不过，是在成年人已经失去了的概念中表达出来的问题意义上的实现。

第二，对多元政治维度的理性反思使维尔默清楚地意识到：如果不重

---

① Albrecht Wellmer, *Zur Dialektik von Moderne und Postmoderne*, Frankfurt/M.: Suhrkamp 1985, S 106.

② Albrecht Wellmer, *Zur Dialektik von Moderne und Postmoderne*, Frankfurt/M.: Suhrkamp 1985, S.107.

新占有马克思的提问方式，那就不能超越它。比较好的做法是，在现代经济、国家、法律、行政管理、科学、艺术区分过程中，去观察相互渗透的生活领域、系统、程序或话语的不可扬弃的多元要素，而不能将这些分裂在普遍和谐的状态中直接扬弃。维尔默承认，今天或许还有哈贝马斯所说的系统控制生活世界的问题，而且这个问题要比利奥塔所说的更为复杂：它不关涉信息的普遍可接近性，而关涉的是技术—系统—经济过程与政治过程的相互渗透，并关涉诸如政治过程的组织与自组织。因而，"今天必须反对资产阶级的普遍民主，因为只要民主不渗透进社会生活的每个毛孔中，它就是不现实的；必须反对马克思主义与无政府主义，因为它们不能意味着普遍的直接的和谐状态；必须反对所有的理性主义，因为我们既不能够期待最终论证又不能够期待最终解决办法"①。当然，这并不意味着，让普遍民主及其自主的主体、马克思的自主社会规划、理性退出历史舞台；而是意味着，必须重新思考启蒙的政治道德普遍主义、个体的与集体的自决概念、理性和历史。在这些尝试中，维尔默自然看到了理性的自我超越的"后现代动能"。

如果阿伦特的政治领域与社会的、经济的、行政管理的与法律的领域结合在一起，那么经济的、行政管理的与法律体系的独特逻辑的界限问题将被忽略，并且这些东西本身不能再次成为政治问题。相反，每个政治制度系统，或多或少地被自主的经济、行政管理与法律体系所缠绕，并为其可能的功能所限制。另外，如果承认不同的政治系统之间多层面的依赖性，以及公民社会和民主公共领域的政治系统、制度和联盟，那么很清楚，阿伦特关于代议制民主与直接民主的对立（维尔默把它们理解为两种不同国家形式的二难选择），在复杂的工业社会条件下就没有太多意义；但如果将这个二难选择退回到现代民主文化的内部空间中，那就是有意义的：它体现着自由民主社会本身内部可能性光谱。"在光谱的一端，是中

---

① Albrecht Wellmer, *Zur Dialektik von Moderne und Postmoderne*, Frankfurt/M.: Suhrkamp 1985, S.108.

央集权制国家及其（人民主权的）形式民主的议会代表，也许还有大众传媒对公众意见的控制；在另一端，是在日常生活中还能体验到的自由平等地共同决定的民主文化，以及相应的公共政治话语文化。"① 维尔默相信，这就是阿伦特的政治概念至今还被描述为对政治哲学挑战的关键所在。对于这一点，应当借助"民主化"（Demokatisierung）这个多义词来澄清。

　　一方面，民主化意味着反现存制度的战斗口号——它不仅反对（只有在议会代表层面上才是现实的）纯粹的形式民主，而且从根本上反对（与植根于自由主义法律体系中的形式调节程序、有限的自主联系在一起的）制度形式。在这个意义上，民主化就意味着制度与公共话语之间差异的消解；但是，一个（要求自发的与直接的，同时是决定性权能的）公共领域，最终必然成为民主公共领域的讽刺画。另一方面，民主化总是意味着不同的东西，即民主公共领域拓展与基础的自组织之间的相互作用，在政治制度形式之下或之侧；这样，基础的自组织就开启了共同行动空间，而且创造了新的公共领域，并由此对政治制度有反作用。"在这个意义上，'民主化'肯定非常接近于阿伦特的直接民主所意味的东西；并且我相信这个（阿伦特在其中描述了自组织过程的）范畴至今也没有失去其澄明的、批判的、颠覆的力量……我想到了阿伦特的'公共自由'的所有特征。据此，公共自由不能够与普遍平等的民主基本权利保障叠合在一起，而是以它们创造性的使用与公开利用为前提。"② 维尔默指出，重要的是：只有自组织过程，即阿伦特意义上的直接民主要素，才能够在自由民主社会内部产生出体验、态度、权能、判断力，最终是那个特殊的公共空间。在很大程度上，它依赖于民主的公共领域。对作为整体的社会来说，它本身是公共自由媒介。因而在所有人平等参与话语的社会意志形成过程意义上，公共自由依赖于直接民主要素意义上的公共自由实践。此外，民主化最终意味着，也许只有通过参与权才能强化民主权利。

---

① Albrecht Wellmer, *Revolution und Interpretation*, Van Gorcum 1998, S.70.

② Albrecht Wellmer, *Revolution und Interpretation*, Van Gorcum 1998, S.71.

这样，民主共识观念只有作为这个标准才是充分的，如果在所有可思议的共识或准共识下表征合理的东西的话。不过，特殊的自由空间与中心调节之间的恰当平衡问题，并非仅仅是合理性问题，只要我们不能在定义上使合理共识概念与特殊和普遍之间的恰当平衡观念短路。如果人们问，所有作为自由平等的人参与民主过程的观念如何在制度上实现（这就是维尔默所说的恰当平衡问题），那么阿伦特所描述的宪法自由的所有重要范畴，都不能还原为合理性。但植根于制度中的民主伦理是理性的；正是根据能够说的东西，人们才能弄清通往自由、自决愿望的结构问题。"阿伦特阐明了在现代性中一再开启又一再压制的自由愿望的历史，通过我们时代的代议制民主不能真正满足自由愿望。"①

维尔默断定，如果阿伦特在自由愿望的实现条件中突显意志的、认知的要素，那她是正确的。这些要素不能在法律与合理共识范畴中被理解，因为它们首先是作为政治自由概念起作用，并且允许拟定，既非在法律概念又非合理共识概念中已经包含的东西。这就是阿伦特的真正洞见与对现代民主理论的创造性贡献。维尔默指出，尽管阿伦特预见性地与马克思论战，反对马克思在政治经济学批判中寻找现代自由问题解决办法的做法，并认为这最终近乎无效的前沿阵地；但是，只有当阿伦特从她所反对的自由民主传统的前沿阵地中摆脱出来时，她的努力才能成为创造性的。因为没有对资本主义的驯化，政治自由就不能成为现实的解决方案；相反，在现实社会主义瓦解后，失败的政治经济学批判方案又一次经历了更好的复兴，并再次开启了现代政治自由可能性的新视角。

综上所述，维尔默首先阐发了人权与公民权的内在关联与巨大张力，断定人权可以作为公民权，但人权不能化约为公民权，并论述了普遍人权与差异政治等问题；然后，维尔默讨论了人权、公民权与公共自由关系问题，尤其是讨论了"协商体系"与政治自由、公共自由与激进民主、基本权利与社会正义等问题；接下来分析了公民权、人民主权与民主化问题，

---

① Albrecht Wellmer, *Revolution und Interpretation*, Van Gorcum 1998, S.74.

FROM PUBLIC FREEDOM TO DEMOCRATIC ETHICS

尤其是考察了公民权与民主话语的解释学循环、人民主权幻象与民主合法性、普遍民主与民主化等问题。在这些问题的阐发中，显露出维尔默政治哲学的基本观点。如果说，第三、四两章，着重阐发维尔默的共同体主义政治哲学；那么，第五至第七章，则试图在讨论维尔默对普遍主义伦理学批判性重构基础上，揭示维尔默的民主伦理学构想，这就是维尔默政治伦理学的理论核心。

第五章　形式主义伦理学批判性重构

在维尔默视阈里，道德怀疑主义与革命人道主义都是启蒙的产物。前者否定新道德基础的可能性，后者在理性存在的统一意志中找到了这样的基础。因而可以说，它们是对启蒙解释的二难回答。不过在这里，维尔默并不想讨论道德怀疑主义，而只对革命人道主义更感兴趣。当然，"不是革命理论，而是普遍主义伦理学"[①]。维尔默将普遍主义伦理学分为两种类型，一是康德的形式主义伦理学，二是哈贝马斯、阿佩尔的话语伦理学，其共同特征是在形式主义普遍准则中寻找伦理学基础，即将道德规范有效性奠基于合理程序中。在这个意义上，他们都属于启蒙人道主义阵营。[②]本章试图考察维尔默对康德的形式主义伦理学的批判性重构，以及对从形式主义伦理学向话语伦理学过渡必要性的论述。

一、绝对命令与道德原则

（一）康德伦理学：形式主义义务论

在康德那里，"道德"（Moralität）与"伦理"（Sittlichkeit）是区分开来的：前者是指一种普遍立场，是一种绝对命令；后者是指一种特殊生活世界的习俗。因而，道德哲学与伦理学也不应该完全相同：尽管它们都是

---

① Albrecht Wellmer, *Ethik und Dialog*, Frankfurt/M.: Suhrkamp 1986, S.8.

② Vgl. Albrecht Wellmer, *Ethik und Dialog*, Frankfurt/M.: Suhrkamp 1986, S.9.

关于道德的哲学，但伦理学既可以是关于某个社会的特殊的、具体的道德的哲学，也可以是一切社会的一切道德的哲学；相反，道德哲学却不是关于某个社会的特殊的、具体的道德的哲学，而仅仅是关于一切社会的一切道德的哲学，即关于道德普遍本性的哲学。确切地说，伦理学是关于优良道德的哲学，道德哲学关于优良道德普遍本性的哲学。[①] 不过，在伦理学界，"'道德的'这一术语经常被用作'伦理的'这一术语的同义词"[②]，就是说将伦理学与道德哲学混用，认为伦理学即道德哲学，是关于道德规范、道德价值、道德判断等问题的哲学研究。因而，笼统地讲，康德的道德哲学就是康德伦理学。

众所周知，康德在《道德形而上学原理》、《实践理性批判》、《道德形而上学》以及《伦理学讲义》中，阐发了自己的形式主义义务论伦理学。康德认为，在全部理性知识（即哲学）中，逻辑学是一种形式哲学或纯粹哲学；物理学和伦理学则是质料哲学或经验哲学。不过，物理学是研究自然法则的自然学说，包括自然哲学和自然的形而上学；伦理学是研究自由法则的道德学说，包括实践人学（经验伦理学）和道德学（先验伦理学，即道德形而上学）。那么，道德形而上学是否必要？康德说道德形而上学是绝对必要的，因为没有道德形而上学，就不会有道德哲学。"我的意图是讨论道德哲学。所以，我只限于这样提出问题：人们是否认为有必要制订出一个纯粹的，完全清除了一切经验、一切属于人学的东西的道德哲学，因为从义务和道德法则都有自明的普遍观念来看，必须有这样一种哲学是很显然的了。"[③]

1768 年，康德致荷尔德林的信中就流露出要构建道德形而上学的想法："目前，我所关注的主要是人类认识能力和爱好的确定性和限度，就道德方面而言，我相信自己已经成功了。现在，我正致力于一种道德形而

---

① 参见王海明：《道德哲学原理十五讲》，北京大学出版社 2008 年版，第 1—2 页。

② 西季威克：《伦理学史纲》，熊敏译，江苏人民出版社 2008 年版，第 19 页。

③ 康德：《道德形而上学原理》，苗力田译，上海人民出版社 2002 年版，第 3 页，译文有改动。

上学。"① 在《道德形而上学原理》中，康德论述了"从普通的道德理性知识到哲学的道德理性知识"，"从大众道德哲学到道德形而上学"，以及"从道德形而上学到纯粹实践理性批判"，尤其是讨论了道德观念、道德法则、道德判断、道德义务、绝对命令、德性尊严、善良意志、自律与他律、意志自由与因果自由等问题。

康德认为，道德形而上学主要目的就是找出并确立道德的最高原则。那么，道德的最高原则是什么呢？在《道德形而上学原理》中，道德的最高原则就是，"要只按照你同时认为也能成为普遍规律的准则去行动。"② 就是说，义务的普遍命令在于：你的行动，应该把行为准则通过你的意志变为普遍的自然法则。或者说，以自由概念为前提，就可以意识到这样一条法则：行为的主观原则，在任何时候都必须同时能够当作客观原则，当作普遍原则。到《实践理性批判》中，康德又重申了实践理性的基本法则，即"要这样行动，使得你的意志的准则任何时候都能同时被看作一个普遍立法的原则"③。

由此可见，康德伦理学属于认知主义、形式主义、普遍主义义务论伦理学。所谓"义务论伦理学"（deontological ethics），就是指道德评价标准在于动机而非效果。康德强调，人仅仅只是出于义务才活着，而不是由于他对生活感到丝毫的趣味；道德行为不能出于爱好，而只能出于义务；义务是由于尊重道德法则产生的行为必然性。不过，康德伦理学的目的是强调人的尊严，即对幸福的追求就是努力追求德性、促进道德的社会，即目的王国。在这里，每个人的尊严都能够得到尊重，即人是目的，而不仅仅是手段。因而，罗尔斯的说法是正确的：康德伦理学不仅是严格的道德命令，而且是相互尊重和自尊的道德准则。

康德伦理学给他带来了美誉，也遭到了不少批评。例如，黑格尔对康德伦理学提出了四个批判，即道德原则的形式主义、道德判断的抽象普遍

---

① Immannuel Kant's Schriften, Berlin, Bd.10, S.74.
② 康德：《道德形而上学原理》，苗力田译，上海人民出版社 2002 年版，第 39 页。
③ 康德：《实践理性批判》，邓晓芒译，人民出版社 2003 年版，第 39 页。

主义、纯粹应当的软弱无力、纯粹信念的恐怖主义。在《伦理学的两个基本问题》中，叔本华批判了康德的道德学基础。在《追寻美德》中，麦金泰尔指出，康德道德哲学的核心是两个简单却易生误解的论点：如果道德规则是合理的，那么它们必然对所有理性的存在者都是一样的；如果道德规则对所有理性的存在者都有约束力，那么这类理性的存在者遵循这些规则的偶然能力必然是不重要的，重要的是他们履行这些规则的意志。这样，道德的基础就在理性之中。但是，康德"在理性基础上建立道德准则的努力是失败的，恰如克尔凯郭尔试图在选择行为中为道德准则寻找基础也必然失败一样"①。

（二）绝对命令何以成为道德原则？

康德曾经假定，在许多情况下，人们能够对可能的共识进行正确判断。维尔默相信，康德的这个假定是完全正确的，并试图分成四步来加以阐释：

其一，康德的绝对命令范畴是这样建构的，以至于它拥有使每个行为者都能够区分道德正确行为与错误行为的先天标准。维尔默认为，这个独白式运用为目标的标准，对仅仅以非欺骗方式区分善和恶来说是足够的；但如果以这种方式（一个人严格地或真诚地按这个原则行事）来理解绝对命令范畴，那么，一方面不可能产生富有活力的成果，另一方面只能做道德上正确的事情。其二，如果弄清楚绝对命令范畴的对话特征，那么上述观点就只能在限制性意义上出现。尽管人们必须说，一个人基于严格的道德考虑按道德原则行事，但一是必须区分"道德上正确"一词的不同含义；二是只有正确地行为，才能正确地预先推定和行为参与者可能的合理共识。其三，只要与黑格尔一起谈论"具体的伦理形式"能保证道德决断的主体间性意义，那就不会出现相应问题。在这种情况下，人们能够说，前面的共识为可能的的参与共识描述了足够基础。其四，只要这个前提不再适

---

① 麦金泰尔：《追寻美德》，宋继杰译，译林出版社 2003 年版，第 60 页，译文有改动。

应或是成问题的，那道德决断就会得到假说要素；并且，在可靠的正确的道德决断意义上，以特有方式依赖于可能的非强制共识。因而，"绝对命令范畴内含着行为准则，在参与共识意义上表现为，主体间性关系确定秩序的规范原则"[1]。

康德试图通过目的王国概念将这个思想表达出来，但他不清楚应当如何处理目的王国可能部分与现实部分的关系。所以说，在这个问题上，康德完全是独白的。"不过，康德的形式主义伦理学核心部分，是逻辑—语义学意义上'形式的'观察方式。这样，康德就压制了道德原则的对话要素，同时回避了在对话要素中结束的问题。可现在，反对形式的代价在内容空洞的构思中已经显露出来。事实上，康德并没有真正阐发固着于道德原则的'程序形式主义'，他被迫部分地以内容规定方式但又从外部将道德反思表达出来。"[2]另外，在康德的道德哲学中，绝对命令范畴总是批判性地指向规范接受性形式使用的基础。

维尔默说，关于绝对命令范畴的可论证性，以及道德"应当"合理内涵问题，康德伦理学并没有给出令人满意的答案，而且这不是康德伦理学的唯一缺陷。实际上，当人们批评康德的形式主义伦理学时，至少可以指出如下三个缺点：一是康德的道德原则形式主义的、独白的特征，因为它没有回答道德判断主体间有效性的可能性问题；二是康德伦理学（以规则概念形式主义预设为基础的）"严格主义"（Rigorismus）；三是涉及到康德对道德原则的论证。维尔默指出，要想消除这三个缺点，就必须将普遍主义的独白式运用转变为对话式运用："首先，话语伦理学描述的道德原则最大有效性要求，不是我而是我们能够期待它作为普遍准则。其次，道德原则是这样来描述的，以至于它容许把正当行为问题理解为受到伤害的存在之间的理性交往问题，由此排除各种形式的严肃主义的价值伦理观

---

[1]　Albrecht Wellmer, *Endspiele. Die unversöhnliche Moderne*, Frankfurt/M.: Suhrkamp 1999,S.106.

[2]　Albrecht Wellmer, *Endspiele. Die unversöhnliche Moderne*, Frankfurt/M.: Suhrkamp 1999,S.106–107.

念。最后，道德原则的话语伦理学重述使得每个新的最终论证形式成为可能的：哈贝马斯、阿佩尔试图表明，道德原则能够在一般论证结构中得到论证。"①

然而，为了将道德原则阐发为普遍准则，必须从康德的道德原则出发。在这里，维尔默的出发点像辛格、黑尔②一样，即迄今所讨论的普遍准则，已经描述了康德的绝对命令范畴所描述的东西。不过，维尔默试图补充以下两点：一是康德的"理性的事实"不能被还原为普遍准则；二是康德的道德原则不能从普遍准则中推导出来。"我能够以下列方式澄清：绝对命令范畴要求我只应根据最大化原则行动，同时我能够期待被视为普遍准则的东西。但是现在，'我能够期待作为普遍准则的东西'。事实上，在一般情况下，是通过我的（总是现存的）规范信念规定的……。就此而言，绝对命令范畴最终不过是说，'做你相信，我们必须做的事情'或'不做你相信，我们不可以做的事情'。即'对你本人而言，在规范的事情中没有例外'或'做你应当做的事情'。"③

维尔默断定，绝对命令范畴根本不能被描述为无聊的要求。因为绝对命令范畴要求：此时此刻，在没有自我欺骗的行为中，应当承认已经被承认的规范义务。因而，如果康德将结果理解为某种直接的或透明的东西，或许是难以实现的东西，那他完全是正确的。不过，对个人规范信念的要求并不意味着，"我把它臆想成对我的行为的适当辩护；或者说，我应当根据（我能按照我的规范信念）行动；毋宁说，它包含着一个难以实现的要求，我不能弄错——我可能真正期待与他人交换角色。可是，绝对命令范畴首先要求：在规范信念中总是包含着'应当'或'必须'的可能性，而且似乎被合理地阐释为'应当'或'必须'的可能性。"④这样，绝对命

①　Albrecht Wellmer, *Ethik und Dialog*, Frankfurt/M.: Suhrkamp 1986, S.10.

②　辛格（Marcus George Singer, 1926—　），美国伦理学家；黑尔（Richard. Mervyn Hare, 1919—2002），英国伦理学家。

③　Albrecht Wellmer, *Ethik und Dialog*, Frankfurt/M.: Suhrkamp 1986, S.18.

④　Albrecht Wellmer, *Ethik und Dialog*, Frankfurt/M.: Suhrkamp 1986, S.19.

令范畴就第一次成为道德原则。然而，普遍准则作为道德原则，尽管是对所有"理性的存在"都适应的原则，但没有哪个原则必然在他人面前表现为普遍规范。正是在这里，绝对命令范畴接近于普遍准则，但不能被简单理解为还原主义原则，即不再仅仅关涉属于"应当"或"必须"陈述的普遍化特征，而且由于共同意志超越了合理性存在，因而也关涉道德判断的主体间有效性。

（三）道德原则何以成为普遍准则？

为摆脱形式主义伦理学的论证压力，维尔默对康德的绝对命令范畴进行了重构。首先，维尔默从康德的这个表述出发：我必须能够期待，我的行为准则是普遍准则，是道德判断的根本标准。因为如果我不能够期待，一个准则被视为普遍准则，那就没有其他"理性的存在"能够这样期待。因而，"尽管康德的假定（即在普遍准则中，我'能够期待'与'不能够期待'，必须与所有其他'理性的存在'协调一致）存在问题，……但我们必须忽略这些问题，而对绝对命令范畴、道德规范、道德判断的关联多说些什么。"[1] 其次，维尔默认为，非普遍准则，即不能公开辩护的准则，在双重意义上是适应的：一是不能够期待，其他人也同意该准则；二是不能够期待，其他人能够将该准则视为普遍准则。因此，如果康德仅仅断言，绝对命令范畴是普遍必然的"观念事实"，那么这个命题的意义显然不大，如果把它已经理解为道德原则的话；但如果在弱的意义上理解："符合你的规范信念的行为"，意味着，"对你自己来说没有例外"，或"你应当做（你相信的东西）"，那绝对命令范畴就应该被理解为"理性的事实"。可这样理解绝对命令范畴，就与以特殊主义、传统主义或宗教为基础的规范体系一致了。

尽管如此，维尔默仍然相信，在有限意义上，绝对命令范畴并不包含着无聊的要求，如果人们假定，在个别情况下，它倾向于道德自欺并已成

---

[1] Albrecht Wellmer, *Ethik und Dialog*, Frankfurt/M.: Suhrkamp 1986, S.21.

为特例的话。当然，对绝对命令范畴"最低限度的"阐释建立在下述假定之上：对所有人共同的生活方式来说，道德评判与自我评判维度是结构性的。这应当意味着，"必须"范畴被嵌入到人类社会关系的交互结构中，对其信条的遵守只能付出道德评判与自我评判被伤害的代价；但是无论如何，也不能抽走这些道德评判维度，即不能抽走在相互承认中的生活条件。或许，这个（也许是）普遍的"必须"范畴的存在，自然还不被称为"理性的事实"；毋宁说，在理性地提出这个问题之前，"必须"范畴的特殊主义、传统主义或宗教立场首先必须被瓦解。

因而，绝对命令范畴的特有潜能在于，"应当"、"必须"、"可以"这些道德规范与道德判断作为理性上可观察的东西，借助绝对命令范畴就能够被归结成作为唯一的元原则的"应当"范畴。"只要我们假定，康德已经弄清了这个作为基础的'应当'范畴，那么由此出发，也就能够弄清作为我们日常的道德规范与道德判断的'应当'、'必须'、'可以'这些范畴。"① 与康德表述相反，维尔默与埃宾豪斯②、辛格是一致的。他们的出发点是，从绝对命令范畴的义务特征向道德规范与道德判断内涵过渡，在禁止的道路上，优先于非普遍性的行为方式。不过，维尔默也与康德一样假定，"我们作为'理性的存在'不能够期待相应的实践成为普遍的。显然，在这种情况下，我们不可以根据'必要时不诚实的许诺'准则来对待绝对命令范畴。如果不诚实的许诺为 P，对这个行为的不履行非 P；那么在具体情况下就意味着，我们可以不做 P；或我们必须（应当）做非 P。这样，普遍准则不过意味着，允许在道德上对待相应的东西。可是现在，康德表述并不是一目了然的。因为他说，普遍准则是实践准则。"③

在康德那里，所谓"普遍性"（Verallgemeinerbarkeit）就意味着能够期待将一个准则视为普遍准则。"我不能以理智方式期待把某些准则视为普遍准则，既不是因为我不能将它理解为普遍准则，又不是因为在我的意

---

① Albrecht Wellmer, *Ethik und Dialog*, Frankfurt/M.: Suhrkamp 1986, S.22.

② 埃宾豪斯（Julius Ebbinghaus），德国哲学家。

③ Albrecht Wellmer, *Ethik und Dialog*, Frankfurt/M.: Suhrkamp 1986, S.23.

志中将形成冲突"①。维尔默指出，这出现了富有特色的非对称性："每个人都有不能被说成是真理的准则，如果它不给他带来害处，那就很容易弄清楚，他并不能够期待把该准则视为普遍准则；相反，每个人又有总被说成是真理的准则，即使它给他带来害处，他还是期待把该准则视为普遍准则。进一步说，我们应当在何种意义上断言，他能够期待将真诚性准则视为普遍准则？就关涉他本身而言，他期待他人也遵守规则；就关涉他人而言，也许他能够做到，如果这些规则不与真诚性对立的话。另一方面，我们接受他人，并不表明这些准则没有缺陷，即使很难消除。如果它是他的准则，那他也能够期待（甚至渴望）把这些准则当作普遍准则。"②

维尔默断定，对"某人能否期待把某些准则当作普遍准则"这个问题的回答，取决于他实际上拥有哪些准则。所以，某人能否期待把某些准则当作普遍准则，既不能在积极意义上又不能在消极意义上确定，该准则是否是实践准则。相反，"如果我能够期待不把我的准则当作普遍准则，那就可以直接得出结论说：一个行为在道德准则意义上也许是坏的，那我就可以不在该准则意义上行动。如果现在使它（在非普遍准则意义上，不做被禁止的事情）成为准则，那么我们就将这个新准则称作是对第一个准则的否定（我将总是说真理，即使它作为'对那个准则的否定'带来害处；我将不说真理，如果它给我带来害处）。如果这个新准则事实上是我的行为准则，那么我也想将它视为普遍准则。但实际上，在这种情况下，我能够期待把我的准则当作普遍准则有特殊含义：它是从实践上能够期待的逻辑发生学中产生出来的，即产生于'我的准则是对非普遍准则的否定'。"③

---

① Immanuel Kant, *Kritik der praktischen Vernunft*, in: Werke in sechs Bänden, Bd. Ⅳ, Darmstadt 1956, S.136.

② Albrecht Wellmer, *Ethik und Dialog*, Frankfurt/M.: Suhrkamp 1986, S.23–24.

③ Albrecht Wellmer, *Ethik und Dialog*, Frankfurt/M.: Suhrkamp 1986, S.24.

二、普遍化原则与许可法则

（一）普遍化原则与特例问题

为了深入理解普遍化原则，维尔默区分了"弱"普遍化与"强"普遍化。他认为，就非普遍准则消除而言，只有"弱"普遍化就够了；但为了论证普遍化原则是实践准则，只有"弱"普遍化是不够的，毋宁说，"强"普遍化是必要的。维尔默说，"如果我想把该准则视为普遍化原则，那就意味着，我不能够期待把该准则视为普遍化原则。不过，这个'不能够期待'依赖于与我的准则相对立的准则（在这种情况下，'不能够期待'与'能够期待'相比，是第二位的）。对'不能够期待'与对我的准则，情况完全不同：这些准则的非普遍性，独立于其他的(也许我已经有的) 准则。"①

在这里，维尔默试图讨论康德的这个命题，即通过绝对命令范畴表征的道德规范的主体间有效性，是指它与实践准则联系在一起。这意味着，以实践准则为基础的谎言，在"强"普遍化意义上是被禁止的，并被描述为道德形式，即"人不可以说谎"或"你不应当说谎"。在这个意义上，康德反对特例的可能性是完全正确的，因为"你不应当说谎"这个规范从未容许特例。"如果我们不追随康德，那么下述说法也许是没有困难的，即道德规范被理解为严格普遍有效的，又可能'存在'特例。"②维尔默指出，人既不可以为了自身利益而说谎，又不可以为了孩子或朋友的利益而说谎。上述规范所禁止的东西，是基于私人目的而说谎（无论是利己主义的还是利他主义的）。在这个意义上，对盖世太保犯罪的拯救也许不是私人的；毋宁说，它是通过其他道德规范而得到论证的目的行为，即人们不可以拒绝有助于犯罪者的规范。在这种情况下，对"你不应当说谎"这个规范的伤害，通过"公开的可辩护性"原因而得到辩护；否则也不能够说，

---

① Albrecht Wellmer, *Ethik und Dialog*, Frankfurt/M.: Suhrkamp 1986, S.25.
② Albrecht Wellmer, *Ethik und Dialog*, Frankfurt/M.: Suhrkamp 1986, S.27.

相应的准则"在不得已的情况下，我将试图通过说谎来拯救犯罪者"是普遍的。

然而，这里出现了基于康德对道德规范的严肃主义阐释必然不容许存在的困难：与"如果必要，我将说谎"这个准则相反，非普遍准则明显在于，最终测试的准则普遍性问题根本不是单义决定的；相反，该准则是如此地模糊，以至于不容许有清楚的回答。"如果我能肯定，所有人都有足够的判断力与善良意志来正确地确定，'不得已的情况'实际上什么时候存在；我就能期待，该准则仅仅作为普遍准则。但如果我不能肯定这些，那么它就不再需要一个相应的准则……因而，我们必须完全赞同康德的结论，如果他在可能的目的王国中为立法构想的这些准则被拒绝为不适宜的话。"①

维尔默强调，为了对"你不应当说谎"这个规范的特例进行辩护，人们必须研究具体情境中的特殊情况。这样，可为特例进行辩护的"公开的可辩护性"原因又能（尽管是原则性地）在普遍化原则中被表达出来。但是，这又出现了一个困境：这些准则的应用范围变得如此之小，以至于它越是不确定，这个特征就越普遍。这意味着，被道德规范论证的特例不能与规则具有同等含义，正如由道德规范禁止的行为，以及判断力在道德规范应用中所起的作用，要比康德试图承认的有更多的基础作用。"这就证明，在所有道德原则论争中，基本道德规范不是冲突的，而是具有情境的或情境类型的特征：只要我们承认这种特征，那么道德冲突一般情况下都是可以解决的。"②

对于道德特例问题，维尔默试图借助两个例子进一步说明：一是"在万不得已情况下，我试图通过在被逮捕或被判决前说谎来保护未犯罪的逃犯（或被告）"；二是"我将按他或她的愿望帮助垂死的病人死亡"。维尔默说，这两个准则似乎都不能被视为普遍的，但"这里并不关涉这个问题：

---

① Albrecht Wellmer, *Ethik und Dialog*, Frankfurt/M.: Suhrkamp 1986, S.28.

② Albrecht Wellmer, *Ethik und Dialog*, Frankfurt/M.: Suhrkamp 1986, S.28–29.

我能够期待当作普遍准则的东西，是否也能够期待所有他人当作普遍准则；毋宁说，我本人能够期待不把相应的准则当作普遍准则，如果我怀疑它是合法的，即使我在某些情境中也许认为它是正确的。换言之，事实表明，与道德的基本情境相对立的所谓道德特例状况不能被带到规则下。"①这样说来，如果想描述相应的"许可规范"，那必然是：在这里，似乎足够接近的情境中，我们可以……（甚或可以说：我们必须……）。这就遇到了道德的基本状况与复杂状况特有的不对称问题。

为了最终结束上面提出的例子，维尔默试图在某些关键点上对道德问题与评价性质进行两方面修正。"如果不从道德规范的行为准则出发，那问题就在于两个规范要求的冲突：第一个规范要求——我帮助犯罪者；第二个规范要求——我不能够说谎。如果现在不考虑，这两个范畴以什么方式否定性地关涉非普遍的行为准则，那立刻就很清楚，这个结构性行为状态就是第一个规范的直接应用状态；相反，就只是第二个规范的间接应用状态。"② 这应该意味着，"提供帮助"是从这个非普遍准则中产生出来的，即"我能帮助犯罪者，如果这不给我带来害处的话"；"禁止说谎"是从另一个非普遍准则中产生出来的，即"我将说谎，如果它看起来对我有帮助的话"。维尔默指出，这个说法不过是下述说法的另外表达：这里的"说谎"不是实现个人目的的手段，而是讨论道德许可行为目的的手段。这两个相互冲突的道德规范是，如果在它们的内在关联中评判非普遍准则与行为状况的特殊特征，那根本不是在一个层面上。这样，人们就可以同意康德的命题，这根本不涉及到不同道德义务之间的冲突。

（二）许可法则与特例问题

从康德出发，就能够清楚地区分"弱"普遍化与"强"普遍化：前者与道德规范相适应，后者与许可法则相适应。但是，由于这些许可法

---

① Albrecht Wellmer, *Ethik und Dialog*, Frankfurt/M.: Suhrkamp 1986, S.130.

② Albrecht Wellmer, *Ethik und Dialog*, Frankfurt/M.: Suhrkamp 1986, S.29.

则的不确定性，它们不能被表述为（康德意义上的）真正的法则。事实
上，为帮助犯罪者而说谎根本不是合法手段。"这意味着，刚刚建议的规
范冲突解决办法，尽管具有结构普遍性，但只有在特例情况下才是有效
的；不过，问题的这个方面，只有在完全清楚情况下才能显露出来，如
果我们试图将真诚性信条的特例带到普遍准则下，即试图描述某种许可
法则的话。"① 按维尔默理解，"许可法则"（Erlaubnisgesetz）只能意味着，
在这种情况下允许说谎。不过，特例的普遍有效性与道德戒律的普遍有
效性是不同的，它最终只有在某些行为方式论证意义上，才能显现在具
体情境中。所以说，情境主义伦理学或生存主义伦理学的真理要素也就
在于此。

在这里，维尔默回到了这个命题："被推导出来的"道德规范，作为
严格的普遍规范，也许是作为植根于特例的规范；在否定的道路上，是从
非普遍准则中推导出来的。不过，这个命题不应说明，所有基本的道德规
范都有禁止规范特征。也许在"你不应当说谎"意义上，"你不应当杀人"。
毋宁说，像"帮助需要帮助的人"这个规范，应当以同样方式消极地关涉
非普遍规范。例如，"禁止性道德规范，大约是这个规范：我将不帮助任
何人，如果不给我带来好处的话。因而，肯定性道德规范与禁止性道德规
范的区别在于，在后面情况下，某种行为将被禁止；在前面情况下，不履
行某种行为（或行为尝试）。"② 当然，在某些情况下，被禁止行为与不履
行行为具有相同含义；在一般情况下，禁止"不作为"与履行某种行为不
具有相同含义。这样，人们就能够说，这个肯定性道德规范，需要在一定
方向上履行某些行为，而不是相反。

为了更好地解决道德特例问题，维尔默试图重构黑尔关于特例问题
的解决办法。我们知道，为解决道德"表面证据确凿原则"（prima-facie-
prinzipien）的特例问题，黑尔区分了道德思考的两个层面，即直觉层面与

① Albrecht Wellmer, *Ethik und Dialog*, Frankfurt/M.: Suhrkamp 1986, S.30.
② Albrecht Wellmer, *Ethik und Dialog*, Frankfurt/M.: Suhrkamp 1986, S.32.

批判层面。他指出，用"表面证据确凿原则"指称道德思考的直觉层面，它是普遍的，或多或少又是非特殊的；只有在道德冲突情境中，才需要考虑道德思考的批判层面。对黑尔来说，"表面证据确凿原则"不过是为减少道德生活复杂性（或为道德习俗形成）的手段。因而，"我们能批判地对待我们的道德判断，并因而用道德原则规定我们的行为。"① 维尔默说，为了能够以黑尔的方式将道德原则与具体情境放在一起思考，实际上需要关于上帝的虚构。这是一个拥有无限思维能力的虚构，它能够在普遍化中扬弃特殊性。但是，"如果我们只把这个我们的有限思维能力逃离点的虚构作为前提，那么我们就能通过道德规范的无限特殊性提示解决道德判断特例问题或道德冲突。"② 黑尔对这个虚构的使用，建立在自然科学某种合法的思维特征向历史—实践现象领域转移基础上。然而，这个"转移"（Übertragung）是非法的，因为在历史领域（所有行为都属于这个领域）中，最终的语言概念、创造性的描述概念，不再是作为调节概念而起作用。

事实上，表面上被许可的东西，在道德上是被禁止的。这样，人们也许会想到下述原则：杀人是被禁止的，除非出于仁慈，为了努力将垂死的病人从痛苦中解救出来而实施（杀人）。谁坚持这个原则，谁就能看到某些情境是无可非议的，甚至是允许的，是可以做的。但显而易见，这个原则不仅能导致无限滥用，而且它在道德上也许是错误的。维尔默指出，"在'一个慈善行为，什么时候是必要的'这个不确定表述中，同时隐藏着我们能够陷入具体情境（甚至坐在写字台旁）的若干理由；我用反对理由反对他的原则本身的一般表述。然而，我们必须在具体情境中，才能如此好地对待我们自己的责任。"③

接下来，维尔默试图又对道德判断或道德论证的逻辑进行重构。他说，在困难情境中，也许我们的道德论证必然是错误的，因为它依靠错误

---

① Richard Mervyn Hare, *The Lauguage of Morals*, Oxford 1952, p.46.

② Albrecht Wellmer, *Ethik und Dialog*, Frankfurt/M.: Suhrkamp 1986, S.33.

③ Albrecht Wellmer, *Ethik und Dialog*, Frankfurt/M.: Suhrkamp 1986, S.35.

原则支持。事实上，我们必须在具体情境中，因为我们尚未拥有足够特殊的原则。但这根本不妨碍，在这个情境中用好的论据做正确的事情，尽管这些论据显然更多地依赖于我们对这个情境的理解，而非依赖于普遍有效性原则的可描述性。因此，维尔默断定，在某种程度上，情境理解总是包含着比描述和论证更多的东西，从而也包含着批判原则。这个原则只有在道德思考中才能起作用，而不是已经足够特殊的；如果把道德规范的普遍有效性理解成是通过消极地关涉非普遍准则而建构的话，那它就根本不适合于"表面证据确凿原则"。这样，康德伦理学就允许在道德规范与许可法则之间做出区分。"如果我们（像黑尔那样）使道德戒律或禁止性道德规范与许可法则相互嵌入道德原则的批判描述中，那就能够使道德判断与道德论证的某些细微结构变得清楚。"①

维尔默认为，尽管黑尔像康德一样，都属于批判理性主义传统，但康德的道德原则，似乎还保留了亚里士多德的某些审慎。这意味着，康德必须在普遍化原则与特殊情境之间进行协调，但黑尔认为这是根本不可能的。因此，尽管维尔默"不想夸大黑尔与康德之间的差异，而是强调两者的近似性：从某种意义上说，黑尔关于道德原则的直觉层面与批判层面的区分，可以看到（康德思维框架中）特例问题解决办法的其他语言转译，即结构性同源是显然的。但是，黑尔更接近亚里士多德传统而非接近康德传统"②。这样，黑尔关于道德原则所说的话，就不再能够被严肃地对待。维尔默说，即使人们总是能够为具体道德判断提出一般论据，在道德冲突情况下它们也能够被转译成"特设原则"（ad-hoc-prinizipien）：在一般情况下，道德判断的正确应用与判断力联系在一起，它只有在与相应道德例证的联系中才能形成。由此看来，至少在康德思维框架中，关于道德特例问题，维尔默的解决办法要比黑尔的解决办法更有说服力。不过，具体情境中的特例问题，也不能通过道德原则不受限制的具体化得到解释。

---

① Albrecht Wellmer, *Ethik und Dialog*, Frankfurt/M.: Suhrkamp 1986, S.36.

② Albrecht Wellmer, *Ethik und Dialog*, Frankfurt/M.: Suhrkamp 1986, S.37.

（三）康德伦理学重构：三种可能的方案

实际上，不论"能够期待"还是"不能够期待"将一个准则当成普遍化原则，康德总是决心把人描述为具有共同意志的"理性的存在"。维尔默说，"如果我们能预见到现存的'最终论证问题'，那么康德伦理学就陷入这个前提中。不过，这个前提显然是成问题的：'能够期待'这个表述包含着不可还原的经验要素，因而我们必须考虑到这种可能性：不同的人能够期待以不同方式成为普遍的；或者说，就'不能够期待'而言，每个道德判断者都处于私人立场上：如果我不能够期待……，那么我们也不能够期待……。"① 然而，这样根本不能保证道德判断的主体间有效性，因为我们期待或不期待作为普遍行为方式的东西，无疑决定性地依赖于这个概念母体，通过它我们总是能解释社会现实和自身需求。因而，不论我是否将权威的准则判定为或不判定为普遍的，都依赖于我作为权威的教育工作者或领导人，是否借助概念母体解释社会现实。在这里，顺从与反抗仿佛标志着规范秩序的积极的与消极的两极；或我是否借助概念来解释，他们作为民主主义者通过自决与依赖的极化而被表征的规范趋向。

道德原则，如绝对命令范畴，从来都不能在空洞的规范中被修正，但如果仅仅在具体情境中遵守绝对命令范畴，那也不能保证相应的道德判断的主体间有效性。因而首先应当解决的是，如何借助绝对命令范畴保障道德共识？维尔默认为，康德的下列表述是富有特色的：一个理性的存在，或根本不能同时将他的主体—实践准则理解为普遍准则；或他必须假定，根据这个纯粹的形式，请出仅仅成为实践准则的普遍立法。这样，康德就使合规律性形式从正确行为的道德准则变成了道德标准，而从表面上拯救了道德主体。"这个思想始终如一地贯彻，就有利于消除道德哲学（作为形式主义义务伦理学）可怕的歧义性。"②

也许，维尔默同意所有追随康德的当代道德哲学家对康德的看法：从

---

① Albrecht Wellmer, *Ethik und Dialog*, Frankfurt/M.: Suhrkamp 1986, S.38.
② Albrecht Wellmer, *Ethik und Dialog*, Frankfurt/M.: Suhrkamp 1986, S.39.

根本上说，康德关于道德原则表述的创造性在于他对行为者经验意志的追溯。但是，意志并不触及单一的目标，而是关涉普遍的行为方式。因此，"如果说康德对道德直觉的重构根本上是正确的东西，那必然就是，道德判断的合理性植根于经验期待与应当之间的某种关系中。"① 维尔默指出，绝大部分同时代的道德哲学都应当被理解为这样一种尝试，即在反对康德伦理学形式主义同时，仍然承认康德基本意向的作用。当然，功利主义规则与交往伦理学之间的共同性，最终并不在于此。如果严肃地对待这个（在康德的合理性与有行为能力的存在内在关联结构背后的）问题，那么对康德伦理学重构来说，大致有三种可能的选择方案：

第一种选择方案在于承认，不同的"理性的存在"能够期待以完全不同的行为方式成为普遍的。在这种情况下，所有有行为能力的"理性的存在"的意志必须符合是被否定的。就是说，在多元化道德世界中，道德普遍化（潜在地）瓦解，至少在早期黑尔那里是这样。另外，黑尔借助从基本道德术语（如：必须、应当）的逻辑语法中推导出来的道德普遍主义，使伦理学在某种程度上植根于现代"理性的事实"，而消除了"最终论证问题"（Letztbegründungsproblem）。

第二种选择方案在于试图论证"最低限度伦理学"（Minimalethik），如盖特、赖特②、辛格、罗尔斯等人的理论。在这种选择方案中，道德"应当"是从基本内涵出发被重构的，尽管在某种意义上保留了道德普遍统一。不过，成问题的不是道德"应当"概念，而是道德关联性概念：此时此刻，我应当根据普遍准则处理这些论据，即我应当道德地处理，而不再借助康德的"暴力恶作剧"论证它。"如果我们再次将'应当'范畴与经验'期待'联系在一起，那么它就只有在弱化形式中，而非最终论证道路上被重构。因而，第二种选择方案使康德伦理学的'论证缺失'变得更清楚：越是多地相信，它是对康德伦理学基本思想的重构；就越清楚地显示出，绝对命

---

① Albrecht Wellmer, *Ethik und Dialog*, Frankfurt/M.: Suhrkamp 1986, S.40.
② 盖特（B.Gert），生命伦理学家；赖特（G.H.v.Wright,1916— ），美国分析哲学家。

令的无条件的道德'应当'很难是纯粹实践理性的'应当'。"[①] 维尔默说，如果考虑到非普遍准则，那么最低限度伦理学或多或少地与康德的道德规范相适应。这样，否定性地关涉非普遍准则的道德规范又在康德主义伦理学变种中浮现出来，即道德规范首先是行为方式的禁令，对它的容忍，理性的存在并不能一致。

第三种选择方案在于对康德的道德原则的话语伦理学拓展，这不仅有哈贝马斯、阿佩尔，而且有埃尔朗根、康斯坦茨的结构主义。与第二种选择方案接近，在这种方案中，普遍有效的道德规范与道德规则能够等量齐观；但两者的根本差别在于，这种方案放弃了对道德规范进行哲学论证的要求，并主张用话语共识原则代替康德的道德原则。"这个'转向'允许再次对最终论证问题重新发起攻击。至少哈贝马斯、阿佩尔试图证明，道德规范有效性要求之非强制的，即话语的阐释原则，作为结构性原则'嵌入'到交往行为条件中，就是说，具有语言能力和行为能力的存在（至少内含着）总是必须被承认的这个原则。"[②]

由此可见，在这三种可能的选择方案中，只有第三种选择方案能够被描述成试图为康德的纯粹实践理性概念恢复名誉的严肃尝试，它既无条件地捍卫道德规范的可论证性，又无条件地捍卫道德"应当"的合理内涵。

三、从形式主义伦理学到话语伦理学

（一）从康德伦理学向话语伦理学过渡

康德的形式主义伦理学可以概括为这个陈述："我们必须有能力使我们的行为准则成为普遍准则，它能够对所有行为做出道德判断。"[③] 维尔默认为，只有当人们以否定方式理解时，康德的下述道德判断原则才有意

---

① Albrecht Wellmer, *Ethik und Dialog*, Frankfurt/M.: Suhrkamp 1986, S.42.

② Albrecht Wellmer, *Ethik und Dialog*, Frankfurt/M.: Suhrkamp 1986, S.42–43.

③ Immannul Kant, *Grundlegungen zur Metaphysik der Sitten*, in: Werke in sechs Bänden, Bd. Ⅳ, S.54.

义：如果人们不想使自己的行为准则成为普遍准则，那么就不应当以这种方式行动。如果人们对绝对命令范畴采取否定阐释，那么就能够陈述康德留下的道德判断问题。不过，只有把行为者的不同立场都置于对行为情境的阐释中，这种阐释才可能是正确的。这就意味着，康德关于道德判断的形式标准，同时也是主体间有效性标准。显而易见，维尔默提出道德判断的主体间有效性问题，目的是为了凸显康德的形式主义伦理学中被压抑的对话性维度。①

康德伦理学不再把"美好生活如何可能？"当作伦理学主题，而是要回答"我应该做什么？"问题。哈贝马斯不想像康德那样确立一个具有普遍必然性的道德原则或绝对命令，而只想考察道德判断的规范正当性问题。像哈贝马斯、阿佩尔一样，维尔默也看到了从康德伦理学向话语伦理学过渡与从主体哲学向语言哲学过渡的内在关联，这个关联使得康德伦理学需要用对话式理解的普遍主义重新规定。哈贝马斯、阿佩尔试图用程序形式主义代替康德的形式主义，但程序形式主义道德原则表述，不仅应该在道德哲学上阐释那个问题域（这是康德伦理学的"盲点"），而且应该使没有向形而上学回归的、最终论证问题的解决成为可能。因此，维尔默一方面试图揭示，对有限的但基本上是好的道德问题来说，对康德的道德判断进行重构完全能够被澄清；另一方面试图在突显康德伦理学长处的同时，使康德重构的缺陷清晰地浮现出来。就是说，维尔默"既希望获得某种标准，以超越对康德伦理学的挑战所触及的东西；又想表征这个困难的领域，即对话语伦理学阐发来说，主题是从这些问题域中推导出来的。"②

事实上，在为康德的普遍主义道德原则恢复名誉意义上，对过渡问题最令人信服的回答尝试是西尔伯（John R.Silber）。在《康德伦理学中的程序形式主义》（1974）中，西尔伯试图阐明，康德伦理学的形式主义必须被理解为程序形式主义，当然，它并不关涉实际对话程序，而只关涉道德

---

① Vgl. Albrecht Wellmer, *Endspiele. Die unversöhnliche Moderne*, Frankfurt/M.: Suhrkamp 1999.S.327.

② Albrecht Wellmer, *Ethik und Dialog*, Frankfurt/M.: Suhrkamp 1986, S.44.

判断程序。具体地说，为了分析康德伦理学中的程序形式主义，西尔伯试图将绝对命令范畴置于"人类理解的共同准则"下进行阐释。所谓"人类理解的共同准则"，就是康德在《判断力批判》第 40 节"作为共通感之一的鉴赏力"中提出的：自己思考；站在每个他者立场上思考；任何时候都与自己一致的思考。维尔默指出，这三条与思考的自主性、主体间有效性、一致性相关的准则，可以被视为康德理性观的规范表达；它们是在任何可能的适应领域中正确运用理解能力的规则。第一条准则，对自主性的关切与启蒙有着不解之缘；第二条准则关注的（与个人认同问题有关的）合理性问题，第三条准则，即扩展的思维形式或精神准则，是保证思考的主体间有效性的反思判断准则。因此，维尔默试图借助西尔伯对康德伦理学的诠释讨论从形式主义伦理学向话语伦理学的过渡。

他指出，就像西尔伯所说，只有在测试准则时，人们才能站在他人立场上，但是否能够走向论证判断，取决于是否能够期待把一个准则以理性方式当作普遍准则；而要对"是否能够期待把一个准则以理性方式当作普遍准则"做出恰当回答，那就应当考虑他人的需求视角和价值视角。维尔默说，这只能意味着，借助我的思考仿佛说出了他人想说的话。这表现为以下两点：一是在道德判断中包含着假说要素；二是道德思考依赖于实际对话。"如果在道德思考中，以对他人需求视角与价值视角的理解为前提，那么通过绝对命令范畴引出的道德立场就被表述为这个问题：只有在假想的与临时的意义上，才能独白地解决问题。然后，准则普遍性问题就成为这个问题：我们是否能够期待将一个准则当作普遍准则？对这个问题的回答，最终只有通过参与者的实际交往才有可能。"①

这样，西尔伯在"人类理解的共同准则"下对绝对命令范畴所做的阐释，就接近于从康德伦理学向话语伦理学的过渡，但他并没有从程序形式主义伦理学走向话语伦理学，毋宁说，西尔伯试图通过抵制对康德伦理学进行形式主义阐释表明，在准则测试时，绝对命令范畴独白式运用，对导

---

① Albrecht Wellmer, *Ethik und Dialog*, Frankfurt/M.: Suhrkamp 1986, S.46.

致个人意志与普遍意志的符合，大概可能是足够的。然而，西尔伯对下述问题并不清楚，即绝对命令范畴的独白式运用，如何能够与"期待的东西"（Desiderat）协调一致？道德思考者在思考中必须使他人的需求视角与价值视角有意义，因为这个"期待的东西"似乎是对从独白式思考向实际对话过渡必要性的暗示。

所以维尔默指出，"正如通过西尔伯的思考所暗示的那样，它首先不是道德自欺问题，而是包括各种方式在内的行为情境恰当理解问题，每个参与者都卷入这个行为情境中。至于'道德判断者必须站在他人立场上'这个要求，西尔伯提出的建议，似乎比'程序的'解决办法要少，比对这个问题（使人误入歧途的）重述要多。"[①] 然而，如果西尔伯恰当地运用康德的程序形式主义，至少暗示了这个问题的解决办法；那就必须承认，按其本身含义来说，绝对命令范畴要求向实际对话过渡：只有在实际交往与话语媒介中才能清楚，我是否能够以正确方式站在他人立场上思考处理问题。"因此，西尔伯的思考可以被理解为对康德的道德原则内含着的'对话性'（Dialogizität）的暗示。问题在于，我们是否能够只承认康德伦理学的对话性，而不同时质疑其'独白的'道德原则基础?"[②]

（二）"对话的伦理学"与"对话伦理学"

为了回答西尔伯暗示的问题，维尔默区分了"对话的伦理学"（dialogische Ethik）与"对话伦理学"（Ethik des Dialog）：在前者那里，对话原则代替道德原则；在后者那里，对话原则处于被推导出来的道德原则的核心位置。按维尔默理解，康德对内在性的思考，尽管不是关于"对话的伦理学"的思考，但也许是关于"对话伦理学"的拓展。准确地说，作为康德伦理学拓展的"对话伦理学"，只有通过西尔伯的思考才能接近。"就康德伦理学所要求的情境阐释与对话阐释关系而言，对自我需求的视角与价

---

① Albrecht Wellmer, *Ethik und Dialog*, Frankfurt/M.: Suhrkamp 1986, S.47.

② Albrecht Wellmer, *Ethik und Dialog*, Frankfurt/M.: Suhrkamp 1986, S.46.

值视角进行交往理解是可能的。因为拒绝对话的标准，在矛盾的要求、需求或情境阐释相互抵触情况下，在康德意义上是非普遍的。但在这个意义上引出的'对话原则'（Dialogprinzip），主要并不涉及准则普遍性问题，而主要涉及情境阐释与自我理解恰当性问题；尤其是在涉及他人的需求视角与价值视角的正确理解时起作用。"①

维尔默认为，这似乎涉及康德伦理学的交往基础，即实践理性维度。在这个维度中，涉及到世界观"共同性"（Gemeinsamkeit）与情境阐释和自我理解"恰当性"（Angemessenheit）。"这里涉及的人类学的基本共同性，对康德来说是如此理所当然，以至于把西尔伯要求的视角变换视为下述状态完成，即处于一定情境中的某人把他人的状况视为需要帮助者的状态。因而康德假定，每个必要的视角变换，都是在普遍准则问题提出之前完成的。"② 这样，在康德伦理学首先注意到的道德的基本领域中，它就具有了善的意义。维尔默说，这与在道德非基本领域中完全不同：在道德基本领域中，关涉复杂行为情境的正确理解或历史上可变的世界理解和自我理解；在道德非基本领域中，不仅关涉他人的知识而且关涉他人的需求视角和价值视角的恰当理解，所有这些都使我自己的世界理解和自我理解成为这样一个难题：它的解决是正确道德判断形成的前提。

总之，尽管西尔伯对道德判断形成维度进行了阐释，但他对下述问题并不很清楚：在康德视角中，道德判断形成维度如何起作用？"西尔伯试图这样理解康德的道德原则，以至于它还不包括道德判断形成维度。从事实出发，对康德伦理学辩护的'开启'肯定在于此；但在西尔伯那里遮蔽了这个困难：从康德视角出发反对这种伦理学的'开启'。因而不清楚的是，在康德伦理学框架中假想的视角变换问题，具体是在哪些地方被提出来的？"③ 因此，维尔默断定，既非西尔伯的思考又非他追随西尔伯的思考，使自己从康德的独白式道德原则中走出来；相反，自己（与西尔伯对

① Albrecht Wellmer, *Ethik und Dialog*, Frankfurt/M.: Suhrkamp 1986, S.48.

② Albrecht Wellmer, *Ethik und Dialog*, Frankfurt/M.: Suhrkamp 1986, S.49.

③ Albrecht Wellmer, *Ethik und Dialog*, Frankfurt/M.: Suhrkamp 1986, S.50.

康德的绝对命令范畴阐释联系在一起的、为话语伦理学寻找联结点）的尝试，又回到了对康德普遍主义的重构。

（三）话语伦理学既是康德的又不够康德的

在这里，维尔默试图阐明，话语伦理学在"准康德主义"框架中如何发挥作用？"话语伦理学一方面还是康德的，另一方面还不够康德的"——这就是维尔默对话语伦理学与康德伦理学关系的基本界定。

我们知道，哈贝马斯将话语伦理学的普遍化原则与经验科学的归纳原则相类比。维尔默认为这种类比是成问题的，因为对因果判断和规范判断来说，如果将这种类比在弱化意义上理解为"一般化原则"（Verallgemeinerungsprinzip）的结构表达，那么立刻就明白这一点。在维尔默视阈里，"一般化原则"表明，因果判断或规范判断与因果关系的普遍化特征，属于这个词的逻辑语法。借助它的帮助，就能够描述因果判断与规范判断。"因果关系同一，意味着它至少包含着因果规律性同一，但它是我们称之为'归纳原则'的核心。与在因果的'为什么'情况中相似，现在也适应于规范的'为什么：如果某人应当（必须、可以）做 A，因为存在条件 B；那某人就应当（必须、可以）做 A，因为存在条件 B。"①

按哈贝马斯理解，"普遍化原则"（Universalisierungsprinzip）（U 原则）就是指，"每个有效规范都必须满足这些条件，即对该规范的普遍遵守所产生的预期效果与附带效果，对每个具体的人的利益满足来说，能够为所有参与者非强制地接受"②。哈贝马斯将 U 原则视为"论证规则"（Argumentationsregel）。作为论证规则，U 原则确定：在道德论证中关于什么（何事）被论证；这样人们就能够说，它确定了道德"应当"有效性的意义。维尔默指出，"正是属于现代道德与法律的'普遍化原则'将拥有公民权的人视为平等人，而普遍化原则是唯一能够在所有被人承认的规范中以合

---

① Albrecht Wellmer, *Ethik und Dialog*, Frankfurt/M.: Suhrkamp 1986, S.15.

② Jürgen Habermas, *Moralbewußtsein und kommunikatives Handeln*, Frankfurt/M.: Suhrkamp 1983, S.131.

理方式寻求同意的原则。根据这个原则，关于人的不平等的传统论证就失去了说服力和约束力。"①

维尔默断定，只要人们思考规范究竟应当如何被论证，那就应当假定基本规范逻辑语法的普遍意义。这样，就出现了一种假象：似乎一般化原则与普遍化原则具有相同含义。事实上，在哈贝马斯关于普遍化原则的阐释中，这两方面含义也确实叠合在一起，就是说，规范有效性要求的含义与主体间性承认的可能的普遍条件叠合在一起。不过，应当区分这两方面的含义：一是关涉规范判断的普遍化特征；一是触及主体间性承认的可能的普遍条件。所以，不能谈论普遍化原则，只能谈论"平等原则"（Gleichheitsprinzip），即同等情况同等对待。维尔默认为，由于平等原则只关涉基本效果关系的普遍化特征，因此，只有在一致性原则意义上，它才提供因果阐释或规范论证理由充足的标准；相反，在规范论证时，至于"同等情况同等对待"的哪个标准是恰当的，这是亚里士多德政治学讨论的问题。这样，对亚里士多德来说，这个问题就变成了：在分配权利和义务时，财产所有者、自由民和劳动者是否被平等地对待？因而，无论在因果的"为什么"还是规范的"为什么"情况下，都需要对表面相同情况的不平等对待进行阐释（或论证）。

维尔默认为，平等原则已经表征着"规范正当性"（Normengerechtigkeit）概念，这意味着，规范正当性与"同等情况同等对待"没什么不同，且包含着无党性概念。所谓"无党性"，主要是指对给定范畴的无党性使用。"在这个意义上，我们称仲裁法官是'无党派的'；在近似意义上，我们称教师是公正的，如果他不'更喜欢'某个孩子；我们称法官是公正的，如果他不'任意地'说正确。但在平等原则方面，并不是指给定范畴的规范使用，而只是指单个行为与判断的优先性特征。"② 因此，因果优先性与规范优先性一样，都包含着"同等情况同等对待"的内在规则；对未来情

---

① Albrecht Wellmer, *Ethik und Dialog*, Frankfurt/M.: Suhrkamp 1986, S.17.

② Albrecht Wellmer, *Ethik und Dialog*, Frankfurt/M.: Suhrkamp 1986, S.15.

况而言，它们限制了因果阐释与规范解释的自由。

实际上，对康德伦理学的大多数指责，都涉及到话语伦理学的真理共识论前提，以及最终论证问题。这就很容易看出，"尽管话语伦理学的这两个前提与康德有很少关联，但在它难以解决意义上是康德的……。但我不想说，今天，从康德到黑格尔的路径还是行得通的；而只想说，走出康德的道德哲学困境的道路表明，哪个黑格尔更有洞察力，如果不绕过黑格尔那也从黑格尔体系旁边走过。"[①] 因此，维尔默想提出一个灵活的阐释代替作为康德目的王国概念普遍主义回响的话语伦理学的真理共识论阐释；提出一个弱的、多维度的论证要求代替强的、单维度的论证要求。就是说，维尔默从伦理学必须超越绝对主义和相对主义二难选择出发，道德和理性的命运不应该与最终理解、最终论证的绝对主义站在一起，并最终陷入绝对主义。当然，它也不能陷入相对主义。

至于说"迄今为止话语伦理学还不够是康德的"，就应当意味着要消除在康德那里的差异，如道德问题与法律问题的差异。维尔默说，"尽管康德的意图是使法律与道德相互联结，但至少在分析中，康德区分了规范正当性问题与道德行为正当性问题。"[②] 不过，维尔默并不想讨论康德那里的法律与道德相互联结的细节，而只讨论规范正当性与道德行为正当性的区分问题。在他看来，话语伦理学至今还没有达到问题区分的水平，而是与真理共识论前提联系在一起的。因为话语伦理学与康德伦理学最大限度的相似性，以及与康德的问题区分联系的缺失，都是与真理共识论的成问题的假定联系在一起的。

在上面的思考中，已经包含着话语伦理学重构要素。"我将以间接的方式处理它，借此我指出，以什么方式能够使得（我迄今持有的）准康德主义视角内部的道德规范有效性要求的话语阐释概念发挥作用。我称这个视角为'准康德主义的'，因为从一开始我就试图使康德的富有成果的基

---

① Albrecht Wellmer, *Ethik und Dialog*, Frankfurt/M.: Suhrkamp 1986, S.10–11.

② Albrecht Wellmer, *Ethik und Dialog*, Frankfurt/M.: Suhrkamp 1986, S.11.

本思想从形式的外壳中摆脱出来。"① 维尔默承认，自己对话语伦理学的批评与对康德的批评完全相似：两种批评都指向作为拱心石的理想的哲学建构，即康德的目的王国，哈贝马斯的理想言谈情境、阿佩尔的无限制的理想交往共同体。目的王国"在康德那里意味着什么，迄今我只是暗示过，但没有在这个语境中加以阐释。我的命题是，康德伦理学的形式主义和严肃主义与这个尝试直接联系在一起：康德伦理学也论证了从目的王国出发的'亚通货抉择'（sulo specie aeternitatis）"②。对目的王国成员来说，康德的道德规范是行为准则；对目的王国来说，有普遍形式就够了，而真正的道德问题，开始于特殊性与普遍性的中介问题。维尔默认为，尽管话语伦理学真正准确地切中了这个问题，但并没有解决这个问题，因为它在核心方面与康德的建构粘连在一起：话语伦理学也描述了作为"亚通货抉择"的道德。

维尔默选择这条间接的路径指明，在道德判断形成与道德学习过程内在关联中，论据和论证有什么样地位，如果把它们理解为康德主义的话。此外，只要弄清楚，澄清道德问题的论据与交往在何种意义上是可能的，那就不难把对话规范论证为康德主义的。"因为只要对话的澄清从根本上说是可能的，并且对参与者来说是重要的，那就不难看出，拒绝对话的准则就不是普遍的。"③ 维尔默指出，一个对话规范在很大程度上必然是不确定的，并且彷佛正是在确定的情境阐释语境中，才接受确定内容。与话语伦理学的准先验论证规范相比，它更有优先性。

综上所述，维尔默通过对绝对命令与道德原则、普遍化原则与许可法则等问题的阐发，对康德的形式主义伦理学进行了重构，他不仅讨论了"绝对命令何以成为道德原则？""道德原则何以成为普遍准则？"而且阐述了普遍化原则与特例问题、许可法则与特例问题，并分析了康德伦理学重构的三种可能的选择方案；在论述"从形式主义伦理学向话语伦理学过

---

① Albrecht Wellmer, *Ethik und Dialog*, Frankfurt/M.: Suhrkamp 1986, S.122–123.

② Albrecht Wellmer, *Ethik und Dialog*, Frankfurt/M.: Suhrkamp 1986, S.123.

③ Albrecht Wellmer, *Ethik und Dialog*, Frankfurt/M.: Suhrkamp 1986, S.124.

渡"基础上，区分了"对话的伦理学"与"对话伦理学"，并考察了话语伦理学与康德的形式主义伦理学的关系，得出了"话语伦理学既是康德的又不够康德的"结论。从对这些问题的阐发中可以看出维尔默的基本立场是，倾向于康德的形式主义伦理学而批评话语伦理学。关于这一点，到第六章，即"话语伦理学批判性重构"中，将会表现得更加清楚。

第六章　话语伦理学批判性重构

　　话语伦理学是以交往合理性理论为基础，以普遍化原则（U 原则）与话语伦理原则（D 原则）为基本原则，以认知主义、形式主义、普遍主义为特征，具有康德先验主义色彩的义务论伦理学。哈贝马斯断定道德普遍主义是可能的，因为从 U 原则出发可以直接得出结论说，每个论证的参与者原则上能够对行为规范的可接受性达成共识；并且通过论证规则这个"搭桥原则"（Brükprinzipen），就能够走向话语伦理学。可以说，话语伦理学是哈贝马斯、阿佩尔对当代规范伦理学的重要贡献，因为他们试图用普遍语用学或先验语用学解决康德的问题，并在与普遍主义对话中扬弃康德的道德普遍主义。因而，维尔默对待话语伦理学的态度是严肃的，尽管他并不认同话语伦理学。正如维尔默自己所说，与对待康德的形式主义伦理学态度不同，他对话语伦理学持完全批评态度。[①] 在《伦理学与对话》、《决胜局：不可和解的现代性》等著作中，维尔默首先对话语伦理学的两个前提，即真理共识论和最终论证要求进行了批判；对话语伦理学的基本原则，尤其是 U 原则进行了重构；并对其中蕴含着的有效性要求进行了批判性反思。通过对话语伦理学的批判性重构，维尔默阐发了自己的伦理学思想。

---

① 　Vgl. Albrecht Wellmer, *Ethik und Dialog*, Frankfurt/M.: Suhrkamp 1986, S.9.

一、真理共识论批判

(一)"强"真理共识论批判

在西方哲学史上，真理共识论至少可以追溯到皮尔士：真理就是被所有研究者所同意的最终意见。到《交往行为理论前期研究和补充》中，哈贝马斯对真理共识论做了系统阐述。简单地说，真理共识论就是指，一个陈述为真的条件是所有其他人的潜在同意。具体地说，真理共识论包括三个命题：(1) 所谓真理，就是指那种与断言性言语行为相联系的有效性要求。一个陈述在如下情况下是真的，即人们使用句子断定那个陈述的言语行为的有效性要求得到了辩护。(2) 真理作为一种负担出现，只是因为在行为情境中被认可的有效性要求成了问题。因而，在话语中对陈述的真理性所作的表示并不是多余的东西。(3) 在行为情境中，命令提供有关经验对象的信息；在话语中，也讨论关于事实的陈述。确定某事态是否确有其事的，不是经验证据，而是论证过程。真理概念，只有参照对有效性要求的话语兑现，才有可能加以说明。①

在哈贝马斯的"理想言谈情境"(ideale Sprechsituation) 中，"真实的"或"有效的"可以被称为有效性要求，借此能够产生话语共识。因而，真理共识论的基本命题是，合理共识通过理想言谈情境的形式结构来定义，真理被定义为合理共识的内容；真理共识论的核心意味着，它能够借助三个基本概念来描述，即有效性条件、有效性要求、有效性要求满足。这样，真理共识论就在于，借助其他两个基本概念诠释"有效性要求满足"意味着什么："如果陈述的有效性条件被满足，那它就是有效的。不过现在……有效性条件满足或不满足，只有借助有效性要求满足的相应论证才能确定。因而，有效性条件满足的含义，必须借助相应的有效性要求满足

---

① 参见童世骏：《批判与实践——论哈贝马斯的批判理论》，三联书店 2007 年版，第109—110 页。

的程序来解释。话语伦理学借助这个解释尝试，在普遍实用的前提概念中，对合理动机同意的话语结论进行解释：有效性要求满足意味着什么。真理共识论只能为它没有给出标准的意义阐释做出贡献，但同时又没入意义与标准的清楚区分中。"① 下面，维尔默从四个方面对哈贝马斯的真理共识论进行了批判：

第一，合理共识不是被形式地刻画的，而是通过论证产生的；因而，真理并非产生于合理共识，而是产生于有说服力的论据。就是说，人们对合理共识的评判，依赖于人们的论据是否令人信服。这种依赖性是逻辑的：通过论证产生的共识概念，以通过论证产生的确信为前提。维尔默指出，如果人们有论据假定，参与者中的某几个人或出于害怕或由于心理缺陷而同意这个假定，那就可以将这个共识视为合理的。就此而言，哈贝马斯的标准在弱化意义上是正确的。"只要我们真正相信某些共同的东西，我们就可以说合理共识。这样看来，似乎合理共识也必然是'真的'共识。……然而，真理并非产生于合理共识，而是产生于有说服力的论据。在我能够为有效性要求提出这些论据，并在我能谈论合理共识之前，我就必须相信它。但是现在，我总是能够事后在原则上证明这些论据是不充分的。"② 当然，如果共识是从形式上刻画的，那么关于它是否存在的判断，就根本不依赖于将哪些论据看作是有说服力的。否则，真理共识论就根本不能消除。

第二，从非真理共识中能够得出合理共识匮乏，但从合理共识中很少能够得出真理共识。因而，真理与合理共识并不必然叠合；只有从参与者内部视角出发，合理共识与真理才能叠合。当然，这并不意味着，合理共识是真理的附加论据。"我所论证的'认为是真的'，至少对我来说，不能被视为'被认为是真的'真理的附加论据；我们论证的'认为是真的'，

① Jürgen Habermas, *Eine Interview mit der New Left Review*, in: Die neue Unübersichtlichkeit, Frankfurt/M.: Suhrkamp 1985,S.228.
② Albrecht Wellmer, *Ethik und Dialog*, Frankfurt/M.: Suhrkamp 1986, S.70–71.

对我们来说，很少能够被视为'被认为是真的'真理的附加论据。"① 即使共识事实进到理想条件中，也不能够被视为真理的附加论据。一是在理想言谈情境条件不再能从形式上加以刻画；二是真理共识论在本质上被还原为这个命题：在足够判断力下，有效性要求能够导致非强制共识。然而，如果用形式特征刻画合理共识，那真理共识论就成为错误的；如果非形式地理解合理性概念，那么真理共识论就成为空洞的。

第三，合理共识不可能是真理的标准。如果哈贝马斯说，正是在理想言谈情境条件下，共识才能被证明，那他就触及到共识的特殊证实功能。维尔默说，我们（"我们"中的每个人）从真正公共的、普遍的立场出发看待事物，而且在共识中我们证实，我们不能放弃共同世界或共同语言基础，或者说，如果我们放弃它的话，那我们就有论据使新的更好的共同性成为可能。但在这里，维尔默并不涉及由论证产生的共识，而只涉及语言中的同意，它使得那些论证从根本上是可能的。"这就接近了这个思想：语言中纯粹的同意原则上能够为由话语引起的……关于我们的语言世界阐释的恰当性所代替。"②

那么，合理共识为什么只可以从形式上被刻画？这似乎只有两种可能性：其一，每个语言、每个生活方式都包含着自身特有的真实或虚假的标准；这样就不再能够提出真理与谬误的标准问题。这是温奇③ 在文化比较层面、库恩在理论比较层面给出的回答。其二，确定真实性要求的绝对性（反对令人深深不安的相对主义命题），并因而决定每个特殊的语言和生活方式的标准。"就是说，与相对主义立场对立的命题在于，不是语言言谈者的实际同意提供了真理或谬误的最终标准，而是能够被解释为合理共识的同意提供了真理或谬误的最终标准。"④ 显然，应当称为合理的东西，不能通过某些文化内容的合理性标准来解释；毋宁说，它必须提供纯粹形式

---

① Albrecht Wellmer, *Ethik und Dialog*, Frankfurt/M.: Suhrkamp 1986, S.72.

② Albrecht Wellmer, *Ethik und Dialog*, Frankfurt/M.: Suhrkamp 1986, S.74.

③ 温奇（Peter Winch, 1926—1997），英国社会学家。

④ Albrecht Wellmer, *Ethik und Dialog*, Frankfurt/M.: Suhrkamp 1986, S.76.

的特征来定义，即它存在于反相对主义结构中，如果真理共识论使理想言谈情境结构成为由合理共识定义的东西的话。

第四，真理共识论的非规范解释，即使不是空洞的也是不真实的。维尔默说，哈贝马斯强调的合理共识的证实功能，与合理共识的批判功能是同样的。换言之，人们能证实通过话语引出的共识，即人们的论据是真正好的论据，与每个共识存在的保留条件，没有什么变化。但如果不能从（在有限的合理共识中将这些论据证明为足够好的论据）中必然推出，它也长期作为足够好的论据被保护，那么合理共识的证实功能，就不能承担起真理共识论的重负。为了走出这个困境，它试图将共识标准或证实功能转变为无限的共识。"无限的共识，或许是从来没有用论据质疑的共识。……在哈贝马斯修正过的真理共识论中，这个问题只有通过在理想言谈情境结构标志下，接受所有参与者足够的判断力才能避免。"①

由此可见，在哈贝马斯那里，真理概念与合理共识概念不能区分开来：如果共识是在理想言谈情境条件下达成的，那它就是真理。维尔默认为，哈贝马斯的真理共识论与下述看法相似，即人们的思想与判断的主体间有效性，只有在主体间交往与协商情境中才能得到保证。但维尔默并不认为，真理共识论及其合理共识是可辩护的，而断定合理共识并不是真理的充分条件。在《伦理学与对话》中，维尔默就已经阐明：真理不可能根据合理共识来定义，尽管在某种意义上它蕴含着合理共识可能性。他指出，共识也许会证实人们的确信，但共识并不能保证真理；尽管真理是公共的，但它并非是公共地确定的，即对真理的承认，总是我的承认：在每个具体情境中，必须由我自己确定我是否应当认真地对待论证，必须由我自己确定异议是认真的还是不相干的，必须由我自己确定真实性要求是否已经得到辩护。换言之，总是必须由"我自己"来评价他人所说的——包括他们的真实性要求论证和异议。只要这些评价可能是错误的，它们就不可能通过成为集体评价而变成正确的。"我自己"就是人们不可摆脱的"先

---

① Albrecht Wellmer, *Ethik und Dialog*, Frankfurt/M.: Suhrkamp 1986, S.77–78.

验主体"——用悖论色彩淡一点的话说就是，尽管意义与真理本质上是由
主体间性语言展现出来的，但真理概念却不能与总是归属于个别言说者的
信念、判断分离开来。就是说，"作为真理的标准，共识必须被理解为一
种无限的共识；但严格说来，我们永远不可能将一种无限的共识作为真理
的标准。"①

在维尔默视阈里，理想言谈情境根本不能通过纯粹的形式结构描述来
刻画。当然，如果理想言谈情境下的共识概念是对真理的阐释，那它就是
必要的；相反，如果在真理共识论中想到了无限的共识，那就消除了这个
问题：无限的共识概念同时包含着与合理性假定联系在一起的假定，即不
再出现新的证据。但是现在，无限的共识不仅没有规范功能，而且严格说
来也不再具有证实功能，即它不是可能的体验对象，而是超越了可能的体
验限制概念。因而，真理共识论的可能意义也就发生了变化：如果不是每
个合理共识，而仅仅无限的共识是真理的保证，那么这个理论也就失去了
哈贝马斯想给予的阐释内涵②。维尔默断定，真理与合理性一致的前提是
错误的，但"形而上学继续存在于神学中"这个假定是可靠的。不过，没
有理由说明，为什么应当在哲学上满足于神话。当然，维尔默"并不想否
定，这些神话能够深深地植根于当代科学文化中；而只是想否定，我们根
本不能纪念它而不反对它。今天，哲学思维交织于神话中，并超越了神
话。因而，我们只能在基础主义与实在主义、理性主义与非理性主义，最
终在论证与没有论证之间进行选择——这是一个二难选择"③。当然，哈贝
马斯的真理共识论可以被理解成对真理、合理性、主体间性关系非规范
的、可错论解释。这种解释允许人们捍卫启蒙传统，又无需采纳经验主义
和理性主义的两个教条：科学主义世界观、规范体系的合理性概念。

---

① 维尔默：《后现代性形而上学》，应奇、罗亚玲编译，上海译文出版社 2007 年版，第
　131 页，译文有改动。
② Vgl. Jürgen Habermas, *Eine Interview mit der New Left Review*, in: Die neue Unübersicht-
　lichkeit, Frankfurt/M.: Suhrkamp 1985,S.227.
③ Albrecht Wellmer, *Ethik und Dialog*, Frankfurt/M.: Suhrkamp 1986, S.78.

(二)"弱"真理共识论批判

在真理共识论问题上，阿佩尔与哈贝马斯的差异，部分地只在于出发点与侧重点；至于结论，他们之间的差异则很难确定。例如，当将理想言谈情境的必要性假定为论证的可能性条件时，阿佩尔以哈贝马斯为基础；而对哈贝马斯来说，合理共识自然也是无限的共识。在这里，维尔默并不考虑无限的共识的可重复性条件，是因为有一个简单的论证：只要理想言谈情境的形式条件被理解为真理共识的标准，那么无限的共识就仅仅是（通过形式条件定义的）合理共识的结果。就是说，对真理概念的真正阐释，不是无限的共识，而是合理共识。[①] 维尔默说，如果合理共识是通过无限的共识可重复性来定义的，那就不是使无限的共识而是使理想言谈情境条件下的共识成为保证真理的审判机关。这样，维尔默对真理共识论的修正提出的所有指责就都是有效的。这意味着，无限的共识不能仅仅从理想言谈情境条件下的共识中得出。实际上，关于无限的共识假定，比在形式上刻画的理想言谈情境意义上的特殊合理共识假定，意味着更多或不同的东西。就是说，用论据引出的共识概念，不能与将来都没有证据的共识概念等量齐观；否则，人们就必须将这个（考虑到所有可能证据的）条件置于有限的合理共识条件下。然而，这是不可能的，因为人们能够使无限的共识成为有限的合理共识的标准。

维尔默试图阐明，理想言谈情境的结构特征，根本不能够被描述为真理的恰当标准：它要么是错误的，要么是空洞的，因而根本不是标准。然而，"如果我们现在考虑哈贝马斯假定的合理共识与无限的共识可重复性的内在关联，那么就很清楚：理想言谈情境从一开始就是在空洞的标准意义上不断被构思的。换言之，如果我们从合理共识中通过纯粹分析得出无限的共识可重复性，那么同样可以通过纯粹分析得出：一个事后表现为错误的非批判的共识，并不能同时出现在理想言谈情境条件下。但事实上，共识的持续性，或许是合理共识（真理）的标准。这是更符合阿佩尔基本

---

① Vgl. Albrecht Wellmer, *Ethik und Dialog*, Frankfurt/M.: Suhrkamp 1986, S.77.

意向的真理共识论的第二个变种。"① 就是说，"在无限制的理想交往共同体概念中，真理共识论找到了一以贯之的表达。"②

实际上，维尔默力图避免将真理共识论的两种不同修正简单地与哈贝马斯、阿佩尔的名字联系在一起，原因在于：（1）在某种程度上，他们都有关于真理共识论的两种修正要求；（2）阿佩尔对真理共识论的修正超越了被表述为"弱修正"的东西。"弱修正"使无限的共识成为保证真理的审判机关，它被理解为真理概念与被论证的无限的共识概念内在关联的可能阐释。这样就可以说，这两个概念是相互阐释的：它们都属于真理概念，即现在视为真的，将来也不能给出令人信服的相反论据的东西。另一方面很难看出，被论证的无限的共识，在什么意义上也不期待被称为真的。因而，维尔默断定，真理共识论，不论强的还是弱的，只要它在基础主义思维模式中提出，那就是站不住脚的。

阿佩尔对真理共识论"强修正"和"弱修正"的区分在于，他通过无限制的理想交往共同体概念阐释无限的共识概念。因而，阿佩尔的无限制的理想交往共同体概念，既标志着论证情境的必要的结构性假定，又标志着将来共同的理想。在这两种情况下，"理想化"假定同时刻画出保证合理共识的可能条件。但是现在要明白：当这个共识是有限的经验的共识时，话语条件的认同不能如此长时间地保证共识的真理；人们必须总是根据以合理共识为基础的论证标准评判合理共识。由此就产生了，在无限制的理想交往共同体概念中，"理想化"仿佛空转：在人们理解被论证的共识，或被论证的无限的共识是什么时，它根本不能胜任。但另一方面，无限制的理想交往共同体概念诱发了最终有效的绝对真理未来实现之所，并诱发了最终的语言概念——在其中，不仅科学走向终结，而且人本身也完全成为"透明的"。

具体地说，阿佩尔试图通过先验语用学，将皮尔士"研究者共同体概

---

① Albrecht Wellmer, *Ethik und Dialog*, Frankfurt/M.: Suhrkamp 1986, S.77.

② Albrecht Wellmer, *Endspiele. Die unversöhnliche Moderne*, Frankfurt/M.: Suhrkamp 1999,S. 220.

念普遍化为无限制的理想交往共同体概念，最终必然停留在客观主义知识概念与经验概念平面上；之所以如此，是因为不能看穿固着于语言学理解的理想化假定的辩证表象。"① 所以说，由皮尔士语用学转型而来的阿佩尔先验哲学，彷佛还处在启蒙语用学思维框架中。按维尔默理解，与皮尔士早期表述密切相关，阿佩尔将先验逻辑学转型归结为：无限制的研究者共同体的"最终意见"（ultimate opinion）是康德先验逻辑学皮尔士转型的制高点。在他那里，超个体阐释统一的符号学② 假定与实验保证的研究逻辑假定，经过长期较量最终趋于一致，同时是非限定的诠释共同体。这样，在先验哲学的动力学修正中，对综合推论的形式主义证明就代替了先验综合原则论证。"在某种程度上，康德的经验结构性原则就为调节性原则所代替。不过前提是，经过长期较量后调节性原则必须表现为结构性的。"③

　　例如，在《唯科学主义与先验解释学》中，阿佩尔试图使真理概念从皮尔士的唯科学主义狭隘视阈里摆脱出来，使无限制的研究者共同体的共识概念拓展为在诠释共同体与交往共同体中理解的绝对真理概念；并与伽达默尔不同，试图使下述命题成为有效的：对意义理解领域来说，绝对真理的调节概念是基础性的。但在解释学领域中，绝对真理概念不再被解释为研究者共同体的最终意见。这最终意味着，每个试图将"意义理解"（Sinnverstehen）唯科学主义地还原到客观事实世界内部现象的尝试注定要失败。维尔默指出，阿佩尔先验语用学的要点在于："'意义理解'作为'唯科学主义的客观事实知识'补充现象显露出来。因而，皮尔士的真理概念应当被转到意义理解领域。当然，只有当理想的理解共同体的调节概念代替非限定真理共识论概念时，它才是可能的。这就意味着，非限定的

①　Albrecht Wellmer, *Ethik und Dialog*, Frankfurt/M.: Suhrkamp 1986, S.84–85.

②　自从 C. 莫里斯奠定符号学之后，人们在语言哲学中，将符号学区分为语形学或句法学（研究符号之间的关系）、语义学（研究符号与符号所表达的事态之间的关系）、语用学（研究符号与符号使用者，即人之间的关系）。（参见阿佩尔：《哲学的改造》，孙周兴、陆兴华译，上海译文出版社 1997 年版，第 107—108 页。）

③　Karl-Otto Apel, *Von Kant zu Peirce*, in: Transformation der Philosophie, Bd Ⅱ, Frankfurt/M.: Suhrkamp 1973, S.174.

诠释共同体与交往共同体，同时表征着理想的意义理解的极限价值，它的出现与'所有理解障碍的克服'具有同等含义。或者说，理论理性和实践理性在交往共同体概念中，以及在理想的理解情境的极限价值中趋于一致。"[1] 因此，只有在理想的理解情境中才有可能阐释绝对真理。就是说，在无限制的理想交往共同体概念中，"作为理想的理解情境所意味的东西，揭示了作为超越语言理解必要性问题的情境，但由此，在无限制的理想交往共同体概念中被放弃的多元符号结构，就有利于用实践解释学理解的先验主体，该主体仿佛是在真理中形成的东西。"[2]

当然，为了把握阿佩尔在无限制的理想交往共同体概念中思考的成功理解的趋同性和主体间有效性，只有理想言谈情境概念是不够的。因为如果无限制的理想交往共同体是绝对真理的实现之所，那只有在该共同体中，每个言谈者不断地参与时，意义理解的假定、有效性要求的共识才是可能的。实际上，阿佩尔已经澄清，在无限制的理想交往共同体规范语言游戏意义上，一个规则被每个人遵守就包含着：他有意义地对待它，那就证明了话语游戏的实际可能性；他参与话语游戏，那就意味着，他的行为以这样有意义的行为可能与有效性条件为前提。因此，理想的理解条件或许表述为理想的历史理解过程的结果。但如果这是正确的，那无限制的理想交往共同体概念就必须同时表述为理想的最终语言概念。通过这个概念，人们在每个语言陈述中做出的主体间性理解假定，当下就变成可实现的参与。这与在语用学框架中的"逻辑经验主义原有梦想"没有什么不同。诚然，无限制的理想交往共同体或许超越了错误、矛盾、非理解、冲突，但却付出了语言停止，以及语言创造性动能死亡的代价。

维尔默说，阿佩尔试图将绝对理解为理论理性、实践理性、解释学理性无限可能进步的极限价值，并返回到从语言条件中解放出来的理性图景。这样，阿佩尔与阿多尔诺哲学的共同点就在于：他们都相信，只有从

---

[1]　Albrecht Wellmer, *Ethik und Dialog*, Frankfurt/M.: Suhrkamp 1986, S.88.

[2]　Albrecht Wellmer, *Ethik und Dialog*, Frankfurt/M.: Suhrkamp 1986, S.90.

人的和解的关涉点，即无限制的理想交往共同体出发来思考真理概念时，它们才能被拯救。在他们那里，绝对概念都表征着真理的可能性条件。对阿佩尔来说，这意味着在无限制的理想交往共同体方向上，无限进步概念（作为绝对真理实现之所）开启了消解相对主义、历史主义真理概念唯一可能的选择。不过，维尔默并不相信，阿佩尔的诊断是有的放矢的，而只想指明，如果不能像阿佩尔那样对整个问题进行重述，那么无限的共识的参与，从一开始就和对交往共同体的先期参与等量齐观。

阿佩尔曾经指出，哲学命题的有效性要求，只有在先期参与无限制的理想交往共同体前提下，才能被理解并富有意义地起作用。维尔默说，"现在，这类命题的有效性要求与它们的解释语境联系在一起，正如它们被哲学命题描述的那样。因而，哲学研究的论证活动……，不能一劳永逸地'凝固'在哲学命题或命题系统中。在这个意义上，当阿多尔诺断言哲学不能被带到命题上，他是完全正确的。但如果这是正确的，那哲学真理就依赖于，一再被重新揭示、被恰当地思考和描述。即使伟大的哲学文本（我们一再使它们与作为典范的书面上的客观真理相关），也只是把真理包含在编码形式中。只有这些真理具有这样的价值，我们才能够对之进行翻译性地重新思考。"[1] 正是基于这个原因，哲学文本阐释在哲学研究中就起非常大的作用，而且还完全可以被视为不依赖于哲学进步。

关键是，曾经说出来的每个哲学真理，如果没有对它们一再重新占有并翻译的不懈努力，它们就失去了。哲学真理保护是一个创造性过程。即使哲学的全部真理聚集在唯一的文本中，那我们也只能通过忽视文本与无限注释的方式来保留它。目前，文本作为真理纯粹储存器已经死亡，我们已经停止重新写作它。然而，如果每个哲学命题都承载着阿佩尔所说的历史时间和历史空间，并且它们的意义是它们存在于其中的阐释语境的功能，那么在这种情况下，一个可能的无限的共识就意味着，在哲学洞见的解释学重构意义上无限重复可能性。"就是说，在哲学命题中，一个可能

---

① Albrecht Wellmer, *Ethik und Dialog*, Frankfurt/M.: Suhrkamp 1986, S.97–98.

的无限的共识不能被理解为最后的、仿佛是'固定的'共识，正是因为在哲学命题中，缺乏保证真理的研究逻辑规则的长期较量。因此，将真理的实现之所安置在历史终结处，是没有意义的；毋宁说，过去、现在和未来，同样都是哲学真理的可能实现之所。"①维尔默指出，如果这样对待无限的共识，那对无限的共识的参与，在特定情况下就只有阿佩尔给出的意义：最终根据物理学模型思考对无限的共识的参与。这样，研究者将在最终语言和命题的固定系统中表达自己的最终意见。

自然，关于哲学真理的共识，必须在足够的判断力下被一再更新，但必须通过哲学文本的创造性重置为中介。不过，为了对这个思想进行思考，根本不需要无限制的理想交往共同体概念，也不作为调节性原则。因为它能给予哲学洞见以最终保护，就像给予哲学真理最终论证一样。因而，"我们并不需要使真理概念关涉阿佩尔意义上的无限制的理想交往共同体概念。就是说，如果我们在一个地方证明，对阿佩尔先验语用学的理想化概念形成的内在批评，并不必然导向对真理概念的'相对主义的、历史主义的'消解，那么我们就可以得出结论说，相对主义问题是错误的；而且接近了这个猜测：相对主义问题仅仅是绝对主义的持续消解。绝对主义试图成为植根于我们的事实话语之外的阿基米得点，而相对主义是对不可能有一个阿基米得点的回忆。但是，如果为了确定真理概念，我们不需要这样的阿基米得点；那么我们就不能用相对主义与绝对主义交汇。"②

（三）合理共识并不必然是真的

第一，合理共识内涵并不必然是真的，在下列意义上除外：只要人们不质疑这个共识，至少用好的论据将其内涵看作是真的，（那它就是真的），否则它就不是人们所同意的共识。但如果说，"因为它是合理共识，所以它是真的"，那这个说法就是错误的；倒不如说，人们把这个断言承

---

① Albrecht Wellmer, *Ethik und Dialog*, Frankfurt/M.: Suhrkamp 1986, S.99.

② Albrecht Wellmer, *Ethik und Dialog*, Frankfurt/M.: Suhrkamp 1986, S.100.

认为被很好地论证的。但不能够说，因为所有人用好的论据把它看作是真的，它就是真的；而只意味着排除它的错误，但不能由此得出结论说，它不是错的。维尔默认为，只有在下述事实基础上，即在它被承认为共同的而怀疑共同承认的断言的地方，共识是真理的标准才变得有意义：这涉及到（以有根本不同意见为前提的）规范共识。因为该话语共识须以有效性要求为基础。因此，"我们是否想将不一致理解为关于断言的真实的不一致，即是否关涉关于语义学规则正确使用的论争，或关于言谈独立性事实的论争，在某种意义上是一个视角问题。"① 当然，这并不意味着，只有从这个视角出发才能理解真理问题。实际上，真理符合论与真理共识论分别是理解的一个方面，真理融合论甚至理解了这两个方面的关系，即第三个方面。在规范有效性那里，共识表现为语用学的融合方面，大约像在经验有效性那里，共识表现为符合方面一样。"真理共识论不足之处最终在于，它不包括真理的'符合方面'。"②

　　维尔默指出，如果关于断言 P 或理论 T 之普遍的、非强制共识一再被确证，那就意味着，没有人能够为 P 或 T 的错误提出更多的论据。这样，P 或 T 就接近先天的或分析的真理。但不能够说，从现在开始，人们的共识不再能被质疑；而只能够说，它不能用好的论据被质疑，从而可以说，它是被很好地论证的。"就这被很好地论证的共识而言，可以得出结论说，这些论据是好的；但在这些论据基础上，不能得出结论说，所有这些好的论据都能够被承认。换言之，我们依靠某个类型的共识，并不足以弄清楚好的论据是什么。因为为了表征这个类型的共识（合理共识），我们必须知道，好的论据是什么。"③ 所以说，关于语义学规则的共识，能用好的论据批评和修正。不过可以预见，基于语义学规则的独特性，这样的共识从来都不是一劳永逸地固定下来的。因为表达的正确使用问题，像语义学规则本身的确定问题一样，是一个规范问题（即使不涉及正义，也涉

---

① Albrecht Wellmer, *Ethik und Dialog*, Frankfurt/M.: Suhrkamp 1986, S.209.

② Albrecht Wellmer, *Ethik und Dialog*, Frankfurt/M.: Suhrkamp 1986, S.211.

③ Albrecht Wellmer, *Ethik und Dialog*, Frankfurt/M.: Suhrkamp 1986, S.210.

及真实陈述的可能性）。维尔默指出，这样就可以说，真理共识论正确地触及到真理的一个方面；或能够说，规范问题事实上是真理标准的共识问题。如果允许在最终审判机关中明白地区分规范问题与经验问题的话，人们就能够这样说。

这样，维尔默就可以猜测，进一步的困难在于，通过语义学规则触及到的、可变的与不变的表达和行为之间的非矛盾关系在多大程度上是可能的，即它的有效性是否与矛盾的蒙蔽关系联系在一起。作为个体间真诚关系可能的标准，是为语义学规则恰当性制订的标准，或者说，语义学规则系统，是通过规范体系规定的、关于语言行为与非语言行为内在关联的兼容性标准。但在维尔默看来，被论证为合理的和真实的陈述，是不能共存的。因为不仅有不同话语类型内部的相互限制，即使在片面强调真理论传统内部，也有不同的相互限制。当然，这并不意味着，客观性问题与真理问题能够混为一谈，自然也不能（不必须）走向合理性论证的陈述：人们用好的论据把它看作是真的。"在无限的共识中我们不再能够同意。但是，它以此为基础的论据，必须同时是这些论据：我们还相信，这必须是可能的，如果我们还能参与话语的话。"[1] 因此，如果合理共识被看作是为真理标准的话，它需要的那个确证，原则上部分地拒绝无限的共识。尽管如此，由于它建立在这些好的论据之上，所以仍然没有人怀疑其真理性。

第二，真理标准是通过理解语言使用规则确定的。因而，在理想言谈情境条件下获得的共识，并不必然是真正的共识。维尔默指出，如果现在能获得关于有效性要求之事实的与论证的共识，那么事后用好的论据质疑这个共识就是可以理解的：共同承认的规则并不真正是被同意的。即使对此获得了共识，那也是关于过去的共识而非被充分论证的共识。"如果现在有新的共识不再被质疑，那就可以推出：它是被充分论证的共识，即'真正的'共识？不！被推出的东西是，不再怀疑作为共识基础的论据。如果现在理想言谈情境条件是现实的，那就可以推出：这个共识是'真正

---

① Albrecht Wellmer, *Ethik und Dialog*, Frankfurt/M.: Suhrkamp 1986, S.211.

的'共识？不！这是从作为共识的论据中得出的。"① 但不必说，还有在理想言谈情境条件下被提出和被接受的可能的论据，并且由于它们没有出现，共识必然是真的？如果理想言谈情境可以通过不忽视可能的论据，并接受所有有效的理由来定义的话，那就只能这样做。在这个条件下达成的共识，是真正的共识。如果人们总是能达成被论证的共识，那就假定了这些条件；并且能够在这个假定中弄清这些条件。

当然，在一定意义上说，（所有可能的论据被提出，所有有效的论据被接受）这种状态是理想的：它是被论证的知识的理想。维尔默说，如果这样理解理想言谈情境，那么"它是否存在"与"是否存在确定的交往结构"，就不是同义的，而与"我们共同承认的论据是否是真正好的论据"同义。相反，如果在交往情境结构意义上理解理想言谈情境，那就只能够说，在理想言谈情境条件下获得的共识是真正的共识，如果理性的交往情境结构必然导致下述结果的话，即所有可能的论据被提出，所有有效的论据被接受。然而，这种情况根本不能出现。因为理想言谈情境并不表征理想的话语理解条件，而是表征理想的话语理解结果：真正的共识。准确地说，理想言谈情境是这样的情境：真正的共识存在于其中。

维尔默指出，如果将上述两个假定(一是理性交往结构是可以实现的；二是所有可能的理由被提出，所有有效的论据被接受) 清楚地区分开来，那么随之就是："一个共识，如果存在于第二个假定中的话，当且仅当它是真正的，那它是正确的，则是同语反复。"② 不过，从"所有共识都是真正的共识"这个假定中，并不能合乎逻辑地推出下述假定，即一个理想言谈情境结构是可以实现的。但可以推出下述命题，即在理想言谈情境条件下获得的共识是真正的共识，要么是同语反复；要么是错误的。所谓"同语反复"意味着分析的真理；所谓"错误的"就意味着不能同意这个假定：在理想言谈情境结构中，理解和话语是必要的。但如果放弃上述假定，也

---

① Albrecht Wellmer, *Ethik und Dialog*, Frankfurt/M.: Suhrkamp 1986, S.212.

② Albrecht Wellmer, *Ethik und Dialog*, Frankfurt/M.: Suhrkamp 1986, S.213.

只能意味着下述命题，即一个真正的共识，是一个合理论证的共识。因而，真理不能通过追溯到理想言谈情境条件，以及在此条件下获得的共识来解释。就是说，理想言谈情境条件既不保证真理又不保证共识。

第三，生活方式是通过话语合理性表征的，它既不能与"真理呈现在我们面前"这个假定同义，又不能"普遍共识笼罩着"这个假定同义；毋宁说，"判断中的意见一致属于生活方式的共同性，同样也属于矛盾的可能性。因而，没有不一致的东西就不能预先推定合理性缺失。这是因为，我们在个体合理性下理解的东西，不是立场、行为和问题解决方式、努力和形式上的能力，而是如'洞见'或'判断力'这样的东西。"[1] 但如果人们在后面意义上理解个体合理性的话，那么首先，不能借助通过形式结构描述的交往资质来阐释合理性；其次，不能仅仅通过形式结构来刻画生活方式的合理性；毋宁说，必须通过高度可能的共识，以及某些成功的集体认同的东西来刻画它们。如果人们在话语合理性条件下理解个体的和系统的形式特征，那就能够说存在着这个特征；而不说：某些本质的东西，似乎是关于个体的洞见或判断力，似乎是为社会刻画的非强制同意的标志。

如果没有洞见和判断力的相互确证，那就像话语合理性不再有"目标"（Angriffpunkt）一样；但是，如果想超越合理性，这大致与（在立场和能力意义上，或在制度体现的形式原则意义上）谈论个体的或社会的理性认同一样。就是说，如果要使合理性概念和真理概念相互联系在一起，那就能够思考个别与一般的成功联系与和解——不论是在个体（判断力）意义上，还是在主体间性生活关系（美好生活）意义上，并且，这个思想不能通过提供合理性原则或理想言谈情境的对称条件的来表达或精确地证明。

维尔默说，"我们使用不同等级的言谈行为机会，在现实话语情境中是对称地分享的"，这个假定与下述假定是不同的："我们能够充分阐明，此时此地理解为合理的形式，因而获得了一个真正的共识。另一方面，如果我们获得了一个共识，所以把它视为真正的，是因为存在着理想言谈情

---

[1] Albrecht Wellmer, *Ethik und Dialog*, Frankfurt/M.: Suhrkamp 1986, S.214.

境的对称条件；毋宁说，我们把它视为合理的，是因为我们假定，它以所有人的洞见和提出的论据的质量为基础；并且我们把它视为真正的，是因为我们认为这些论据是充分的，因而被质疑的有效性要求能够被视为被论证的。"[1] 因此，共识的合理性评判与论据的说服力评判必须区分开来。但是，不可消解的矛盾并不必然表明理想言谈情境意义上的合理性缺失；并且在理想言谈情境意义上，合理性假定是引人误入歧途的，并不必然意味着合理共识内涵的中断。

第四，"'我们认为是合理的，事后能够表现为是虚假的'——这样说，意味着什么？"维尔默认为要区分两种情况：其一，要么解释，在每个同意那里什么是可能的？从宽泛意义上讲，这是语义学规则在使用过程中不可终结的继续阐发问题。在这里，如果人们想谈论错误的同意，那就不是关涉共识的合理性，而是关涉它的说服力。其二，要么揭示，在假定非强制同意的地方，是内在强制，这是生活方式断裂体验。在其中（每个参与者都没有意识到），某些强制、压抑、依赖性阻塞了交往。"在这两种情况中，我的出发点是，在表面同意的情境中，隐藏着某种'预期'（Antizipation），即这个假定、这个同意在未来可思议的新坐标系中作为同意而被保护。"[2]

不过，现在关键问题在于，能否将后一种情况阐释为：人们事后揭示出与其假定相反的理想言谈情境不能实现的条件？对这个问题的回答，依赖于给理想言谈情境概念什么含义：仿佛"情感的"或"形式的"含义。维尔默指出，准确地说，在哈贝马斯那里，理想言谈情境概念原本是意味着"情感的"含义，但在论证的某些地方，"形式的"含义必然处于核心地位。但如果在"形式的"含义上，即在话语变换中平等分享言谈机会层面上与在自由相关性含义上理解理想言谈情境概念（正如这些条件在协商情境或话语情境中一样，在所有人——聪明人和愚蠢人、精神官能症患者

---

[1]　Albrecht Wellmer, *Ethik und Dialog*, Frankfurt/M.: Suhrkamp 1986, S.214.

[2]　Albrecht Wellmer, *Ethik und Dialog*, Frankfurt/M.: Suhrkamp 1986, S.216.

和健康人那里，有平等的言谈权利，而没有因此熄灭言谈成就或陈述真诚性的质），那么显然，根本不能由此排除扭曲的、非创造性的、或在错误的共识中导出的交往结构。相反，如果试图在机会均等的、不同类型的言谈行为使用中理解：所有人不仅为了对等，而且也能够做出真诚的陈述、提出真实的判断、实施正当的行为、看清论据的不可反驳性，并使有效性要求的接受或拒绝成为主题，那么上面假定的情境显然不能否定理想言谈情境条件。当然，只有在话语不再是必要的地方，才能真正思考理想言谈情境的实现，因为真理在所有人眼里都是对等的。这样说也许更好一些，即在理想言谈情境中不再出现意见不一致，而所有言谈者通过言谈行为澄清迄今所隐藏的东西。

现在看来，哈贝马斯用理想言谈情境概念所意味的（和必须意味的）东西，是这里阐释的两个极端之间的东西：即交往情境。在其中，话语学习过程是必要的和有意义的；但除形式条件外，还要假定（A）言谈者能够真诚地陈述，（B）能够相互理解、相互倾听，并让他人相信不可辩驳的论据（因而在理想言谈情境条件下，诊疗话语不再是可以思议的）。维尔默说，如果在最后阐释意义上理解理想言谈情境的话，那么关键问题似乎是，在（B）下理解所谓的"能够"意味着什么。换言之，作为话语情境必要假定的理想言谈情境，在什么意义上被理解为能够？"如果我本人是言谈者，并表达对我本人来说的清楚明白的思想、论据或问题，那我就假定我能够理解他人。如果他人用指责、反证据来回答我已说明的问题，那我就假定，他不能够或不完全能够理解我。"①

那么，现在是否能够说，部分的误解或不理解，预示着对理想言谈情境条件的偏离？如果是，那在理想言谈情境理解方面，又非常接近这个概念的"情感的"阐释情况；如果不是，那就必须假定，一个人的清楚的言谈对他人来说也是清楚的，这个言谈被阐释为与迄今接受方式中的言谈不同。就是说，这个假定作为事实假定同时仿佛包含着本体论表象，并且为

① Albrecht Wellmer, *Ethik und Dialog*, Frankfurt/M.: Suhrkamp 1986, S.218.

了相信自己论据的清楚性与不可辩驳性，即假定根本不关涉言谈情境结构，而关涉自己言谈的真理内涵与清楚性。这两者都被假定为可以实现的，一般情况下是合理理解努力的结果。但这意味着，辩证想象与理想言谈情境假定联系在一起。从这个表象中可以得出，人们总是必须从洞见出发并依靠他们的共同语言，尽管合理话语一再质疑或修正与此对应的假定：正是在其中它被保护为合理的。维尔默说，如果这个思考是正确的，那理想言谈情境概念就包含着不可消解的辩证想象，它显露出在这个概念中，合理理解努力的出发点与结果表现为同一的和不同的；并可以得出该概念的歧义性，如果把它理解为理性的生活方式概念的规范参照点的话：它既表征仿佛是合理理解努力的可能性条件的形式结构，又表征在合理共识意义上的努力结果。

总之，维尔默强调，上面阐述的思想应当加以拓展：他人理解他自己说的东西，与他想说的东西，是一个理想化假定。我们（在反思的立场中）能够把它看作是固着于错误的本体论表象："合理地理解"，是在每个人较好地理解他人，并理解自身的时候，学会更好地理解自己的论据。尽管如此，上面提及的"理想化"是必要的，同时是辩证想象的原因："如果我们从字面上接受它，并从中推出完全透明的交往概念或完全透明的个体自我概念，那么我假定：必要的'理想化'假定就可能成为根据自身而存在的交往情境结构概念。"[1]

（四）真理是一个视角问题

在谈到后形而上学真理理解时，维尔默说，假若存在关涉论证可能的真实性要求不一致，存在关涉经验明晰性的论据或有说服力的标准，那么也许可以假定，存在一个（无论在什么地方）都正确的客观真理？或者，对一定的文化、语言、社会、个人来说，真理总是相对的？[2] 然而，绝对

---

[1] Albrecht Wellmer, *Ethik und Dialog*, Frankfurt/M.: Suhrkamp 1986, S.220.

[2] Vgl. Albrecht Wellmer, *Endspiele. Die unversöhnliche Moderne*, Frankfurt/M.: Suhrkamp 1999, S.157.

主义真理观似乎包含着形而上学假定，相对主义真理观似乎是矛盾的——这就是"真理的二律背反"。

许多哲学家都力图解决这个二律背反：第一种论证策略（哈贝马斯、阿佩尔、普特南）试图表明，绝对主义并不包含着形而上学假定，正如普特南所说，"真理概念本身就其内容而言依赖于我们的合理的可接受性标准，而这些合理的可接受性标准则依赖于并预设了我们的价值。"[①]第二种论证策略（罗蒂）则断言，对绝对主义的批判并不必然走向相对主义。因而，罗蒂提出了保留形而上学标准的构思；但哈贝马斯、阿佩尔、普特南则提出了反对罗蒂的相对主义构思。第三种论证策略（德里达）认为，真理是一个没有希望的形而上学概念。维尔默说，这种状况表明，"'真理的二律背反'不是能轻易解决的"[②]。事实上，就真理概念内含着"必要的理想化"（notwendige Idealisierung）而言，德里达与阿佩尔是完全一致的；但与阿佩尔有所不同，德里达强调"必要的理想化"的形而上学特征。这样，在阿佩尔看到对真理的最终论证负责之处，德里达主要看到日常语言与形而上学的"逻辑中心主义的接种"，这或许是德里达转向解构主义原因所在。不过，维尔默认为，德里达的方案也是不能令人信服的。

因而，维尔默并不想站在德里达立场上，而是选择介于罗蒂与普特南、哈贝马斯、阿佩尔之间的"中间道路"，并试图提供与（在普特南、哈贝马斯、阿佩尔的真理概念内含着的）"必要的理想化"不同的逻辑。

首先，维尔默分析了普特南"施为性的"理想化。他指出，"如果与知识符合的理想条件概念不能在总体的、未来意义上被理解，那么下述阐释就是唯一可接受的：只要在好的论据与令人信服的明晰性基础上提出真实性要求，那么就可以假定，此时此地给出的交往条件在下述意义上是理想的。我们假定，在未来，只要没有新的论据或明晰性浮现出来，那么真

---

① 普特南：《理性、真理与历史》，童世骏等译，上海译文出版社 1997 年版，第 138 页。

② Albrecht Wellmer, *Endspiele. Die unversöhnliche Moderne*, Frankfurt/M.: Suhrkamp 1999, S.158.

实性要求就是不成问题的。但这意味着，为了更好地论证我们的真实性要求，就必须把我们的论据视为实际上是好的，我们的明晰性实际上是必然的。"①换言之，这种理想化表明，如果人们坚持理由与明晰性是好的或令人信服的，那就意味着排除了这样的可能：在未来将它证实为是成问题的。不过，只要对以真理为取向的交往和论证实践进行反思，那就必须明白，人们从来不能将下述可能性排除在外，即用新的论据或新的经验对真实性要求进行修正。维尔默说，"这个关于我们的真实性要求的弱反思意识，也能够被理解为这个意识，即知识条件，我们曾经把它视为理想的，最终被证实为不理想的。如果我们进一步反思使我们的真实性要求成为可疑的不同可能性，那么我们现在就能区分真实性要求内含着'理想化'的两个不同方面。"②总之，"理想化"就是，人们所依靠的语言是清楚的、透明的、可理解的；对"理想化"的批评就是，人们相信自己所说的语言，像它所是的那样处于秩序中。因而，理性的交往界限的总体论观点，在本质上只是"施为性的"理想化的客观主义错误解释。但问题在于，人们能否从根本上谈论"理想化"。因为，"理想化"概念似乎暗示着理想的标准或界限，正是在这里出现了混乱。

其次，维尔默分析了哈贝马斯、阿佩尔的"语用学的"理想化。在哈贝马斯那里，论证实践中的"理想化"概念是描述合理要求与道德要求的桥梁，它隐藏着（在现代民主概念与政治话语和道德话语的公共空间关系中揭示出来的）规范潜能。维尔默说，哈贝马斯的"理想化"概念，应该被转换成在谈论普特南的"与知识符合的理想条件"概念时所说的东西：如果人们从以好的论据为基础的东西中获得共识，或者从不阻止话语参与者提出重要反对论据出发，那么就没有论证是被迫的。然而，如果人们将理想化理解成对理性的交往情境参与，或理解成理想的合理论证规范，那

---

① Albrecht Wellmer, *Endspiele. Die unversöhnliche Moderne*, Frankfurt/M.: Suhrkamp 1999, S.163.

② Albrecht Wellmer, *Endspiele. Die unversöhnliche Moderne*, Frankfurt/M.: Suhrkamp 1999, S.164.

人们就误解了"理想化"。因而，现在应当阐明，为什么哈贝马斯的"理想化"概念是误入歧途的：如果用这个概念指向交往结构或论证结构，那它就几乎必然表征着一个理想结构。为了评判现实的交往结构，人们往往把这个理想结构当作规范标准使用。"由此出发，我们就能够期待，到未来的历史时间点上在世界中实现它。然而，主体间性的理想结构概念没有意义。这就赋予尼采、德里达、罗蒂对理想主义哲学结论的指责以现实重要性。"①

按维尔默的说法，"阿佩尔坚信真理中内含着的调节概念，不能仅仅被理解为经验的，即与科学知识进步相关的概念。因为如果我们考虑到真理的或有效性的不同维度，并考虑到语言共同体及其合理共识可能性，那么真理概念中内含着的调节概念，就必须关涉经验的、道德的、交往的条件概念。这样，它最终就成为无限制的理想交往共同体的共识概念。"② 因而，如果人们在真理追求中，在预设的趋同背景面前理解"由认知得到的理想条件"概念，那就必须意味着这些知识条件。在这些条件下，它关系到绝对真理概念。即使在调节概念意义上理解它，它也是一种绝对知识，仿佛是从上帝立场出发的世界视角概念。

与德里达否定理性的交往可能性条件不同，维尔默认为，无限制的理想交往共同体概念包含着对有限的人类交往条件的否定，对人的生活、有限的人的生存的自然条件和历史条件的否定。就是说，理性的交往可能性条件，或许是超越差异的交往可能性条件。因而，如果无限制的理想交往共同体概念仅仅被理解为没有某些现实的东西与之对应的调节概念，那它本身就是悖谬的。"这个悖谬在于，我们既要对这个概念的实在化负责，它又是人类历史的最终实现。'目标就是终结'的悖谬结构表明，阿佩尔

---

① Albrecht Wellmer, *Endspiele. Die unversöhnliche Moderne*, Frankfurt/M.: Suhrkamp 1999, S.166.

② Albrecht Wellmer, *Endspiele. Die unversöhnliche Moderne*, Frankfurt/M.: Suhrkamp 1999, S.161.

对真理的阐释总是形而上学的。"①

再次，为了反对普特南、哈贝马斯、阿佩尔、罗蒂、德里达，维尔默断言，理想化是必要的，但准确地说，它并不是理想化（这似乎有些悖谬）。如上所说，普特南将真理解释为与知识符合的理想条件下合理"可接受性"；哈贝马斯则将真理阐释为理想言谈情境条件下的合理共识。阿佩尔认为，普特南与哈贝马斯关于真理概念的阐释是相互补充的。因为一方面，"由认知得到的理想条件"概念必然关涉言说者共同体，如果它不应当成为空洞的或形而上学的话；另一方面，仅有理性交往结构概念不足以保证真理：必须超越它才能得到保证。于是，阿佩尔试图融合普特南与哈贝马斯观点，将真理阐释为无限制的理想交往共同体最终有效的共识（最终意见）。维尔默指出，"最终的、理想的语言，也许是语言彼岸的语言，是符号游戏与符号秩序彼岸的语言。这样，在阿佩尔的哲学中就又一次产生了康德实践理性的极限概念问题。在这个实在化的极限价值中，无限制的理想交往共同体意味着对语言体现的理性的否定；因而，语言交往的目标也许是语言的终结。"②

然而，维尔默并不相信这种情况是最终的；毋宁说相信：实在主义与基础主义的对立（关涉真理问题与论证问题），或解释学无序状态与形而上学客观主义（关涉意义理解问题）的对立，只有在"本体—神学的"思维传统前提下才有意义，可在这个传统中还保留了经验主义。在德里达那里，观念主义与客观主义、意义概念与真理概念是联结在一起的。但在真理概念中显示出来的东西，是对这个概念的哲学理解（人们称之为形而上学的）。因而，真理和论证，还有理性，都是形而上学概念。维尔默指出，这些基本概念之一，就是在非封闭的语言坐标系中关涉意义语境和论证语境的概念、范式、语言游戏——用罗蒂的话说，真理标准与论证规则

---

① Albrecht Wellmer, *Endspiele. Die unversöhnliche Moderne*, Frankfurt/M.: Suhrkamp 1999, S.162.

② Albrecht Wellmer, *Endspiele. Die unversöhnliche Moderne*, Frankfurt/M.: Suhrkamp 1999, S. 220–221.

的界限是内在构成的、不可改变的。如此一来，真理与合理性就只有在一个语言坐标系中才能被定义。"如果我们承认这个问题的表达，那么我们要么引出相对主义结论，就像库恩、罗蒂那样，并非偶然地建立在德里达基础上，尽管不完全正确；要么必须寻找一个论据或支点，一个语言游戏彼岸的支点。从这个支点出发，应当把单数的真理与合理性理解为独断或谬误。"①

维尔默说，在所有这三个将真理阐释为理想条件下合理可接受性或合理共识的尝试中，富有特色的是：依靠理想化对真理概念的澄清，看来必须在日常交往层面上，把论证话语关系假定为有用的，尽管是作为"必要预设"起作用。因而，内含在真理概念中的"必要的理想化"概念，应当确保此时此地的合理可接受性（或合理共识）与根本的合理可接受性（或合理共识）的区分，即关涉根本的真理（绝对意义上的真理）与此时此地我们把握的论据、标准、明晰性基础上的确信：它是真的（或认同：它是真的）之间的差异。维尔默将这些区分归属于真理的逻辑语法：一方面，人们只能在自己所把握的论据与明晰性基础上为真实性要求辩护；另一方面，人们原则上能够证明自己的论据与明晰性是不够的，以至于总是能够被迫修正自己的真实性要求：真理概念必然内含着以真实性要求为基础的可能的论证或明晰性的关系，并内含着某些语言共同体把握的所有论据和经验根据——这是普特南、哈贝马斯、阿佩尔关于真理阐释的差异，但也正是罗蒂所否定的。"换言之，罗蒂拒绝真理中内含着'必要的理想化'观点，并且批判性地超越了这个命题：必须以必要方式在真理追求中接受趋同。"②

概言之，尽管普特南、哈贝马斯、阿佩尔在哲学立场上有重大差异，但在某些概念策略上却是共同的：在"必要的理想化"概念中阐释真

---

① Albrecht Wellmer, *Endspiele. Die unversöhnliche Moderne*, Frankfurt/M.: Suhrkamp 1999,S. 222.

② Albrecht Wellmer, *Endspiele. Die unversöhnliche Moderne*, Frankfurt/M.: Suhrkamp 1999,S.160.

理——这就是普特南、哈贝马斯、阿佩尔与罗蒂之间矛盾核心所在。事实上，在真理概念中内含着的"必要的理想化"能够以两种不同方式理解：一是在强意义上或总体化意义上，成为形而上学的（德里达意义上）；二是在弱意义上或区域化意义上，它是对罗蒂关于二律背反的"种族中心主义的"（ethnozentrischer）解决办法思考的结果。然而，正如前面所说，维尔默既不倾向于普特南、哈贝马斯、阿佩尔，也不倾向于罗蒂，而是试图在批判普特南、哈贝马斯、阿佩尔与罗蒂二难选择道路上，提出自己解决真理二律背反的办法。就是说，维尔默试图在罗蒂的怀疑主义与哈贝马斯、阿佩尔的基础主义之间开辟一条中间道路，并对哈贝马斯、阿佩尔的交往合理性概念进行重新解释，以便使之最终可以包容罗蒂的最好的见解。由此可见，维尔默对"理想化策略"较弱地，甚至可以说是语境主义地捍卫，至少在几个方面把自己带进了罗蒂的"种族中心主义"中。

实际上，尼采已经看到，真理似乎是关于理性本身的梦想，但它根本不关涉习俗命题或"事实真理"，它们只能称为正当性；同时，尼采把它们归于概念游戏，在游戏内部也可以称为真理。在"形而上学沉思"中，阿多尔诺试图颠倒尼采思想的某些方面，即捍卫形而上学真理概念。但如果像阿多尔诺所说，真理概念是形而上学概念下的最高概念，那它就必然与和解概念联系在一起。

在尼采那里，对形而上学的解构同时也是对真理概念和道德善概念的解构；同时尼采断言，和解在历史彼岸的实现之所，只能是"涅槃"（Nirwana）。但阿多尔诺对尼采持反对意见：在《否定辩证法》中，阿多尔诺预设了与"没落时刻的形而上学"联系在一起的团结；并在对形而上学的批判性救赎尝试中，以特有方式抓住了尼采解构形而上学的前提。不过，由于真理与正当生活概念之故，仿佛是在对尼采无力的抗议状态中。阿多尔诺强调，尽管和解处于历史彼岸，但所有历史都是形而上学真理。"这样，最终就涉及到一个虚假的二难选择：这两者，正题和反题，尼采对反道德主义的有限肯定，像阿多尔诺对否定神学回归一样，保留着现代主体哲学固有的成问题的前提。"①

维尔默认为，真理符号最终必然与真理概念相冲突，尽管以真理名义对真理进行批判，没有语用学上的自我矛盾就不能被描述；但这仅仅是尚没有论据反对它，并不意味着不能反对它。这样，就必然需要批判形而上学真理概念的前提。当然，下述批判也许是正确的：在趋向真理的意志背后隐藏着趋向权力的意志。维尔默指出，为了不使形而上学批判的一系列问题被低估，尼采有足够勇气始终如一地幻想，这使他与大多数现代相对主义者区分开来。那么，为什么阿多尔诺反对尼采和实证主义而救赎和解概念与抽象真理概念的尝试必然失败？为什么为了救赎真理，必须将马克思主义主题与神学主题强行联系在一起？对这两个问题的回答是：阿多尔诺在"同一性思维批判"中，如此强烈地依赖于尼采的概念批判前提，以至于只有通过暴力干预才能防止尼采的结论。然而，由阿多尔诺预设的、与"没落时刻的形而上学"联系在一起的团结，又意味着真理概念是根本可靠的。因而，只要人们与真理捆绑在一起，或者说，只要人们用"是"来回答问题，人们就不能逃避形而上学。

为了进一步阐释真理问题，就需要在现代语言哲学评论中，继续推进与重新描述阿多尔诺(和尼采)的问题，这尤其要研究哈贝马斯、阿佩尔、德里达。"尽管他们对主体哲学的批判是一致的：与主体哲学相反，他们赋予理性的语言以及意识的语言结构以意义，并一致认为'强'真理概念是（从语言学上理解的）理性基本结构中固有的。但是，哈贝马斯、阿佩尔重新阐释了真理概念，从而试图使之从形而上学传统限制中摆脱出来；而德里达则把真理概念视为与形而上学联系在一起的基本概念（或许不同于'意义'和'理解'）。"②

在这个问题上，维尔默的兴趣点集中在德里达的意义理论。在维尔默

---

① Albrecht Wellmer, *Endspiele. Die unversöhnliche Moderne*, Frankfurt/M.: Suhrkamp 1999. S.195.

② Albrecht Wellmer, *Endspiele. Die unversöhnliche Moderne*, Frankfurt/M.: Suhrkamp 1999,S.215.

看来，关于意义理论，德里达在《声音与现象》中对胡塞尔符号理论所作的批判，与维特根斯坦在《哲学研究》中对塔尔斯基符号理论所作的批判，有几点显而易见的相似。从某种意义上说，甚至结论也是相同的：德里达、维特根斯坦都批判下述概念，即语言符号仿佛是用带有意义的意识填满的，因而成为意义意向的承担者。维尔默认为，德里达、维特根斯坦都是从水平面（在语言符号的总体坐标系中）和垂直面（在原则上不能封闭的符号应用重叠中）来定位语言含义的；但德里达与维特根斯坦不同：后者通过在实践准则知识层面上阐释意义理解概念来解决意向主义意义理论的悖谬；前者则为意识确定意向主义意义在场的标准，并得出了这个结论，即语言表达的意义从来不是在场意识；毋宁说，它是无限延异的重叠链条中的"某物"——从文本到文本引出的东西，结构上自身不同的东西。简言之，它不"是"在符号和意义区分中，而是在"有意义的"与"无意义的"区分中被假定的"某物"，即它是适合于假说的"虚无"。

德里达恰当地假定，含义、意义、理解、阐释、交往、符号等语义学概念，深深植根于人们语言实践的反思结构中，并表现为先验幻象的存在之所。这表明德里达看到了形而上学的本质内核。按德里达的说法，在含义、意义概念中，内含着对理解、阐释等概念的破译；在先验意识完全在场的意义概念中，最终内含着真理概念的破译。这样，在（有意义的）符号与（无意义的）意义区分中，就存在着可感世界与可理解世界的对立；在意识在场的意义思想中，以及在当代先验主体意向中，思想本身被理解为在场的存在。"所有这些名称……只标志着（本质、生存、实体、主体、真理、先验性、意识、上帝、人等）永远在场。"[1] 这同时意味着，在哲学语言的语法中，涉及到上帝和人的构思，总是以人和上帝的统一为前提。维尔默指出，德里达对该问题的回答意味着，对维特根斯坦关于含义、意义、理解、阐释等概念反思的一定程度翻转。因为这个语言中的"本体——

---

① Jacques Derrida, *Die Struktur, das Zeichen und das Spiel im Diskurs der Wissenschft von Menschen*, in: Die Schrift und Differenz, Frankfurt/M.: Suhrkamp 1974.S.424.

神学"前提，与先验幻象概念并没有什么不同。

维尔默强调，只有当思维成功地逃离形而上学吸引并使之处于运动中，理解形而上学解构才是可能的。这就是德里达追求的意义。不过，与阿多尔诺不同，在德里达那里，并不存在与"没落的形而上学"联系在一起的团结，而是在与形而上学不可避免的交互性意识中指向没落。那么，意义、论证、真理是形而上学概念吗？维尔默接受埃格尔斯（Ch.Menke Eggers）建议，试图严格区分德里达的意义理论与论证理论；并相信维特根斯坦对这个问题的研究是令人信服的，因为他也批判意向主义的语义学基本概念，例如，使可理解对象的意义独立化；同时又在意义概念和理解概念中，通过在语言中非形而上学地使用先验幻象来解决先验幻象。实际上，维特根斯坦极端怀疑：只有走向这些概念错误的、情绪化的使用，消解意义、意欲、理解这些概念才是可能的；相反，德里达强调，这些错误的、情绪化的标准植根于相关概念中，只有这样才能够为形而上学命题辩护。但是，"没有更多论据证明，我们为什么应当被临时安置在这些悖谬中。如果我们观察德里达对形而上学真理的批判方面，那事情就更加复杂了。实际上，德里达对意义概念中内含着的观念主义批判，根本上是由真理问题引起的。"[1]

那么，为什么仅仅从现代语言哲学视角询问真理概念是不够的？在这里，维尔默给出了一个临时性答案：真理，作为概念游戏的内在特征，是多元的；这样就有许多真理，如语言游戏、范例、概念体系、世界阐释等。就是说，相对于语言坐标系，所有这些真理，每个真理都是相对的。坐标系——不能放在真理与非真理立场下评判。这样似乎有真理，但实际上并不是真理。"这表明，真理是一个视角问题。在真理立场上，每个视角与其他任何视角同样好。……也许，真理概念像先验假象一样，是谬误

---

[1] Albrecht Wellmer, *Endspiele. Die unversöhnliche Moderne*, Frankfurt/M.: Suhrkamp 1999,S.218.

的一种"①。

维尔默说，如果能够将真理概念从日常语言游戏中摆脱出来，那么拯救真理概念的尝试就是卓有成效的。只要从内在性视角观察语言游戏，那么真实性要求与论证的关联，以及真理与合理共识的关联，就至少能够部分地被保证；相应地，真理共识论就能够将非相对的真理概念，在非相对的合理性概念层面上加以阐释。就是说，如果共识能够在理性交往结构条件下出现，那么在非相对意义上它就是合理的。然而，合理共识并不是真理标准。

二、最终论证要求批判

（一）道德规范与论证规范

在《伦理学与对话》最后两段，维尔默试图对话语伦理学包含着的"最终论证要求"（Letztbegründungsanspruch）进行批判。不过这个批判，就它指向哈贝马斯、阿佩尔的最终论证论据而言，自身还需要论证。维尔默的论题是，普遍主义道德原则，不能从论证规范内涵前提中推导出来。因而，维尔默不想直接研究哈贝马斯关于 U 原则来自论证前提的推导，因为这个推导显然是错误的：哈贝马斯在关键处引入了一个附加的语义学前提（"我们用合法规范使意义联系在一起，在可能的参与者共同利益中调整社会现实"②）。维尔默说，通过这个前提，U 原则的核心内容仿佛就可以避免被引入歧途。

在这里，维尔默试图直接提问：在何种意义上，论证前提能够有普遍理解的道德内涵？他的回答是：或许在"强"真理共识论前提下，能够是这种情况；但事实上，他已经证明这是错误的。这样，维尔默的出发点就是，哈贝马斯、阿佩尔关于论证前提的论证必然是正确的，但他试图通过

---

① Albrecht Wellmer, *Endspiele. Die unversöhnliche Moderne*, Frankfurt/M.: Suhrkamp 1999. S.214.

② Jürgen Habermas, *Erläuterungen zur Diskursethik*, Frankfurt/M.: Suhrkamp 1991,S.103.

论证反驳这个前提的有效性，则卷入到"施为性的"矛盾中。维尔默声称自己不仅不否认他们的论据，而且有责任真诚地对待自己的论证伙伴，只是应当考虑好的论据或参与者中没有人可以阻止提出论据。但他断定，这里的普遍的论证规范，根本不是普遍主义道德规范或道德的"元规范"（Metanormen）。对此，维尔默试图分成两步来论证：

第一，对论证的接受或中断来说，论证规范显然不是道德规范；然而，"如果这个规范听凭我决定：我是否允许论证，我是否中断对话；那么它首先不能确定：它根本上被理解为完全有道德内涵的规范。"[①]哈贝马斯、阿佩尔认为，通过他们指出的言谈的普遍有效性取向，或者指出每个思想的普遍有效性，就能够避免这个困难。维尔默说，"如果我真正理解了语言学的言谈或思想的有效性，那我也就理解：我不可以压制论据（主要是说出反对我的论据），并且不管是谁说出的论据。因而，在某种意义上，下列说法肯定是正确的：我们称某人是非理性的，如果他不容许接触必然动摇其信念的论据或体验，即不压制论据和体验，因为论据事实上是坏的或体验是不重要的，而只有防御的意义。"[②]

现在看来，至少对有争议的有效性要求来说，这个思考仿佛证明了从言谈、行为、思考到论证过渡的必要性；而且，如果不容许与每个具有语言能力和行为能力的存在相对立的话语提出要求的话，那么它在基础主义意义上似乎就是不合理的。因而，维尔默断定，哈贝马斯、阿佩尔的基本意图是，仿佛要搭建一座从论证前提到普遍主义道德的桥梁，但这座桥梁已经不堪重负。事实上，论据不能被压制的要求，即人们承认为与自己的信念合理交往的基本要求，与人们不能拒绝他人（无论他是谁）证据的要求，根本不具有同等含义。首先，这样的拒绝是非理性的——人们拒绝，或许因为人们害怕他人的证据；其次，这样的拒绝或许是非道德的，因为它否定他人有权利向自己提出要求（在条件相同情况下，人们很可能向

---

①　Albrecht Wellmer, *Ethik und Dialog*, Frankfurt/M.: Suhrkamp 1986, S.105.

②　Albrecht Wellmer, *Ethik und Dialog*, Frankfurt/M.: Suhrkamp 1986, S.105.

自己提出）。当然，这个论证的道德维度，不应当从言谈的有效性取向出发的前提来辩解，而是通过康德意义上的普遍化原则来解释。即论据不被压制的义务，是在言谈的有效性取向中被论证的，在直接结论方面没有提出这个问题：什么时候、与谁一起、为了什么自己有义务论证。"只有在真理共识论前提下，它才似乎是这样的；之所以这样，是因为在这个前提下，论证引出的共识被定义为与自己的有效性要求合理交往的基本形式。"①

第二，在论证的必然前提中根本不关涉道德义务。维尔默并不否认，道德义务仿佛贯穿于论证实践中，但这不应当通过（对话拒绝准则不是普遍的）来解释。问题在于：人们不能确定，没有"施为性的"矛盾的论证规范，是否表征某种道德义务？换言之，论证规范的"必须"是否可以被有意义地理解为道德的"必须"？维尔默说，"一个这样的'必须'肯定游戏在论证的'边缘'。在那里，关系到对话的开始或继续或拒绝。但如果论证规范不能证明，我还是允许他人（我必须把他承认为有同样权利的论证伙伴）仿佛在下一个时刻实施这个权利，那就很难把这个论证规范的'必须'阐释为至高无上的道德的'必须'。似乎不如说，这里关涉的'必须'，是与构成规则联系在一起的：我之所以不能够否认这个'必须'作为论证者的'必须'，是因为它对论证实践来说是结构性的。"②

可是，论证规范并不是人们能够允许或不允许追求的游戏规则；毋宁说，它与合理规范内在地联系在一起。这就说明，人们不可以压制对自己的有效性要求而言的重要论据，而且人们作为言谈的和论证的存在，不能抽走这些规范。在这个意义上，哈贝马斯、阿佩尔的意图是正确的。不过问题在于，合理义务的必然性能够通过"施为性的"矛盾原则表达出来；同时表明，最普遍的合理规范并不具有直接的道德内涵。因为合理义务关涉对论据的承认，道德义务关涉对人格的承认。"这是一个承认我们对手

---

① Albrecht Wellmer, *Ethik und Dialog*, Frankfurt/M.: Suhrkamp 1986, S.106.

② Albrecht Wellmer, *Ethik und Dialog*, Frankfurt/M.: Suhrkamp 1986, S.107.

论据的要求，如果它们正确的话；也是一个道德许可表达的、但还没有很好论证的要求。夸张地说，合理义务关涉不顾及人格的论据；道德义务关涉不考虑威望的人格。"① 当然，根本不能否认，合理要求与道德义务在多个方面以复杂方式相互交织在一起，但只有从无限制的理想交往共同体出发，才能这样看待，似乎二者最终将叠合在一起。

（二）合作规范与话语规范

在这里，维尔默借用库尔曼②对最终论证论据的处理来澄清自己反对话语伦理学最终论证论据的尝试。在库尔曼那里，像在哈贝马斯、阿佩尔那里一样，最终论证关涉有意义的论证规则和论证前提，并被解释为话语内部的合作规范。"合作规范"（Kooperationsnormen）与"话语规范"（Diskursnormen）是对立的，它有义务使人们合作，为的是在论证中相互承认为有平等权利的论证伙伴。库尔曼认为，这个规范要求，在论证中承认每个参与者的平等权利，要求对论证的反对、中断、重启、继续，提出问题、坚持论证、培育新视角等。就是说，库尔曼试图从合作规范中推出交往伦理学基本规范，这就是：

第一，"在（你的利益与他人利益能够协调一致的）所有情况下，你都应当努力与他们达成实际的合理共识。"③ 但是现在，库尔曼只有通过一开始就抹煞了的独立思考与实践话语之间的差异，才能架起从话语内部的义务向话语包含的道德原则过渡的桥梁。因而，他感到自己有权在论证的关键地方，使有共识能力的解决办法追求与引出合理共识的追求等量齐观。

第二，这样，基本规范就应当表述为，趋向合理共识的意志的不可阻挡性就在于："如果我们对问题的解决办法感兴趣是严肃的，那么为了合

---

① Albrecht Wellmer, *Ethik und Dialog*, Frankfurt/M.: Suhrkamp 1986, S.108.
② 库尔曼（Wolfgang Kuhlmann,1940—　），德国哲学家、伦理学家。
③ Wolfgang Kuhlmann, *Reflexive Letztbegründung*, München 1985, S.208.

理共识，我们就必须努力寻求每个人都能同意的解决办法。"① 不过，"如果我们真正期待知道某些东西，那就是我们在真理中期待的东西；如果我们真正期待问题的解决办法，那就应当提出所有好的论据赞同它，提出无矛盾的论据反对它……这样，我们所期待的东西，就是一个合理共识。"②

维尔默指出，如果趋向真理的意志与趋向合理共识的意志具有同样意义，那么被视为非普遍的、与所有他人有平等权利的合作规范，从一开始就植根于言谈的有效性取向中。在这种情况下，交往伦理学基本规范与普遍道德义务的合理说明就没有什么大的差异。事实上，"我们的指责原本并不触及对作为想象对话的独立思考的解释，相反，如果在思考中考虑到不同观点对我们自身的指责，那就与根据内部对话的图景理解几乎没有什么不同。与此相应，我们能够将寻找'正确的'解决办法的努力理解为与走向理解我们自身的努力。对在公共对话中获得的理解来说，这个理解处于代理人地位：在具体的主体内部舞台上同时将听到他人的声音。出于这个原因，实际的公共对话总是有测试功能——首先必须证明，在我们的独立思考中，是否真正正确地触及他人的可能的证据、观点和指责。"③

现在，在我们的独立思考中发言的他人，总是"代表着"这样的他人，他的要求是：他的论据需要被考虑到。因而，进入实际对话的义务也能够像这个义务那样如此地丰富，即没有重要的证据被压制或可能的指责被避开。然而，这个义务与引出共识的合理义务并不具有同样含义，从而与普遍理解的合作义务也不具有同样含义；毋宁说，"没有证据被压制"这个要求揭示了这个问题：与谁一起、为了什么、什么时候我有义务论证？因而也揭示了这个问题：在哪些情况下，我有义务致力于实际的共识？维尔默强调，只有当人们以真理共识论的"强修正"为前提时，人们才能将基本的合理义务直接解释为在有争议的问题中努力引出共识的义务；相反，如果人们抛弃了这个前提，那就证明，普遍的合理义务或论证的普遍前提

---

① Wolfgang Kuhlmann, *Reflexive Letztbegründung*, München 1985, S.227.

② Wolfgang Kuhlmann, *Reflexive Letztbegründung*, München 1985, S.190.

③ Albrecht Wellmer, *Ethik und Dialog*, Frankfurt/M.: Suhrkamp 1986, S.110.

就成为弱的，以至于仅能承担道德原则。

这个思考就接近于无限制的理想交往共同体概念的新解释。在这个独立思考中，人们能够这样说，"实际的交往共同体"是作为无限制的理想交往共同体在场的。当然，它是由无限制的理想交往共同体成员能够表达出来的所有可能的论证中在场的。不过，维尔默认为，"无限制的理想交往共同体"在双重意义上是虚构在场的：其一，这个共同体是理想的，是因为只有在从多元视角出发的人才能真正表达的所有可能论证形式中，它才是在场的，就是说，它是作为论证者共同体在场的。其二，这个共同体是理想的，是因为它似乎聚集在理想的"同时性"（Gleichzeitigkeit）中。在这个意义上，很容易承认，对实际论证情境来说，无限制的理想交往共同体假定是结构性的。"尽管无限制的理想交往共同体被视为必要假定，但如果把它理解为从实际的交往共同体参与到被实现了的理想状态的话，那么这个假定的可能意义将被低估，就像低估了主体间性共有意义这个必要假定一样，如果把它理解为对最广泛的、理想的语言参与的话。"① 如果人们把它假定为现实的理想，即使它植根于语言本身被误解的表象中，那也低估了这个必要假定。这样说来，尽管无限制的理想交往共同体的在场应当被理解成人言谈的有效性取向表达，但从这个理想中产生出来的现实，对理想的生活方式构想来说并不是合适的。因而，关于"理想化"假定的论证，既不包含道德的最终基础，又不包含最终和解的端倪。②

由此可见，维尔默对真理共识论的批评同时也是对"理想化"的批评。因而，迄今所揭示的东西，是真理共识论的"理想化"导致了话语伦理学的内在困难。这个困难使话语伦理学不情愿地走向了康德。准确地说，话语伦理学的内在困难植根于真理共识论前提，而不在于哈贝马斯描述的 U 原则的偶然性。这样，维尔默首先考察了哈贝马斯的话语伦理学以及话语伦理学的阿佩尔变种，尤其是真理共识论前提和最终论证论据问题。就是

---

① Albrecht Wellmer, *Ethik und Dialog*, Frankfurt/M.: Suhrkamp 1986, S.112.

② Vgl. Albrecht Wellmer, *Ethik und Dialog*, Frankfurt/M.: Suhrkamp 1986, S.113.

说，维尔默从指责哈贝马斯的话语伦理学出发，但又遇到了阿佩尔关于话语伦理学的新思考。不过，他们都试图用真理共识论确立主体间有效性的终极标准，只有以这种标准成为无法应用的标准为代价，真理共识论才能确立这样的标准。维尔默说，这就表明，真理共识论的内核，不过是对真理、合理性与主体间性关系的阐释，这种阐释不可能赋予真理或合理性以任何终极标准。只要人们根据该模式思考合理性和语言，那么人们拥有的唯一选择就是：在基础主义与相对主义、决断论与非理性主义之间进行选择。因而可以断定，尽管哈贝马斯、阿佩尔试图在规范的理性概念与道德原则之间确立直接联系，但这是成问题的，因为无可否认的事实是：如果对不同有效性领域的区分进行形式语用学论证失败了，那么道德规范有效性概念就像审美有效性概念一样，必定显得比在哈贝马斯、阿佩尔理论中更成问题。

三、话语伦理学 U 原则重构

（一）U 原则：道德原则而非合法性原则

在《道德意识与交往行为》中，哈贝马斯分析了普遍主义道德意识（系统发生学的）历史形成与向后传统道德意识（本体发生学的）过渡问题。他认为，后传统道德意识形成是对被体验为可疑的和需要论证的规范自我理解的回答。于是，证据作为交往行为的反思形式，就成为兑现规范有效性要求的唯一可能的审判机关。因而，向后传统道德意识过渡，同时意味着向规范有效性要求新理解过渡。这样，主体间有效性就被理解为所有参与者对通过论证引出的规范都可能自由同意的表达。哈贝马斯说，"事实上，U 原则的既定表达指向每个论证的合作实现。一方面，每个参与者的真正参与，只有通过他人才能预防对自身利益进行视角主义的扭曲阐释；在这个实用意义上，每个人都是评价自身利益的最终审判机关。但另一方面，必须描述（在这个描述中，每个人都感受到自身利益）通过他人而关联到的批评。在文化价值之光普照下，需求需要被阐释：因为这总是主体间共有传统的组成部分，而不是个人独白地支配的需求阐释修正的东西。"①

维尔默指出，"哈贝马斯的箴言包含着对后传统道德意识（本体发生学的）形成富有启发性的描述。因而，对哈贝马斯来说，向后传统道德意识过渡与下述说法具有同等含义：如果超越合理论证媒介，就没有规范的（或认知的）有效性的可能基础。后传统道德意识归功于在规范有效性可能条件中的反思立场。就哈贝马斯对康德的道德原则重述而言，这个命题意味着话语伦理学对 U 原则重述的立足点。"②诚然，哈贝马斯的这个阐释相当精确地描述了康德伦理学的盲点，但它也清楚地表明：哈贝马斯对 U 原则的重述是成问题的。

因为，一眼就可以看出，哈贝马斯的 U 原则是特别"强"的，它使道德行为正当性与规范正当性直接联系在一起。"从一开始，法律与道德就以这种方式，通过对两者而言都是基本的规范正当性概念相互关涉。可是，这个 U 原则的'强'，在近处看来更表现为'弱'，因为在 U 原则中，法律与道德的联系，只有付出道德对法律问题概念同化的代价才能成功。在 U 原则中，道德原则与民主合法性原则，以难以理解的方式'混合'在一起，而且这样，以至于最后既不能相信道德原则又不能相信合法性原则。"③

如果将 U 原则理解为合法性原则，就产生了下述困难，即 U 原则没有解决这个问题：我"能够非强制地承认"，一个规范的普遍遵守，对每个具体的人来说意味着什么？因而也没有解决这个问题：在这个意义上，所有人能够承认一个规范意味着什么？维尔默指出，哈贝马斯的许多表述表明，他是在非党派的判断形成意义上理解"能够非强制地承认"这个表述的；因而也就意味着，如果所有参与者能够相信，普遍遵守一个规范就在于，"所有参与者共同利益"这个规范是有效的；那么在关于规范论证中，

---

① Jürgen Habermas, *Erläuterungen zur Diskursethik*, Frankfurt/M.: Suhrkamp 1991,S.77.
② Albrecht Wellmer, *Ethik und Dialog*, Frankfurt/M.: Suhrkamp 1986, S.52–53.
③ Albrecht Wellmer, *Ethik und Dialog*, Frankfurt/M.: Suhrkamp 1986, S.55.

所有他人都试图证明，"所有人的共同利益"是一个确定的规范。相应地，U 原则可以这样简略地表述：

U1：一个规范，如果为所有利益相同的参与者普遍遵守，那这个规范就是有效的。当然，实际情况是否如此，只有通过实践话语才能查明。那么，U 原则中出现的"有效的"这个词意味着什么？维尔默说，有两种可能的回答：首先，如果把 U 原则进一步理解为规范正当性；然后，对上述问题的回答，就从哈贝马斯推导 U 原则语境的注释中产生出来。这就像哈贝马斯所说的那样，"我们用规范正当性使意义联系在一起，在可能的参与者的共同利益中调整社会现实"[①] 这就接近于，将"正当的"（gerechtfertig）与"有效的"（gültig）理解为同样的含义。然而，如果"有效的"就是"正当的"，那就表明，它在可能的参与者的共同利益中调整社会现实。此外，如果人们接受通过 U 原则表达的规范有效性标准，那就接近于 U 原则的准循环重述：

U2：一个规范，如果能够为所有利益相同的参与者非强制地承认，那这个规范就存在于所有参与者的共同利益中。[②] 在（U2）中，维尔默区分了不同层面，其中有"存在于所有参与者的共同利益中"这样的表述。在这里，他首先假定，为证明一个规范是正当的，参与者知道，他们必须在哪些方面做论证；其次是说（U2），只有所有参与者取得了非强制共识才能表明，一个规范是否真正存在于"所有参与者的共同利益中"。可是，通过（U2）来解释（U）是靠不住的，因为（U2）真正包含的东西，与将普遍的真理共识论应用于合法性概念的具体情况，并没有什么不同。就此而言，（U2）根本不是特殊的合法性原则。因此，维尔默断定，"即使不依赖于真理共识论问题，我们关于 U 原则的阐释也陷入了困境。因为我们对 U 原则中'有效的'一词的含义问题的第一个回答显然是错误的。另外，哈贝马斯的其他回答也差不多是错误的，这个回答使我们走向把 U

① Jürgen Habermas, *Erläuterungen zur Diskursethik*, Frankfurt/M.: Suhrkamp 1991, S.103.

② Vgl. Albrecht Wellmer, *Ethik und Dialog*, Frankfurt/M.: Suhrkamp 1986, S.56.

原则解释为道德原则。"①

维尔默指出，迄今为止讨论的错误在于，仿佛对 U 原则中出现的"规范"（Norm）概念与"规范的遵守"（Beflogung einer Norm）这个表述进行了天真地解读，这与哈贝马斯对规范有效性要求的阐释是对立的。这样，"在给定情况下，人应当说谎"这个表述的深层逻辑，通过"在给定情况下说谎，是正当的"这个表述得到响应。于是，"是正当的"仿佛被就理解成"是真的"这个规范表述的等价物。"对哈贝马斯来说，就产生了'P 是真的（情况）'与'h 是被正当地（禁止的）'的结构相似。在这个意义上，规范的正当性就被理解为近似于真理有效性要求。"② 因此，道德"应当"陈述的阐释开启了这样一种可能：将 U 原则中出现的"有效的"一词，理解为与近似真理的"正当的"具有同样意义的东西。

据此，U 原则也许可以这样来解读：

U3：在 S h 情境中被做的（事情），（在道德上）是被正当地（禁止的），如果相应的行为方式被理解为普遍的，并考虑到每个具体的、利益相同的参与者能非强制地承认其预期后果的话。

进一步可能的不同表述就是：

U4：在 S h 情境中被做的（事情），（在道德上）是被正当地（禁止的），如果所有利益相同的参与者能（非强制地）期待，相应的行为方式——考虑到它对每个具体的、利益相同的参与者来说的预期后果——成为普遍的。③ 这样，"有效的"（"正当的"）这个表面上规范的说法为"正当的"这个说法所代替。因而，(U3)、(U4) 翻译成日常的言谈方式就是："我们必须在 S h 情境中做（事情），如果 …… 等。"

于是，人们就能代替它（不必害怕进一步误解）回到 U 原则的这个表述："每个有效规范必须满足这个条件，即……"。如此说来，U 原则就表现为真正的道德原则。那么，它如何对待"P 是真的"和"h 是被正当

① Albrecht Wellmer, *Ethik und Dialog*, Frankfurt/M.: Suhrkamp 1986, S.57.

② Albrecht Wellmer, *Ethik und Dialog*, Frankfurt/M.: Suhrkamp 1986, S.57–58.

③ Vgl. Albrecht Wellmer, *Ethik und Dialog*, Frankfurt/M.: Suhrkamp 1986, S.58.

地（禁止的）"前提的相似？维尔默说，在第一种情况下，适合于这种类型的等价物："这是真的，如果 P 是 P"；在第二种情况下，这个等价物只能是："这是被正当地（禁止的），如果 X 是 h"。"对 U 原则表述的有效性标准来说，存在 X，但这意味着，'真的'这个术语的形式阐释与'正当的'这个术语的实质阐释是对立的。"①

　　另一个表述是：作为"真的"也许规定着，能够以合理方式强调的东西，但没有因而给出真理标准；相反，作为"正当的"也许规定着，在完全确定的正当性标准意义上，能够以合理方式要求的东西。因此，道德"应当"有效性的意义，或许是通过道德"应当"有效性的标准先天地规定的。维尔默认为，这就接近于和康德的对比。因为在某种意义上，康德已经用道德"应当"有效性（绝对命令范畴）的标准来合理规定道德'应当'有效性的意义。换言之，在康德视阈里，人作为"理性的存在"，总是把相应的"应当"范畴承认为正当的；违背它就意味着，违背人作为"理性的存在"可能的自尊条件。在这个意义上，它是无条件的道德"应当"，正如它通过绝对命令范畴表述出来的一样。

　　由此可见，在这个问题上，维尔默的阐释与哈贝马斯的阐释完全相似：通过有效性标准，道德规范有效性的意义被理解为以语言为中介的主体间性的普遍结构。在无条件的道德"应当"中表述出来的是，人作为有语言能力的存在的可能认同与主体间性结构联系在一起。下面，维尔默试图讨论这个问题：被理解为道德原则的 U 原则，是否在（U3）或（U4）中被满足？

（二）U 原则：绝对命令的话语伦理学重述

　　按哈贝马斯理解，以绝对命令为基础的伦理学，缺乏真正能够对实践命题进行辩护的维度，即道德论证维度。他说，由于演绎论证既不能再生新的信息，又不能为真理价值的规定性做出贡献，所以道德论证只

---

① Albrecht Wellmer, *Ethik und Dialog*, Frankfurt/M.: Suhrkamp 1986, S.59.

能局限于两个任务：一是对价值前提或以其为基础的有效的"优选系统"（Präferenzsystem）进行分析测试；二是对从价值立场阐发的被选择目标的实在性进行经验测试。但是，这种合理的价值批判根本不能改变优选系统的非理性。[①] 哈贝马斯指出，只要人们看到，通过话语兑现规范有效性要求的期待已经内含在主体间性结构中，而使得特意引入的普遍准则变得多余，那么，随着道德原则引入而出现的难题就会得到解决。通过接受实践话语，必然假定一个理想言谈情境，它借助自己的形式特征而容许代表普遍利益的共识。这样，"认知主义话语伦理学根本不需要任何原则，它仅仅建立在理想言谈情境这个基本规范基础之上。"[②]

在这个意义上，麦卡锡[③]赞同哈贝马斯的下述说法："不管所有其他人是否将我期待的准则（它是普遍准则）写成是有效的，为了对其普遍化要求进行话语测试的目的，我必须将我的准则放在所有其他人面前。这就从每个能够期待作为普遍准则的东西，延伸到所有人在赞同中都想承认为普遍规范的东西。"[④]但维尔默指出，如果像康德所说，人们必须能够期待自己的行为准则成为普遍准则：它根本上就是道德判断准则；那么，U 原则的重心就应当从"我必须能够期待"延伸到"我们必须能够期待"。这样，进一步的命题就是："我们只有通过实践话语才能发现，我们是否能够期待，把一个准则看作是普遍准则。"[⑤]可是现在，在康德的准则普遍化假定中，根本不涉及规范正当性；毋宁说，这个假定要求我来测试，我是否想在这个世界中生活。在这个世界中（像通过自然法则一样），所有人（尤其是与我对立的人）应当这样行为，正如我的准则所接近的一样：我是否能够期待，通过我的准则表述的行为方式成为普遍的。这里的"行为方式"

① Vgl. Jürgen Habermas, *Legitimationsprobleme im Spätkapitalismus*, Frankfurt/M.: Suhrkamp 1973, S.145.

② Jürgen Habermas, *Legitimationsprobleme im Spätkapitalismus*, Frankfurt/M.: Suhrkamp 1973, S.152.

③ 麦卡锡（Thomas McCarthy），当代美国批判理论家。

④ Jürgen Habermas, *Erläuterungen zur Diskursethik*, Frankfurt/M.: Suhrkamp 1991,S.77.

⑤ Albrecht Wellmer, *Ethik und Dialog*, Frankfurt/M.: Suhrkamp 1986, S.60.

(Handlungsweise）一词，总是被理解为"在一种类型的情境中的行为方式"。因而，与"准则"一词相比，维尔默更喜欢"行为方式"一词。这有许多不同的原因，但决定性的原因是："他想避免这个表象，好像这里已经谈到了规范；准确地说，好像那个道德'必须'已经以康德解释的'必须'的可能性意义为前提。或者说，准则作为行为的主体性原则，必须考虑到没有表述道德'必须'。"①

这样，维尔默就论证了（U3）、（U4）两个命题。他说，"只有当我们在否定意义上理解时，康德关于道德行为正当性的标准才有意义，即每个我能够期待作为普遍的行为方式，不是道德'应当'或道德'必须'的东西，而是绝对命令范畴本身：如果我不能够期待将相应的行为方式当作普遍的，即如果我不能够期待，每个人都不欺骗我，那我就不能够在情境 H 中做行为 P。……因而，我们由此推出了一个道德规范：我们不可以说谎。"② 维尔默强调，如果以这种方式理解绝对命令范畴，那康德的道德原则的独白特征，与哈贝马斯、阿佩尔相比，就是一个不太严重的问题。因为，如果我不能够期待，一个行为方式成为普遍准则，那么我们也不能够期待，一个行为方式成为普遍准则。于是，也能这样表述：在道德判断中，我首先与我自身冲突。不过，这个已经回答过的问题，显然是下述这个问题：社会规范是否是正当的或不正当的。

维尔默说，康德对不正当的指责也许是正当的：一个严肃的道德判断也是主体间性有效的；即"我能够期待"或"我不能够期待"与所有其他的"理性的存在"必然符合。但如果绝对命令范畴"独白地"运用不能保障道德判断的主体间有效性，那么这实际上就接近了被康德描述为"假定"的前提——大约是：你这样行为，以至于你的行为方式能够被所有人期待为普遍的。在这个意义上，哈贝马斯所引证的绝对命令范畴的重述通过麦卡锡而得到了理解。现在，U 原则似乎可以被说成是：如果一个行为

---

① Albrecht Wellmer, *Ethik und Dialog*, Frankfurt/M.: Suhrkamp 1986, S.60–61.

② Albrecht Wellmer, *Ethik und Dialog*, Frankfurt/M.: Suhrkamp 1986, S.61.

被理解成普遍的，对所有参与者来说是可承认的，那么它就是正当的。在
U 原则的变体中出现了（U4）。可是，人们必须在"道德许可"意义上而
非"道德禁止"意义上理解出现在（U4）中的"正当的"一词。"如果我
对康德的阐释是正当的，那就可以假定，我们能够期待作为普遍的也作为
道德禁止的行为方式，是没有意义的。不过，我能够使这个差异首先归于
平静，因为现在，我们关于绝对命令范畴重述的 U 原则的变体，至少非
常接近下面的命题：'我们只有按能够期待被视为普遍准则的准则来做出
某种行为'。"①

　　这样，（U4）作为 U 原则的变体，至少能够从真理共识论前提中解脱
出来。因而，不是（U4），更多的是（U3）适合于哈贝马斯的概念。因为
对每个特殊的道德规范进行论证时，应当非党性地评判一个规范，即又一
次回到了在（U3）中理解的 U 原则。"如果我们将 U 原则理解为我们关
于道德规范有效性的前理解的阐释，那就意味着，在我们的道德信念与道
德判断中，必须包含着某种类型的判断。对每个具体的人来说，对某些规
范的普遍遵守的后果与附带效果，能够为所有人非强制地承认。"② 但正如
前面所说，这使得道德判断论证成为不可能的。在绝对命令范畴意义上，
一个简单的思考就能导致我不期待的结果。维尔默说，他的出发点是：在
理想的话语条件下，所有人将协调一致。所有利益相同的人，对上面两个
表述的规范的普遍遵守，以理想的理解条件为前提。但在实际的理解条件
下，即在历史现实性中，人们应当如何行为。对此，还很少被陈述。不
过，如果将 U 原则当作非理想条件下行为的评判原则来使用，那就产生
了如下困难：

　　第一，需要弄清楚，如果"你不应当说谎"这个规范被普遍遵守，即
如果"规范"和"普遍地"这些词有意义的话，那就只能意味着，没有例
外地对每个具体的人来说将产生哪些后果与附带效果。"康德能普遍地，

---

① Albrecht Wellmer, *Ethik und Dialog*, Frankfurt/M.: Suhrkamp 1986, S.62.

② Albrecht Wellmer, *Ethik und Dialog*, Frankfurt/M.: Suhrkamp 1986, S.63.

即没有例外地禁止说谎，因为他不关心效果。但如果我们关心效果，并假定有一个像它所是的世界，那就可以猜测，普遍的真诚性效果，必然遇到比刽子手更严重的牺牲：就此而言，'你不应当说谎'这个规范就不是有效的。"①

显而易见，为了明白在给定情况下如何正当地行为，那就必须表述复杂的规范，以及黑尔假定的限制特例的附加条款。然而，这个任务——为了确定每个具体的人普遍遵守规范的后果与附加效果，从而发现所有人是否能够不受限制地承认对每个具体的人将产生的后果与附加效果——已经进入到可怕的境地。维尔默说，到此为止，即使实践话语最终也不能提供进一步的帮助。就是说，只要人们在（牺牲者必须通过说谎来保护暴君）这个条件下使用话语，那么非强制共识就是不可思议的，但只要能导致普遍共识，那就废除了这个条件——在这个条件下，特例和限制是必要的。这样，假定在非理想的理解条件下，能通过实际的共识来解决实际的道德问题，显然是没有意义的。

因此，在理解可能停止的地方，人们还只能够说，理性的与有判断力的东西，或与人们行为相关的东西，是足够理性的、有善良意志的和有判断力的。在这个意义上，一个可能的合理共识，自然能够参与到每个道德判断中。但是，如果人们在每个（最终总是：独白的）道德思考中确定这个问题：从每个具体的个人对规范的普遍遵守中产生出来的后果与附带效果，能否为所有人非强制地承认，那人们就从来不能做出被论证的道德判断。

第二，如果人们考察像"禁止说谎"这样的范畴，那另一个困难就产生于这个假定：非强制共识必然是可能的；而且，如果人们从生活于其中的非理想条件出发，那么所有人的共同利益就存在于对规范的普遍遵守中。"在这种情况下，这样的共识可能性假定就是有意义的。这在于，对诸如'禁止说谎'规范的普遍遵守将使那些条件失效。在那些条件下，特

---

① Albrecht Wellmer, *Ethik und Dialog*, Frankfurt/M.: Suhrkamp 1986, S.64.

例与限制，如对合法自卫、惩罚等来说，事实上是必要的。但正由于此，U原则在这里导出了错误的，即反对我们道德直觉的结论：在这种情况下，与规范的普遍遵守相冲突的假定，就意味着，道德正当性问题将用理想的行为条件而非实际的行为条件来回答。即U原则命令我们这样来行为，可是我们根据我们假定的判断，在理想的理解条件和行为条件下，实际上应当如何行为。"[①]

这样，就以令人惊奇的方式出现了（处于康德伦理学核心的）问题：对可能的目的王国的成员来说，康德的实践法则是真正的行为规范。康德自始至终反对特例的可能性，如"禁止说谎"。实际上，这种前后一致性在话语伦理学中是不明显的，它与基本原则相矛盾。当然，作为从这种困难中走出来的途径，还提供了规范概念的"去戏剧化"（Entdramatisierung）可能。维尔默说，也许人们能够在黑尔的"表面证据确凿原则"意义上理解规范表述，U原则只有与规范论证联系在一起，才能使非强制共识成为可能，即在理想的理解条件和行为条件下，所有人的共同利益存在于对规范的普遍遵守中。所有不同是将这些规范正当地应用于非理想的现实问题。不过，如果U原则的应用限制在道德领域，那它就失去了自身的奥妙。U原则作为规范评判原则，在康德那里是不能出现的，因为他将道德规范有效性规范理解为对目的王国成员有效的行为规范。正是在讨论U原则时遇到的问题与不明晰性，使维尔默回到了哈贝马斯的两个困难的先期抉择：

一是道德行为正当性与规范正当性的平衡问题；二是话语伦理学的真理共识论前提问题。下面，我们讨论第一个问题。

维尔默指出，哈贝马斯这样表述道德原则，似乎道德思考与关于规范的社会正义讨论（例如，提倡或不提倡、失去效力或能够维护）关涉同样的问题。事实上，这些讨论所关涉的问题，例如，所有遵守规范者是否必然能够将普遍遵守规范的每个人都承认为无党派的判断者，也就是指下述

[①]　Albrecht Wellmer, *Ethik und Dialog*, Frankfurt/M.: Suhrkamp 1986, S.65.

问题，即所有人的共同利益是否存在于对每个规范的禁止或维护中；相应地，规范提倡的典型情况，是共同体同心协力地决定，根据一定的规则开展共同的利益事务。在这种情况下，人们就能够读出，尽管普遍遵守的规范冲突，对规范正当性的判定起着重要作用；但为了判定规范正当性，还必须附加另外的东西：为了建构相应的义务而做出的"决定"（Beschluß）。人们能够将从这个决定中产生出来的义务理解为道德的，但显然它不像规范正当性判定那样，能够以同样方式被论证。

实际上，康德已经注意到了这个差异。这个差异通过不同方式关涉理性存在的非强制共识而得到阐释，正如它在哈贝马斯或康德的道德原则表述中包含着的一样。维尔默说，在 U 原则意义上，被论证的共识的内涵或许是，所有参与者的共同利益存在于对一定规范的普遍遵守中；相反，"康德主义的"道德规范共识的内涵或许是，我们（作为"理性的存在"）不能够期待，一定的行为方式成为普遍的。在这里，"我的出发点与哈贝马斯一样，即康德的'我'被'我们'所代替的东西，总是能够从中产生出来的问题。在这个前提下，参与到理性判断中的合理共识，从康德视角出发被这样思考，以至于道德判断者大致可以说：我不能够期待'我们'中没有一个人能够期待，以这种理性方式普遍地行为。"① 所谓"理性方式"就是指，是否能够期待某种依赖于阐释、信念、自我理解的东西，并能够被或多或少地"理性地"，即恰当地论证为正当的或真实的。这样说来，"理性方式"就意味着，人们能正当地看待自己、世界与他人的境况。然而，如果以这种方式理解道德的话语维度，那么没有真理共识论也够用了；毋宁说，人们能够将参与到道德判断中的合理共识理解为"虚假的"。相反，如果将规范正当性的共同判断理解为参与到道德判断中的合理共识内涵，那么几乎不能看出，这个思想与真理共识论表述的思想有什么不同。这就引导着维尔默走向了哈贝马斯"先期抉择"第二步：话语伦理学的真理共识论前提问题。这个问题，在前面已经分析过，这里不再赘

① Albrecht Wellmer, *Ethik und Dialog*, Frankfurt/M.: Suhrkamp 1986, S.68.

述。接下来，我们讨论维尔默对有效性要求的批判性反思。

四、有效性要求批判性反思

（一）道德规范有效性

第一，在康德那里，道德"应当"范畴是有效性要求的表达。维尔默说，尽管从叔本华到麦金泰尔都一再质疑这个"应当"范畴的合理意义，但对康德而言，它是在"有限的理性存在"中理性与感性之间张力关系的表达。"康德将'应当'在'期待'中的扬弃理解为道德进步的可能逃离点。但由于在康德意义上，'善良意志'只能作为'去身体化'的主体的'善良意志'，因此根本不能被设想为意志。……与康德相反，它被世俗化，不是通过'善良意志'概念而被世俗化，而是通过'应当'范畴本身的世俗化，内在必然地成为处在理性之外的东西。"①

维尔默认为，"应当"在"期待"中的扬弃，或许是义务论伦理学与目的论伦理学对立的扬弃，它必须被理解为道德意识形式。因为对道德意识来说，自爱与团结他者、自我保护与承认他者，也许不再是对立的。就是说，这个扬弃的特征不需要假定"善良意志"（我们不再谈论它必须如何取得）；毋宁说，它表达的是道德意识的可能的启蒙，即纯粹德性知识扬弃在实践知识中。在这个意义上，普遍主义道德是认知性的。也许，道德感缺失并非认知缺失，毋宁说，它表达了：在相互承认关系中教化是失败的。严肃一些说，在启蒙条件下，普遍主义道德意识的发展，是从道德语言游戏中退却的唯一选择。不过，这个退却不是拓展而是撕裂了与他人团结的纽带，同时意味着个体自我伤害，乃至自我毁灭。"这个洞见是康德表达出来的，他将作为道德原则的意志的必要性称为'理性的事实'。我们能很少令人误解地谈论理性条件下的生活事实。我们自身与他人都能回忆起这个事实。可是，这个回忆与合理义务的必然性证明不是同义的。

---

① Albrecht Wellmer, *Ethik und Dialog*, Frankfurt/M.: Suhrkamp 1986, S.142.

也许，这个回忆是道德最终论证的唯一可能形式，但它肯定不能接受最终论证论据形式。"①

第二，在哈贝马斯那里，道德规范有效性要求包括："客观真实性"（objektive Wahrheit）、"规范正当性"（normative Richtigkeit）、"主观真诚性"（subjektive Wahrhaftigkeit），它们分别对应于客观世界（作为实际事态的总体），社会世界（作为社会组织合法规范了的相互关系），主观世界（作为参与者的体验的总体）。不过，规范有效性与断言真实性是不同的。因而，"必须在主体间相互承认的社会事实与一种规范值得承认之间做出区分"②。哈贝马斯指出，阿尔伯特③在批判理性主义基本原理的元伦理学应用方面向前推进了一步，因为他将实用主义（尤其是杜威）阐发的对传统价值体系进行理性澄清和批判发展的观念，带入到波普尔的批判理性主义中。不过，即使这个纲领性核心仍然是非认知主义的。因为阿尔伯特坚持下述两种决策的二者择一：一是合理动机决策的不可能性；二是只有通过演绎论证，论证或辩护才有可能。阿尔伯特确信，即使特意引入的搭桥原则也不克服这种鸿沟；相反，皮尔士和图尔敏借助合理动机论证看到了下述事实：知识进步通过实际论证而发生。哈贝马斯认为，"实际论证服务于有效性要求的兑现或批评，不论这些有效性要求是在断言中内含的真实性要求，还是与行为规范与评价规范联系在一起的、在劝告或警告中内含的正当性要求。它们都有力量使话语参与者相信有效性要求，即对有效性要求合理动机的承认。"④因而，实际论证是在论证与辩护统一中，与言语行为而非与命题联系在一起，这种系统的联系必须在话语逻辑框架中得到澄明。简言之，理论话语服务于断言论证，实践话语服务于规范辩护，但两种话语的目的是一样的：承认（或拒绝）用话语兑现的有效性要求的

---

① Albrecht Wellmer, *Ethik und Dialog*, Frankfurt/M.: Suhrkamp 1986, S.143–144.

② Jürgen Habermas, *Moralbewußtsein und kommunikatives Handel* Frankfurt/M.: Suhrkamp 1983,S.71.

③ 阿尔伯特（Hans Albert,1921—　），德国哲学家、伦理学家。

④ Jürgen Habermas, *Legitimationsprobleme im Spätkapitalismus*, Frankfurt/M.: Suhrkamp 1973, S.147.

合理动机。

维尔默希望把体现在话语原则中的普遍可接受性概念仅仅用来解释法律合法性，而不把它扩展到道德规范有效性上，并认为话语伦理学将体现在法律中的规范有效性运用于和实践话语相联系的道德规范有效性是一个错误。维尔默指出，道德"应当"能够以这种方式被解释，就意味着它如此深地植根于普遍的语言结构中，以至于其可能的合理性意义问题得以完成。"它如此多地依赖于道德原则最终论证的成功，因为只有最终论证才能搭建起从普遍语法的规范性要求通向普遍主义道德的特殊要求的桥梁。但是现在，我认为这是困难的，如果我们一开始就用特殊的道德规范有效性要求来填充普遍的有效性要求概念的话。"[1] 例如，"应当"、"必须"、"可以"、"被禁止的"、"正确的"、"好的"这些词的道德地使用，是非常特殊的使用。但是，因为这些词的（非道德地）使用也与普遍有效性要求联系在一起，这就接近于：这些基本词的规范含义的逻辑重构，并非从一开始就关涉道德规范有效性要求的特殊情境。就是说，康德的绝对命令范畴假定、话语规则，甚至审美的"必须"这些词，都是规范有效性要求。因此，如果哈贝马斯的重构建议是正确的，那就必定关涉这些词。"在所有这些情况下，都关涉可论证的、可批评的有效性要求，正如在道德命题中一样，在'有效性'一词的意义上，肯定关涉（与真实性、真诚性要求不同的）规范有效性要求。"[2]

第三，在维尔默视阈里，规范有效性要求与道德规范有效性要求不能相齐并论。维尔默说，在"有效性"一词意义上，一般规范有效性要求与道德规范有效性要求的区分在于，它不过是提供了能够做某些确定的东西的首要原因，但却不能（像道德规范有效性要求那样）表达无条件的、绝对的义务。这个义务特征与（人们能够为道德规范有效性要求提出异议的）那些原因联系在一起。这就意味着，道德"应当"范畴的含义，正是在与

---

[1] Albrecht Wellmer, *Ethik und Dialog*, Frankfurt/M.: Suhrkamp 1986, S.144–145.

[2] Albrecht Wellmer, *Ethik und Dialog*, Frankfurt/M.: Suhrkamp 1986, S.145.

（人们能够为道德规范有效性要求提出异议的）那些原因的联系中才能被解释。"出于这些原因，在康德那里的"应当"范畴又在道德原则中浮现出来。因为在哈贝马斯那里，在 U 原则中只浮现出'有效的'（正当的）规范概念，似乎'应当'命题的逻辑结构与 U 原则表述的内在关联这样被理解，以至于正是在与 U 原则的内在关联中，'正确的'或'被禁止的'这些词才接受'道德正确的'或'道德禁止的'含义。"① 正是因为道德"应当"如此深地植根于交往行为的有效性取向中，甚至在近乎道德合法性要求中，断言陈述的真实性要求能够被阐释。"如果我们把'真理'理解为'合法论证的断言'，那么我们就能够将这个断言理解为使正当的有效性要求，同时解释为义务的澄清：在断言陈述中提起的正当性要求，是从论据上被兑现的；并且，如果我断言某事，我就有义务，在既定情况下从论据上兑现这些有效性要求。"② 但这就表明，道德"应当"问题根本不能通过规范有效性要求的逻辑重构来完成，毋宁说它留下了一个特别的问题，即在特殊情况下，作为，不是正确的作为；而在一定意义上，正确的作为是被无条件禁止的。或者说，在这种情况下，取消了（通过用好的论据对正确的选择标准申诉而拒绝在同一意义上正确作为）的可能性。不过，哈贝马斯并没有在语用学上使道德"应当"问题中立化，而仿佛只着陆在规范有效性要求逻辑重构与 U 原则表述之间的灰色地带。

我们知道，在《交往行为理论》中，哈贝马斯追随杜尔凯姆，将象征结构的神圣领域中道德"应当"有效性起源，看作仿佛是自身还未意识到的规范共识领域。这样，规范有效性的前合理性理解就被建构起来，并成为人的语言逻辑区分的决定性中介领域：在"神圣的语言化"形成中完成。神圣领域之所以能承担中介功能，是因为它在"交往行为的三个根基"中占有特别突出位置。语言表达的认知、任务、表现的前语言根基，仿佛被视为每个语言陈述语法区分的根本基石。换言之，哈贝马斯追随杜尔凯

---

① Albrecht Wellmer, *Ethik und Dialog*, Frankfurt/M.: Suhrkamp 1986, S.146.

② Albrecht Wellmer, *Ethik und Dialog*, Frankfurt/M.: Suhrkamp 1986, S.147.

姆，将所有社会成员理想共识假定与规范有效性概念联系在一起。于是，象征结构的规范共识能成为语言逻辑区分的代替点，即成为所有有效性要求概念，尤其是真理有效性概念的模型。

维尔默转述哈贝马斯的观点说，在神圣的语义学领域中得到阐释的规范共识是理想共识的原型，它是关涉无限制的理想交往共同体的主体间性共识，因而是可能的主体间有效性的原型。"这样，通过神圣承诺，所有有效性原型就从原始象征下解放出来，并成为支配可能的合理的有效性的基础；在关于有效性模型区分的道路上，规范有效性概念最终也从其本源的、神圣的内在化中摆脱出来，并类似于真理有效性——转化进话语兑现的有效性要求形式中。"① 在这条道路上，以神圣为基础的道德共识的盲动力量，最终为道德共识所代替；在合理性形式中表述出来的东西，总是想成为神圣象征中的东西：以此为基础的利益普遍化。

现在看来，哈贝马斯用这个迷人的思考历程成功地论证了：道德"应当"如此深地植根于语言理解的一般结构中，以至于其合理性意义问题成为"无对象的"（Genstandslos）。维尔默指出，如果道德义务意识表现为语言理解的所有可能的合理性核心，那么道德"应当"问题最终就表现为表象问题。可是现在，哈贝马斯关于有效性概念逻辑区分的谱系学重构，就省略了在这个重构道路上应当被强力论证的理论前提：哈贝马斯已经在真理共识论意义上使用了"理想共识"或"无限制的理想交往共同体"概念。然而，"只有明白这个重构在关键点上不依赖于这个前提时，人们才能从独立论据出发为话语伦理学获得理论前提。可是在我看来，哈贝马斯的重构在关键点上是根本不可理解的。"② 如果哈贝马斯将神圣象征解释为道德共识的表达，那么它在功能主义观察方式意义上或许是可以被辩护的，但不可被辩护为道德规范有效性对其他有效性模型的语用学的优先地位；毋宁说，它接近于（被归于思维方式的）神圣概念。就是说，在哈贝马斯的

---

① Jürgen Habermas, *Theorie des kommunikativen Handelns*, Bd.2. Frankfurt/M.: Suhrkamp 1981,S.112.

② Albrecht Wellmer, *Ethik und Dialog*, Frankfurt/M.: Suhrkamp 1986, S.151.

重构中，道德规范有效性要求对其他规范有效性要求的优先地位，是不明确的。所以，维尔默试图将作为传统哲学标记的命题真理对其他有效性模式的优先地位翻转成为规范正当性的优先地位。他说，如果在这个意义上论证实践理性的优先性，那就必然不能解决（作为逻各斯中心主义偏见表达的）道德"应当"问题：对道德的或近乎道德的义务的承认，表现为对根本上以理解为取向的行为参与的可能性条件，因而也表现为断言陈述的可能性条件。

维尔默指出，即使在神圣领域已经处于支配地位的规范有效性概念，能够通过情感高度占有的无条件的"应当"来刻画，那也不能得出结论说，规范有效性概念可与道德规范有效性概念相齐并论；毋宁说，道德规范有效性概念在本源的规范有效性概念中还是与外界隔绝的，正如科学世界观在神话世界观中一样：即作为多个意义方面中的一个。[①] 然而，哪些合理性意义能表述"传统的"规范的无条件的"应当"，取决于哪些类型的论证是可以思议的，如果"传统的"世界观反思地开放的话。但如果每个（"传统的"）"必须"范畴，根据其意义不是道德的"必须"，那么区分问题就转移进由哈贝马斯假定的本源的规范有效性概念本身中。"这或许意味着，尽管我们也许可以将'应当'的有效性阐释为普遍的有效性类型，但它正是作为这种类型而不可以与道德的有效性相齐并论——这就是我对哈贝马斯关于规范有效性要求逻辑重构的反思。"[②]

（二）规范共识与道德共识

在《交往行为理论》第 1 卷中，哈贝马斯将神话思维方式的封闭性与基本区分缺失联系在一起。他认为，在神话思维中，不同的有效性要求，譬如命题真实性、规范正当性、表达真诚性，根本不能区分开来；而且，"有效性"这个不明确的概念本身，还根本不能从经验的混合物中解

---

①   Vgl. Albrecht Wellmer, *Ethik und Dialog*, Frankfurt/M.: Suhrkamp 1986, S.158.

②   Albrecht Wellmer, *Ethik und Dialog*, Frankfurt/M.: Suhrkamp 1986, S.159.

放出来。就是说，道德规范有效性和真理有效性等概念，与因果性和健康等经验秩序概念混合在一起。因而，语言建构的世界图景能够如此广泛地与世界秩序本身视为同一。然而，在维尔默看来，对现代开放的思维方式来说，基本区分是标志性的。这里的"区分"不仅关涉不同有效性要求的区分，而且关涉因果联系与象征联系、文化与自然、语言与世界的区分；相应地，基本区分缺失使得将象征的有效性要求视为批判的有效性要求，成为根本不可能的。维尔默指出，"如果我们选择这个视角，那么'区分问题'就被描述成与哈贝马斯（追随杜尔凯姆）思想中的区分不同的。就是说，如果我们这样提出区分问题，那首先需要理解：为什么在人类历史中，神圣领域不仅被阐释为本源的规范有效性领域（道德的前身），而且被阐释为本源的世界解释领域（科学的前身）、模仿的—表现的行为领域（艺术的前身），甚或被阐释为天真地占有世界的尝试（技术的前身）。因而，用其中一个功能来确定象征与礼仪在神圣中的相互交织，看来是不可能的。"①

在《交往行为理论》第 2 卷中，哈贝马斯确证了（由杜尔凯姆强调的）神圣的道德纽带功能与集体认同的内在关联。他说，群体的集体认同是"我们"的意识，它本身在神圣象征与礼仪中被体验到，同时在其中爆发和修复。在群体相互作用的功能主义立场下，这意味着，"单个人联合的'家庭动机'（Motivhaushalt）被理解为象征性的，并对同一语义学内涵进行建构"②。但维尔默认为，"神圣的"之所以能够满足这个规范的联结功能，是因为在语义学中，认知的内涵、模仿的—表现的内涵与道德的内涵不能相互分离。即使承认哈贝马斯的论题：神圣与恐怖、尊敬与令人害怕、有吸引力与令人厌恶之间的交织，被理解为与道德义务相联系的情感矛盾的原型，那也不能真正地谈论道德情感。因为它似乎以有效性区分为前提。不过，为了承担哈贝马斯的论据，在神圣领域有可支配的规范有效性概念

① Albrecht Wellmer, *Ethik und Dialog*, Frankfurt/M.: Suhrkamp 1986, S.153.
② Jürgen Habermas,*Theorie des kommunikativen Handelns*, Bd.2. Frankfurt/M.: Suhrkamp 1981,S.88.

就足够了。如果神圣的权威性意味着，每个规章、每个规则仿佛被绝对的"必须"氛围所包围，并被相应情感所占据，那就能够得出这个结论，即隶属于神圣的规范意识按其结构来说是道德的。这就意味着，规范意识只能被建构为道德的，即使其重要内涵（礼仪和禁忌）也许是不道德的。

维尔默断言，尽管这个思想很有诱惑力，但没有说服力。就是说，"在进入我们自己文化中的礼仪和禁忌程序的残余中，我们能够看到，与礼仪和禁忌规定联系在一起的无条件的'应当'，不仅不需要道德内涵，而且还能够将这个'必然'表述为与道德'应当'的必然完全不同的必然，与承认和尊重等需求完全不同的需求。在这里，我不想从人类学或心理分析上，而只是从概念上为这个思想提供强有力的论证。"① 维尔默说，也许，如果一个孩子坚持关于事物或设施的秩序，坚持在语词选择中固定下来的讲授或讲述仪式，那么在这一点上肯定是绝对正确的或错误的，即内含着一个无条件的"应当"，但作为孩子的"我"，用这个"应当"、用正确的或错误的捍卫成为家的世界秩序。对这个秩序的伤害就是对我的威胁。实际上，"你必须"原本是"必须如此"。在这一点上，隐藏着对他人的天生的道德要求。如果谁能够看出正确的或错误的之非道德的特征，那谁就能够看出这个道德要求。这个道德要求，是尊重孩子需要的要求；但孩子所要求的东西，悖谬地说，不是对道德要求的尊重，而是对正确的事物秩序的尊重。这个正确的事物秩序不是道德秩序，毋宁说，它是世界秩序。没有它，不仅孩子，而且（在宽泛意义上理解），最终没有一个人能够保留它。

因而，维尔默想证明的东西，是"必须"范畴的可能性，即规范意识的可能性。规范意识，尽管有高度情感的，但不能称为道德的；根据功能看，它也不是道德的。"它不是这样的，以至于能够证实，这个要求在道德上是不能论证的；毋宁说，能够证实的东西是，这个论证不是道德的。但如果这是正确的，那么我们就能够将情感上占有的规范意识记入等级

---

① Albrecht Wellmer, *Ethik und Dialog*, Frankfurt/M.: Suhrkamp 1986, S.155.

社会中，而不进一步记在道德头上；毋宁说，它接近于假定，规范意识是'混合的'。我们能够将规范的道德成分从非道德成分中挑选出来。在此，我们思考的不是这个规范是否被很好地论证；而是哪种类型的论证是可以思议的。"①

至于道德禁忌，人类学文献中有类似思考。维尔默说，如果人类学观察是正确的，那么正确的或错误的、善与恶的区分就与集体认同的稳定化联系在一起，而不能称作是道德的。这样，最终人们也只能想到"准神圣的"特征，其游戏规则甚至出牌规则，在社会中被纳入一定语境中。这就表明，这些规则的高度情感地占有。当然，现在，维护游戏规则或出牌规则的要求，总是一个道德要求。但规则本身不是道德类型，即使它内含着"必须"范畴。这个规则说明，人们在一定情境中，必须做或不可以做某些确定的事情，或人们以一定方式做或不可以做某些事情。这个"必须"或"可以"，不是道德"必须"或"可以"，毋宁说，它是规则"必须"或"可以"。对游戏规则来说，或对玩耍某种类型的游戏来说，它是结构性的。尽管人们能够猜测，在有很少差异的认知条件和社会条件下，每个规则"必须"范畴都获得了道德"必须"氛围；但这并只能意味着，正是随着差异不断增长，道德原则与非道德原则才区分开来。"这里不仅关系到，传统道德规范为道德原则所代替；而且关系到，传统规范仿佛分裂为道德原则与非道德原则——语法的、审美的、法律的、结构的规则等。"②

当然，尽管史前社会的规范共识与道德共识不能相齐并论，但将两者相齐并论的情况却很容易出现，这是因为，在柯尔贝格③之后的道德心理学中流行的"传统的"道德意识观念带来了这个启示：似乎所有"传统的"规范都是道德规范或以道德为基础的规范，但即使能够由此出发：史前社会的共同规范表达"以利益为基础"的"普遍化"，那也不能够得出结论说，它总是趋向和个体利益相对立的共同利益的有效性模型（如哈贝马斯所表

① Albrecht Wellmer, *Ethik und Dialog*, Frankfurt/M.: Suhrkamp 1986, S.156.
② Albrecht Wellmer, *Ethik und Dialog*, Frankfurt/M.: Suhrkamp 1986, S.157–158.
③ 柯尔贝格（Lawrence Kohlberg, 1927—1987），美国道德心理学家。

述的那样）。

（三）不同有效性要求相互交织

对道德领域来说，从"是"到"应当"过渡，不是通过最终的规范基础，而是通过道德视点本身开辟的。但在这个对道德判断关系重大的事实阐释中，已经弄清了一个审美体验：道德话语也向审美话语开放。因为不仅语言为价值判断所浸染——在其中，人们谈论人的生活世界和历史；而且在可选择的生活世界取向关照下的事实也被描述为不同的——在其中，道德立场与经验信念相互交织在一起。"这似乎导致了循环，并最终导致了相对主义。但这个循环不是理论问题，而是实践问题。从理论上看之所以关系到循环，是因为实践取向与经验信念的交织，在任何地方都不能通过最终的前提来保证。这些前提不是内在批判的前提，或在新的体验关照下原则上关涉的批判的前提。"[1]

实际上，在生活世界中，道德的、实践技术的、审美的、真理的观点或话语，总是相互联系在一起。这样，合理性就不仅体现在相互容忍不同观点的能力中，而且体现在以正当方式相互联系的能力中。但是，在或多或少的强尺度上，也近似适应于从制度上区分的科学的、艺术的、法律的"价值领域"。 首先，在法律情况中，它是显而易见的；其次，谈到艺术，正如泽尔[2] 所说，审美有效性的意义，应当通过审美话语中经验的、道德的、表现的有效性要求的交织来解释。最后，谈到科学，应当根据科学类型提出不同问题。人的科学、社会科学仿佛与有效性要求的生活世界交织，即使它使得经验真理与理论真理特殊化。维尔默指出，也许，数学自然科学是经验科学的唯一典范，它只还处在规范的边缘，更谈不上追赶审美提问方式；谈到道德提问方式，这关系到研究的目的与应用；谈到方法学的与语法学的提问方式，这关涉科学的基础。因而，对意义领域区分来

---

① Albrecht Wellmer, *Ethik und Dialog*, Frankfurt/M.: Suhrkamp 1986, S.164.

② 泽尔（Martin Seel），德国哲学家、美学家，法兰克福大学教授。

说，也因为在全部现代哲学中，数学自然科学成为真正的典范，即成为纯粹真理有效性的典范。这在哈贝马斯、阿佩尔那里，也是如此。

然而，维尔默怀疑，从道德规范有效性出发，是否能够恰当地重构不同有效性领域的内在关联。维尔默说，尽管自然科学知识对道德冲突也起很大作用，但塞拉斯的下述假定几乎没有意义：对道德论证来说，自然科学也是或不是经验事实标准。（在始终如一的经验主义者塞拉斯那里，事实陈述不可能是自然科学的事实陈述，因而它最终不可能是真的。然而，如果（像哈贝马斯、阿佩尔那样）用塞拉斯的标准校正经验事实概念，那么社会事实领域就成为了谜：仿佛又必须从有效性区分领域出发把它们组合在一起。"这也许弄清楚了，为什么在普遍语用学中，极端的真理有效性概念只与极端的规范有效性概念相对立。事实上，真理共识论在哈贝马斯、阿佩尔理论中，或许是神秘的唯科学主义残余的补充。"①

维尔默指出，审美有效性从来不能够被归属于哈贝马斯意义上的有效性要求，这就暗示着，有效性领域不能根据言语行为理论论证的类型学标准和有效性维度区分开来，从而不能归属于理论的、实践的、审美的话语，而是在理论话语与实践话语内部，对不同类型的有效性要求和所属的论证形式之间进行区分。维尔默说，具体科学的共同点在于坚持真理问题，它们不依赖于道德规范有效性或审美有效性，因而不必从理论话语变成实践话语或艺术批评话语；而且，这里并不关涉单个陈述的真理性，而是关涉陈述关联（理论、解释、重构、阐释等）的有效性，它们能够在自身中以复杂方式表述出来；另外，从范畴上看，其有效性既不可以与单个陈述的真理性，又不可以与语言系统的适当性相齐并论。"在理论话语中，关涉陈述与陈述关联的有效性；在实践话语中，关涉行为的正当性。"② 就是说，理论话语主要关涉较高类型的命题组成部分的有效性，自然也关涉单个陈述的真理性；实践话语关涉行为的论证和评价，即关于政治的、法

---

①　Albrecht Wellmer, *Ethik und Dialog*, Frankfurt/M.: Suhrkamp 1986, S.167.

②　Albrecht Wellmer, *Ethik und Dialog*, Frankfurt/M.: Suhrkamp 1986, S.168.

律的、经济的、技术的、审美的或道德的正当行为问题。在这里，不同论证形式和不同有效性标准与不同正当性立场相适应。"在理论话语中，合理性标准总是从行为的有效性要求或有效性要求与前提的内在关联中产生出来；在实践话语中则产生出附加问题，它关涉相互竞争的合理性标准并必然被相对化；实践理性最终不能表述为行为合理性的不同维度，譬如技术合理性、经济合理性、道德合理性或审美合理性，以适当方式相互关涉又相互相对化的能力，而是表述为跨合理性的判断力。"①

不过，在"判断力"中被暗示的，对理性要素的中介来说，只有在此时此地才是正当的，即总是可论证的，但没有普遍的或最终的解决办法。在这个语境中，"非理性"被理解为对整个体验领域与有效性维度而言的部分的非感受性，因而被理解为以适当的方式相互关涉不同体验维度与有效性维度的无能为力。最后，在审美话语中，既不关涉陈述的有效性又不关涉行为的正当性，而是关涉审美对象的意义和有效性，即关涉审美有效性要求。正如在理论话语和实践话语中一样，在审美话语中，阐释、经验断言、道德正当性要求相互联系在一起，但它们不是审美话语的论题，而是审美话语的论据。在审美话语中被论证的东西，是审美的价值陈述；但这不指明审美对象的有效性要求，它适应于审美对象，并且只有在审美体验中才能兑现。

总之，理论话语、实践话语、审美话语相互交织在一起，但总是关涉不同的东西，即理论话语指向有效的陈述、解释和阐释；实践话语指向正当的行为、立场和决定；审美话语指向审美对象的适当感受。当然，在这些不同的话语内部，不同论证形式总是以多种方式相互联结在一起：论证总是从立场和前提出发，指向它们的意义。可是，借助普遍语用学论证的不同有效性要求，不能使不同论证形式的相互内在关联成为显而易见的。换句话说，仅仅借助语言行为的区分，既不能使有效性领域的区分又不能

---

① Martin Seel, *Die zwei Bedeutung kommunikativer Rationalität, Bemerkungen zu Habermas' Kritik der pluralen Vernuft,* Maunskript, 1985,S.16.

使它们的内在关联成为可理解的。

综上所述，为了建构民主伦理学，维尔默需要对康德的形式主义伦理学，以及哈贝马斯、阿佩尔的话语伦理学进行批判性重构。为此目的，维尔默首先批判话语伦理学的两个前提，即真理共识论与最终论证要求；然后对话语伦理学的基本原则，尤其是 U 原则进行了重构，并对其中蕴含着的普遍有效性要求进行批判性反思。在对真理共识论进行批判时，维尔默不仅批判了"强"真理共识论，而且批判了"弱"真理共识论，并着重论证合理共识并不是真理的标准，因为合理共识并不必然是真的。从真理的二律背反出发，维尔默阐明真理只是一个视角问题，断定每个真理都是相对的。在对最终论证要求进行批判时，维尔默试图阐明，论证规范根本不是道德规范，合作规范与话语规范是对立的。在对话语伦理学 U 原则重构中，维尔默将 U 原则不是视为合法性原则，而是视为道德原则，并认为 U 原则是绝对命令的话语伦理学重述。在有效性要求批判性反思中，维尔默分析了道德规范有效性，以及规范共识与道德共识关系问题，并明确指出，道德"应当"根本不能通过规范有效性要求的逻辑重构来完成，因为规范有效性要求与道德规范有效性要求不能相齐并论。诚然，维尔默怀疑从道德规范有效性出发，是否能恰当地重构有效性领域的内在关联，但他相信理论话语、实践话语、审美话语交织在一起，尽管它们关涉不同的东西。在该章中，我们讨论了维尔默对话语伦理学的批判性重构，第七章试图阐发维尔默的民主伦理学构想。

第七章　民主伦理学构想

在《伦理学与对话》关于道德哲学的论文中，维尔默一方面强调，康德的道德普遍主义有助于程序合理性概念从形式主义逻辑中解放出来；另一方面又反对哈贝马斯的真理共识论的合法性可能，以及阿佩尔对无限制的理想交往共同体的最终论证要求。在此基础上，维尔默对话语伦理学进行了重构，并试图建构民主伦理学构想。这样，介于形式主义伦理学与话语伦理学之间的民主伦理学构想，在维尔默思想体系中就占有重要地位，甚至可以说是维尔默政治伦理学的核心。

一、政治哲学与道德哲学统一

（一）"是"与"应当"

在西方伦理学史上，著名的"休谟问题"集中体现在《人性论》第三卷中。我们知道，休谟的《人性论》有三卷，其中，第一卷（4章）论知性；第二卷（3章）论情感；第三卷"道德学"（3章）分别讨论了"德与恶总论"、"正义与非正义"、"其他德与恶"。在"德与恶总论"中，休谟提出了"是"与"应当"的关系问题，被后人称为"休谟问题"。这就是："在我所遇到的每一个道德学体系中，我一向注意到，作者在一个时期中是照平常的推理方式进行的，确定了上帝存在，或是对人事作了一番议论；可是突然之间，我却大吃一惊地发现，我所遇到的不再是命题中通常的'是'与'不是'等连系词，而是没有一个命题不是由一个'应该'或一个'不应该'联系起来的。这个变化虽是不知不觉的，却是有极其重大的关系的。因为这个应该或不应该既然表示一种新的关系或肯定，所以就必需加以论述和说明；同时对于这种似乎完全不可思议的事情，即这个新关系如何能由完全不同的另外一些关系推出来的，也应当举出理由加以说明。"①也就是说，在休谟视阈里，从事实判断推出价值判断在逻辑上是不可能的。继休谟之后，康德也认为道德法则不可能从关于人类幸福或关于上帝意志的命题中推出来。他说，"应当表达了某种必然性，以及那种在整个自然中本来并不出现的与诸种根据的联结……于是这个应当就表达了一种可能的行动，这行动的根据不是别的，而只是单纯的概念"。②

因而，波普尔说，自休谟以来的"是"与"应当"、事实与价值之间的二元论，意味着从断言命题或陈述中推出规范命题或价值判断，在逻辑上是根本不可能的。维尔默指出，"是"与"应当"的基础不同，根据"是"陈述或"应当"陈述的意义，不仅"是"陈述而且"应当"陈述都有完全不同的标准。因而，"是"陈述或"应当"陈述的可能论证和批判有完全不同的形式，以及两者之间可能有不同的关系。就是说，尽管"是"与"应当"的区分以规则与规范存在为前提，但对规则与规范的承认内含着"是"与"应当"的区分。"这个区分是伦理学的前提，但只有当行为与实际有效的社会规范之间的一致，不再被视为对该行为进行辩护的最终审判机关时，才有了伦理学问题。"③

在西方思想史上，"辩护问题"（Rechtfertigkeitsproblematik）在两个方向上被极端化：一是通过合法性问题，即规范正当性；二是通过伦理价值问题，即行为正当性。在这两种情况下，都关涉"是"与"应当"的区分在更高反思阶段上的揭示，即在合法性问题中，关涉事实规范与价值规范区分；在伦理价值问题中，关涉行为规范的实际要求和规范要求的关

① 休谟：《人性论》，关文运译，商务印书馆1996年版，第509—510页。
② 康德：《纯粹理性批判》，邓晓芒译，人民出版社2004年版，第442页。
③ Albrecht Wellmer, *Endspiele. Die unversöhnliche Moderne*, Frankfurt/M.: Suhrkamp 1999,S.95.

系。简言之，一方面关涉规范的批判与论证；另一方面关涉行为动机的评价。这两者都要求规范正当性与行为正当性的标准——通过实际预设规范固定下来的标准。这样，欧洲传统意义上的伦理学就得以形成并进入以下两个问题域：一是个体伦理学不能长期地通过接纳共同体制度和规范而得到保证，即合法律性与道德性的分离，良知审判机关的稳定化。二是社会制度和规范停滞于，其合法性仿佛出自中立的事实，即"合法律性"（Legalität）与"合法性"（Legitimität）的区分。"归根到底，欧洲道德哲学，就是从个体伦理学和政治哲学两个维度对这两个问题的加工处理。"——维尔默如是说。

黑格尔哲学是为重新统一伦理学和政治哲学这两个相互分离领域所进行的最后的伟大尝试。因为在维尔默看来，黑格尔证明了由具体的政治共同体伦理解决的道德意识的虚无性，以及被主体权利伤害的制度的虚无性。实际上，在黑格尔那里，美好生活问题只有通过在具体国家伦理中的特殊性与普遍性的和解才能解决。因为他相信，只有承认现存国家中伦理观念的现实性，下述洞见才是可能的，即个体自主只有在成为理性的城邦基础上才是现实的，是用这个幻想（普鲁士国家的真理是特殊性与普遍性的和解）换来的。然而，"随着这个幻想的瓦解，黑格尔统一伦理学与社会理论的尝试就失去了信用"[①]。

毫无疑问，黑格尔试图在政治哲学框架中召回的哲学伦理学是普遍主义伦理学，它的基本原则是理性，并把所有人相互承认为"理性的存在"；或者说，绝对命令范畴是对这个基本原则的描述。维尔默说，黑格尔完全承认普遍主义伦理学，即承认道德意识必须成为普遍的，因为道德意识与概念的唯一可能关联点就是：理性本质领域。但黑格尔在双重意义上将康德伦理学批评为抽象的：其一，康德伦理学的普遍主义是空洞的，就是说，康德借助将伦理学还原为形式原则（绝对命令范畴），而不再涉及伦

---

① Albrecht Wellmer, *Endspiele. Die unversöhnliche Moderne*, Frankfurt/M.: Suhrkamp 1999, S.97.

理学及相应的道德意识内容。其二，康德伦理学从理性和感性之间不可和解的冲突出发，这样他就没有觉察到（1）只有当理性普遍化为个体的特殊利益并在理性规定的行为中满足个体特殊性时，伦理行为才是可能的；（2）当社会制度和规范嵌入个体的动机结构时，特殊性与普遍性、区域利益与理性要求总是能够和解。当然，黑格尔很少否定"是"与"应当"的区分，他更感兴趣问题的是，个体的感性也总是必然能够变为理性的，理性也总是必然与感性联系在一起。因而，他试图将康德的普遍主义伦理学整合进政治哲学中，为此阐明了两种可能性：一是理性主义伦理学的正确的意志形成，成为理性主体间性伦理生活关系的基础和前提；二是伦理观念现实只能被理解为理性兴趣与幸运意图的和解、特殊性与普遍性的和解。

　　在维尔默看来，马克思坚持了黑格尔的两个前提：其一，深入到理论理性的实践理性概念，也已经深入到先于理论的对象结构中，因而其可能的客观性条件结束于理论的规范基础中。其二，对所有自由的攻击并不是理想的假定，毋宁说，它只能被合法化为（内在意义上的）历史过程的解谜，其意义的现实化只能在超越特殊利益道路上才能被有效地理解。这样，马克思理论的前提就是，在所有人非强制承认的规范概念中，特殊性与普遍性和解，但他同时借助从黑格尔那里得来的实践理性概念转向对黑格尔的批判。"这个批判转向规定着马克思理论的规范基础，同时也规定着其历史视角和实践意义。"① 因而，尽管马克思的政治经济学批判还依赖于黑格尔的提问方式，但在马克思理论效果史上，规范伦理学与经验社会理论双双陷入了实证主义，即使不是在马克思那里，也是在马克思主义传统中仍然重复着"将'是'还原为'应当'、将'应当'还原为'是'的"中立主义错误结论。相反，法兰克福学派批判理论家：其一，从一开始就试图在马克思理论内部为黑格尔的提问方式恢复名誉并赋予其意义，同

---

① Albrecht Wellmer, *Endspiele. Die unversöhnliche Moderne*, Frankfurt/M.: Suhrkamp 1999,S.99.

时又试图将这个理论理解为在经验理论形式中的市民社会批判和意识形态批判。"在唯科学主义时代，这想必是唯一例外的悖谬尝试，即试图在经验理论框架中赋予实践理性概念以意义。"[①] 其二，他们反对坏的主体性构想，并将自己的研究对象定位于社会；认为这个理论的规范基础不是从外部将对象提出来的。其三，他们还维护这个要求：在经验社会科学框架中，还能维护道德哲学与政治哲学统一。在这里，维尔默试图精确地阐明伦理学与批判理论的关系。这个问题，一方面关涉规范基础问题；另一方面关涉以马克思理论为取向的社会历史理论的历史视角问题。

众所周知，在马克思视阈里，批判的武器不能代替武器的批判，物质力量只能依靠物质力量来摧毁；但理论一经掌握群众，就会变成物质力量。因而，为了把握人民大众，理论必须变成物质力量。然而现在，自由不再表现为生存概念，而是表现为历史过程的乌托邦视角。也许，伦理学和社会理论坐标系发生了新变化。从这些变化了的坐标系中产生出了新的问题：

其一，在理性的社会组织中，实践理性现实化概念需要新的辩护，因为在黑格尔那里，对其辩护和阐释与下述问题紧密联系在一起，即现代国家伦理观念变成了现实。"在这种情况下，反对黑格尔，并在某种程度上为康德恢复名誉，看来是不可避免的。"[②] 其二，借助道德性与合法律性的和解而成为乌托邦视角，伦理学在至善关系伦理中失去了自己的新基础。所以维尔默说，如果不想跟在黑格尔的后面对道德立场进行批判，那么社会理论就只能接受介于抽象原则和具体行为之间的功能，而不必保留固执的道德意志和无实体的纯粹空间意义。这样，就产生了这个问题：马克思主义对黑格尔的接受与批判立刻与两个同样坏的选择风险联系在一起，即回到与政治理论分离的纯粹伦理学，或伦理学还原主义。其三，在批判的

---

① Albrecht Wellmer, *Endspiele. Die unversöhnliche Moderne*, Frankfurt/M.: Suhrkamp 1999,S.97.

② Albrecht Wellmer, *Endspiele. Die unversöhnliche Moderne*, Frankfurt/M.: Suhrkamp 1999,S.100.

社会理论对虚假意识批判中，必须同时被内在地和超越地对待。所谓"批判理论必须被内在地对待"就是指，它想真诚地保留自己的前提，即实践理性现实化主要指向与对象相联系的事情。作为内在批判，它证明虚假意识的非真理性，借此它就缺乏对自身要求的意识。所谓"批判理论必须同时被超越地对待"就是指，只要其批判标准不真正成为社会标准，那么虚假意识的真理性不为个体所承认。这样，在马克思理论意义上，批判理论就受到了两个坏的二难选择的威胁：一是作为启蒙工具的理论话语过分追求的危险；二是已经被启蒙的理性被个体精英物化管理的危险。因而，在批判的社会理论框架中，要么是唯心主义结论，要么是斯大林主义结论。同质化的黑格尔体系的碎片独立化的危险，看来不能证明部分地为康德恢复名誉的必要性。

　　总之，这三个从伦理学和社会理论变化了的坐标系中产生出来的问题，与不同于黑格尔理论的解决办法是相互依赖的。"即批判理论规范基础的辩护和阐释必须同时解释哲学伦理学状况，既不能忘记对道德立场的批判，也不能躲进事实的规范性中。它必须解释意识形态批判的可能性条件，既不能放弃客观性要求，又不能使自己的标准（与之相联系的客体）物化。"①

（二）法律规范与道德规范

　　维尔默指出，如果用哈贝马斯的普遍语用学、阿佩尔的先验语用学解释的话，那么现代程序主义合法性类型，就可以被解释为根本上属于语言理解结构，即使这样的解释并不总是为言说者所承认。实际上，在真理共识论论证中，哈贝马斯关于 U 原则作为道德原则的描述，就很不幸地与程序主义合法性原则混为一谈。"谈到哈贝马斯对道德原则与合法性原则的混淆，迄今为止我已经将道德问题与规范正当性问题的区分当作前提来

---

① Albrecht Wellmer, *Endspiele. Die unversöhnliche Moderne*, Frankfurt/M.: Suhrkamp 1999,S.101.

阐释。为了简单起见，我试图将这个区分主要阐释为道德规范与法律规范的区分。"① 它体现在以下三个方面：

第一，与道德规范的对立，法律规范将成为有效的或失效的。维尔默指出，如果法律规范是有效的，那它就是对某些参与者圈子有效。因而，法律义务就是现存法律规范有效的功能。相反，如果道德规范被视为独立于法律生效行为而有效，那同样被视为道德义务。因为谈到道德规范，人们总是这样来思考：它或像道德原则一样是不确定的（"人的尊严是不可侵犯的"）；或像继续联系的道德义务那样（"帮助陷入困境的人"）；或以从特例出发的可能性为基础。就是说，法律规范与道德规范的区分取决于，人们能很容易弄清楚，"人的尊严是不可侵犯的"这个基本法则（作为道德戒律）也独立地存在于宪法中。这个道德戒律被当作法律规范纳入宪法中自然是有意义的。不过，道德义务概念与规范有效性要求论证概念联系在一起；法律义务概念与社会规范有效性概念联系在一起。"只是由于道德规范有效性与法律有效性不能叠合，我们才能从根本上质疑：在何种程度上，我们有遵守实际有效的法律规范的道德义务；并且，如果我们以合法规范与非法规范区分的道德论证为前提，那么总是有意义地被询问：在何种程度上，我们有尊重非法规范的道德义务，或在某些情况下，我们是否能够有道德权利甚或道德义务，违背合法规范。相反，如果某人提出这个问题，即我们是否有遵守无效的道德规范的义务，也许是废话。"② 不过，如果道德义务概念是规范有效性领域区分的结果，那就可以将普遍的合法义务与特殊的道德义务区分开来。

第二，法律规范与道德规范的对立是结构性的。如果没有构成性规则的大部分，人们根本不可能思考法律体系。按维尔默理解，法律规范是构成性规则。在这个意义上，它不仅确定权利和义务、授权和许可，而且超越了程序的、制度的或组织的构建。例如，联邦议会选举、政府决定、法

---

① Albrecht Wellmer, *Ethik und Dialog*, Frankfurt/M.: Suhrkamp 1986, S.114.

② Albrecht Wellmer, *Ethik und Dialog*, Frankfurt/M.: Suhrkamp 1986, S.116.

律颁布、赋税征收，没有法律规定的相互支持的构成性规则系统，几乎是不可能的。当然，像英国的状况一样，相应的制度和程序系统，仿佛能够是判例的，就是说：历史地形成的，正如在革命情境中，新的制度和程序能够自发地形成一样。这大约是一个协商体系。但对规则的结构性特征来说，它是否被明确地编成法典或只是以普遍的理解为基础，并不起决定性作用。法律规范的结构方面将导致法律规范出现在系统形式中，又产生了可以比较的游戏规则。道德规范之所以不具有这种系统特征，是因为它关涉在预先确定的世界中正确行为问题。其中，法律规范也属于在现实中被预先确定的东西。因而，在道德立场下，法律规范的社会有效性首先是一个事实：我大约知道，如果不正确地填写选票，那我的声音就不被计算在内；或者，如果我违反交通规则或税收法则，那就必须考虑被惩罚。

第三，法律规范与道德规范的区分还在于，法律规范通常与外部认可的法律威胁联系在一起。维尔默说，就法律构成性规则而言，法律认可完全在于，不遵守规则的行为在法律上是无效的或是不起作用的，如果程序规则被违背的话。在其他情况下，法律认可存在于法律规定的惩罚中，如监禁、罚款、公民名誉权丧失等。"我们甚至能够断言，道德规范，如'不能杀人'、'不能说谎'等，主要是在法律惩罚法则形式中发现的。"[1] 不过，如果人们弄清楚，一个行为在道德上是否是卑鄙的，或是否应当将它置于惩罚之下，这是两个不同的问题；那么道德规范与法律规范区分的必要性分析就尤为清晰。例如，不能将奥斯维辛集中营的言语视为道德上卑鄙的，但却能够对之进行普遍的惩罚威胁。然而，道德规范根本不与外部法律认可联系在一起，即道德善的行为不是被强制的，而是合乎法律行为。在道德情况下，本质的认可是内在的："负罪感"、"悔恨"、"自责"、"自我鄙视"等。但由此，道德"必须"或"应当"就不能与法律"必须"或"应当"具有同样含义：如果我不做我必须做的事情，会发生什么？维尔默说，在道德"必须"情况下，只能是这种类型的回答：我将与（不能被看见的）

---

[1] Albrecht Wellmer, *Ethik und Dialog*, Frankfurt/M.: Suhrkamp 1986, S.118.

我自身不一致。在法律"必须"情况下，典型的回答在于外部法律认可的威胁。

维尔默指出，法律有效性概念中的事实性要素，其中有与外部法律认可体系中不同的某些也是法律的东西，但法律体系不能长期通过纯粹暴力来维持，即参与者的法律体系的本质组成部分，至少被承认为合法的，因而与道德义务联系在一起的，也属于法律的社会有效性。然而，"有效的法律"与"被承认为有效的（合法的）法律"并不具有相同含义；毋宁说，在法律有效性概念中，承认要素与"强制性"（Erzwingbarkeit）以复杂方式混合在一起。这样，"我是否、什么时候、在多大程度上有遵守有效的规则（或应用它）的道德义务，这个问题也许根本没有意义"①。可是，在法律的合法性与所有参与者的自由同意概念（因而最终是民主程序概念）联系在一起的地方，"法律状况"（Rechtszustand）就成为不可思议的。也许，实质性的法律认可是不必要的，因为冲突已经在非暴力形式中被解除。"尽管假定没有监狱的社会是可以思议的，但假定没有外部法律认可的法律的可能性，是否有意义——在我看来是不确定的：在这里，道德'外化'到实证法中，其外部法律认可也隐含着某些从规范内部强制中的解放。"②

维尔默承认，对法律规范与道德规范的区分的分析，并没有注意到传统社会的具体伦理；但在向后传统道德过渡中，道德的"去习俗化"同时意味着法律的"习俗化"：在某种程度上，法律规范被自由支配，即使屈从于道德规范限制。实际上，有些道德规范已经被当作法律规范，并用好的论据纳入联邦德国宪法中。

（三）法律合法性与道德规范有效性

现在，维尔默试图详细阐明，普遍主义道德原则与民主合法性原则为

---

① Albrecht Wellmer, *Ethik und Dialog*, Frankfurt/M.: Suhrkamp 1986, S.119.

② Albrecht Wellmer, *Ethik und Dialog*, Frankfurt/M.: Suhrkamp 1986, S.120.

什么能够、在什么意义上能够被区分开来。维尔默说，在两种情况下，正确的和错误的区分，与非强制形成的共同意志（即参与者的理性意志）联系在一起；但是，这个共同意志被给予了不同的阐释。

第一，道德成为凌驾于法律之上的审判机关。正如前面所说，在向后传统社会过渡中，道德的"去习俗化"同时意味着法律的"习俗化"。可是，随着法律与道德相互对立的发展，法律被置于道德要求下，而道德则成为凌驾于法律之上的审判机关。因而，下述命题就与程序的民主合法性概念阐发联系在一起，即如果法律秩序能够被理解为隶属它的共同意志的表达，那它就是合法的。"现代自然法直到康德都试图拟定一个法律合法性概念，但是现在关涉法律体系参与者的共同意志。法律状况与道德情境，从结构上看是某种不同的东西：在法律状况下，关涉参与者的肯定的共同意志，以及某些生活准则；在道德判断中，关涉在具体情境中接触到的、我们能够作为普遍行为方式的东西。"[①] 不过，在维尔默看来，法律合法性概念，完全是一个"反事实的"（kontrefaktische）用法。也许正是在这个意义上康德才说，立法者只可以颁布人民能够自己做出决策的法律。可是，在现代合法性概念逻辑中，倘若所有参与者最终被承认为有参与集体意志形成过程的平等权利，那就是民主观念。当然，如果有效的法律应当是这样的，以至于所有参与者能够共同地决定它，并且如果所有参与者原则上有参与个体决策的平等权利，那么他就理解，规范问题的公共论证阐释在每个（试图在现代合法性概念意义上，实现合法权利并保障其合法性承认的）尝试那里，必然起核心作用。在这种情况下，对法律规范或法律规范体系来说，这个论证尝试就意味着，与所有其他参与者不同，用好的论据证明，为什么所有善良意志与明智规范的社会有效性，必须能够被评判为对所有人来说都是同样好的。

维尔默说，哈贝马斯从根本上使规范有效性与实际论证的内在关联的特殊情况成为规范有效性的典型案例，但 U 原则因此而退回到（康德已

---

① Albrecht Wellmer, *Ethik und Dialog*, Frankfurt/M.: Suhrkamp 1986, S.121.

经清楚地拟定的）道德问题与法律问题的差异背后。这就意味着，尽管哈贝马斯看到了规范正当性的结构层面，但未达到道德规范有效性问题。当然，这并不是一个例外，而完全奠基于这个事实基础上，即现代自然法契约论理论家（从康德到哈贝马斯），要么在法律合法性问题准备阶段，要么在法律合法性问题基础中，处理道德规范有效性问题。因而，话语伦理学的合法愿望，使反道德的反启蒙退回到与普遍主义道德的联系中，并同时将康德伦理学与现代自然法扬弃在自身中。不过，只有当不退回到已经达到的问题区分的背后，这个愿望才能实现。

第二，道德论证逻辑是通过普遍主义道德原则确定的。当然，这不是在关于社会所有成员经验假说意义上理解的，而是在论证与信念划界意义上理解的。维尔默说，规范有效性（如上帝意志、自然秩序或传统权威）相互竞争的源泉，以这个划界为前提。就是说，在道德论证中，行为方式普遍化是道德行为正确的标准，或道德价值尺度的前提。"我的论题是，在这个前提下，道德论证几乎不关涉行为状况与需求状况的阐释，以及行为与痛苦的自我理解；换言之，如果我们对情境阐释与自我理解取得统一，那么道德冲突在所有情境下都得以解决。这就意味着，我们是否能够期待（以理性方式）使我的准则变成普遍准则这个问题，或多或少地与我的情境阐释、我的自我理解、我的阐释是否是恰当的、是否是有的放矢的、是否是真实的这个问题具有同样意义。这个'我们'，使得话语伦理学如此地令人不安，以至于彷佛隐藏在我的情境描述、我的现实立场、我的自我理解的有效性中。因而，对批评和论证阐释来说，出发点就在于此。"[1] 就是说，维尔默从这个前提出发，即"道德论证逻辑是通过道德原则确定的"[2]。

这个论题可以在两个不同层面上阐释：

一是集体的阐释模式层面，这在同性恋、妇女角色、教育、堕胎或儿

[1] Albrecht Wellmer, *Ethik und Dialog*, Frankfurt/M.: Suhrkamp 1986, S.125.

[2] Albrecht Wellmer, *Ethik und Dialog*, Frankfurt/M.: Suhrkamp 1986, S.138.

童权利中能够找到合适的例子。当然，普遍主义道德代言人从一开始就不相信，在同性恋、妇女角色、教育、堕胎或儿童权利中不存在道德问题，毋宁说，他们相信，同性恋使人堕落，妇女没有能够理智地自决，为了成为独立的人儿童首先必须学会顺从。"在这个意义上，下述观点是可疑的，即不再能够用好的论据捍卫道德立场，而是与之相关的道德立场也应当改变；打骂儿童——在道德上是可疑的，如果我们认识到，它不是必要的教育措施，而是无意义的伤害；在法律上禁止、在社会上歧视同性恋——在道德上是可疑的，如果我们认识到，对同性恋的谴责是没有根据的；阻止妇女自我实现——在道德上是可疑的，如果我们认识到，关于妇女本性的传统观点是不可靠的。换言之，社会上有效的道德取向（它们也许决定对同性恋、妇女、儿童的态度）植根于集体的阐释模式"①。

按维尔默理解，集体的道德学习过程，不是在用论据质疑并修正这种模式的地方发现的。一般情况下，这样的修正不仅是在论证媒介中，而且是在"为承认而斗争"压力与新体验影响下出现的。这种学习过程的结果，是一种谈论和对待同性恋者、妇女、儿童的新方式。在这种新方式中，参与者总是看到自己并像对待自己那样对待他们。但从道德上看，这关系到彷佛失去了基础的不平等与不平等的消除。这样说来，集体的道德学习过程，就存在于通过对传统的社会阐释模式与立场进行批判性消解而带来的相互承认关系拓展中。这样，人们就能看到，错误的或意识形态的不平等对待彷佛有先天原型：在那些被证明的不平等对待情况中，人没有、或还没有、或不再被给予平等自决的现实可能性。

这有三个例证，即儿童、严重的精神病人、罪犯。不过，维尔默并不想被人误解成自己坚持这样的观点：正是儿童、精神病人、罪犯，为赋予超越传统观点限制的自决概念以有效性提供了例证，但他把人的可能的自决当作人的本质的"亚通货"来对待。这样，它们的意义就必须被激进化。关于儿童的社会化、关于心理疾病的本性、关于犯罪原因的观点必须被消

---

① Albrecht Wellmer, *Ethik und Dialog*, Frankfurt/M.: Suhrkamp 1986, S.126.

解。由此可见，康德的洞见，即自由只有在自由的训练中才能学会，今天在民主心理学全新的应用范畴内又发现了新的例证。但是，这样理解的理想的极限价值，人们不曾考虑过：并非意义的满足，而是无意义的消除，才是道德进步的原因。

二是复杂情境中的道德判断层面，维尔默区分了三种不同形式："我称情境为道德上复杂的，在其中，不同的道德要求彷佛相互遭遇，而不可能是简单的或单义的决定；我称情境为道德上不透明的，在其中，道德行为的意义是不清楚的：要么因为行为者误会了它的动机，要么交往情境总体上是扭曲的；我称情境为实践上不透明的，在其中，我们的行为结果是不清楚的。因为，道德上复杂的或许是这种情境，在其中，我想自己提出这个问题：我应当（或可以）真正地帮助他吗？道德上不透明的或许是这种情境，在其中，我必须询问自己：我想真正地帮助他吗？实践上不透明的或许是这种情境，在其中，我问自己：我能够以这种方式帮助他吗？"[1]显然，所有这三种形式都必须被考虑到，如果想询问具体情境正确行为的道德论证逻辑的话。但是现在，人们能够将道德上不透明的情境归于有效性的真诚性维度；将实践上不透明的情境归于有效性的经验真理维度；相应地，人们能够将道德话语维度，用"理论的"或"经验的"话语名义来安置。

然而，为了弄清楚道德论证逻辑，将话语限制在复杂的道德情境中是不恰当的。维尔默认为，复杂的道德情境关系到下述问题：在规范冲突情况下，特例的论证如何被理解？这个表述包含着一个错误导向。如果规范在道德中是第一的，而且从逻辑上推导出来的，那么在复杂的道德情境中，道德判断的论证就不意味着特例的论证，最终只是行为方式的普遍性或非普遍性论证。不过，维尔默的出发点是，人（作为"理性的存在"）不能够期待相应的行为方式是普遍的。这样，从行为方式的非普遍性中就产生出了"不能说谎"这个规范，这是因为，你也许有一个好的、公开的

---

① Albrecht Wellmer, *Ethik und Dialog*, Frankfurt/M.: Suhrkamp 1986, S.128.

辩护论据，但这个论据只有在特例规范形式中才能被描述。这样，维尔默就走向了他思考的最后一步：在复杂的道德情境中，道德判断不能被理解为关于准则（在该词的严格意义上）普遍的判断。但这意味着，在这种情境中的行为方式的普遍的或非普遍的判断，最终只有通过具体情境分析才能被论证。即在这种情境下，道德论证主要关涉情境描述的适当性与相对完善性，包括在这种情境中给出的行为选择。

如果人们回想起道德"必须"或"应当"的消极谱系，那就变得很清楚了。就是说，不是行为的普遍性而是非普遍性，是道德判断与道德论证的首要论题。维尔默指出，非—非普遍的行为方式是普遍的，之所以不是同语反复，是因为它涉及到否定概念与认知优先性。之所以是认知优先性，是因为行为方式的非—非普遍的稳定化，在一定情境中仿佛是道德判断形成的基本程序。现在清楚的是，作为非普遍的行为方式的评判，在既定情境中被理解为行为方式的功能。也许，是否将逃犯交给警察理解为合法的国家暴力行为，或是否将无助的、未犯罪的逃犯投入监狱的复杂行为，依赖于是否将相应的行为评判或不评判为非普遍的。但在既定情境中，至多一种阐释是正确的。这样，道德判断力就被理解为把握行为情境的能力，而道德话语主要是在道德立场下正确理解现实的话语。

第三，如果在道德话语不同维度中能够获得共识，那么道德冲突一般都可以得到解决。"在这个意义上，我们能够说，我们是否能够期待以理性方式使一个行为成为普遍的这个问题，主要是对具体情境的恰当理解问题……我们作为'理性的存在'能够共同期待的东西是什么的问题，实际上可以归结为这个问题，即我们作为参与者如何能够恰当地理解我们的期待情境。不过，就这个问题而言，很少存在有判断力的人的统一的共识；对道德论证来说，通常比对所有人的实际同意更重要。"[①] 因而，人们不能将真诚性与真实性从道德话语中排除，而不剥夺其实体。当然，即使在排除那个实体性方面之后，也还保留了道德规范论证问题；毋宁说，被称

---

① Albrecht Wellmer, *Ethik und Dialog*, Frankfurt/M.: Suhrkamp 1986, S.132.

为"道德话语核心的"东西，表征着道德判断形成方面：它要么通过自身来理解，要么不再容许与主体间性相联系的决定。"这是比听起来更少悖谬：为了看到道德论证不需要规范类型，我们必须放弃，道德判断只有通过追溯到规范才能被论证这个前提。当然，我不想否定，道德判断负载着一系列普遍规范；在这个意义上，我们很容易承认，在道德论证中总是关系到规范论证。但关键在于，我们如何理解规范论证与行为方式评判的内在关联。"①

（四）规范论证与规范应用

在《新左派评论》访谈中，哈贝马斯坚持道德规范论证问题与应用问题的严格区分，并对之做了独特论证。他说，规范论证根本不属于道德理论的义务，而是关涉参与者道德话语的事情，即在这个问题中提出的东西，根本不应是为道德理论正确划界，而是有关"应当容忍参与者是什么"的道德话语的正确理解。因而，人们不应当过度要求道德理论，而容忍社会中的几个或参与者中的大多数，这或许就是道德话语。不过，在维尔默看来，在道德规范情境中，论证话语与应用话语不能够相互分离。只有看到了这一点，才能将道德判断形成问题，在具体情境中阐释为道德规范应用问题。"我相信，这里提出的对道德论证阐释更加强化了话语伦理学基本概念的说服力。即在一般情况下，道德戒律与道德观察构筑在情境阐释（包括被从话语中抽走的需求阐释与利益阐释）背后。但在事实的抵抗中，总是潜在地隐藏着对人的伤害。因而，情境阐释与自我交往理解或话语解释，不仅关涉合理义务状况，而且在很大程度上关涉道德规范等级。"②

在《新的不了然性》中，哈贝马斯认为，道德规范论证问题与应用问题的严格区分是康德最早做出的。但是，维尔默试图证明，由于康德坚持道德原则的严肃主义，从而系统地忽略了应用问题。他说，"如果复杂的

---

① Albrecht Wellmer, *Ethik und Dialog*, Frankfurt/M.: Suhrkamp 1986, S.134.

② Albrecht Wellmer, *Ethik und Dialog*, Frankfurt/M.: Suhrkamp 1986, S.134–135.

道德情境，不能在同样意义上被置于基本道德原则之下，并且原来被论证的东西，是某种情境中的行为方式的普遍性或非普遍性，那么论证问题与应用问题就不再能够在哈贝马斯意义上被相互分离开来。夸张一些，我们能够这样断言，在道德规范论证中涉及到的东西，就是道德规范应用问题；被'应用的'东西，就是道德原则本身。"[①] 就是说，道德话语所关涉的东西，就是道德立场应用于具体社会问题情境，应用于个体行为情境。简言之，道德规范论证问题具有应用问题的特征。维尔默指出，诚然，哈贝马斯的下述说法是正确的，即"没有规范……包含着自身应用的规则"，但这种情况下，它不是再对论证问题与应用问题分离的辩护；毋宁说，这表现为两个不同的应用问题的相互奠基：其一，如果既定规则、行为规范，应当被应用于具体情境，那么在这种情境中，规范论证与规范参与就是两个不同的东西，即规范论证以规范应用为前提。不过，随着法律与道德区分，以及向后传统道德过渡，道德意识从既定规范内涵中解放出来，才为道德问题产生出其他应用问题。其二，道德话语与这个问题（道德立场如何总是能够以正确方式起作用）有关；并且在推导意义上，道德话语与规范论证有关，即它本质意义上是"应用话语"（Anwendungsdiskurs）。因而，道德话语和道德判断力是不同的东西。

按维尔默理解，"道德的语用学论证是不可能的"这个命题，是与下述命题联系在一起的：如果人们不能看到，在最终审判机关中不是论证而只是接受的话，那人们就不可能走向美好生活。因为人们并不能理解成功的个体化过程：从康德意义上说，这个过程与目的本身没有什么不同；从黑格尔意义上说，它不能嵌入到相互承认结构中。"在语言中，相互承认关系体现为规范有效性要求，并且，作为语言上的规范有效性要求，总是内在地关涉所有有语言能力的存在之可能的同意。准确地说，这个尝试的合法性在于，试图在语言基础中寻找普遍主义道德。但是，相互承认关系的自治路径在语言媒介中是不可思议的，如果不事先给出（与我们的道德

---

① Albrecht Wellmer, *Ethik und Dialog*, Frankfurt/M.: Suhrkamp 1986, S.136.

自我存在条件联系在一起的）情感承认的道德'必须'基础的话。"① 当然，在这个道德"必须"的暴力中，还可以看出（作为伴随着自我成长过程威胁的）实际暴力的微弱痕迹。在普遍主义道德中，这个实际的暴力被扬弃在非强制的论证中。可是，只有当道德原则代替纯粹"必须"时，才能意识到扬弃的代价。对其自身来说，对相互承认关系交互结构的伤害，归因于交互结构的内在化。就是说，后来（正是后来），作为有效性要求的道德"必须"范畴，在为了美好生活条件的实际知识中得以扬弃。

二、法哲学与伦理学内在关联

（一）合法律性与道德性

维尔默说，"为了阐明法律原则与道德原则如何相互关联，我想直接引用它们之间的一致与差异。"② 在他看来，在将它们表述为规范的普遍化原则时，法权学说与伦理学说是一致的。它们的结构性一致在于，这两者固有的共识原则或对话原则最终被压抑了。在这个意义上，康德的形式法概念直接反映了绝对命令范畴的形式特征。在最坏意义上，法权学说与伦理学说之所以是"形式的"，是因为康德使实践理性概念中固有的"程序形式主义"，在关键点上停留于逻辑语义学的形式主义。然而，法律原则是行为法则，道德原则是行为标准，两者之间的差异首先关涉行为与行为的关系：对法律概念而言，行为动机不被考虑在内，但它却处于道德原则的核心。这样，从行为的合法律性与道德性区分出发，就产生了两者内容上的差异。因而必须明白，康德从法律与道德中引出的两个概念，纯粹共和国与目的王国，使实践理性的主体间性生活关系相互关联。"康德如此构建二者的差异，以至于理性法的实证化没有国民相应的'道德化'也是可以思议的；此外，二者并不在相同意义上表征人类的实践—历史使命。

---

① Albrecht Wellmer, *Ethik und Dialog*, Frankfurt/M.: Suhrkamp 1986, S.141.

② Albrecht Wellmer, *Endspiele. Die unversöhnliche Moderne*, Frankfurt/M.: Suhrkamp 1999,S.107.

粗略地说，二者的关系可以描述为，法律义务总是关涉道德义务；但法律许可在道德上并不总是可能的。这样就能够说，道德原则比法律原则更强烈地限制在可能的行为领域；另一方面，它总是赋予根本上有效的法律原则以天生的义务特征。"[1]

在康德视阈里，法律与道德的关系，只有在与先天构成的权利概念并不符合的法律关系条件下，才是有效的；然而，如果看不到康德对非法的国家暴力拥有者所做的反对性估计，那就误解了康德法哲学的这个矛盾点。因为康德假定，不仅革命者而且压迫者也有善的良知，但也由此产生了压迫与革命之间并非不重要的"道德非对称性"。正是在非法统治正常运转情况下，参政党的法律与道德冲突是可以理解的，不过，在反对非法统治秩序的抵抗与革命情况下是不适合的。这样，就可以把法律要求与道德要求置于康德的自然权利与道德义务概念中。如果从法律与道德的联系出发，就产生出共和国法律状态的伦理表达。在每个法律的有效界限内，道德义务同时起作用。这个状态或许是理性的实证法状态，在其中，任性的自由是根据普遍准则形成的个人自由，它是"唯一的、原初的、赋予每个人以力量的权利"[2]。因而，对康德来说，"每个人的任性的自由"应当这样来理解：至少在私人权利层面上，它意味着平等地支配财产的权利。

维尔默指出，在康德那里，普遍权利原则（Prinzip der Rechtsallge-meinheit）是进入公共权利之前的(私人权利或自然权利) 公民权原则。"在法则普遍化要求中隐藏着正义原则，即以普遍准则为根据的自由意味着对所有人平等的自由。那么，对所有人平等的自由意味着什么呢？对这个问题的回答，康德像黑格尔一样，又回到了自然法的自由与财产的关联结构。但康德与洛克、黑格尔不同，自然状态不是被描述为财产的原初追逐状态……而是从所有人追逐和支配自然状态的普遍权利出发，目的是在主体间性关系层面上，分两步来反映事物的自然状态：在自然状态中，财产

---

[1] Albrecht Wellmer, *Endspiele. Die unversöhnliche Moderne*, Frankfurt/M.: Suhrkamp 1999,S.108–109.

[2] Immannul Kant, *Grundgelungen zur Metaphsik der Sitten*, in: Werke, Bd Ⅳ , S.345.

是通过暴力方式获取的，同时非暴力的交换原则得到了拓展。"① 对康德来说，从私人权利向公共权利过渡，产生于国家的功能规定。国家的功能在于保障宪法状况稳定。在其中，所有人的权利平等原则得以实现。因而法则所要求的，主要是通过统一的人民意志从法律概念中直接得到的结果。这个法律概念是先天的实践理性概念，因而是满足普遍化原则的法则。

对康德来说，从普遍权利原则过渡到公共权利状态，要求引入第二个权利原则：作为"共识原则"（Konsensprinzip）的公共权利原则。在康德那里，与理性法概念相对应的公共权利是一种国家权利。在其中，所有人的意志是一致的。就此而言，每个人对所有人、所有人对每个人都以同样方式决定。因而，只有普遍的、统一的人民意志才是合乎法则的。这样，目的王国概念就有政治实践的对应物：共和国的法律状态。实际上，这两个概念是相互阐释的，但康德并没有抛弃二者的差异，即在法律方向上，康德对这个问题做了肯定回答：纯粹共和国的实现，能够（和应当）被理解为某种独立于国民道德化的可能；在道德方向上，康德用"不"来回答这个问题：目的王国被理解为自然王国，其现实性以国家观念为前提。当然，在重构意义上，下述观点必须给予辩护：法律概念与道德概念被归属于两种相互联系但又不同的共识形成类型。

在《永久和平论》（1795）"附录"中，康德"从永久和平的观点论道德与政治之间的分歧"，并"根据公共权利的先验概念论政治与道德的一致性"。维尔默说，康德对法律概念与共识原则的关联是很清楚的，因为他这样来理解法律自由，即它是一种不屈从于外部法则的权能。因而，康德的要求只能被理解为对立法者（无论谁都一样）的要求，即法则似乎能够从全体人民的统一意志中产生出来。然而，共识原则的意义根本不能从这个要求中产生出来。维尔默认为，康德的意见是很明确的：公共权利状态与理性法概念是相对应的，如果在共和国宪法框架中的立法追随代议制

---

① Albrecht Wellmer, *Endspiele. Die unversöhnliche Moderne*, Frankfurt/M.: Suhrkamp 1999,S.111.

立法团体的话。事实上，"从法律概念中不仅可以引出对每个实际立法者的要求，而且可以引出宪法的规范表述。从经验上看，宪法是通过统一的人民意志而接近的立法；并且，它是通过代表使法律成为宪法的共和国立法。因此，共识原则必然有不同于普遍权利原则的其他意义和论证。"①

在这里，维尔默提出了一个实用的论证：如果通过政治权利普遍保障公民参与立法，那么，与法律概念相对应的立法，以及公共话语和公共批评积淀于立法行为中，就同时保障了产生内外和平的机会。康德知道，在不是假想的而是事实的立法情况下，在所有实际的普遍共识表述层面上，通过统一的人民意志立法也是不可能的。不过，在这种情况下，通过超越社会组织的基本规范与立法程序产生的共识，至少可以保证法律规范的直接的合理共识。维尔默强调，在康德那里，尽管不缺乏实用的考虑，但是缺乏共和国理想的系统要求。当然，为了将普遍权利拓展为共和国理想共识原则，康德至少有两个系统的论据：一是以"希望不受任何伤害"（volent non fit injuria）这个基本原则为基础；二是与法律概念向实证法过渡直接相联系。这两个论据是从先验法律概念的经验描述，即它的政治现实中内在地产生出来的。"因而，康德的公共权利的共识原则，是作为普遍权利原则实证化要求的必然结果产生出来的。"②

这样，从普遍权利原则向公共权利的共识原则过渡必要性中得出的结论就是，为了评判法律概念实证法则的恰当性，只有作为形式法则的普遍原则是不够的，因为它只描述了法则必要但非充分的条件。此外，它还要求，根据国民的"统一的人民意志"表述它的内容。换言之，带有实证化要求的形式法则变换为实质法则，（更好地说是）程序原则，也导致了关系到所有人权利平等原则实现的利益和需求的共识。"康德并未准确地认识到其法权学说的影响范围。在此，我们能够给出下述原因：他试图将公

---

① Albrecht Wellmer, *Endspiele. Die unversöhnliche Moderne*, Frankfurt/M.: Suhrkamp 1999, S.114.

② Albrecht Wellmer, *Endspiele. Die unversöhnliche Moderne*, Frankfurt/M.: Suhrkamp 1999, S.115–116.

共权利理论（'公法'）留下的'空白'，在私人权利理论（'私法'）分析中通过引入独立的论证程序加以填充。在自然法传统意义上，康德允许财产概念的'形而上学还原'。可能的普遍共识的根本内容在法律概念拟定中，即在私人权利分析层面上已经被先天地确定。"①

维尔默断定，康德法权学说是"意识形态的"。首先，在康德法权学说中，关于自由与平等关系有两个模型：一是话语模型，一是市场模型。从表面上看，前者被市场模型从内部加以限制，但实际上，这个限制是以市场模型外部引导为基础的；后者通过话语模型获得第二位的合法性。维尔默说，为了能够描述两个模型之间的连续性，康德必须假定，要么在市民社会中形成的财产分配能够被理解为通过原初购买、劳动或交换获得的；要么是从封建的或绝对的"扭曲"中解放出来的市民交换必须能够走向根据勤奋、天赋标准的财产分配。只有在这个前提下，财产所有者的特殊利益才能被理解为潜在可能的、普遍共识的利益。在财产所有者与非财产所有者政治权利不同的意义上，"主动的"国家与"被动的"国家的区分被纳入法权的形而上学中。就如康德所说，正是通过"努力、天赋和幸运"而成为财产所有者之后，为了"统一的人民意志"的形成，他作为"独立者"可以发出自己的、不依赖于他人的声音。就此而言，它只赋予财产所有者，即"独立者"以权利。其次，这个区分不仅是合法的而且是必要的，因为共识原则总是以是否能够合理地代表自身利益的区分为前提：作为国民的资格只能被理解为独立教化过程的结果。之所以有这个区分，是因为康德用教化过程占主导地位的国民自主代替经济腾飞占主导地位的独立。在这个假定中，康德法权学说的意识形态要素最为清楚地表述出来。再次，康德法权学说的内容，尤其是资本主义生产方式的结构性原则，是从实践理性中获得的合法性假象。"只要我们严肃地对待共识原则，那就会立即提出这个问题，是否不产生重新规定法律概念与道德概念的关系

---

① Albrecht Wellmer, *Endspiele. Die unversöhnliche Moderne*, Frankfurt/M.: Suhrkamp 1999,S.116.

必要性?"① 维尔默认为，合法律性与道德性区分、行为本身与行为原因区分，是没有问题的，但由两者所规范表征的主体间性结构，是有问题的。

（二）自然权利与规范伦理

现在的迫切问题是两种话语共识的区分：一种共识建立在论证基础上，对所有参与者来说是同样可以理解的；另一种共识归功于相互独立的个体策略性筹划趋同。维尔默指出，这两种共识形成类型的区分，实际上对应于康德伦理学基本思想与霍布斯以来现代自然法契约论结构基本特征的区分。不过，就康德对自然法契约论重构而言，重要的特征在于，他把契约论中内含着的规范转向与伦理学基本原则联系在一起；但这个思想转向与社会契约策略的坚持并不总是一致的：在康德视角中，社会契约概念获得了非还原主义的规范伦理内涵。

维尔默认为，康德有自己的好的论据：其一，在康德那里，通过抽象法实证化结果获得的直接的政治内容，来自于和实践理性的密切关联，它超越了商品生产和商品交换的私人占有的纯粹策略合理性。其二，从自由平等的市场模型出发解释，它只能归属于合理性类型。与此对应，康德一方面将理性法实证化表述为道德义务；另一方面又强调，对这个任务的实践解决，必须是通过一个"天才的民族"才是可能的。总之，在法律与道德、纯粹共和国与目的王国的对比中，康德最终也表达了一个可疑的趋向，即事物的可理解秩序与经验秩序和解；相应地，康德法权学说与伦理学说，在意识形态方面是相互依赖的。"对这个给康德带来声望的用法的批判，必须瞄准与黑格尔的批判不同的方向，即它必须不同于这个目标：与康德的法哲学—道德哲学的意识形态的、坏的形式主义外衣不同的解放的批判动力，在黑格尔那里第一次被赋予了完全的意义。"②

① Albrecht Wellmer, *Endspiele. Die unversöhnliche Moderne*, Frankfurt/M.: Suhrkamp 1999,S.119.
② Albrecht Wellmer, *Endspiele. Die unversöhnliche Moderne*, Frankfurt/M.: Suhrkamp 1999,S.121.

　　在《法哲学原理》"抽象法"部分，黑格尔研究了传统自然法的材料，但对自然法的使用范围做了决定性限制：他否定作为自然法原则非法应用的国家的自然法契约论，并把作为财产所有者的个体间的交往确立为私法的有效领域。当然，对黑格尔来说，抽象法也表征着这个领域：在这个领域中，根据普遍准则调节的任性的自由成为定在。具体地说，在《法哲学原理》第三段，即在反对卢梭的理性的普遍意志构想中，可以找到黑格尔对自然法民主观点的论证。在那里，黑格尔坚持认为，个体间自发立约的契约模型，只有有限的有效性，尽管它在已经建构起来的国家框架中。因而，为了使规范秩序获得最终的有效基础，仅有这个模型是不够的。因为现代自然法的"自然状态"，实际上标志着从封建制度和绝对主义桎梏中解放出来的市民社会历史状态。这首先意味着，通过保障政治制度的法律状态，是成为个体权利能力和立约能力普遍可能的条件；其次意味着，在自然法结构中假定的"自然人"即政治人，不仅关涉其工具理性而且关涉其动机结构。"只有在一定限度内，这个理论虚构才是有意义的。但这样的虚构，既非在历史上又非在有效逻辑上成为由财产保障的国家秩序的基础。国家的'目的'也必须超越仅仅由财产决定的个体的特殊目的。换言之，国家的'目的'不能根据前政治的个体的目的和利益重构。"①

　　按维尔默理解，国家的"目的"是普遍的法律秩序的稳定化和实证化，因而不再被还原为众多财产所有者的特殊目的；毋宁说，通过实践理性原则而先天地给予个体。尽管保障所有经由财产决定的个体平等的"任性的自由"属于国家功能，尤其是属于现代国家功能，但如果不在与国家基本功能(它使得作为道德行为者与国民的个体美好的、正当的生活成为可能)相联系的语境中理解国家功能的话，那就是误解了这个功能。因而，追求私人目的的、被承认和被保护的资产阶级，尽管是现代国家的产物，但却不是整个国家的真理。维尔默说，也许这与黑格尔对自然状态的重构不

---

① Albrecht Wellmer, *Endspiele. Die unversöhnliche Moderne*, Frankfurt/M.: Suhrkamp 1999,S.123.

同：在其制度结构中，没有超越从个体私利出发来理解问题。"基于这个理由，我们不能将个体看作是在国家中实现了的理性普遍化结构的最终关涉点，不如说，它是在国家中实现了的具体伦理。只有它才能使个体的理性生活（作为对所有人平等的'任性的自由'要素）成为可能。可是现在，在自然法契约论结构中表现出来的国家原子主义观点，对黑格尔来说并非是简单的'错误的'；毋宁说，黑格尔承认，社会关系的原子主义观点是现代市民社会结构必要的、必然的假象。"①

关于黑格尔对国家的自然法契约论的否定，维尔默试图从以下三方面进行处理：

第一，维尔默试图询问，黑格尔否定国家的自然法契约论结构的论证，在多大程度上触及到康德关于这个结构的精确的规范重释？维尔默说，诚然，在康德那里，肯定没有黑格尔的下述洞见，即抽象法、道德、伦理处于相互关联中，因而处于社会生活过程的历史主体间性特征中；但很难说，迄今所讨论的黑格尔论证的关键点，不能在康德的相关体系中进行描述。因为，为了规范地阐明"纯粹共和国"概念，最终意味着所有公民的共同意志非强制形成概念，康德使用了虚构的社会契约论。在这个语境中，既不关涉国家制度形成的重构，又不关涉对"自然的"个体特殊利益规范要求的有效逻辑重构；毋宁说，只关涉普遍共识能够变成法律秩序意义上的先天推出的人类历史结果。此外，不应当忘记，在康德时代资产阶级混战时期的共和国意义上，契约论构想已经获得了虚构的制度状态；同时在历史上它是有作用的。维尔默认为，康德是从个体理性出发构造国家理性的，就此而言，可以称他的观点为原子主义的。因而，迄今所讨论的黑格尔的论证并没有真正触及到康德的立场，但触及到了比对现代民主国家宪法进行自然法论证与批判更多的东西。例如，触及到了这个证明：在国家宪法，即自然法原则的政治阐释中，表现出对这些原则的功能与可

---

① Albrecht Wellmer, *Endspiele. Die unversöhnliche Moderne*, Frankfurt/M.: Suhrkamp 1999, S. 123–124.

能的有效范围的基础主义误解。简言之，触及到对人民民主自决政治概念的批评。

第二，维尔默试图将自己的观察与黑格尔的论证结合起来，对黑格尔的思想进行改写：以个体意志为中介的国家理性概念，只能被理解为国家的具体伦理，主体意识总是晚于在国家伦理中出现的具体伦理。"对黑格尔来说，国家中的个体应当在自身特殊利益中感到满足……但我们应当理解，在民主权力结构与权力控制形式要求意义上，现代国家中公民的'基本权利'虚假化。这样，黑格尔就又看到了模型无思想的滥用。不过，下述说法是完全有意义的，即大量拥有平等权利的个体模型，总是追逐偶然的特殊目的，它们在目的框架中相互统一。"① 因而，如果想使这个模型成为国家组织的基础，那就意味着国家向特殊利益和主体任性过渡。这样，对黑格尔来说，民主意志形成就以个体从制度关系中分离出来为前提，实际结果只能是混乱和暴政。

第三，维尔默试图阐发黑格尔的论证在保守的国家哲学框架中的意义：

首先，黑格尔的第一个论证指明了现代国家特有的复杂性，并通过现代国家中的个体解放使特殊性与普遍性和解问题获得了新的意义。对黑格尔来说，以孟德斯鸠学说为基础的德性意义，在社会状态形成中不足以作为国家原则；毋宁说，为了使自由生成的、相互追逐的特殊权利与国家的普遍目的和解，它需要在制度中客观化了的理性原则。因而，制度的保障在于，在客观必要的东西与具体问题内涵中的洞见，在国家事务中被赋予意义；且只有在这种情况下，自我管理与代议制要素（黑格尔从来不怀疑其重要性），通过代表共同利益的强大的行政管理体制而得到平衡。但是，黑格尔讽刺代议制对自然法的民主阐释。维尔默认为，人们能够在普遍性的两个不同阶段上讨论黑格尔的这个论证。在第一阶段，黑格尔的论证是

---

① Albrecht Wellmer, *Endspiele. Die unversöhnliche Moderne*, Frankfurt/M.: Suhrkamp 1999,S.126.

从抽象法或市民社会出发分析的，在对自然法的政治经济学批判道路上，马克思清除了黑格尔保守的结论。在第二阶段，对现代社会体系来说，富有特色的是个体解放趋向、民主自我管理与理论上可以克服的管理的中央化和控制化之间的张力。不过，"今天，黑格尔的论证仅仅在普遍性的第一阶段上还有需求。因为它关涉现代社会体系问题，在世界的任何地方，它都有利于民主的权力结构和权力控制形式的解决。在这个立场上，我们能够将黑格尔的这个论证（与下面讨论的论证联系在一起）评价为这个尝试：反激进民主意识形态的'无意义性抱怨'类型的论证……显然，如果人们想在普遍性阶段上讨论黑格尔的论证，那他们首先必须准备恰当的理论语境。"①

其次，黑格尔的第二个论证，与在人民立法的民主构想中个体与国家关系的抽象原子主义观点相对立。他认为，具体国家是在特殊领域中形成的整体。在这样的国家组织中，个体从来不是作为个体出现的，而总是作为地位成员、共同体成员、联盟成员等出现的。所以，为了从根本上质疑现代民主代议制观点，黑格尔自始至终批判下述观点，即地位代理人被视为"某个人的"或"某些人的"代表。不过，黑格尔的论证根本不能为自己保守的结论辩护。维尔默说，只要人们从黑格尔关于市民社会中"伦理缺失"分析出发，并最终在相反方向上思考黑格尔对资产阶级代议制民主的批判，那就可以看出，在这种情况下，对作为国民的个体的抽象原子主义观点的批判，就意味着对资产阶级和市民阶层混用的批判。因而，对黑格尔论证的一般内核，"现在或许可以这样描述：对理性提出更高要求的集体意志形成过程，至少在复杂社会条件下，只能出现在制度体系框架中。这个体系必定是不同阶段的集体认同与归属体系或权利分化体系。当然，也可以这样表述：为了协商与理性地决定公共事务，所有总是同时作为平等的自由人出现的个人，都被描述为'理解的空洞抽象'（不是在反

---

① Albrecht Wellmer, *Endspiele. Die unversöhnliche Moderne*, Frankfurt/M.: Suhrkamp 1999,S.128–129.

对坏的经验实在性意义上，而是在概念混乱意义上），也就是说，对抽象的权利平等思想而言，有可能的经验模型，即资产阶级所有制；对作为最终结果的民主平等观念而言，没有可能的经验模型。因而，实现民主观念的每个尝试，必定结束于混乱与暴政。"① 由此可以说，黑格尔的这个思想的正确方面与错误方面是掺杂在一起的：正确方面在于，民主的，即非强制的集体意志形成，依赖于先验原则与可能的制度之间的范畴区分；错误方面在于，反对现代国家中权力结构与权力控制的民主形式原则的论证。这样，黑格尔反对民主论证的原子主义理解就表明，它从有利于组织结构的协商体系转向有利于普鲁士的君主立宪制。

再次，黑格尔从分析市民社会出发，最终获得了批判自然法民主概念最为有力的论证。运用这个分析，黑格尔指向了自然法传统和资产阶级革命之间特有的矛盾地位。一方面，在自然法实证化中，黑格尔看到了普遍人权在市民社会中的实现；另一方面，黑格尔非常清楚，特殊性与普遍性，即特殊利益与理性目的真正和谐的市民社会，从公民的共同生活来看是不可能的。"由黑格尔诊断的市民社会矛盾的原因在于：一方面，他毫不迟疑地欢呼资产阶级革命成就；另一方面，他又拒绝资产阶级在民主自治意义上对自然法的政治解释。根据黑格尔的看法，在市民社会中表现出来的感性缺失，只能通过独立于这个社会运动原则的伦理实质，同时在成熟的、被扬弃的国家中得到补偿"② 。这样，黑格尔必然假定，市民社会法律秩序的工具性假象，对个体自治目的来说，渗透进作为整体的市民社会中，或者说，所有通过社会体系出现的自私自利，尽管仿佛在个体的背后，但从大的方面和整体上看，它也同时促进所有人的福利。不过，维尔默认为，黑格尔对这点的分析是有歧义的。"他悄悄地摇摆于解放的市民社会两种不同的交换模型之间：一是追溯到古典政治经济学（财产所有者

① Albrecht Wellmer, *Endspiele. Die unversöhnliche Moderne*, Frankfurt/M.: Suhrkamp 1999,S.130.
② Albrecht Wellmer, *Endspiele. Die unversöhnliche Moderne*,Frankfurt/M.: Suhrkamp 1999,S.132.

劳动竞争模型）；二是依赖于马克思的政治经济学批判（阶级社会模型）。"①

在资产阶级生产方式模型中，不能说所有人的福利都以个人的自私自利为中介；毋宁说，"中介"概念假定了意识形态假象的特征。因而黑格尔强调，资产阶级生产方式的内在动力学，不仅需要关心个人与财产的安全，而且需要关心个人生活与公共福利——这个特殊的福利被作为权利来对待和实现。不过，对黑格尔来说，在实质正义立场下，将市民社会从政治上拓展到自然法国家是可疑的，如果资产阶级法律秩序支撑的保护财产所有者特殊利益不是在下述意义上表现为特殊利益的话。就是说，如果它的实现与非财产所有者的产生不可避免地联系在一起，那么在民主国家中成为政治公民的资产阶级，就不再是在共同的物质利益代表意义上而是在伦理实质实现意义上，期待特殊性与普遍性的和解。

维尔默说，在此，"我试图概括一下：从黑格尔反对人民主权的民主理解出发，我们又一次退回到他对以市民社会为基础的主题的分析中。借助这个论证，黑格尔将维护民主的要求抛到在国家中实现自由与理性概念的概念'主体化'中。"② 当然，只有在黑格尔哲学体系语境中，才能内在地讨论这个指责。但是，维尔默从黑格尔时代的历史经验出发，讨论"理性原则在国家中的客观化"思想，以至于系统地看，下述两条道路中只有一条才是可以公开保留的：要么将黑格尔的批判承认为强制的，但同时也告别了实践理性在人的社会生活中实现的观念；要么尝试着对（与黑格尔的批判相对立的）启蒙主义自然法的"主体主义的"真理要素进行重新规定，同时在实践理性的历史的—主体间性特征中将黑格尔的洞见从康德的视角中取回，像解释学所要求的那样。不过，黑格尔对启蒙主义自然法的主体思想思辨的克服，事后也失去了效用。由此可见，维尔默在三个层面上理解黑格尔的市民社会"形式的普遍化"：一是在法律、科学、文化领

---

① Albrecht Wellmer, *Endspiele. Die unversöhnliche Moderne*, Frankfurt/M.: Suhrkamp 1999,S.133.

② Albrecht Wellmer, *Endspiele. Die unversöhnliche Moderne*, Frankfurt/M.: Suhrkamp 1999,S.137.

域中，在普遍的主体教化形式意义上；二是在所有人的福利以个人自私自利为中介意义上；三是在市民社会运动法则借助独白的认知科学理解意义上。尽管如此，维尔默承认，黑格尔对市民社会的分析是研究人类解放史的不可逾越的阶段。

（三）自然权利与资本逻辑批判

维尔默认为，黑格尔的表述被马克思以特有方式在自然法意识形态批判意义上加以极端化，可是被马克思分析成必要假象的东西，不仅是现代市民社会的原子主义特征，而且是在自由平等基本规范意义上对它的阐释。这样，对马克思来说，这些东西不仅是和解国家的对象，而且是这些对象的真正形式，即两个社会阶级之间的对抗关系。因而，"马克思的政治经济学批判应当在自然法意识形态批判立场上进行讨论。就是说，马克思对等价交换进行的意识形态批判，同时被理解为自然法强调的自由、平等与私有制内在关联的合法功能批判。"[①] 维尔默指出，马克思对等价交换深层结构的分析表明，这种内在关联既是实在的又是虚假的。它并非偶然地确定革命的资产阶级的自我理解，毋宁说，作为与市民社会物质基础联系在一起的"必要的假象"，它描述了资产阶级统治的合法基础。这样，政治经济学批判，通过在这个方向上展开的资本主义生产方式分析，就解构了自由、平等与私有制内在关联的意识形态假象；相应地，在市民社会理论中，生产方式的结构观点、发生学观点、发展观点就越来越有内在关联。

但在马克思看来，一是建立在私有者交换关系基础上的普遍自由平等，必然以资本对雇佣劳动的剥削为前提，因而，它描述了资产阶级统治形式，尽管是出于意识形态要求。二是原始积累形成不能够被理解为通过个体劳动者与劳动产品的非强制交换满足自然占有的历史，毋宁说，它本

---

① Albrecht Wellmer, *Endspiele. Die unversöhnliche Moderne*, Frankfurt/M.: Suhrkamp 1999,S.138.

质上是暴力剥夺、掠夺与欺诈的历史，简言之，是社会政治暴力的历史。三是根据资本主义生产方式的内在逻辑，它导向了资本家与无产阶级之间尖锐的阶级对立、经济危机和工人阶级贫困化。[1] 因而，马克思根本否认自由、平等与所有制的内在关联。不过，为了揭露这个关联的虚假性，马克思仍将它们承认为完全实在的必要关联。

在下面，维尔默试图表明，马克思是如何与黑格尔的抽象法或市民社会分析联系在一起的。在马克思视阈里，自由平等不仅在以交换价值为基础的交换中被尊重，而且交换价值的交换是所有自由平等的创造性的现实基础。因而，"马克思关于自由、平等、所有制与等价交换内在关联的分析清楚地表明，这非常接近于黑格尔分析的缩写。"[2] 尽管浮现在黑格尔自然法研究中的货币知识概念，很少被添加进来。根据马克思的看法，货币是交换价值的实在化，并且只有在发展了的货币体系中，交换价值才可能变成现实；或相反，实际上，货币体系只能是自由平等体系的现实化。但是现在，马克思以不同于黑格尔的方式确定自由、平等体系的虚假性：个体间的相互自私自利关系不是虚假的，而是这个体系必然固有的；毋宁说，虚假的是等价交换本身的非强制性与正当性。

实际上，在马克思那里，就自由的雇佣工人与资本家之间关系而言，掩盖在等价交换形式下的是完全不同的关系：这种关系是通过没有交换的异化劳动占有刻画出来的。维尔默指出，这也许不应当意味着，市民社会中的等价交换不同于它的假象而出现；毋宁说马克思已经指明，正是通过等价交换形成而占统治地位的社会关系形式，使资本家无偿占有异化劳动成为必要。正是因为等价交换只有作为社会体系时才能实现，所以马克思否定劳动与财产的内在关联；并且，只要私有制采用工业资本形式，这个资本就不能只作为资本被建构和再生产，而是产生了非财产占有者。这

---

[1] Vgl. Albrecht Wellmer, *Endspiele. Die unversöhnliche Moderne*, Frankfurt/M.: Suhrkamp 1999,S.138–139.

[2] Albrecht Wellmer, *Endspiele. Die unversöhnliche Moderne*, Frankfurt/M.: Suhrkamp 1999,S.141.

样，与以所有制和等价交换为基础的自由平等体系的实在化同样必要的是，剥削与不平等体系的实在化；私有制形成成为所有社会关系的统治基础，同时也产生了非财产所有者阶级。不过，服务于市民社会中自私自利的普遍个体，并不是国家伦理生活关系，而是资本再生产过程。

维尔默指出，马克思的意识形态批判理论可以被视为市民社会要求与现实之间内在矛盾的揭示。就是说，人们可以这样来发问：对剩余价值而言，如果大量必要的异化劳动占有，既不违背抽象法原则，又不违背等价交换原则，那就能够谈论这些（与古典政治经济学内在矛盾）不同的矛盾？"在这里，人们能够抗议说，马克思用（不是市民社会规范的）正义规范来衡量市民社会；这样，马克思的意识形态批判就从总体上触及到了黑格尔关于实质正义预设的评判，它试图代替仅仅具有形式意义的抽象法的平等预设。因而，在这里必须想到，正是黑格尔试图将财产所有者的自由平等与公民的政治自由分离开来，同时对在资产阶级革命中有效的自然法，以私法的自由平等与政治自由平等之间的联系来表征。但这就意味着，在市民社会合法系统中，自由的财产所有者的市场模型与自由的、公共讨论的、民主决策的公民的话语模型是不可分离的。由此可见，被解放了的市民社会自然法的合法性依赖于这个假设：市民的财产秩序与生产秩序，是某些成为财产所有者的生产者自由协商的结果。这就意味着，在从洛克到黑格尔的所有自然法学说中，原初获得问题最有意义的原因。这样，以财产分配和交换为基础的所有制形成又一次需要辩护。

实际上，早在《政府论》（下）第五章中，洛克就假定了劳动与财产的内在关联。在洛克视阈里，等价交换的原初形式就是两个同样生产的财产所有者之间的劳动产品交换。就财产不平等起源而言，洛克给出了两个不同的理由：一是从其本性来说，人仿佛不是勤奋的和理性的；二是通过货币引入，超越财产所有者消费而积累财产成为有意义的、合法的。对此，马克思试图证明，对交换价值生产来说，劳动力变成使用价值，即进入自然法中的劳动、财产与等价交换的内在关联，在此变成了占支配地位的社会现实。这样，劳动者变成了非财产所有者，财产变成了非劳动与雇佣劳动的关系。"因而，劳动与财产分离，是（自然法学说、古典政治经济学预设的）劳动与财产内在关联的逻辑的、历史的前提。由此可以说，资产阶级私有制的产生不能被重构为通过劳动与交换占有财产的历史；毋宁说，作为劳动与财产分离的历史，它是暴力、抢劫、掠夺的要素"。[①]

从表面上看，马克思仿佛是为市民社会历史中的暴力印记恢复名誉，并使得市民社会历史结构中的持续暴力变得清晰可见。只有出于这个原因，马克思对前资产阶级所有制形式的历史重构与黑格尔对市民社会财产概念的逻辑结构之间才存在批判关系，对资产阶级私有制结构中固有暴力要素的遮蔽，是对其意识形态的辩护。同样，也是出于这个原因，市民社会的历史化（首先是在原始积累前史重构和对其进行阐释意义上）是对资本主义体系进行的意识形态批判。由此可见，这个体系可以保留下来的唯一合法可能性，就存在于对其历史效果的辩护中。现在，马克思通过资本主义历史效果，一再为资本主义历史辩护，但不是在市民社会理论家意义上；毋宁说，马克思事后毁灭了他们的幻想：资本运动逻辑不允许回到既是资本主义的又是合法的社会秩序中，相反，它作为资本集中、危机和大众贫困的动力学起作用。这个动力学同时发展了（在"生产者联合体"合理控制下，克服资产阶级所有制秩序而带来的）生产力。

实际上，马克思的政治经济学批判毁灭了等价交换体系与市民社会自由平等体系固有的非暴力假象。"在作为市民社会内在意识形态批判意义上，我们不难理解：内在地关涉非暴力的相互承认概念的实在化，可以冒充为市民社会的自由平等体系。然后可以理解：由马克思宣告的无阶级社会的共产主义，只有从其理论的批判语境出发才能被理解；而且，只有在超越和激进化资产阶级民主意义上，即在使自然法从资产阶级私有制基础实证化中摆脱出来意义上，它才有合法性。但是现在，在马克思关于资本分析的意识形态批判内涵阐释中，无疑隐藏着简单化倾向，准确地说，其

---

① Albrecht Wellmer, *Endspiele. Die unversöhnliche Moderne*, Frankfurt/M.: Suhrkamp 1999,S.146.

至与成熟马克思阐释的自我理解相矛盾。"① 因为青年马克思一再描述的资产阶级自然法的规范基础，到后期马克思那里仿佛转到思辨的历史哲学框架结构中，由此产生了经验的资本分析与思辨的历史逻辑学残余间最困难的"研究分工"。这样，青年马克思革命理论的历史哲学框架就为经验科学所代替。因而可以说，对科学分析规范基础的反思，在这个结构中是没有位置的。

维尔默认为，马克思对自然法意识形态批判的规范基础，必须在反对其革命理论的客观主义特征时才有意义。当然，青年马克思对批判的社会理论的规范基础或多或少进行了描述。为了澄清这一点，维尔默试图引证两个著名的文本：一是《黑格尔法哲学批判》；二是《论犹太人问题》。

在《黑格尔法哲学批判》中，民主被马克思视为"所有国家形式中的真理"，这意味着，在所有走向真理的国家形式中都有民主，民主是所有宪法已经解开的谜，因为在民主中，形式原则同时是实质原则，即民主是普遍性与特殊性的真正统一。在《论犹太人问题》中，尽管马克思在某种程度上认同黑格尔关于市民社会的分析，但他批评黑格尔关于国家与市民社会关系的论述，认为在黑格尔那里，通过资产阶级革命产生的国家与市民社会的关系，是"用头立地"的。事实上，政治革命将市民社会、需要、劳动、私人利益、私人权利世界当作自己发生的基础，当作与基础不远的论证前提，因而当作自己的自然基础。在马克思视阈里，就自然基础而言，普遍内容缺乏不像黑格尔所说的那样，是假象；毋宁说，市民社会的政治解放同时将这个社会从"普遍内容的假象"中解放出来。因为现在，政治共同体公开成为资产阶级获取权力的纯粹工具。这样，表面上使自由的具体自决固定下来的公民权，实际上与人权的获得手段就没有什么不同；公民权与人权也没有什么不同。因而，在自私自利的个体形态中的现实的人，正是在抽象的市民阶层形态中的被承认为真正的人。

① Albrecht Wellmer, *Endspiele. Die unversöhnliche Moderne*, Frankfurt/M.: Suhrkamp 1999,S.148.

　　维尔默指出，这也许隐藏着一个许诺：市民阶层代替资产阶级成为共同体的现实基础，不过自己根本不想断言，马克思解决了市民社会自然法的合法基础的意识形态内涵与解放内涵的分离问题。实际上，马克思更喜欢在人类学的道德范畴中而非经济学范畴中描述市民社会。然而，马克思对资产阶级共和国与革命的资产阶级宪法中人权与公民权状况的批判并没有特别引起注意：它用对市民自私自利的批评代替对资产阶级统治的分析。因而不清楚的是，在资产阶级共和国的政治形式与资产阶级宪法保障的公民权比较中，对资产阶级与市民阶层分离的克服有什么政治的—制度的意义。维尔默说，"为了将资产阶级合法体系的意识形态内涵与解放内涵联结在一起的谎言在适当的地方分离开来，需要对市民社会财产概念进行系统批判。可基于上述理由，马克思并没有严肃地提出政治经济学理论的加工问题；毋宁说，马克思的客观主义前提需要他最终否定这个问题。"① 当然，马克思服务于最困难的、自己都看不透的"双重策略"，或许是有意义的：一方面，他反对市民社会辩护者黑格尔"去意识形态化的"自然法的合法性概念；另一方面，他要求历史唯物主义转向黑格尔所反对的自然法的合法性概念与形式民主概念。"这就意味着，马克思将黑格尔对自然法契约论的批判……与他自己对市民社会自然法的意识形态批判，以完全困难的方式混合在一起。"② 谈到马克思理论的效果史和阐释史，维尔默赞同这样的看法：马克思并没有成功地将黑格尔对自然法批判的相对正确的和不正确的方面，与他自己对自然法的意识形态批判带入恰当的关系中。论据之一肯定是，马克思关于现代社会的社会主义转型的构想，也有某种程度的对立的立场（极权主义行政管理或极端民主立场）相对不困难地与马克思的思想要素联系在一起。

　　总之，按维尔默的看法，通过康德、黑格尔、马克思对自然法的接受

---

① Albrecht Wellmer, *Endspiele. Die unversöhnliche Moderne*, Frankfurt/M.: Suhrkamp 1999, S.150.

② Albrecht Wellmer, *Endspiele. Die unversöhnliche Moderne*, Frankfurt/M.: Suhrkamp 1999, S.151.

与批判的表明，对自然法的合理内核问题，他们没有一人能够找到令人满意的答案。具体而言，首先，尽管康德使自然法在理性法中的转型，非常接近于启蒙主义自然法的政治意图，但也没有将自然法的合理性内涵与意识形态内涵区分开来。基于这个原因，康德就堵塞了用财产概念前提重构自然法原则的可能性。其次，尽管黑格尔已经认识到，在市民社会财产概念基础上，不能兑现自然法的政治意图，但他由此得出了可疑的结论，即自然法的政治意图是不可阻挡的，并由此质疑资产阶级革命的政治贡献。最后，马克思仿佛回到了黑格尔对自然法的批判，并借此揭穿了资产阶级"自由、平等、财产"的意识形态性，但自然法的合理性内涵却从他的手上溜掉了。因此，迄今为止阐释的基础是，从现代自然法遗产中可以产生出诸如合理内核的东西。维尔默指出，尽管这个假定还需进一步论证，但是无论如何，非常清楚的是：这个前提表征着康德、黑格尔、马克思的理论有共同出发点与共同难题。"这些难题最终没有得到解决，他们三人立场的关系，根本不是在（从康德经过黑格尔到马克思）无异议的知识进步意义上重构的；毋宁说，只有对他们的立场之间的相互关系进行研究，他们对自然法的批判潜能才完全有意义。因而，只有在这个立场上（在某种程度上，这个立场必须被描述为康德、黑格尔、马克思共同的逃离点），才能提出对自然法进行合理重构的任务。"[1]

三、民主伦理与世界公民社会

（一）民主伦理与公民德性

　　与霍耐特借助杜威的民主伦理学构建自己的形式伦理不同，维尔默的"民主伦理"（Demokratische Sittlichkeit）概念是从黑格尔、托克维尔那里借来的。

---

[1] Albrecht Wellmer, *Endspiele. Die unversöhnliche Moderne*, Frankfurt/M.: Suhrkamp 1999, S.153.

从某种意义上讲，卢卡奇关于"黑格尔体系缺乏伦理学"的说法是正确的，因为黑格尔的"伦理"是指人类精神体现在共同体中的"本性"（Natur），它规定着共同体的建制，所以黑格尔的"伦理学"更像通常所说的"政治哲学"或"法哲学"。不过，黑格尔有大量关于伦理问题的思考。例如，在早期的《伦理体系》中，黑格尔将"伦理"分为三个阶段，即（1）根据关系建立的绝对伦理：需求、满足、劳动根据；财产、契约、二者同一；家庭。（2）否定，或自由，或犯罪：毁灭、盗窃、斗争。（3）伦理本身：国家宪法、政府（绝对政府、普遍政府），其中，普遍政府包括"需求体系"、"正义体系"、"训诫体系"。《精神现象学》之"客观精神"也谈到了"伦理世界"、"道德世界观"等问题。晚期的《法哲学原理》与成熟期的《哲学全书》第三卷《精神哲学》之"客观精神"是对应的，即"抽象法"、"道德"、"伦理"，分别讨论了财产权、契约、不法；故意与罪责、意图与福利、善与良知；家庭、市民社会、国家等问题。

黑格尔将古希腊伦理形式称为"美"在神话、艺术、政治中的相互渗透，通过这些渗透，它就成为"肉体的精神"与"精神化的感性"；但到后期黑格尔那里，古希腊伦理的"美"这个特征同时意味着它的界限，这在主奴关系辩证法中得到了体现。这两者，都与主体自由原则，即现代世界解放的基本原则联系在一起。维尔默指出，在对主奴关系的批评中，黑格尔阐发了这个原则的两个根本方面：其一，对奴隶制度的指责是可信的，即对古希腊自由民的自由平等来说，奴隶是必要的，但这与人作为人的自由原则、尊严原则处于对立中。与这个批评相关的是不可消除的普遍人权结论。[①] 在现代世界自然法传统（或现代政治经济学传统）中，人权集中于所有权及其道德的、法律的内涵。其二，黑格尔对主人制度的批评在于，他把主人制度刻画为对古希腊城邦行为进行合理讨论与合理自决的结构性限制。古希腊城邦的具体伦理是传统社会中的一种，它还没有将

---

① Vgl. Albrecht Wellmer, *Endspiele. Die unversöhnliche Moderne*, Frankfurt/M.: Suhrkamp 1999,S.24.

"直接的敌人、反思和意志的主体"纳入自身。在主人制度中显示出来的是，古希腊城邦中合理自决的局限性，同时标志着古希腊伦理的独断性。因而，古希腊世界观与古希腊神话是民主自我理解的基础，还不能成为合理性批判的可能的对象。当然，法律要求政治合法性形式。

由此可见，后期黑格尔试图为现代社会建构普遍的民主伦理概念。不过在他那里，民主伦理或许是第二阶段的伦理，因为第一阶段的伦理"只是习惯与风俗的伦理；因此还是在定在中的特殊性。"① 但由于黑格尔对现代西方世界民主精神半心半意的妥协，所以他总是将民主概念与对现代世界的指责联系在一起。维尔默说，尽管黑格尔对自然法原则进行了政治阐释，将它阐释为现代世界民主意志形成的形式原则，但他拒绝从政治上理解自然法。不过，其哲学论据是复杂的，最终很少是充分的。例如，黑格尔两个最重要的论据：一是用共同体主义指责自然法的个体主义，二是对现代社会差异性与复杂性的暗示，但他根本没有指明，在现代社会，自然法的普遍化原则并没有被翻译成民主伦理概念。"这是黑格尔法哲学的盲点"②。对于这个盲点有许多不同解释，譬如，尽管黑格尔是共同体主义哲学家，但他最终把精神理解为主体性而非主体间性；黑格尔并不拥有现代民主主义传统的直接经验；后传统的民主伦理概念陷入了理解困难；等。

维尔默指出，尽管在《法哲学原理》中，黑格尔试图将民主伦理概念建构为伦理的立足点，但他并没有说明，这种民主伦理如何对待传统的、前现代社会的伦理实质？就是说，黑格尔（包括马克思）由于缺乏实际的民主体验，而没有真正解决作为私人自主与公共自主中介的民主伦理问题。与此相反，托克维尔试图解决如何构想民主伦理问题，尽管他没有使用民主伦理概念。于是，维尔默把民主伦理构想追溯到托克维尔，并将民主伦理如何可能的视为政治哲学核心问题。

---

① G.W.F.Hegel, *Grundlinen der Philosophie des Rechts*, Werke in zwanzig Baenden, Bd.7,Frankfurt/M: Suhrkamp 1970,S.311.

② Albrecht Wellmer, *Endspiele. Die unversöhnliche Moderne*, Frankfurt/M.: Suhrkamp 1999,S.27.

在《论美国的民主》中，托克维尔讨论了美国的民主制度，例如，人民主权原则、联邦制度、司法制度、民主政府与人民统治、政党与社团、多数人原则与削弱多数人暴政、出版自由等问题；并讨论了身份平等与民主制度对美国市民社会、习惯、思想和民情的影响。他指出，要建立一个新世界，就必须有新的政治理论，这就是关于民主的基本原理。"身份平等的逐渐发展，是势所必至，天意使然。这种发展具有的主要特征是：它是普遍的和持久的，它每时每刻都能摆脱人力的阻挠，所有的事和所有的人都在帮助它前进。"[①] 托克维尔将美国的民主追溯到历史上形成的新英格兰乡镇自治制度。所以，维尔默将民主伦理理解为，不仅意味着平等的个体自由与法律制度化，同时意味着民主规范与民主精神伦理化。从形式层面看，是指宪法原则、政党制度、公民平等的政治权利；从实质层面看，是指公民处理个体与公共关系的民主习惯、情感方式。

然而，民主伦理概念的悖谬性似乎在于，它不是被"实体性地"、而是被"形式性地"，（按哈贝马斯说法就是被"程序性地"）规定的。事实上，根本不存在民主话语的伦理实体，因为民主话语条件规定着民主伦理内核。所以维尔默说，尽管个体基本权利与自由权利属于制度保障条件，但如果谈论民主伦理程序的内核，那是引人误入歧途的。当然，"我们也许能够这样来理解'程序的'（Prozedural）一词：它标志着伴有冲突与不一致的交往模式。在这里，民主话语的规范条件取向，尽管不是唯一的，但或许是定义判断力的唯一不可避免的入口。"[②] 这样，现代社会伦理实体的核心就必须聚集在程序上。这首先意味着，与其说它与和解的整体观念是不相容的，不如说这个观念是趋向于"总体的"（totalitär）。从向现代性转变视角看，这就是黑格尔在现代自由构成史中揭示的"伦理中的悲剧"（Tragödie im Sittlichen）。其次意味着，作为现代伦理形式的组成部分，

---

① 托克维尔：《论美国的民主》上卷，董果良译，商务印书馆 2004 年版，第 7 页，改动个别文字。

② Albrecht Wellmer, *Endspiele. Die unversöhnliche Moderne*, Frankfurt/M.: Suhrkamp 1999, S.68.

它建立在对特殊权利普遍相互承认基础之上。因而，"民主伦理概念并不规定美好生活的某些内容，而是规定相互修正的善的概念之平等的、交往的、多样的共生形式。"①最后还意味着，政治生活不再是美好生活唯一的、优先的实现之所。用黑格尔的话说，民主伦理就是体现"想成为自由意志"的"自由的意志"。但在本质上，这个自由意志只有在现代条件下才能包括特殊权利，即（消极自由的、善的多元冲突的）分裂的离心要素。

这样，在公民共和主义意义上，民主伦理与公民德性再次聚合为一个实体的整体就是不可能的。维尔默说，作为分裂的产物，自由民主社会同时是碎片化的；并且，社会碎片化与自由本身碎片化是一致的。所谓"自由本身碎片化"，就是指自由本身是无根的：它的实现之所不是能够要求对整体忠诚的、以区域为界限的共同体；而是自愿联合的可变网络与（不是由区域规定的，而是由主题、职业、性格规定的）忠诚在一定时空内迁移的联结点。因此，民主共和国必须解决自由秩序本身潜含着的社群主义与反社群主义之间的张力，它体现着民主团结与自由离心、社会责任与关心自治之间的动态平衡。但是，其德性与自由民主行为方式的惯常表达并无不同，因而在某种程度上，它只能被确定为程序的。"这种'德性的'自由的交往合理性与民主话语是原则取向，同时也是极端语境主义的……。简言之，它是普遍性的朋友、非了然性的情人、差异性的马戏演员。"②

从根本上说，维尔默试图阐明的问题是：如果社群主义基本动机只有在现代社会条件下才应被视为现实的、非反动的，那么它是如何实现的？在此，维尔默想对这个（他至今忽视的）问题，进行"内"与"外"区分。

所谓"内部问题"，明显在于，对民主伦理构成来说，仅有自由的基本权利是不够的，如果它不以适当方式与社会基本权利联系在一起的话。

---

① Albrecht Wellmer, *Endspiele. Die unversöhnliche Moderne*, Frankfurt/M.: Suhrkamp 1999,S.69.

② Albrecht Wellmer, *Endspiele. Die unversöhnliche Moderne*, Frankfurt/M.: Suhrkamp 1999,S.70.

因此人们能够说，就相关个体而言，自由的基本权利的价值，依赖于它与社会基本权利的适当联系；当然，不能严肃地谈论自由民主文化的共同善。在这里，自由的基本权利对整个社会阶级来说具有较少价值。如果说，维尔默忽视了这个西方富裕社会的"内部问题"，是由于他认为这个问题实际上是可以解决的，还因为它与似乎是不可解决的"外部问题"联系在一起。

所谓"外部问题"，就是关于分配正义理解问题。维尔默认为，沃尔泽关于分配正义的思考，是目前关于这个问题最令人信服的建议。作为这个建议的组成部分，维尔默看到了保证适当收入的要求，即为了使所有人的自主、自尊成为可能，要求足够的基本收入，至少对参与者而言，不必失去自由的基本权利。但可以猜测，社会正义要素与民主驯化、资本主义经济转型问题紧密地结合在一起。因而，在现实社会主义瓦解过程中，并不能只看到资本主义的胜利。恰当的假定是，现实社会主义终结又使资本主义批判延伸到原本属于它的地方：自由民主社会内部。就是说，现实社会主义终结是错误选择的终结，或许同时意味着资本主义经济独立机会。（维尔默承认对这个问题不熟悉，因而不能有更多阐述）。但维尔默看到，不仅沃尔泽的思考，而且主要是卡姆巴特勒[1]的思考表明，只有在自由民主理论语境中，对马克思政治经济学批判的创造性扬弃才是可能的。如果没有解构资本主义经济动力的传送带，就没有西方自由民主社会的未来。

由此可见，维尔默想要论证的东西是，只有平等的基本权利和参与权才能形成民主伦理的基础，从而形成现代社会共同善的规范内核。在这里，维尔默将民主权利定义为所有拥有公民权的人的权利。通过公民权，人被分为两个阶级，即（在一定社会中）拥有公民权的人，与（在这个社会中）没有公民权的人。这样看来，公民权的事实上的排他性不是虚构，毋宁说下述假定是虚构的：人们足以能够通过自治社会处理政治合法性问题，因而也能处理"共同体与正义"问题。维尔默指出，在现代政治哲学

---

[1]　卡姆巴特勒（Friedrich Kambartel, 1935—　），德国哲学家。

中，这个规范的虚构如此地占据支配地位，以至于不仅现代社会的内部秩序、公民权等主题被相应地规定；而且对自治社会主题的限制，很大程度上与主权民族国家或宪法国家体系的政治逻辑相一致。"现代革命中内含着的普遍动力，在（美、法、俄）这三次革命的历史中无限地变坏……我相信，在现代革命的普遍动力中，也许隐藏着某些必然的东西——它们不仅表现为美法革命中人权与公民权的概念联系，而且表现在马克思与俄国革命者的信念中：革命只有作为世界革命才能够成功。有鉴于此，我们要么把这些动力滥用为意识形态，要么误解为乌托邦。"①

然而，要正确地理解这些动力的话，那就可以说，它们标志着政治的—道德的—经济的最小值。如果没有它们，西方自由民主社会在全球实现，在很长时间内既非现实的可能又非道德的可能。这就意味着，现代世界的政治合法性问题，若不考虑普遍主义语境，就根本不能被恰当地对待。按维尔默理解，所谓政治的、经济的、技术的全球化，就意味着，区域性政治决策或经济决策，即使它们关涉民主，使越来越多的人与社会相遇，但却根本不能参与决策。"对这个事实的回答自然是超民族国家联盟，如欧共体；但每个人都知道，迄今为止，由于富裕国家与贫穷国家之间的对抗，超民族国家联盟只有在最高层面（较高组织程度）上才能够再生出来。"②因而，对维尔默的论证，即人们是否能够将主权民族国家或宪法国家或欧共体接纳为政治哲学特殊的关涉点，并不起什么作用；毋宁说，维尔默的论题是：没有这些特殊的关涉点的选择，更能走向恰当的规范取向。

（二）世界公民法与世界公民社会

据考证，"公民社会"（civil society）概念原本用于翻译亚里士多德"公

---

① Albrecht Wellmer, *Endspiele. Die unversöhnliche Moderne*, Frankfurt/M.: Suhrkamp 1999,S.73.

② Albrecht Wellmer, *Endspiele. Die unversöhnliche Moderne*, Frankfurt/M.: Suhrkamp 1999,S.74.

共政治"的，但这个概念在不同政治理论家那里具有不同含义。在《公民社会史论》（An Essay on the History of Civil Society，1767）中，弗格森①批判了当时流行的自然状态说，最早研究了现代公民社会问题。1768年，该书被译为德文，但"公民社会"被译为"市民社会"（bürgerliche Gesellschaft）。到《法哲学原理》中，黑格尔赋予这个概念新的含义，用来指称这样一些社会的、经济的、法律的关系，即个体的生活、福利以及他的权利的定在，都是同他人的生活、福利、权利交织在一起的需要体系。在《〈政治经济学批判〉序言》（1859）中，马克思将市民社会理解为物质生活关系总和。因而与黑格尔不同，在马克思那里，不是国家决定市民社会，而是市民社会决定国家。C.泰勒认为正是由于马克思的影响，市民社会概念才长期被当作纯粹经济学术语使用，以至于20世纪80年代以前，马克思主义传统对市民社会没有太大兴趣；甚至连葛兰西对市民社会的探讨、哈贝马斯对公共领域的分析，也没有受到应有的重视。但正如达伦道夫② 所说，在20世纪行将结束时，"civil society"在世界范围内又一次成为时髦，犹如它在两百年前曾经流行过的那样。不过"civil society"概念在德语里有几种不同译法：一是"bürgerliche Gesellschaft"（市民社会、资产阶级社会）；二是"Zivilgesellschaft"（平民社会）；三是"Bürgergesellschaft"（公民社会）。达伦道夫主张译为"Bürgergesellschaft"，并认为公民社会是唯一有效反对专制和极权统治的源泉，但不能把公民社会与专制的关系泛化为社会与国家的关系。③

在被称为"第四批判"的《历史理性批判文集》中，康德讨论了自然法则与自由法则，即"合规律性"（Regelmäßigkeit）与"合目的性"

---

① 弗格森（Adam Ferguson,1723—1816），18世纪苏格兰启蒙思想家。
② 达伦道夫（Ralf Dahrendorf, 1929— ），德裔英国社会学家，曾任联邦德国议会议员、欧共体委员、英国上议院议员，伦敦经济学院院长；主要著作：《工业社会的阶级与阶级冲突》、《现代社会的冲突》等；达伦道夫与C.W.米尔斯、L.A.科塞并称为西方社会冲突论主要代表人物。
③ 参见达伦道夫：《现代社会冲突》，林荣远译，中国社会科学出版社2000年版，第60页。

(Zweckmäßigkeit) 如何统一的问题。其中，在《世界公民观点之下的普遍历史观念》、《永久和评论》两文中，康德讨论了"世界公民"、"公民社会"、"公民宪法"、"世界公民法"、"世界公民社会"等问题。在他看来，公民法可以分为三种，即国家法、国际法、世界公民法。所谓世界公民法，并不是法的幻想的或夸张的表现形式，而是作为公开的普遍的法律、并且也是为永久和平而对国家法和国际法的不成文法所做的必要补充。"惟有在这种条件之下，我们才可以自诩为在不断地趋近于永久和平。"① 康德的高明之处在于，以理性自身论证公民社会发展，从而把先验原则与自由人的自由事业结合在一起，而且还将以永久和平为归宿。"但那归宿并不是一个大一统的世界帝国，而是各个自由民族的一个联盟。"②

在《决胜局：不可和解的现代性》中，维尔默试图把世界公民社会视角，作为现代自由民主传统的规范视阈带进游戏中，并将它视为现代民主话语的深层逻辑。维尔默认为，世界公民社会视角标志着人权与公民权之间差异的扬弃，或两者之间关键性区分的扬弃。因而，人权与公民权的区分应当为此负责：今天对绝大多数人来说，我们对他们的人权承认几乎没有价值，因为实际上是无结果的。不过，对自由民主意志的普遍主义阐释强调，今天几乎必然遇到两个相互联系的指责：其一，在此时此地关涉实际问题的解决时，普遍主义原则是没有用的；其二，实际上起作用的普遍主义原则必然与对差异、非同一的压抑联系在一起。维尔默说，这些指责建立在对普遍主义原则长期的意识形态滥用之上，就此而言，它们是非常严厉的指责。因为第一个指责表明，普遍主义与"区域主义"(Kontentualismus) 在理论上并不是对立的；第二个指责表明，如果没有道德原则与法律原则的背景，差异政治（不论关涉文化少数派还是关涉非西方文化）根本不能够内在地付诸实践。"在这个意义上，世界公民社会视角就标志着现代世界和平的文化多元主义条件，但同时意味着自由主义阐释仅次于社

---

① 康德：《历史理性批判文集》，何兆武译，商务印书馆 2005 年版，第 122 页。
② 康德：《历史理性批判文集》，何兆武译，商务印书馆 2005 年版，"再版序言"第 9 页。

群主义阐释。"①

维尔默说，从世界公民社会视角出发，可以假定从民族国家民主视角出发不明确的东西，即在对所有人负责的善的意义上唯一的共同善，只能存在于自由民主原则的实现与捍卫中。这些原则构成对每个特殊传统与文化认同暴力毁坏的唯一可能的保护。因而可以假定，所有民族的、文化的、宗教的集体认同，或许能够在政治—道德立场下成为倒数第二的东西，但不能由此否认，特殊性扬弃在普遍性中而不伤害道德，几乎是不可思议的，毋宁说，随着向世界公民法状态过渡，在世界范围内重新出现"伦理中的悲剧"，因为特殊文化传统的相对化，同时意味着它的转型与部分地被剥夺权力——这就是现代性的代价。因而，在这个世界上，根本没有人还有其他可能的选择。唯一能够选择的是：在多元的世界公民文化的自由空间中，特殊文化传统的相对化是否能够具有创造性？或对富裕国家的防御性反思或进攻性反思，是否威胁它的集体认同？在维尔默看来，今天走向了世界公民战争状态，也走向了自由民主传统的毁灭。因此，世界公民法状态表现为人权与公民权冲突的唯一可能的解决办法。也许，它是这样一种状态：在这里，自愿联合原则成为普遍的；也许这并不是天堂，而只是人们享有的特殊的普遍化。

实际上，通过对抗西方自由民主社会，以及在自由民主传统中包含着的普遍人权与特殊公民权的概念关联，第一次对西方自由民主社会提出了巨大挑战，维尔默试图描述这些挑战：从双重意义上讲，这些挑战产生于人权与公民权的内在关联，即一方面，正如康德所看到的那样，人权概念不能与实证法条文区分开来；另一方面，在民主话语中，必须赋予所有关涉政治决策的声音以意义——这属于自由民主社会的民主话语逻辑。维尔默指出，康德的世界公民法状态概念内含着现代民主话语概念，尽管它不是乌托邦的历史终结状态，而是政治的—道德的极限概念。但是，如果没

---

① Albrecht Wellmer, *Endspiele. Die unversöhnliche Moderne*, Frankfurt/M.: Suhrkamp 1999, S.79.

有这个概念，在罪恶感自我毁灭的可能性面前，肯定不可以感受到自由民主社会的实现。当然，与这个概念联系在一起的理解上的困难在于，与通常的道德要求不同，世界公民法状态概念没有明确的规范接受者，实际上没有明确的规范意义：既不能意味着，所有决策参与者都应当在社会中获得同样的民主权利；又不能意味着，自由民主社会应当按照自由民主原则改革世界。因而，世界公民法状态概念的规范含义并不是行为命令，而是正义原则，其有效性并不在于：人们知道如何实现它，以及此时此刻应当如何对待它。

维尔默指出，有这样一种看法，即使自由民主的世界公民社会视角目前还没有实现，但它已经在许多地方（以微弱的、总是扭曲的方式）规范地起作用。这就表明，它实际上将现代民主话语内部存在着的普遍主义要求，同时保留着区域利益的意识形态辩护源泉。因此，如果人们像 C. 施密特一样，从判决要素出发，而不是从自由民主法律体系中消除主权要素，那就可以笼统地强调，世界公民社会概念标志着从人权的幻想概念向纯粹道德的或纯粹经济学的状态过渡。不过，C. 施密特也非常疑惑：政治世界是完全可以得到的多元主义世界，那么拥有一切权利和可能性的民族主权国家的多元主义，如何导致了战争？[①] 维尔默说，若将 C. 施密特的这个命题翻译成民主理论命题的话，那就仅仅表明，可能的暴力冲突的最终审判机关属于政治概念，从而属于民主政治条件。这样，如果试图永久地消除可能的冲突，就意味着否定了民主政治的人类学基础。在这个意义上，消除可能的暴力冲突，就构成了对民主的威胁。这样，在这个层面上，就不能够轻易地将人民主权当作其他的主权；历史经验表明，情况正好相反。所以维尔默断定，并不像 C. 施密特所说的那样，世界公民社会概念意味着民主政治终结，而是作为新的情况下现代民主需要进一步发展的生存条件。"在这一点上，C. 施密特肯定是有所保留的：民主迫不得已必须为自己的生存而斗争。不过，关于斗争的这种描述似乎与 C. 施密特

---

① Vgl. Carl Schmitt, *Der Begriff des Politischen*, Berlin 1991,S.46.

的设想不同，即民主并不能够仅仅为自己的生存而斗争，而不同时为其对手的人权，最终为所有人的人权而共同斗争。"①

综上所述，本章从政治哲学与道德哲学统一、法哲学与伦理学内在关联、民主伦理与世界公民社会三个方面讨论了维尔默的民主伦理学构想。在这里，维尔默首先阐述了"是"与"应当"、法律规范与道德规范、法律合法性与道德规范有效性、规范论证问题与规范应用问题的关系；其次，他论述了合法律性与道德性、自然权利与规范伦理、自然权利与资本逻辑批判等问题，就是说，考察了康德、黑格尔、马克思对自然法的批判性重构，并对这个"批判性重构"进行了再批判；最后，他阐释了民主伦理与公民德性、世界公民法与世界公民社会等问题，并断定民主伦理与公民德性再次聚合为实体的整体是不可能的，指出世界公民社会视角标志着人权与公民权之间差异的扬弃，标志着现代世界和平的文化多元主义条件，标志着从人权的幻想概念向纯粹道德的或纯粹经济学的状态过渡，但并不意味着民主政治终结，而是作为新的情况下现代民主需要进一步发展的生存条件。在前面的三章中，我们分析了维尔默政治伦理学的理论核心；下面一章，我们将讨论"艺术崇高与审美救赎"，这既表明维尔默政治伦理学的理论拓展，也体现着维尔默政治伦理学的理论向往。

---

① Albrecht Wellmer, *Revolution und Interpretation*, Van Gorcum 1998, S.41.

第八章 艺术崇高与审美救赎

与马尔库塞思想多变不同，阿多尔诺思想连贯性是令人惊奇的，从早期的哲学和音乐社会学，一直到后期的《否定辩证法》和《美学理论》。除《否定辩证法》、《最低限度的道德》外，《美学理论》也应被描述为阿多尔诺"思想的精髓"[①]。在《美学理论》中，阿多尔诺讨论了艺术与社会、艺术与哲学、艺术与崇高、表现与模仿、自律与他律、美与丑、自然美与艺术美、传统美学与现代艺术、形式美学与实质美学、审美体验辩证法，以及文化工业批判与审美乌托邦等。在《阿多尔诺：现代性及其遗产》(1991) 中，维尔默试图对《美学理论》进行批判性重构。他认为，在审美主义与弥赛亚主义之间选择是一个虚假的二难选择。但是，"不解决这个虚假的二难选择，就不能真正弄清现代艺术崇高概念，或崇高在审美现代性中的地位"[②]。在本章中，我们将阐发维尔默介于现代与后现代之间的美学。从表面看来，维尔默美学与其政治伦理学关系似乎并不大，但它既表明维尔默政治伦理学的理论拓展，也体现着维尔默政治伦理学的理论向往。

[①] Vgl. Theodor Wiesengrund Adorno, *Ästhetische Theorie*, in: Gesammelte Schriften.Bd.7. Frankfurt/M.: Suhrkamp 1970, S.537.

[②] Albrecht Wellmer, *Endspiele. Die unversöhnliche Moderne*, Frankfurt/M.: Suhrkamp 1999,S.196.

一、艺术与审美体验

(一) 自然美与艺术美

　　早在古希腊时期，苏格拉底就讨论"什么是美？"并断定美的事物不等于美本身。从此以后，美像真、善一样，成为哲学家、美学家研究的对象。1750 年，鲍姆伽登[①] 创立了"美学"（Ästhetik）概念，认为美学的目的是使感性认识本身得以完善，并且避免感性认识的不完善，即丑。这样，美与丑就成为美学研究的一对重要范畴。罗森克朗茨[②] 甚至还写了《丑的美学》一书。早期浪漫派认为，自然是美的，工业文明是丑的；但阿多尔诺认为，没有原本就是丑的东西，美丑是可以相互转化的。关于自然美与艺术美的关系，不同人的看法是不同的。例如，在《判断力批判》中，康德肯定自然美具有优于艺术美的东西；但当黑格尔将美界定为"理念的感性显现"，将美学界定为"美的艺术哲学"后，自然美就成了某种低于艺术美的东西。阿多尔诺说，"自然美从美学中消失，是由于康德开启的、谢林和黑格尔首次确立的、自由和人的尊严概念在美学中不断膨胀的结果。"[③] 与黑格尔相反，阿多尔诺强调自然美与艺术美相互关联、密不可分，而且断言自然美更接近于真实，艺术美不是模仿个别的自然美，而是模仿自然美本身。

　　在《启蒙辩证法》中，霍克海默、阿多尔诺就将"在主体中铭记自然"预设为精神与自然的和解，到后期阿多尔诺对康德的形而上学批判的批判性救赎中变成双重的：在精神与自然和解的媒介中重构这个超载的期待，就像精神本质沦丧一样。这样，可理解世界就不是和身体、语言联系在一

---

① 鲍姆伽登（Alexander Gottlieb Baumgarten,1714—1762），德国哲学家、美学家，被称为"美学之父"。

② 罗森克朗茨 (Karl Rosenkranz, 1805—1879)，德国哲学家、美学家。

③ Theodor Wiesengrund Adorno, *Ästhetische Theorie*, in: Gesammelte Schriften.Bd.7. Frank-furt/M.: Suhrkamp 1970, S.98.

起的不成熟的有限精神，而是作为"意义的他者"的自然①。维尔默说，"精神中的自然"这个主题，标志着阿多尔诺对康德的经验世界与可理解世界区分批判的极点——这个批判是在"形而上学沉思"中阐发的。按阿多尔诺理解，康德的"可理解的"概念同（与个人本性，从而与身体、语言联系在一起的）精神概念是不可分离的。在这个意义上，"可理解的"概念或许仅仅是"可理解的"自我概念，不仅没有经验实在性，而且作为纯粹思维的东西是易碎的。这样，阿多尔诺想要从"可理解的"概念中拯救的东西，或许就是和解的乌托邦，是尚未存在的绝对。但是，绝对概念必然结束在意志自由、灵魂不朽、目的王国概念中。

因而，当阿多尔诺试图在存在与非存在之间为绝对、为"可理解的"自我寻找位置时，从某种意义上说，他是正确的；但在这里，主客体辩证法只容许作为第三者的未来存在概念。事实上，康德（尽管从前也批判形而上学）已经将存在与非存在之间的那个位置，令人信服地规定为实践的存在：它"给出"世界自由。这样，人们就只能在自由概念条件下行动。在康德那里，自由的存在并不标志着和解状态，而是标志着语言开放意义世界的存在模式。不过，在维尔默看来，这个富有成效的思想，在康德那里还被主体哲学前提包围着。当然，为了对这个思想进行语言哲学重构并使之普遍化，新近的哲学，主要是海德格尔、维特根斯坦、美国实用主义者废除了这个前提。

实际上，康德的这个思想，到哈贝马斯那里有了特别清楚的表达形式。它表明，语言含义的存在、自由的存在、真理的存在、理性的存在，都是"施为性存在"（performatives Sein）。这个存在，是语言交往主体在"施为性态度"中建构起来的，并且只有在其中才能够获得。换言之，哈贝马斯借助有效性要求、假定与承认关系网络（它对语言交往来说是结构性的）来刻画这个语言学上的"施为性存在"。维尔默说，"如果我们不相

---

① Vgl. Albrecht Wellmer, *Endspiele. Die unversöhnliche Moderne*, Frankfurt/M.: Suhrkamp 1999,S.182.

互承认为具有语言能力与行为能力的存在的话，那我们就不能进行语言交往；相反，如果我们作为具有语言能力与行为能力存在被相互承认的话，那我们就能进行语言交往。这对我们的语言能力与行为能力来说，是结构性的。因而，这属于'我'与'你'视角的可转换性：只有在通过他者承认的媒介中，我（作为他者的他者）才能回归自身，我才能将'客我'（Mich）理解成'主我'（Ich），才能将我的行为归属于我并期待合理性。"①

在这里，维尔默试图以表达或文本理解为例，或以"含义"（Bedeutung）与意义（Geltung）的关系为例，澄清语言学意义上的"施为性存在"。实际上，语言的意义是在成功或失败的语言交往中形成与获得的，但并没有给出关于成功或失败的标准。有的东西，只是语言实践内在修正本身：语言交往的成功必须在文本之外并从第三者视角出发，即在生活关联中像在原则上无限制的理想交往共同体面前一样，才能得到保证。通过真理概念将批判标准嵌入到语言意义世界中；不过这个批判标准，既不意味着超越语言的观念的存在，也不意味着对语言理解的观念形式，而是标志着与体现在语言中的理性的自我超越力量不同的东西，即理解的可能性与意义的透明性，不可被误解为最终可理解的、完全透明的意义、最终和解的前提；毋宁说，这个误解是形而上学的，即对语言学意义上的"施为性存在"的客观主义误解，或许是附着于语言含义的生活的先验幻象。

我们知道，在康德那里，可理解世界被称为超越自然的王国。但如果将它理解为康德意义上的客观存在，那它就同时是自然的一部分，因为它最终与作为自然本质的主体间性联系在一起。这样，精神的"施为性存在"，以及与之相联的可理解世界，最终就与死亡划清了界限。不过，它没有从整体上照亮世界的黑暗面、缺乏对道德无意义性或生存无意义性的偶然性体验的扬弃，缺乏对主体与"元"（Meta）意义上的主体间性关系不可解决的冲突或瓦解的、失败的弥赛亚力量的扬弃。因而，在康德那

---

① Albrecht Wellmer, *Endspiele. Die unversöhnliche Moderne*, Frankfurt/M.: Suhrkamp 1999, S.197.

里，"可理解的"主体不仅是经验的主体，而且是破碎的主体，是死亡威胁与没有救赎的期待。维尔默说，也许，经验的主体作为个体的主我，只有在语言学意义上的"可理解的"世界中才能成长。这样，在康德那里，可理解世界，就意味着语言学意义上的主体间性世界。这个世界环绕着自然——用海德格尔的话说，"穿透着"地球。这个地球对语言学意义上的感性基础来说，就应该像对意义的他者、意义的深渊一样。"意义的他者，即自然是感性开放世界的基础和深渊。"①

诚然，自然本身有着和解与深渊双重特征，但作为意义的深渊，它是对交往世界的不断威胁。实际上，表征审美体验的迷狂要素与沉思要素的交织，并不与艺术作品中被铭记和放逐为不可理解的东西联系在一起；毋宁说，不可交往的交往、不可描述的描述才是艺术的标志。它们包括了所有可能的世界体验。就此而言，艺术总是仿佛和语言意义世界回归联系在一起。因而，远离意义的、偶然的、意义的深渊，不仅不能被理解为恐怖的东西，而且可能同时作为幸福实现之所的自然。这样，在远离意义的深渊中，也期待着愉悦。当然，有限性的恐惧和愉悦并非不是交互的。在这个意义上，尼采反对阿多尔诺是正确的；反过来，阿多尔诺反对尼采正确的地方在于，如果主体间性承认网络必须被撕裂，必须走向地狱，那么这就是语言含义世界。"这是一种我们从来不能排除的可能，而我们只有在语言含义世界中才能反对它，尽管语言意义世界柔弱决定的和解力量能够贡献出，今天只有在后传统民主生活方式的制度与习俗中才能获得与更新的力量。"②

在阿多尔诺那里，审美通过两种方式发挥作用：一是审美从外在目的退却至自主艺术中发挥作用，即艺术作品使世俗的灵韵进入到宗教象征中，并环绕着内在的、复杂的、超出自身能力的意义语境发挥作用；二是审美还原为目的发挥作用，即工业对象抛开了所有意义，成为功能象征和

---

① Christoph Menke, *Die Souveränität der Kunst*, Frankfurt/M.: Suhrkamp 1991.S.184.

② Albrecht Wellmer, *Endspiele. Die unversöhnliche Moderne*, Frankfurt/M.: Suhrkamp 1999.S. 201.

纯粹手段。① 在《艺术与工业生产：阿多尔诺论现代性与后现代性辩证法》（1982）中，维尔默认为，美既有神圣功能，因而它服务于宗教目的；又有世俗功能，因而它成为手工劳动要素。借用帕斯②的话说，就是美既有有用性又有神秘功能。在帕斯看来，艺术产生于基督教梦想；但随着工业生产不断进步的合理化，有用性从审美中解放出来。这样，自主艺术提高同时也是工业生产方式提高：两者都归功于文化现代性进程。借用韦伯的概念说，就是世界祛魅过程，它导致资产阶级地位上升和资本主义生产方式实现。随着世界祛魅过程，艺术就从宗教目的与世俗目的关系中摆脱出来成为"自主的"（autonom），但艺术作品原有的"灵韵"（Aula）③也被大大地弱化。就是说，在工业生产条件下，赋予手工劳动产品以灵魂的审美就表现为过时的。功能主义者克雷多说，工业产品，只要材料是合适的，并且是根据合适的目的构造的，那它就能够被称为美的。这样说来，在自主艺术中，审美功能就为外在目的所消解，并似乎被消融在与目的性联系在一起的工业产品中。

　　正如帕斯描述的那样，手工文化产品表现为一种手段、一个中介：该产品具有超越自身直接有用性的特性。通过这些特性，它想成为凝结具体空间和具体时间的核心。"我们在手工劳动对象那里获得的喜悦，应归功于双重超越，即世俗有用性与宗教艺术性。"④维尔默说，在这个规定性中，帕斯对工业社会内部手工劳动形成重新唤醒的提示（仿佛在政治经济

---

① 　Vgl. Albrecht Wellmer, *Zur Dialektik von Moderne und Postmoderne*, Frankfurt/M.: Suhrkamp 1985, S.116.

② 　帕斯（Octovio Paz, 1914—1998），墨西哥诗人，散文家。

③ 　"Aura"概念最早出现在本雅明《摄影小史》（1931）中，国内有几种译法：除"灵韵"外，还有"光韵"、"光晕"、"韵味"、"氛围"、"灵氛"等；这个概念的含义非常模糊，据王才勇的翻译，它是指"在一定距离外但感觉上如此贴近之物的独一无二的显现"（参见本雅明：《机械复制时代的艺术作品》，王才勇译，中国城市出版社2002年版，第13页）。我认为，"Aura"大致包括四层含义：一是距离感，具有不可接近性；二是历史感，具有独一无二性；三是模糊性，只可意会不可言传；四是神秘性，具有膜拜价值。

④ 　Octovio Paz, *Schönheit und Nützlichkeit*, in: Ders: Essay 2, Frankfurt/M.: Suhrkamp 1980 S.391.

学框架中）没有变化。也许，对世俗有用性与宗教艺术性的双重超越，包含着比"祛魔化"（Beschwörung）更多的东西。这样，在手工劳动产品中，工业社会不可解决的问题就变得有意义，即艺术变为自主的，并与生活世界的审美粗糙化紧密联系在一起。譬如，德国工业联盟①努力借助工业生产使生活世界审美粗糙化。这样，就勾画了对世俗有用性与宗教艺术性的双重超越的相当精确的纲领。德国工业联盟创始人，曾经期待在工业生产条件下使它变成现实。该会早期领导人相信，长期以来，技术一元论与审美一元论能够相互趋同。因而他们期待，自手工劳动方式终结以来相互分离开的艺术领域和工业领域又能够重新和解，在分化的较高阶段上，艺术家、技术家和商人的功能又能成为和谐的统一体，结果是现代审美—道德文化的绽放。

"如果我们能够进一步谈论建立在德国工业联盟原初纲领基础上的幻想，那么，这或许是：能够提供劳动世界人道化的兴趣、资本主义市场繁荣的兴趣，最终能够提供相互符合的新的形式感和质料感的发展。因而，德国工业联盟的最大贡献，直到 20 世纪 20 年代末都仿佛处在参与文化更新的门槛上。"②不过今天，艺术与生态之间的联结要近于艺术与工业之间的联结。维尔默指出，德国工业联盟历史及其现代建筑技术与工业模式的功能主义、结构主义动能深深地联系在一起；同时，德国工业联盟应当被视为反对资本主义野蛮的申诉机关。这两个核心主题相互补充，但又处于张力关系中。实际上，德国工业联盟现代主义代表人物很早就看出，为了反对顽固的资本主义现代化进程并对文化进行审美的—道德的更新，功能主义假定是不充分的。这意味着，由穆特休斯③和其他人使用的关于形式的、精神的模型，与纯粹目的性的、材料适当相对立的审美进入工业生产

---

① 德国工业联盟（Der Deutscher Werkbund, 1907 年建立）。
② Albrecht Wellmer, *Zur Dialektik von Moderne und Postmoderne*, Frankfurt/M.: Suhrkamp 1985, S.118.
③ 穆特休斯（Herman Muthesius,1861—1927）德国工业联盟奠基人，德国现代设计的先驱。

世界是可能的。因而，随着形式的精神化，艺术家的作用应当表现在艺术和工业的相互作用中。可是，与艺术和工业之间的角色分配相对立，洛斯尖锐地指出，艺术与应用对象的联结，意味着对人的最强烈贬低。维尔默说，如果考虑到工业模式历史，这个指责并非完全不正确；但另一方面，如果考虑到资本主义现实问题，那就能看到，洛斯根本没有提供解决功能主义问题的钥匙。问题是，仅仅指向形式的、精神的模型的功能主义的实际界限是什么？

维尔默指出，与工具理性世界，即经验现实相对立，"艺术美"（Kunstschön）是从乌托邦概念中产生出来的。因而，阿多尔诺模仿学说的翻转论证在于：艺术并不模仿现实的东西，而是模仿某种与现实的东西相联系又超越现实的东西，即"自然美"（Nuturschön）。譬如说，阿多尔诺坚持了黑格尔对音乐的规定，即音乐是对自然美的模仿，但同时认为音乐也满足了现代性矛盾。"就音乐语言和技巧来说，现代音乐的结构性与个体性程度是较高的；这就使得音乐开启了全新的体验层面与物质层面，尤其是欧洲以外的文化。"[①] 在自然美中，阿多尔诺看到了尚未存在的、和解的自然密码，即超越了"将生命分裂为精神及其对象的自然"，这种分裂作为自身中和解被扬弃；未被伤害的杂多与特殊性非强制地共处。这样，艺术美作为对自然美的模仿，就成为一种从沉默中解放出来的、获得了救赎的、能够说话的自然图景，就像成为和解的人的图景一样。因而，作为整个自然和解的乌托邦可以这样来解释：工具理性与和解精神，意味着在整体中的生命秩序。按维尔默理解，和解精神在非和解的世界中在场（Präsenz），只能被理解为先验的。维尔默认为，这实际上是一个困境：非话语知识与话语知识，两者都期待成为知识整体，但知识分裂成非话语知识与话语知识意味着，两者只能被理解为真实的相互补充的丰富内涵。"只有当分裂本身被扬弃、现实变成'和解的'，这个真实的相互补充的丰富

---

① Albrecht Wellmer, *Endspiele. Die unversöhnliche Moderne*, Frankfurt/M.: Suhrkamp 1999.S. 203.

内涵聚合为整体的时，非还原的真实才是可能的"[1]。

（二）艺术真实与审美体验

在《美学理论》中，阿多尔诺将艺术真实看作是"作为表象的表象"。就是说，在阿多尔诺那里，艺术只有通过自身转而反对自身的原则，才成为对审美表象的反叛。正是基于这个原因，阿多尔诺才只能在审美体验转变为哲学洞见意义上谈论艺术真实倾向。对阿多尔诺来说，对"谜语化的"（verrätselt）艺术真实内涵进行"破译"（Entschlüsselung）尝试，不同于通过承诺救赎已经失去了的艺术真实的尝试。但在这里，通过救赎概念所表达的东西，是艺术作为诗化的乌托邦概念，是作为某种确定东西的艺术和解关系，即它是关于艺术的真实，但不是关于具体的艺术真实内涵。当然，对阿多尔诺来说，下述两个层面是叠合在一起的：一是艺术真实概念分析，二是艺术真实具体占有。在艺术真实的两极之间出现了作为审判机关的主体间性，但必须改变艺术真实内涵的言说意义。为此，阿多尔诺必须将审美认知理解为哲学洞见，把艺术真实理解为哲学真理。这样，阿多尔诺美学就成为断言的真实美学。

当然，要想准确地理解（阿多尔诺在《美学理论》中阐发的）审美表象辩证法，就必须精确地阐明阿多尔诺的"艺术真实"（Kunstwahrheit）概念。这个概念应当这样来描述：艺术所表现出来的东西，不是"救赎之光"本身，而是"救赎之光"下的现实。因而，艺术真实是具体的、多样的，与具体作品的具体性联系在一起；或毋宁说，艺术真实是仅仅表现为特殊真实的真实，就像莱布尼兹的单子一样，艺术作品是现实的唯一镜子。作为特殊的东西，艺术真实总是依赖于未被歪曲的现实；在艺术作品中，现实表现为它所是的那个样子。不过，阿多尔诺总是强调艺术真实不同要素的相互冲突。这表现为，在艺术作品中，模仿—表现要素和合理性要素相

---

[1] Albrecht Wellmer, *Zur Dialektik von Moderne und Postmoderne*, Frankfurt/M.: Suhrkamp 1985, S.13.

互交织，就像在"真实、表象、和解"的关联结构中一样。在这个意义上，对艺术真实不同要素相互冲突现象的阐释，首先仅仅意味着对阿多尔诺核心思想的语用学"改写"（Umformulierung）。不过，"如果将阿多尔诺放在一起辩证思考的东西分开来分析，那就能够将真实区分为审美综合真实与对象性真实。这两种要素的统一表明，只有审美综合（'真实Ⅰ'）才是对现实（'真实Ⅱ'）的艺术认知；而另一方面，只有当审美综合变成现实，审美综合才能成功。"① 由此看来，在阿多尔诺那里辩证地叠合在一起的艺术真实概念，被维尔默区分为两个方面："真实Ⅰ"（审美综合）与"真实Ⅱ"（现实）。

为了最大限度地破译阿多尔诺的艺术真实概念，并确立自己思考的出发点，维尔默一方面赞同科佩（F. Koppe）的出发点：如果已经知道，它如何能够说不依赖于真理的东西，那就只能够说艺术真实；另一方面接受哈贝马斯关于日常真实概念的语用学区分，即断言的真实、表意的真实与道德实践的真实。这三个真实概念表征着日常言说的有效性维度，即每个言说者支配着真实的"前理解"（Vorverständnis）。如果"从这样区分的日常真实概念出发，那么艺术真实概念首先应得到某些神秘的东西；但这表明，艺术以最特殊的、复杂方式与真实问题纠缠在一起：不仅在于，艺术开启、修正并拓展了现代性体验；而且在于，审美有效性，即审美协调性以交叉的方式触及到真实性、真诚性、道德实践正当性问题，但没有考虑到这三个真实维度中的任何一个或所有这三个维度。这个猜测暗示着，'艺术真实'仅仅能够作为不同的真实维度的相互冲突现象而被救赎。"② 下面，维尔默将限制在有关艺术的断言的真实与表意的真实上。他说，如果从断言的真实概念基础上的意向性出发，那就能用对现实的"揭示"、"澄清"、"说明"等隐喻来刻画它。因而，这个真实概念就意味着，艺术

---

① Albrecht Wellmer, *Zur Dialektik von Moderne und Postmoderne*, Frankfurt/M.: Suhrkamp 1985, S.14.

② Albrecht Wellmer, *Zur Dialektik von Moderne und Postmoderne*, Frankfurt/M.: Suhrkamp 1985, S.31.

以标志性方式"揭示"、"澄明"、"显示"现实。"这些隐喻之所以令人感兴趣，是因为它不可避免地出现在一定的审美关系中，正像它众所周知地使人误入歧途一样。之所以不可避免，是因为现实的东西只能被说明而不能被说出；之所以使人误入歧途，是因为在某种情况下，被说明的东西只能在艺术作品中被说明（即感性在场），但不是作为被直接表达出来的现实。"① 因此，在艺术作品中被说明的东西，必须被视为可说明的东西；或者，似乎一个镜子有反映人的真实的脸的能力。就是说，人们只能在现象中认出被表达出来的本质，如果人们已把它视为非显露的东西。

维尔默说，现实在艺术（按科佩说法就是"震惊模式"）中表现出来，使"可见的东西"（Sichtbar-Machenes）与"显示的东西"（Zeigens）耦合在一起：作为"可见的东西"，艺术成为被言说的、完全表达的东西；作为被言说的、完全表达的东西，艺术使模糊体验表现为感性在场，即"显示的东西"。因此，正如阿多尔诺描述的那样，在扣人心弦的体验中，能够看到审美表象的内在乌托邦。换言之，只要言说、表述处于隐喻中心，那就不是在断言的真实性概念中，而是在表意的真诚性概念中阐释艺术作品的本真性。这种做法，在哈贝马斯那里，某种程度上在科佩那里也可以看到。不过，维尔默认为，这两种阐释的共同缺点在于，必须根据言说行为特殊类型的相似性来解释艺术作品。但在艺术作品中，艺术家不能够说某些（字面上的）东西；因此，形象的本真性并不取决于"艺术家是否是真诚的"这个问题，毋宁说，它显示了形象的本真性。因而，"如果我们在日常真实概念语用学区分意义上理解真实性与真诚性的话，那么既非真实性又非真诚性能够承诺：艺术作品是非隐喻的；毋宁说，在艺术作品中，真实性与真诚性，甚至规范正当性隐喻地交织在一起。只有借助于此，我们才能够解释：艺术作品作为象征形态与审美有效性要求的统一，同时也是体验的对象。这三个真实性维度非隐喻地相互交织在一起。如果我们以

---

① Albrecht Wellmer, *Zur Dialektik von Moderne und Postmoderne*, Frankfurt/M.: Suhrkamp 1985, S.33.

这种方式重构艺术真实概念，那就可以把康德的洞见与真实美学的动机联系在一起"①。

在《论当代美学条件》(1973) 中，布伯纳② 曾经试图清算康德的审美真实性概念，并由此反对真实美学；但维尔默并不相信，这个二难选择是必然的，就像在康德从审美分析向审美理论过渡中所暗示的那样。事实上，康德（借助自由的想象力和理解的不确定性相互作用而刻画的）审美体验概念，与断言的真实美学肯定是不一致的，因为自由嬉戏潜能不应当为了概念与直观之间的确定关系而固定下来；但正是从艺术体验的自由想象要素与智力—反思要素的相互作用中产生出来的愉悦潜能的拓展，被追溯到真实性。这样，就必须使"潜能"一词隐含着的特征反向应用于真实性概念：艺术真实内涵原本是真实性潜能。维尔默说，如果审美表象能够被理解为从自由想象要素与智力—反思要素的相互作用中产生出来的愉悦潜能之所在，那么最终也不能磨掉真实的乌托邦与实在的乌托邦的表面光泽；准确地讲（或许姚斯也这样认为），对在非审美中能够再现艺术与生活实践之间连续性的力量来说，艺术体验要素能够被理解为令人销魂的入口，如果在"审美愉悦"与"从审美体验向象征行为或交往行为转换"之间建立联系的话。不过，如果这个转换表明艺术作品与真实性问题纠缠在一起的话，那么表象的解放就是不完全的：表象与真实、和解神秘地联系在一起。

那么，阿多尔诺关于"真实、表象、和解的内在关联"，在什么意义上应当被转移到这些范畴的复杂关联中，而且包含着阿多尔诺美学的哲学潜能与批判意义。维尔默说，如果为了交往合理性维度而拓展阿多尔诺的合理性概念的话，那么真实美学也就被拓展了。因而，交互的、交往的行为主体嵌入到艺术、现实与乌托邦的相互关联中，就产生了与阿多尔诺对单向度的辩证重构相对立的多向度效果。诚然，在阿多尔诺那里，艺术真

① Albrecht Wellmer, *Zur Dialektik von Moderne und Postmoderne*, Frankfurt/M.: Suhrkamp 1985, S.37.
② 布伯纳（Rüdiger Bubner, 1941—2007），德国美学家。

实与乌托邦视角联系在一起：一个非强制交往视角，但非强制交往并不意味着艺术的扬弃。"对总体理性来说，艺术美并不存在；毋宁说，它需要审美合理性的澄明：如果没有审美体验及其颠覆功能，我们的道德话语就必然成为盲目的，我们对世界的阐释也必然成为空洞的。"①

就是说，在艺术真实概念中，三个真实性维度是相互冲突的，但在非强制交往概念中，它们又相互凝结在一起。因而，艺术真实的潜能与要求，只有追溯到复杂的生活历史体验不同真实性维度之间的相互冲突，或立场感受方式、阐释形成和变化那里，才能被阐释。所以，艺术真实只能被隐喻地描述。但是，这个隐喻的描述有一个基础，它存在于艺术作品的审美有效性与真实性潜能关联中。这样，维尔默就赞同下述思想，即在艺术效果与艺术话语中，不同真实性维度的交织，应当归属于艺术本身真实性维度的隐喻的交织。当然，这不应当意味着，审美协调性不愿与审美真实性打交道；毋宁说，审美综合并不意味着这样的和解。通过艺术作品和解关联的实体化，在阿多尔诺那里就变成为真理内涵的核心要素。但对艺术真实的思考最终不应当表明，在生活实践中扬弃艺术的视角，实际上植根于艺术美概念中：阿多尔诺思想应当从不可思空间回到可思空间。②

在《启蒙辩证法》中，阿多尔诺将工具理性的蒙蔽关系追溯到概念思维的条件后，也只能在神学救赎范畴中思考"工具理性的他者"。这就进一步显示出阿多尔诺在形而上学废墟中寻宝的动机：在形而上学中，阿多尔诺看到了从神学废墟中拯救出来的绝对概念、和解概念，但无论艺术还是哲学都不能理解它们。这就证明了艺术与哲学的互补关系。然而，如果艺术作品不再是实体性地，而是功能性地关涉和解，那么艺术与哲学的关系也要发生变化。在艺术作品中，真实表现为感性的，在话语知识面前，它失去了优先地位。但正因为在艺术作品中真实表现为感性的，它又遮蔽

---

① Albrecht Wellmer, *Zur Dialektik von Moderne und Postmoderne*, Frankfurt/M.: Suhrkamp 1985, S.43.

② Vgl. Albrecht Wellmer, *Zur Dialektik von Moderne und Postmoderne*, Frankfurt/M.: Suhrkamp 1985, S.40.

了审美体验，因为艺术作品不能够说出真实，它就产生了这个现象：不知道它所体验的审美体验是什么。换言之，在审美体验要素中揭示出来的真实，是具体的同时又是当代所不能把握的。为了澄清审美真实性的"明晰性"（Evidenz）与"不可把握性"（Unigreifbarkeit）的关系，阿多尔诺试图用字谜画与艺术作品进行对比：艺术作品与字谜画的相似之处在于，被它们隐藏起来的东西，就像爱伦·坡①的书信一样表现出来，又通过表现隐藏起来。但是，如果试图通过渗透进艺术作品的"被理解的东西"来把握"不可把握的东西"，那么当人们试图接近它时，它却"像彩虹一样悄悄地溜走了"。如果艺术作品的内涵被包含在审美体验瞬间中，那么这些内涵就会失去，审美体验也成为无效的。因此，为了超越艺术作品审美体验的易逝性，艺术作品就必须依赖于某种阐释理性的东西，即通过阐释确定其真实内涵的东西。对阿多尔诺来说，阐释就意味着哲学阐释；作品对阐释的需求，就是审美体验对哲学澄明的要求。因而，"真正的审美体验必须成为哲学的或它根本不是（审美体验）"②。

然而，在维尔默看来，"尽管审美体验还需要通过阐释和批评来澄明，但它不再需要哲学的启蒙。就是说，艺术作品的效应不是根据它的存在来预示交往的'去界限化'，不是在哲学知识层面上，而是在自我关系与世界关系层面上，实现其启蒙的、认知的功能。"③在自我关系与世界关系层面上，艺术作品进入立场、情感、阐释与价值的复杂关联中。在这个复杂关联中实现的东西，是能够被称为艺术知识特征的东西。通过艺术而发生作用的知识不能从字面上理解，不在于概念的无关性，而在于意识的启蒙。维尔默说，在"认识"（Erkenntnisse）一词中，包含着认知方面、情感方面、道德实践方面。因此，"认识"被说成是、判断为、感受成比"知

① 爱伦·坡（Edgar Allan Poe,1809—1849），美国诗人、小说家、批评家，西方侦探小说鼻祖。
② Theodor Wiesengrund Adorno, *Ästhetische Theorie*, Frankfurt /M.: Suhrkamp 2003,S.193.
③ Albrecht Wellmer, *Zur Dialektik von Moderne und Postmoderne*, Frankfurt/M.: Suhrkamp 1985, S.30.

识"（Wissen）和"能力"（Fähigkeit）更接近的"才能"（Können），或比认知追求的结果更接近的才能。

这样，借助于"显现的东西"（Erscheinens）与"自我显示的东西"（Sich-Zeigens）的隐喻，尽管不能够澄清审美有效性与审美真实性的关联，但或许能够澄清审美有效性与现实解释力的关联：（至少在传统艺术中），审美形式取决于细节。可关键在于，现实是否能够被恰当地表达；毋宁说，如果这个意向的判断是保守的，那么相应的审美话语就是无限的。在这些审美话语中，关涉审美表象的正确理解、正确感受问题。这些话语（修正性地、拓展性地）回到了审美体验本身。审美的协调性必须（在最终审判机关中）被感受到；并且，只要审美的协调性与某些现实的自我表现打交道，那么艺术作品就必须被感受为"被显示出的东西中显示现实"，这个现实被视为"自我显示的东西"。当然，不是在说出真理意义上，而是在"脸"被认出意义上。由此可见，维尔默在一定程度上使用了柏拉图模型。在其中，"可见的东西"与"不可见的东西"相比，仿佛具有本体论的优先性。

但很明显，艺术作用有两个方向：艺术改变了熟悉的体验，这样事后就能够被重新认出；艺术不仅揭示了现实的东西，而且也开阔了人们的眼界。[1] 也许，与现代艺术伴随的，是通过审美体验改变的感受越来越强地进入中心；而且，拓展审美真实性概念的追求，显然以审美的现实解释力为基础。这就宣告了艺术真实的作用，同时它使人们面对审美有效性要求。这样，维尔默就能解释：在什么意义上，审美真实性要求能够与艺术真实的潜能相符合，且不能与审美有效性要求分离开来。"那么，真实性要求是什么呢？显然，我们不能从艺术的断言的真实概念出发来解释；毋宁说……我们尝试着从审美话语结构出发把握审美有效性要求与真实性要求的关系：在审美话语中，与审美协调性问题，同时与描述的本真性问题

---

[1] Vgl. Albrecht Wellmer, *Zur Dialektik von Moderne und Postmoderne*, Frankfurt/M.: Suhrkamp 1985, S.33.

谈判。审美话语是我们由此出发的断言的隐喻与审美协调性之间的审判机关。"① 因此，如果从审美话语不同真实性维度的相互冲突出发，那维尔默就只能将握艺术的真实性要求，在关于艺术形象的真实与虚假之间的冲突那里，同时是关于它的协调性那里，审美话语主体必须将自己的体验带入游戏中：但总是只能在真实性、真诚性、道德实践正当性维度中才能同时改变论证或论据。

概言之，在阿多尔诺那里，艺术是尚未成为存在的、被遮蔽的乌托邦，只有通过所有中介，它才能回忆起反对现实的可能。"审美体验是某种既非来自世界又非来自自身的精神可能性，预示着它的不可能性。艺术是对不被中断的幸福承诺。"② 这句话标志着阿多尔诺对艺术进行和解哲学阐释的核心。

（三）审美表象辩证法

维尔默认为，《启蒙辩证法》是理解阿多尔诺美学的一个关键文本。因为在那里，霍克海默、阿多尔诺阐发了主体化与物化的辩证法，这至少暗示着审美表象辩证法。在他们那里，艺术美与生活实践的分裂表现在双重视角中：一是审美被弱化为纯粹表象，就像塞壬之歌中所描述的那样；二是审美从魔力目的关系中摆脱出来，并由此成为自由设置的认知器官。因而，审美真实性与非真实性交织在一起。但艺术作为表面和解领域，已经成为另外的概念，即对非和解现实的否定。在忠于现实意义上，审美综合是真实的，它将现实表现为非和解的、对抗的、破碎的。当然，只有通过非强制的审美综合才能够做到这一点。这意味着，将二律背反带进审美综合中：艺术必须由于真实的缘故转而反对审美综合原则。

到《否定辩证法》中，审美表象辩证法得以成型。在那里，阿多尔诺

---

① Albrecht Wellmer, *Zur Dialektik von Moderne und Postmoderne*, Frankfurt/M.: Suhrkamp 1985, S.36.

② Theodor Wiesengrund Adorno, *Ästhetische Theorie*, in: Gesammelte Schriften. Bd.7. Frankfurt/M.: Suhrkamp 1970, S.204.

试图将刻画为模仿要素的概念自我超越纳入到概念思维中，并强调为了将合理性从非合理性中解救出来，合理性必须与模仿要素交织在一起。在他那里，所谓"模仿"（Mimesis），就是对生动的感性接受方式、表现方式、行为方式融合在一起的代名词。维尔默解释说，在作为精神性东西保留下来的文明中，模仿行为就是艺术：艺术是精神化的，即通过合理性转化的、客观化的模仿。因为艺术与哲学一样，都从乌托邦观念出发，都与工具化的精神世界对立，结果是对工具化的精神世界的否定。当然，艺术与哲学都力图以自己特有的方式，非强制地克服直观与概念之间的裂痕，同时，作为非物化的精神的两个部分，艺术与哲学的相互关系又是直观与概念的关系。"对阿多尔诺来说，就像否定性与艺术美的乌托邦内涵内在关联一样，这也意味着真实、表象、和解相互关系的基础性。可是，正如艺术与哲学的相互关系表现为先验的一样，艺术美的真实、表象、和解的相互关系表现为相互矛盾的。这就是审美表象辩证法。"① 按维尔默理解，主体化与物化的辩证法，和审美表象辩证法的相互渗透，构成了《美学理论》的运动原则。在其中，阿多尔诺说过，"认知理论洞见，即主体性和物化相关联"这个表述是有歧义的；在某种程度上，主体性基于自身特有的逻辑与自身毁灭联系在一起。② 因为在主客模式中，主体性变成不可见的；只有作为主体的相关物，基于概念逻辑而被物化趋势才是可见的。维尔默说，在阿多尔诺那里（像在霍克海默那里一样），主体性与物化的关系必然转变为主体化与物化的辩证法。因而，对美学来说，从"客观上对意义负责的否定"到后期资本主义现实无意义性的过渡，不再能够从"主体意义的不可能性"中辩证地推演出来。这个结论，对阿多尔诺的现代艺术二律背反来说是核心的。

实际上，在阿多尔诺那里，艺术作品的真实内涵成为被黑暗包围着的

---

① Albrecht Wellmer, *Zur Dialektik von Moderne und Postmoderne*, Frankfurt/M.: Suhrkamp 1985, S.15.

② Vgl. Theodor Wiesengrund Adorno, *Ästhetische Theorie*, Frankfurt /M.: Suhrkamp 2003, S.235.

绝对的"镜像"（Spiegel-schrift），从而成为和解的镜像，因而成为无表象的表象、非存在者的表象、绝对的表象。这样一来，艺术真实与审美表象之间的结构性关联，就规定着阿多尔诺为现代艺术刻画的两个困窘的坐标：一是关于艺术与哲学的关系；二是关于审美的内部风格。

第一个坐标："非遮蔽的"是解构性知识的真实，但它并不承认真实；存在的是关于艺术的知识，但它是不可通约的。维尔默指出，在失去了审美体验时强调存在的东西，是在拯救之光中的世界直观；但在审美表象中，不能将审美体验理解为艺术作品的不在场，而只能将它称为尚未存在的东西。因而，不能将审美体验理解为隶属于审美表象。事实上，哲学反思必然有助于审美体验，因为只有哲学反思才能够说明审美体验能体验什么。在审美表象中，哲学反思能够破译绝对的镜像，因而能把艺术的真实内涵说成是由不可通约的体验所确定的审美体验内涵。当然，哲学也不能真正地对艺术体验说它试图对它说的东西。与同一性概念相联系，它试图使（只是包围着存在者并指向存在者的）绝对，即非存在者，但不应是虚无，变成所有直接的、可见的、可思的、可说的东西与不可见的、不可思的东西的逃离点。这样，绝对就从直观中引出来，就像它从概念中引出来一样。只有在审美体验与哲学概念的困窘坐标中，无表象的绝对弱的痕迹才能变成可见的。简言之，"哲学需要艺术，就像艺术需要哲学一样。"[1]

可见，在阿多尔诺那里，艺术与哲学表征着精神的两个领域：精神通过合理性要素与模仿要素的相互交织打破了物化的坚硬外壳。但在两种情况下的交织，都是从相互对立的两极出发发生的：在艺术中，模仿被假定为精神形态；在哲学中，合理性要素缓和为模仿的和解精神。所以说精神作为和解的东西，是艺术和哲学的共同媒介，但也是它们共同关涉的真实、共同的逃离点、乌托邦精髓。正如工具理性概念一样，它不仅意味着一种认知关系，而且意味着人与人之间以及人与自然之间关系的结构性原

---

[1]　Albrecht Wellmer, *Endspiele. Die unversöhnliche Moderne*, Frankfurt/M.: Suhrkamp 1999,S.179.

则。这样，和解精神概念就不仅存在于（对"分散的非强制综合"而言的）艺术美与哲学思想中，而且同时存在于（对"复杂的非强制统一"而言的）所有生命体的和解关系中。换言之，在艺术和哲学的认知形式中，生命体的和解关系先于直观与概念、特殊与普遍、部分与整体之间的鸿沟的非强制性消除，并且只有将这种和解状态归于精神自身的准备状态，才能够有根本的知识。只有在这个意义上，才能够理解《最低限度的道德》中的那句话：知识除拯救世界之光外没有什么光亮。

第二个坐标关系到艺术生产本身。在现代，艺术作品的真实内涵与表象特征之间的结构性关联成长为"内在审美"（innerästhetische）问题。艺术由于"本真性"（Authentizität）缘故需要不断地处理它，仿佛进步原则包括在这个问题中。哲学反思把审美体验指责为盲目的东西，从内部看，作为审美问题的艺术生产是令人不安的，为了艺术真实的原因，它被迫变为它不能摆脱的反对审美表象的革命。在这里，维尔默将真实和表象视为阿多尔诺所说的和解之相互冲突的两极。实际上，阿多尔诺试图揭示，艺术的"释放"（Entfesselung）、审美的"自由状态"的审美主体性解放，已经成为审美表象辩证法的任务。因为在他那里，技术合理性导致的物化仿佛从所有方面都渗透进现代艺术的毛孔中：从社会方面看，技术合理性使艺术技巧褪色；从弱化了的主体方面看，技术合理性使艺术的自由潜能不能强有力地表现出来；从审美材料看，技术合理性的发展使语言个性化蜕变为语言瓦解。然而，这个仿佛从外部和下面渗透进艺术的审美瓦解趋向，是通过内在审美的必要性而将审美意义的解构推向了顶峰：正如阿多尔诺所说，"综合否定成为塑型原则"①。所以维尔默指出，这个悖谬性的表述说明，只有当艺术成功地将综合否定表达为审美意义，并通过这个否定对审美综合发生作用时，它才能够作为本真的东西存在。"现代艺术作品必须在同一个运动中凸显审美意义正如否定它一样；它必须将对意义的否定表述为意义，仿佛在肯定的表象与非表象的反艺术之间的边锋上平衡

---

① Theodor Wiesengrund Adorno, *Ästhetische Theorie*, Frankfurt /M.: Suhrkamp 2003,S.232.

的意义一样。"① 总之，在艺术真实与审美体验关系问题上，维尔默的最终看法是，从康德到阿多尔诺，还没有哪个哲学家能够澄清审美体验与艺术真实之间的交织关系。

二、艺术与崇高

（一）将崇高嫁接到艺术中

在被视为美学现代主义真正标志的《毁灭的犯罪》中，阿多尔诺就谈到了艺术：艺术作为可理解世界的一部分，开放了其边界和深渊，并"在主体中铭记自然"，它使远离意义的恐惧转变为审美愉悦，同时拓展了语言意义的边界。但是，如果人们不再从预定和谐视阈出发理解现代艺术崇高，那么，人们是否可以真正将现代艺术的本真性与现代艺术崇高相齐并论，则是成问题的。② 阿多尔诺说，在《判断力批判》中，"崇高"被理解为一种情绪，一种震撼人心的艺术。当对自然进行审美判断时，内心处于"静观状态"；当对自然的崇高进行表象时，内心"感到激动"——这是一种"震撼"（Erschütterung）。这意味着，在康德那里，崇高成为艺术本身的历史结构。因而，崇高必须与后来被称为工艺美术的东西区分开来。如果人们还想坚持与康德联系在一起的崇高概念的话，那么这就是崇高在现代艺术中的位置。维尔默认为，崇高的位置，或许不是经验自我与可理解自我的对立，不是感性与理性的对立，而是"可理解的"自我本身中的对立：它是虚无同时也是提升。

在《美学理论》中，阿多尔诺试图从贝克特③精神出发，为崇高范畴恢复名誉。不过，贝克特的审美对象化变成了阿多尔诺对形而上学意义爆

---

① Albrecht Wellmer, *Zur Dialektik von Moderne und Postmoderne*, Frankfurt/M.: Suhrkamp 1985, S.16–17.

② Vgl. Albrecht Wellmer, *Endspiele. Die unversöhnliche Moderne*, Frankfurt/M.: Suhrkamp 1999,S. 200.

③ 贝克特（Samuel Beckett, 1906–1989），爱尔兰作家、评论家、剧作家，著有《等待戈多》等。

破的解释。维尔默相信，在阿多尔诺那里，崇高范畴在作为和解哲学的艺术结构中处于核心位置；而作为和解哲学的艺术结构同时就是崇高美学。这就意味着，在阿多尔诺与康德那里一样，审美与崇高不能以同样方式相互对立；毋宁说，这两个范畴像真实和表象一样，是和谐美学相互对立着的两极。不然的话，人们也能够说，在阿多尔诺那里，崇高就是现代艺术中被称为审美的东西，成为艺术美建构的东西的可能性条件。就是说，对阿多尔诺的崇高阐释而言，核心问题在于，只有改变崇高范畴的结构，才能成为现代艺术结构的东西。"只有移植到艺术中，才能超越上述对崇高的规定。"① 因而，如果阿多尔诺能够证明先锋艺术中悲剧和喜剧、崇高和游戏对立的话，那他就再现了贝克特的"主体游戏终结"过程。

那么，现代艺术崇高如何从康德关于有限自我与可理解自我的对立中产生出来？对于这个问题，阿多尔诺给出了两个方案：一是从和解哲学现代性概念出发；二是从后形而上学现代性概念出发。这两个方案都关系到对康德的崇高概念的激进辩护，但这两个方案不过是同一方案的两个不同方面。

根据第一个方案，现代艺术崇高也许位于现实与乌托邦之间的巨大张力中，位于完全否定状态与拯救状态之间的巨大张力中。因而可以说，否定的现代性被弱化地保留下来，无意义的现实"强行"在尚未存在的绝对中、在和解精神的名义下坚持下来。这就真正涉及到了阿多尔诺的现代艺术崇高概念："崇高的遗产是未弱化的否定性，崇高的表象预示着赤裸的和无表象的。"② 与第一个方案不同，第二个方案局限在现代性与主体解放的"形而上学意义爆破"之间的张力中。这个张力的两极，就是被阿多尔诺当作现代性主题的思想进步的两个方面。当然，按维尔默的说法，这并不涉及主体化与物化的辩证法，也不涉及完全否定性与和解精神的两极

---

① Theodor Wiesengrund Adorno, *Ästhetische Theorie*, in: Gesammelte Schriften.Bd.7. Frankfurt/M.: Suhrkamp 1970, S.295.

② Albrecht Wellmer, *Endspiele. Die unversöhnliche Moderne*, Frankfurt/M.: Suhrkamp 1999,S.184.

化，而只是涉及传统和习俗为主体解放所付出的代价，涉及客观保证的意义缺失与主体解放的内在关联。

在这里，维尔默试图追随阿多尔诺的第二个方案，以至于维尔默似乎变成了阿多尔诺，尽管维尔默并不认同主体化与物化的辩证法；相反，维尔默对阿多尔诺进行了批评。他指出，阿多尔诺并没有阐发恰当的语言主体间性概念，但只要允许这种联系（即形而上学意义爆破与交往合理性联系在一起）的可能性，那阿多尔诺的这两个方案就表现为完全不同的。"正确地理解是，第二个方案并不内含着第一个方案；相反，通过《美学理论》阐发的交往理论阐释却包含着关于崇高的后形而上学概念要素。当然，这种阐释也能够给阿多尔诺第一个方案，即和解哲学方案以新的意义：与黑暗包围着的绝对相一致的、完全否定的状态，是形而上学爆破之后的世界状态，一个与和解割裂开来的世界。"[①] 然而，与和解的割裂，不是阿多尔诺理解的精神灾难；毋宁说，它标志着被理解成有限精神的集合状态，它深深植根于有限性中，同时能够重新揭示与阐发作为交往合理性的潜能。

按阿多尔诺理解，将崇高嫁接到艺术中，是18世纪末开始的走向现代性的运动。但在维尔默看来，将崇高渗透进艺术中，就是将艺术带入与审美观不断加强的冲突中，即带入和康德的"鉴赏判断"（Geschmaksurteil）意义上的美的矛盾中。这样，在阿多尔诺那里，艺术崇高总是浮现出与审美观矛盾的三重规定性：能量学的规定性、结构论的规定性、发展逻辑的规定性。维尔默指出，所有这三重规定性都触及到了康德意义上的崇高的特征。

第一，在能量学立场中，艺术崇高表现为令人感动的。令人感动的是美的东西，是从自我中产生出来的东西，同时也是保留在张力中心的东西。维尔默指出，在崇高美学意义上，康德把作为条件的主体力量描述为完全可靠的；并借助精神范畴，将艺术美与纯粹美区分开来：艺术美作为

---

① Albrecht Wellmer, *Endspiele. Die unversöhnliche Moderne*, Frankfurt/M.: Suhrkamp 1999, S.185.

美学概念表达，根本不是分析判断意义上的纯粹美。因而，康德将艺术美概念理解为"多"。维尔默与阿多尔诺一起将"这个多"刻画为崇高的东西（与纯粹的、形式的审美不同）；刻画为精神的东西（与纯粹的感官享受不同）；刻画为令人感动的东西（与纯粹的味觉不同）。因而，艺术不断超越自身必须与艺术自主放在一起进行思考：艺术只有作为自主的，才能产生超越纯粹审美表象的"多"。

第二，在结构论立场中，艺术崇高被视为对审美综合的不断否定。在理想的审美概念意义上，这种综合意味着感性美与精神美的相互渗透。因而，对审美形式的否定，即对适度、平衡、无矛盾的统一、和谐的否定，最终是对审美表象的否定。有限的东西、远离意义的东西、荒谬的东西，以及被排斥在语言意义之外的东西，是矛盾的、非统一的，仿佛是语言意义的根基。所有这一切，都使现代艺术进入未弱化的否定中，并通过"灵魂与整个世界的撕裂"使"断裂处"变得更加清楚。这样，艺术就开启了世界体验，但不再是通过矛盾的消解，而是通过"非交往的交往"，即艺术使黑暗的世界变成为崇高美，变成审美愉悦的源泉。正如阿多尔诺所说，"艺术的忧郁要素应当准备某种愉悦的东西，它与在艺术中发现的唯一幸运的意识没有什么不同。……自波德莱尔以来就作为反题的忧郁，诱惑着感性的文化外观同样是感性的欺骗。愉悦在不和谐那里比在和谐那里要多：这逐步遭遇到享乐主义。"①

第三，在发展逻辑立场中，崇高向艺术的渗透标志着现代艺术的不断精神化；同时，与远离意义的物质层面向艺术的渗透相符合，它仿佛又是去精神化。因而，现代艺术的精神化同时意味着精神的与精神异化的、结构的与构件的、反思的与要素的特征之间的张力增长。对阿多尔诺来说，现代艺术不仅在具体创作而且在总体创作之间的张力域中，在精神与精神异化的两极对立过程中。新的精神化的艺术阻止用庸俗文化进一步玷污

---

① Theodor Wiesengrund Adorno, *Ästhetische Theorie*, in: Gesammelte Schriften.Bd.7. Frankfurt/M.: Suhrkamp 1996, S.66.

真、善、美。维尔默指出，在阿多尔诺那里，现代艺术崇高的第三个特征，总体上标志着艺术在自主条件下的自我超越；在技术层面上，它意味着不断强制创新活动，并借此与资本主义商品生产发生关联。但在强制创新活动中，总是表达出超越艺术界限的必要性。这就意味着，必须超越生存艺术概念。因为艺术从来就不仅是审美表象，更多地必然被接纳进审美管制中。所以，艺术必须动摇其自主的限制。就此而言，它想满足必须向自身提出的情绪表达的要求，只要它想从根本上产生美学意义，而不想甩开日常东西的再生产。不过，在现代先锋艺术中，艺术被迫自我超越，在多方面被误解为"艺术的去艺术化"（Entkunstung der Kunst），艺术在生活中的扬弃。

可在这里，阿多尔诺构思了这样一个视角，由此出发，艺术就表现为康德的崇高概念的美学现实化：自然崇高与精神自主没有什么不同。当然，如果谈到精神自主，那就必须将康德的崇高概念与阿多尔诺的批判放在一起思考。

（二）艺术崇高：对和解的彻底否定

关于崇高，有两个著名的表述：一是尼采所说的"恐怖的"（Entsetzliche）、"不可理解的"（Unverstänliche）；二是鲍德里亚所说的"深渊的图景"（Bild des Abgrunds）。维尔默认为，这些词不再标志着强权的、令人恐怖的、不可思议的自然，而是标志着可理解的主体与世界历史的自然。因而，对现代艺术崇高来说，入口不是绝对的、不可描述的东西（即康德意义上的绝对的东西），而是绝对的退隐、上帝之死。因为"深渊"是语言含义内部的远离意义的深渊，它标志着绝对的否定、虚无，仿佛是保留了形而上学绝对的"空位"（Leerstelle）。

那么，在保罗神学中的"死亡"，为什么在阿多尔诺那里成为绝对否定的东西？维尔默说，"死亡"作为最后的东西，是意义的危机，尽管是作为形而上学意义的危机，同时也是作为所有语言学意义上的危机，因为通过形而上学意义爆破，同时使所有语言学意义上的生活建构条件成为可疑的。通过这些条件，语言学意义上的生活与真实概念、自由概念、合理性概念联系在一起。"对这个尼采的视角，阿多尔诺既与之一致，又认为是不可固守的。正是在对尼采这种既肯定又批判的态度中，阿多尔诺变成了和解哲学家"①。

在《否定辩证法》中，阿多尔诺说，死亡或许就是那个绝对，哲学肯定徒劳地申诉那个绝对，从根本上说一切都是虚无，每个思想也只能在虚空中进行思考，根本不能与任何真理放在一起思考。这样，对阿多尔诺来说，这意味着与此在的否定性相对立的"固守"（Standhalten），只有在绝对名义下才是可能的。尽管绝对被黑暗包围着，但却不是虚无。因为在存在与非存在之间有一条无限薄的裂缝，从中透过一束微弱的光：它应当成为绝对的光。对绝对来说适合的东西，对自我来说也是适合的，即形而上学意义爆破的虚无性、相关物，不应是最后的言词。"自我"一词，作为乌托邦期待的名字，与非存在的东西一致。正是在拯救状态中，才可以说自我成为人。维尔默指出，只有在阿多尔诺这个困窘的坐标系中，崇高才有其和解哲学的实现之所。因为对崇高来说，结构性的对立是，受到病毒侵害的、超出自身能力的、处于眩晕中的自我与处于柔弱的、恐怖的、眩晕体验中欲望的自我之间的创造性张力。就像前面所说，康德把这个对立阐释为经验自我与可理解自我的对立。因此，至少在关涉艺术的地方，为了把握这个对立，康德意义上的可理解自我，不需要绝对概念。而在否定美学表达中，主体获得了与否定的权力直接对立的交往权，否定体验也就变成了审美愉悦。这在尼采那里已经看到，在关于无意义、恐怖的美学表达中，恐惧变成了审美愉悦。从根本上讲，阿多尔诺也是这样看问题的，即崇高的愉悦是固守的幸福、无交往的交往。"和解概念根本不属于现代艺术崇高范畴，相反，艺术崇高是对和解概念的彻底否定。"②

---

① Albrecht Wellmer, *Endspiele. Die unversöhnliche Moderne*, Frankfurt/M.: Suhrkamp 1999,S.194.

② Albrecht Wellmer, *Endspiele. Die unversöhnliche Moderne*, Frankfurt/M.: Suhrkamp 1999,S.195.

在《美学理论》最后，即"唯我论问题与错误的和解"中，阿多尔诺又一次将与"进一步的否定性"相对立的艺术解放的语言潜能移到核心位置。这就意味着："一个令人满意的社会再次遭遇传统艺术，今天它成为令人不满意的意识形态要素是可能的；但又重新形成平静与秩序，返回到肯定的图景，或许是其自由的牺牲品。"[1] 维尔默说，值得注意的并不是阿多尔诺反对现代艺术而捍卫传统艺术，而是在社会解放中赋予艺术解放以力量。"在这些马克思主义者、现代性理论家、现代性艺术家团结的句子中，阿多尔诺与其时代一起贯穿了严格的历史结构必然性概念，但阿多尔诺美学的真实性内涵试图从这个历史结构中摆脱出来，并通过批评与阐释得以阐发。"[2] 然而，作为对阿多尔诺关于艺术阐释理解的反映，应当比表征这个近似性更多：尽管阿多尔诺美学文本没有超出对某些艺术作品的阐释，但是，也许对这些文本的阐释与批评采用了放大镜功能。如果借助棱镜来阅读这些文本，那就相互消解了意义层面并相互对象化。因而，较好的说法是立体透视图景：这涉及到空间图景的建立，它使文本的最深层维度得以澄明。

实际上，早在《棱镜：文化批判与社会》（1955）中，阿多尔诺就容许从审美体验向哲学渗透。在关于主客体辩证法的有限描述中，阿多尔诺表达了许多东西：与"意味"在媒介中的描述真正对立的东西联系在一起。当然，维尔默的思考并非仅仅由于阅读《棱镜》的激励，而是又回到对《否定辩证法》的解读。在《否定辩证法》中，阿多尔诺把奥斯维辛以来的现代世界状况建构为完全否定的状态，因而缺乏和解力量。在"形而上学意义爆破"后，那种和解力量只能阻止世界适应奥斯维辛图景：总体和解的期待使得每个历史上可能的和解失去了价值。与此同时，阿多尔诺试图将荷尔德林、黑格尔的真理视为艺术真理，并只是在和谐美学中看到对不和谐的病态的否定。通过这个否定，阿多尔诺使现代艺术成为崇高。"如果

[1] Theodor Wiesengrund Adorno, *Ästhetische Theorie*, Frankfurt /M.: Suhrkamp 2003,S.386.

[2] Albrecht Wellmer, *Zur Dialektik von Moderne und Postmoderne*, Frankfurt/M.: Suhrkamp 1985, S.43–44.

我们反对从阿多尔诺强调的'形而上学意义爆破'与主体解放关联出发重构阿多尔诺的现代艺术崇高概念，那么'现代艺术是崇高的'这个命题，就意味着黑色调不能够被长期地保留。准确地说，后形而上学现代性艺术，不可避免地处于'美'（Schönheit）这个概念的彼岸。这个概念意味着概念的感性外观、较高的感性、矛盾的最终消解。在这个意义上，崇高就成为所有现代—后现代审美艺术的基本结构。"①

（三）崇高意味着审美的强化

在现代主义美学理论中，阿多尔诺揭示了现代主体解放、习俗和传统瓦解，与精神意识的内在关联。因为在他看来，在意识进步中宣告形而上学破灭，就意味着精神本性进步为独特的意识。现代艺术在主体中铭记自然，所以与主体力量联系在一起的主体能够坚持独特的体验。"要素的发动与主体解放联系在一起，因此与精神自我意识联系在一起，并将自然精神化为艺术……艺术越多地将非同一的、与精神不直接对立的东西纳入其中，它就必然越多地精神化；相反，艺术的精神化所扑向的东西，是与从前被禁忌的、不令人愉快的、无法推广的东西，即与感官上、精神上不舒服的东西具有亲和性。"②这样，崇高向现代艺术渗透与现代性解放潜能之间的特有关联，就变得非常清楚了。维尔默指出，在现代艺术、科学、哲学中，民主与道德原则联系在一起，这就回到了相互协调与相互补充关系中：启蒙被划分为不同的领域，即认知领域、道德实践领域、审美领域。在这里，现代性的解放潜能被否定，以至于不能在价值领域与审美领域中看到工具理性的胜利；相反，可以将艺术的精神化推进到这个语境中，即推进到阿多尔诺意义上的主体解放与后传统社会主体间交往关系变化的关联中。这样，艺术解放就处于社会交往关系变化与个体自我理解的关

---

① Albrecht Wellmer, *Endspiele. Die unversöhnliche Moderne*, Frankfurt/M.: Suhrkamp 1999,S. 202.

② Theodor Wiesengrund Adorno, *Ästhetische Theorie*, in: Gesammelte Schriften.Bd.7. Frankfurt/M.: Suhrkamp 1970, S.292.

联中。

维尔默断言，"在阿多尔诺那里，作为个体化媒介的现代艺术经验的、结构的、反思的特征，与在哈贝马斯那里，作为社会个体化媒介的生活世界合理化经验的、解构的、反思的特征完全相似。"[①] 就是说，阿多尔诺在精神化标题下分析的艺术的"去界限化"与哈贝马斯在生活世界交往合理化中固定下来的话语的"去界限化"相一致。这两个过程都处于不断增长的个体化法则之下，通过个体化才能补偿那些瓦解了的客观意义。因而，在审美意义形成立场下，艺术的精神化同时意味着艺术作品的增长着的个体化。这样说来，在阿多尔诺那里，艺术沉沦的历史视角，也许是单个艺术作品概念。然而，尽管阿多尔诺也坚持艺术自主，但他知道，由艺术本身引起的艺术沉沦在给定的历史条件下，根本不能意味着艺术的最后扬弃＝和解，而只能意味着现存者的适应。所以说，"这个二难选择看来似乎是错误的：我们很少能够从最终和解视角来解释艺术自我超越的必要性，很少能够把它有意义地解释成为艺术在生活中自我扬弃的绝对命令范畴；毋宁说，艺术的'去界限的冲动'（entgrenzende Impuls）是与艺术自主放在一起思考的，它不是作为指向社会整体的巨大变革力量，而是作为一再重新进行的巨大变革力量(只有通过它艺术才能够成为生活世界)。"[②] 这个"去界限的冲动"不能指向绝对的彼岸：拯救状态中的世界，而必须将超越性与内在性、否定性与肯定性放在一起进行思考：世界的去界限化与作为有限精神的自我超越和自我肯定的变革。

因此维尔默说，如果不从自我超越出发解释艺术的自我超越，那么阿多尔诺关于本真艺术与大众文化不可和解的命题就失去了哲学基础。在阿多尔诺的"本真艺术＝否定性＝真实"、"大众文化＝肯定性＝谎言"中，隐藏着美学批评的哲学原型。在那里，艺术的"去界限的冲动"并不意味

---

① Albrecht Wellmer, *Endspiele. Die unversöhnliche Moderne*, Frankfurt/M.: Suhrkamp 1999,S.189.

② Albrecht Wellmer, *Endspiele. Die unversöhnliche Moderne*, Frankfurt/M.: Suhrkamp 1999,S. 191.

着完全的他者、和解；而意味着既批判又肯定地转向历史世界。阿多尔诺承认，从这个历史世界出发，高雅艺术与低级艺术之间就不再有固定的界限。这个在现实中经常扩散的、变化的界限，在进步的现代性中同时是审美潜能成功与失败的界限，是本真性与非本真性、真实与谎言的界限，是通过审美体验不能真正揭示的历史哲学假定。因而，这个界限就成为先锋艺术超越自身的挑战。总之，在阿多尔诺那里，作为艺术崇高的标志，不可交往的交往、非描述的描述，已经内含在康德的艺术美概念中。另一方面，阿多尔诺似乎给出了更好的证明：在康德那里，艺术是与崇高不同的审美概念，即艺术作品能够被称为崇高的东西，在（审美愉悦首先是审美对象愉悦）条件下，似乎是有限客体；在阿多尔诺那里，审美作为艺术崇高的实在化，与和谐美学联系在一起。因而，崇高意味着审美的强化，而非对其实在化的否定。

三、艺术与审美救赎

（一）现代—后现代艺术批判性反思

首先，维尔默阐发了现代艺术的二律背反问题。他指出，没有人像阿多尔诺那样考察文化现代性的不同含义。这些不同含义，宣布了激发审美潜能与交往潜能的可能性。因而人们可以猜测，自叔本华、尼采以来，至少在德国，没有其他艺术哲学像阿多尔诺艺术哲学那样，对艺术家、批评家、知识分子产生如此持久的影响。"在现代艺术生产、批评或接受的意识中，阿多尔诺的影响是不可忽视的；其中，影响最多的地方莫过于音乐批评领域。尽管他为音乐划定的边界已经被超越，但他在现代音乐批评中的权威性还是能感受到。"[1] 自阿多尔诺以来，人们才真正重视音乐哲学，尤其是现代音乐哲学。甚至可以像维尔默所说的那样，除《新音乐哲学》

---

[1] Albrecht Wellmer, *Zur Dialektik von Moderne und Postmoderne*, Frankfurt/M.: Suhrkamp 1985, S.9.

与一些短小的音乐社会学作品外，即使阿多尔诺什么也不写，他在哲学史上的地位也是非同寻常的。因而，维尔默非常赞同哈贝马斯的说法：阿多尔诺属于"进行哲学思考的知识分子"，并相信《最低限度的道德》一书最为接近阿多尔诺哲学概念，因为它如实地反映了阿多尔诺关于真正生活的学说。

关于音乐理论和音乐社会学的思考，在阿多尔诺那里占有很大比重。在"阿多尔诺全集"（20 卷 23 册）中，其中 12 卷涉及到音乐理论或音乐社会学问题。例如，在《新音乐哲学》的"勋伯格"章，阿多尔诺关于现代先锋音乐所说的东西，从总体上内在地指向了现代艺术的二律背反：现代艺术"承受了世界上所有的黑暗和罪责，它的所有幸福就在于看到了不幸；它的所有审美就在于拒绝了审美表象"①。但按维尔默理解，现代艺术的二律背反表现为，对成功的平衡行为来说，不再有概念可供支配；从严格意义上说，这样的概念是不可能的。这表明，在保存下来的没有逃脱二律背反的艺术那里，它还成功地将对意义的否定表述为有审美意义的，如贝克特作品。所以，只有在二律背反中，艺术才成为艺术，同时保留了非真实的一面。审美真实性与非真实性不能够分离开来。当然，为了和解期待的缘故，艺术还必须接受罪责：对阿多尔诺来说，这就意味着表象救赎。

在这里，维尔默回到了阿多尔诺对现代艺术的思考。他指出，阿多尔诺借助艺术的"反传统主义力量"以及对传统图式的拒绝刻画现代艺术。因而，他使用了"规范主义"、"结构性原则"、"开放形式"等表述。这些表述共同体现着现代艺术的后传统主义特征，体现着它从传统风格、传统形式、传统意义图式中解放出来，因此也体现着个体化与反思性增长。在阿多尔诺那里，现代艺术的反传统主义源于"对成熟的追求"，以及语言个体化与"客观上对意义负责的否定"之间的关联，也取决于这个结构性

---

① Theodor Wiesengrund Adorno,*Die Philosophie der neuen Musik*, Frankfurt/M.: Suhrkamp 1985, S.126.

原则:"结构是作品形式,它不能长期为作品负责,但也不能从作品中提升出来,而是源于主体理性反思"[1]。这样,阿多尔诺就把从图式中解放出来与审美主体解放,同时理解为(隐藏在传统习惯背后的)内在化了的社会强制的解构:这些习惯保证审美统一与审美意义的关联,但却付出了对社会禁忌体验与冲动表达的代价。简言之,阿多尔诺在资产阶级艺术作品和谐统一与资产阶级主体压抑性统一之间看到了这个内在关联。"阿多尔诺的命题是,伟大的艺术(和谐美学)要想成为真实的,只有在真实条件下才是可能的。因而艺术必须清除审美表象,清除一切虚幻的东西。然而,试图从审美表象中摆脱出来的尝试是徒劳的。因为能够成为艺术的东西是和谐美学,它与审美表象是不可分的。这就是现代艺术的二律背反,同时规定着现代艺术的活动规则。"[2]

维尔默说,艺术的二律背反结构,从一开始就存在于"图像"(Bild)与"符号"(Zeichen)、非概念综合与概念综合的分离中,即使在发达的工具合理性条件下,它也与现代艺术一起成为自我意识。这样,在承认阿多尔诺美学核心思想情况下,语用学重构前景并不十分有利。不过,至少应当给出一个能够找到问题解决办法的方向。为此,维尔默试图这样来表达问题:在艺术那里,有某种引导人们走向艺术作品本身的东西,它也许可以被理解为真实性要求的承担者;而且,艺术的真实性要求与审美有效性要求联系在一起。这样,两个辩证法(即主体化与物化的辩证法、审美表象辩证法)的相互渗透,就是作为阿多尔诺美学运动原则。在此表现为,结构性原则与规范性原则的二律背反,如何从两个辩证法的交织中引申出来。这里只能想到的是,在阿多尔诺那里,主体化与物化的辩证法,作为辩证的坐标被登记给主体性概念本身:一方面,它表征着与外部自然和内部自然强制相对立的主体强化;另一方面,它表征着只有付出了工具

---

[1] Theodor Wiesengrund Adorno, *Ästhetische Theorie*, in: Gesammelte Schriften Bd.7, Frankfurt/M.: Suhrkamp 1970, S.300.

[2] Albrecht Wellmer, *Endspiele. Die unversöhnliche Moderne*, Frankfurt/M.: Suhrkamp 1999, S. 180.

理性不断物化进入主体自身结构的代价，解放的进步才能够成功。

其次，维尔默批判了现代建筑艺术的功能主义。他说，尽管没有人对建筑功能要求(透气性、通光性、卫生条件等）提出异议，但几乎不能说，这些要求给出了功能主义概念（它一度造就了欧洲城市文化的功能关联）；或给出了现代城市概念（它使技术的人道化潜能起作用，而反对技术的解构潜能）。

按维尔默理解，功能主义批判首先具有意识形态批判含义。他说，与作为工业产品的俗气的建筑对立、与唯科学主义和历史主义对立，功能主义批判意味着像道德净化、审美净化一样的东西。因而，功能主义批判可以和早期维特根斯坦的语言批判相齐并论。就像早期维特根斯坦所要求的那样：对不可说的东西，就应当保持沉默，维尔默将功能主义批判概括为："没有意义（没有功能）的东西，就不应当表现出来（好像它有某种意义似的）"[1]。因而，功能主义批判与马克思对机械唯物主义批判相类似。机械唯物主义与历史功能主义是对立的，因为后者是在反思历史中得以保留的功能主义；前者的技术理性至上特征，可以在伟大的现代建筑中，也可以在柯布西耶的乌托邦设计中找到。当然，柯布西耶最好的建筑物也体现着现代建筑的另一面，即审美潜能。正如波泽纳[2]指出的那样，柯布西耶所说的"人类的朋友"（即空气、太阳、光线）根本不能被理解为粗俗的功能主义意义上的心理需要；毋宁说，"朋友"似乎意味着，它或许曾经从古希腊罗马（艺术性较高的大型）建筑物中获得神秘景象。但在维尔默看来，在柯布西耶这位"从背后把握欧洲"的伟大建筑师那里，获得解放的（艺术性较高的大型）建筑物，最终并不表现为淹没在世界祛魅过程中的潜能与体验的释放，并不表现为原创和乌托邦的成功交织；而是触及到极端现代的和古典的东西。"因此，柯布西耶最好的建筑物，就如同会说话的对象一样，超越了粗俗的功能主义。在这些建筑物中，无生命的材

---

[1]　Albrecht Wellmer, *Zur Dialektik von Moderne und Postmoderne*, Frankfurt/M.: Suhrkamp 1985, S.119.

[2]　波泽纳（Julius Posener, 1929—1990），德国建筑理论家。

料似乎也睁开了眼睛。这显示出结构主义可能性。"①

因而，尽管功能主义曾经起过一定历史作用，但缺陷在于，它是一种与技术理性至上精神一致的、形式化的、简化了的机械主义，它没有对功能与目的的关系进行恰当反思；而只有从这个反思出发，人们才能够有效地进行生产和建造，并且只有这样，粗俗的功能主义才能够持续地服务于现代化进程。当然，这个进程主要顺从资本利益和官僚计划的绝对命令范畴。"如果功能主义不加批判地预先规定基本功能及其优先关系，那么最终只能意味着认可在资本利用、交通规划、管理命令中形成的城市荒漠化。"②事实上，二战后，联邦德国城市功能现代化具有自我曲解特征，它似乎使人快速变成纯粹功能主义的、非历史的存在。诚然，尽管没有人能够对普遍舒适的居住条件的巨大改善提出异议（这些提高也是城市现代化带来的，在这个意义上，应当提防廉租房的罗曼蒂克）；但在现代化进程中失去的东西，是作为功能多样与交往形式相互渗透的公共空间的城市，或用雅各布斯③的话说，是"被复杂地组织起来"的城市。就是说，城市，正如它在欧洲历史上是自由民的住所一样，也能成为文化力量中心。

实际上，阿多尔诺1965年在为德国工业联盟做的报告中，就已经再次为反对现代建筑粗俗的功能主义进行的功能主义批判和结构主义辩护。在那里，阿多尔诺考虑到了材料、形式、目的的相互渗透，以至于在这些要素中，没有任何一个要素被绝对化为最终的"原像"（Urphänomen）。即使材料与形式也不是历史地"给予的东西"（Gegebenes），在现代建筑中凝结着历史，即被储存着的精神。"艺术幻想唤醒了历史积淀的东西，并由此觉察到了问题：艺术进步，总是细微的。艺术，是对材料和形式以

---

① Albrecht Wellmer, *Zur Dialektik von Moderne und Postmoderne*, Frankfurt/M.: Suhrkamp 1985, S.120.

② Albrecht Wellmer, *Zur Dialektik von Moderne und Postmoderne*, Frankfurt/M.: Suhrkamp 1985, S.121.

③ 雅各布斯（Jane Jacobs, 1916—2006），美国城市社会学家。

无声的'物语'（Dingsprache）向它提出的问题之无言的回答，从而使目的与内在形式法则这些相互分离开来的要素又相互联系在一起。"[①] 因而，对阿多尔诺来说，功能主义的合法性（正当性），存在于材料、形式、目的的相互关系中，同时它也包含着超越了纯粹目的关系的东西；或者说，阿多尔诺试图用功能主义语言命中超越了纯粹功能关系的东西：表达、意义、（艺术性较高的大型）建筑物的语言，即与精神亲缘的东西。维尔默认为，这样，"我们就能够重新找到作为现代建筑对象的主体，并与已经着陆的空间结构一起折射出主体动能。可以居住的、使人焕发生命力的空间，就是空间交往关系与意义潜能的对象化。"[②] 可见，在阿多尔诺阐释中，就像在柯布西耶的建筑物中一样，功能主义内在地构成自身并指向建筑物的语言—审美维度，指向与功能—审美维度不同的、后现代建筑学家一再强调的纯粹形式维度。

最后，维尔默分析了后现代建筑艺术本真的折衷主义。在詹克斯视阈里，按现代建筑风格建造的大部分建筑物，都表现为纯粹技术的。在批评现代建筑艺术的"单价性"（Univalenz）、单向度性、非历史性和理性主义同时，他刻画了后现代建筑艺术特征，如"多价性"（Polyvalenz）、复杂性、语境性、风格多元化与折衷主义。因而，维尔默将后现代建筑艺术特征概括为，语言维度的重新发现、语境主义、参与性规划模型，无语境的标志性建筑为城市网络所代替等。

实际上，詹克斯试图为折衷主义恢复名誉：体现意的建筑风格的同质性，只有在与有普遍约束力的"意义系统"（Signifikationsystem）联系在一起的社会中，即在传统社会中才有可能存在。但在工业社会中，现代建筑只考虑眼前目的，所以它不再存在这样的意义系统。因为一方面，这样的意义系统只有在历史间距意识中或者从过去的语义学潜能的反讽判断

① Theodor Wiesengrund Adorno, *Funktionalismus heute*, in: Gesammelte Schriften 10.I, Frankfurt/M.: Suhrkamp 1977, S.387.

② Albrecht Wellmer, *Zur Dialektik von Moderne und Postmoderne*, Frankfurt/M.: Suhrkamp 1985, S.123.

中才能创造出来；另一方面，这个语义学潜能在其充分扩展并直至异国情调的与古典的表达形式中被自由地支配。"可是，如果这就是存在于后现代建筑规划中的一切，那就等于承认，它不再能够用自己的语言表达：由于'失语'的窘迫，它不能使任性的或轻率的品质与过去的语言形式嬉戏……这实际上就是后现代建筑的一个真正的后现代性方面。相反，它的另一个方面，即创造性方面，就意味着对（技术理性至上意义上的）现代建筑的内在超越。"[①] 不过，维尔默的兴趣点在于，詹克斯构建了建筑的语言维度与新城市规划参与形式的内在关联。就是说，在阿多尔诺那里只是暗示的东西，即建筑语言隐喻依赖于建筑关联者的实际语言，到詹克斯这里变得明显起来。

詹克斯对（与 19 世纪折衷主义不同的）后现代建筑本真的折衷主义可能性的谈论，使人们想到了在现代意识与传统意识关系中获得的新自由度的创造性使用；但在詹克斯那里，本真的折衷主义概念也被理解为处在与"整个建筑体系都必须被改造"这个要求的关联中。这个要求指向通过相关主体而重新占有建筑的使用价值。可见，后现代建筑对技术理性至上的、片面的现代主义的拒绝，并不必然被理解为离开启蒙现代性传统；相反，它也能够被理解为现代性的内在批判。"如果我们在建筑的社会历史维度以及文化传统重新发现意义上，将历史主义与折衷主义理解为语义学潜能的储存器，简言之，所有使后现代建筑从经典现代性的技术理性至上乌托邦特征中凸显出来的一切，就应该被理解为建筑意识进步与现代性传统内部的纠正措施。与此相反，历史主义与折衷主义，也部分地意味着对现代性的结构特征，如启蒙精神、普遍主义、合理性的背离。"[②]

在这个层面上，后现代建筑就有了歧义性：今天，在"后现代性"标题下命名的东西，是否关系到二难选择的新社会运动，或是否关系到后现

---

① Albrecht Wellmer, *Zur Dialektik von Moderne und Postmoderne*, Frankfurt/M.: Suhrkamp 1985, S.124.

② Albrecht Wellmer, *Zur Dialektik von Moderne und Postmoderne*, Frankfurt/M.: Suhrkamp 1985, S.127.

代科学或后现代文化理论（从费耶尔阿本德的无政府主义认识论到法国后结构主义）。维尔默说，这是政治运动和理论力量的歧义性：它一方面捍卫与被技术理性至上腐蚀的现代性不同的，对交往结构、语义学潜能、生态平衡或主体无规则的自我表达，即捍卫这样一些条件——如果不维护这些条件，现代性就必然埋葬特有的人道主义潜能；另一方面，它常常满足于宣告，从技术理性至上的现代性中根本摆脱出来。"如果发生后一种情况，那么技术理性主义批判就变成了非理性主义；区域主义就变成了特殊主义；本土性崇拜就变成了纯粹模型，或更糟糕，变成了退化；建筑象征功能的重新发现，就变成了极权主义意识形态。"①

维尔默指出，在建筑中，材料、形式、目的的相互渗透，必须与目的的交往阐释交织在一起，如果意义或表达不应当变成任意的话：（艺术性较高的大型）建筑物并不是自我满足的艺术作品。因此，为了阐释（既不归结为功能关系又不迷失在审美形式中的）建筑概念，詹克斯的思考是完全有益的。实际上，建筑概念，或许超越了纯粹技术合理性、经济合理性、行政管理合理性，但也超越了和交往合理性联系在一起的、纯粹审美形式的任意性。因而，城市规划参与和城市修缮是建筑的一个方面，一个不同于荷兰人所谓"多维空间"的方面。在赫茨伯格② 视阈里，这就意味着，对集体的基本模型的个体变形与阐释来说，空间构想是敞开着的，这是一个可以阐释个性的空间构想。在这个语境中，艾克刻画了一个审美的表述："迷宫般的清晰"。从技术理性至上眼光看，这个概念是指那些机能不良的、无法预见的、无法规划的、多余的东西，也意味着结构与关联的艰难、歧义、错综复杂。这样，就出现了一种与语言哲学类似的东西，即在语言哲学上，维特根斯坦要求"必须改变视角，但必须以需要为支点"。就是说，从语言使用者立场出发观察日常语言结构：被结构主义语言学描述为杂乱无章的东西，就能表现为清楚的、有秩序的。

---

① Albrecht Wellmer, *Zur Dialektik von Moderne und Postmoderne*, Frankfurt/M.: Suhrkamp 1985, S.128.

② 赫茨伯格（Herman Hertzberger, 1934 或 1932?—　　），荷兰结构主义建筑师。

　　这样，从处于变化中的建筑的例子就不能够直接得出结论说，艺术与其它领域的工具生产具有新的中介功能；相反，工业化的大众产品不仅缺乏个性也缺乏语言的重要条件；不仅不能够将它所体现的目的个性化，而且也划定了从材料、形式、目的中产生出来的可能表达的界限。正如帕斯所说，工业产品常常只能作为功能象征，也许可以作为"经济状况象征"（Statussymbole），作为技术进步象征或作为幼稚的世界图景投影形式象征。就是说，如果工业化的大众产品没有从外面装饰或不具有象征性，那它就不能仅凭自己的复杂性而表达意义关联，它能体验功能关系，但却不能表达它。可是，工业产品并不因此必然不表达什么。所以，就像阿多尔诺强调的，表达与审美几乎是分不开的相互冲突现象。当然，工业产品也能够是审美的：前提是，在可理解的目的那里，一个完美结构成为显而易见的。维尔默说，可见结构与不可见结构的区分，有时要比房屋与机器的区分还重要。例如，19 世纪蒸汽时代，建筑物一般是钢铁结构；20 世纪电子技术时代，建筑物的审美形式正在消失。诚然，那些离人的身体、眼睛、手还近一些的东西，如各种工具、家具、电灯等，由于良好的结构设计还有一些美感，但这种完美结构远离了建筑物的美，而且其功能被描述得越精确越普遍，这个距离就越大。在另一个层面上看，工业产品聚合成艺术形态与功能网络，决定着生活过程和劳动过程、社会再生产与交往形式，或体现着社会特权。

　　鉴于此，维尔默断言，詹克斯属于后现代建筑和城市规划的维护者，从而是极端的现代主义者。最明显的标志是，詹克斯强调城市生活方式与民主的内在关联。因而，在一定意义上，詹克斯从民主视角理解城市规划，建构了对现代建筑的后现代批判。不过，"詹克斯对现代建筑的批判（与他的意向相违背）并不是启蒙现代性批判，而是工具理性批判。"[①]

---

① Albrecht Wellmer, *Zur Dialektik von Moderne und Postmoderne*, Frankfurt/M.: Suhrkamp 1985, S.128.

（二）现代—后现代美学批判性反思

首先，维尔默讨论了否定美学与崇高美学问题。他指出，当阿多尔诺的思维方式积淀在艺术家、作家、知识分子意识中时，《美学理论》在学院派美学与文学理论领域的命运就差得多了：在经历了大约十年的批评性接受后，似乎只有《美学理论》的片段留传在哲学、文学、音乐理论批评中。当然，"《美学理论》难以被接受的原因，并非由于深奥，而是由于体系：否定美学的僵化特征。但阿多尔诺美学的困窘结构有某种艺术的东西，并且其审美判断凸显出一种神秘的传统主义。"[1] 就是说，尽管阿多尔诺核心思想中还有某些东西需要澄清，但不能通过简单修整使之从和解哲学文本中摆脱出来。如果要超越这些文本，使之成为富有成效的，那就必须在阿多尔诺美学坐标系中活动。实际上，否定美学既与哲学视角又与美学视角联系在一起。"通俗地说，阿多尔诺美学徘徊在后现代性门槛上；严格地说，它走向了后形而上学现代性概念，总是思考后现代美学。"[2]

同样，利奥塔在否定美学表象意义上理解非概念的、艺术的先验话语。维尔默说，"如果我说得不错的话，隐藏在这个思想背后的就是，在每个把某些可描述的东西当作可认知的东西的美学描述中，都将某些概念要素表述为审美表象。"[3] 在意义层面上，审美表象被理解为一个张力域；并且，作为意义的关联，被理解为能量的实现与抽象化：艺术作为第二自然，但开始于被说的自然。这些隐喻也许服务于下述思考：作为对象的图像、室内的图像、风景的图像，还不是审美表象意义上的纯粹的图像。艺术作为表象，仿佛部分地参与了话语，其规定性被超越并被甩在了身后。这样，就只能保留装饰美学与崇高美学之间的二难选择：在选择面前，每个尊重艺术的人都与利奥塔一起聚焦于崇高美学。因而，"对利奥塔来说，

[1] Albrecht Wellmer, *Zur Dialektik von Moderne und Postmoderne*, Frankfurt/M.: Suhrkamp 1985, S.9.
[2] Albrecht Wellmer, *Endspiele. Die unversöhnliche Moderne*, Frankfurt/M.: Suhrkamp 1999,S.203.
[3] Albrecht Wellmer, *Endspiele. Die unversöhnliche Moderne*, Frankfurt/M.: Suhrkamp 1999,S.60.

在反传统主义旋风中恒定的东西，也就是崇高美学。"①

由此可见，利奥塔与阿多尔诺存在着某些不一致。例如，对阿多尔诺而言，新现实主义绘画，或许只能是被摄影和电影所排挤、所超越的学院派现实主义，但正是在新现实主义绘画中，摄影与绘画之间存在着创造性的相互作用；相反，利奥塔似乎坚持这个命题：试验与现实主义手法相互排斥。然而，利奥塔与阿多尔诺在这一点上是一致的，即他们都没有退回到审美中。因而，维尔默致力于揭示利奥塔与阿多尔诺的共同点：他们都把"对意义的进一步否定"理解为现代艺术原则。在阿多尔诺那里，这个原则是多义的，即它意味着对口头流传意义的否定、对（有组织的艺术作品）传统意义关联形式的否定、对作为对资本主义现实无意义回答的审美意义的否定。与此同时，在利奥塔那里，该原则的多义性与在阿多尔诺那里完全相似，即它意味着对表现的否定、对现实的否定。因而，现实主义创作手法与现实的"去现实化"（Entwirklichung）审美趋向相矛盾，因为它使所指称的东西稳定化：现实主义乃是对意义的否定。这样，对利奥塔来说，所有这些最终意味着使审美判断适应于认知判断，用确定的东西代替反思判断力。

然而，"如果将审美表象与概念相齐并论的话，那么就能够将康德视为美学后现代主义主要见证人，即康德关于天才塑造规划所说的东西，与表象的否定原则具有同等含义。"② 这样，对表现的否定与通过艺术作品重新完成的、对（借助过去的艺术作品固定下来的）规划的否定就具有同等含义。维尔默指出，现在，利奥塔与阿多尔诺之间的一致性就变得非常清楚了：对他们来说，正是在"对意义的进一步否定"中，现代艺术才变成绝对的"密码"（Chiffre）。不过，对阿多尔诺来说，艺术作品既非可思的又非可描述的东西，它似乎是和解状态中感性现实的在场；对利奥塔来

---

① Albrecht Wellmer, *Zur Dialektik von Moderne und Postmoderne*, Frankfurt/M.: Suhrkamp 1985, S.55 .

② Albrecht Wellmer, *Zur Dialektik von Moderne und Postmoderne*, Frankfurt/M.: Suhrkamp 1985, S.60.

说，艺术作品是可思的但不可描述的东西，即"通过显而易见的描述影射不可描述的东西"①。所以说，利奥塔与阿多尔诺的差异是不应忽视的；同样不可忽视的是，尽管利奥塔缺乏审美表象的乌托邦价值，但在他那里，隐藏在现象中的东西是绝对的，即艺术作品在对意义的否定运动中，"意味着"是绝对的——这或许是一个深刻的思想。

总之，在阿多尔诺和利奥塔那里，理性批判与语言批判深层逻辑的共同性，表现为同一性思维批判与表现符号批判的结构同质性，它们是阻碍阿多尔诺和利奥塔命名某种使艺术作品成为比纯粹的绝对"密码"更多的东西的前提，即艺术以复杂方式关涉现实的理性哲学与语言哲学前提。"在这两种情况下，人们也许能够谈论隐藏在理论深层中的教条主义：在阿多尔诺那里，艺术因自身概念之故固定在对意义的否定上；在利奥塔那里，艺术因自身概念之故固定在对表现的否定上。这样，同一性思维批判就是阿多尔诺否定美学的关键；表现符号批判就成为利奥塔后现代审美的关键。"② 维尔默说，如果将"对意义的否定"（阿多尔诺）与"对表现的否定"（利奥塔）等量齐观的话，那就应该突出某种不可容忍的、暴力的要素，但维尔默更加关心他们之间的结构共同性，这就是，在利奥塔那里与在阿多尔诺那里一样，艺术概念否定性地关涉（同一性思维、"表现"）概念，它们源于尼采主义传统的理性批判与语言批判。

按维尔默理解，阿多尔诺的否定美学与利奥塔的崇高美学，还可以被视为真实美学与效果美学。他说，在《崇高与先锋派》（1984）中，利奥塔又一次改变了崇高美学主题。在那里，利奥塔不仅把康德，而且把柏克也当作先锋派主要见证人。但是现在，利奥塔主要强调崇高美学的效果美学意义。因此，利奥塔以令人惊奇的方式完成了一个循环，又回到了早期关于"能量学"代替"符号学"的命题。这样，利奥塔就与这个思想联系在一起：在艺术中，存在着不易理解的或不可描述的东西。因此，艺术使

---

① Jean-Francois Lyotard, *Beantwortung der Frage*: Was ist Postmoderne? , in: Tumult 4, S.138.

② Albrecht Wellmer, *Zur Dialektik von Moderne und Postmoderne*, Frankfurt/M.: Suhrkamp 1985, S.61.

人想起并驱逐虚无的恐惧。艺术借此远离了威胁，获得了轻松愉悦享受。就是说，人们借助艺术，又找回了在生活与死亡之间运动的骚动的心灵，这个骚动的心灵是健康与生命的象征。或者说，艺术作为绝对的"密码"，招来又同时驱走了由虚无产生的恐惧。这样，艺术就服务于生命的提升。正如利奥塔所说，"崇高并不是提升问题，而是强化问题"①。

因而，在利奥塔那里，像在阿多尔诺那里一样，艺术最终只能够说"一"（Eines）；但两人的结论似乎是对立的："对阿多尔诺来说，审美体验需要哲学澄清，这意味着，其真实性内涵不能失去。艺术目的并不是情感效果，而是通过这种效果获得认知。而对利奥塔来说，艺术目的并不是把握艺术所意味的东西，而是在于艺术所揭示的能够产生崇高感的东西。"②这样，在阿多尔诺那里，就被还原为纯粹的真实美学；在利奥塔那里，就被还原为严格的效果美学。维尔默认为，与符号学和能量学相对立，艺术的任务就是将意义与效果放在一起思考，以至于如果将这两个方面中的任何一方面绝对化，就会失去其对立面。

如此说来，维尔默对利奥塔的指责，就可以和比格尔对阿多尔诺的批评相齐并论。在《现代性的过时》（1983）中，比格尔不仅以阿多尔诺的《新音乐哲学》与斯特拉文斯基的新古典主义音乐论战为基础，而且还以阿多尔诺令人感兴趣的箴言为基础："极端抽象的图画挂在展室里并没有引人不快，这证明先天喜欢的对象没有复辟，即使我们为了与对象和解的目的而选择了切·格瓦拉"③。在这里，比格尔批评了阿多尔诺下述命题：总是存在最先进的审美材料，由此可以确定，在某一个既定时刻，审美（还）是可能的，而某些东西是不可能的。与此同时，针对人们笼统地贬低现实主义艺术，比格尔捍卫了新现实主义艺术手法。维尔默说，比格尔对阿多尔诺反命题的强调表明，在已经充分展开的现代性中，没有什么艺

---

① Jean-Francois Lyotard, *Das Erhabene und die Avantgarde*, in: Morkur 03/1984, S.159.

② Albrecht Wellmer, *Zur Dialektik von Moderne und Postmoderne*, Frankfurt/M.: Suhrkamp 1985, S.63.

③ Theodor Wiesengrund Adorno, *Ästhetische Theorie*, Frankfurt /M.: Suhrkamp 2003,S.315.

术手法、没有什么材料是被禁忌的，即在审美上什么是可能的，只取决于具体语境中的个别作品。因而，与阿多尔诺"总是存在最先进的审美材料"命题相反，比格尔提出材料与创作方法的多元化。当然，他关于现代性过时的命题，最终并不是阿多尔诺关于现代性概念过时的命题。"现在看来，阿多尔诺的命题是不够敏锐的，而比格尔的命题是正确的，只要我们与比格尔一起将它理解为困境的表达，正如将它理解为现代艺术新自由度的表达一样。不过，成问题的是，阿多尔诺和利奥塔的理性哲学与语言哲学前提。因为在这些前提中，有一个并非深思熟虑的同一性逻辑批判。"[①]

　　其次，维尔默讨论了突发性美学与接受美学问题。他说，尽管阿多尔诺的《美学理论》命运不佳，但他关于"真实、表象、和解的内在关联"的描述，即否定美学概念又出现在伯勒尔[②]的突发性美学、姚斯[③]的接受美学，以及比格尔的文学社会学中。在这里，维尔默试图将阿多尔诺的"真实、表象、和解"线性的、单向度的相互关联，转变为复杂的、仿佛是多向度的坐标。这意味着，维尔默试图将阿多尔诺僵化的辩证法范畴从内部带入运动中。但是，随着审美表象与乌托邦内在关联的去神秘化，阿多尔诺思考的审美综合与社会综合内在关联并不能直接被废除，毋宁说，阿多尔诺允许在新的意义上对之加以重构。正如前面所说，阿多尔诺坚持主体化与物化的辩证法，并由此放弃审美综合诗化的乌托邦；同时将"客观上对意义负责的否定"理解为现代艺术解放潜能的精髓。这样，"处于伟大的资产阶级艺术阶段上完成的艺术作品统一，像个体自我统一一样。就是说，审美启蒙在传统艺术作品统一中，像在资产阶级主体统一中一样，揭示了非反思的暴力要素。"[④] 作为非反思的暴力要素的意义综合，也被追溯性地放到形式范畴与传统审美规范统一上来，它不仅涉及到形式范

---

① Albrecht Wellmer, *Zur Dialektik von Moderne und Postmoderne*, Frankfurt/M.: Suhrkamp 1985, S.62.

② 伯勒尔（Karl Heinz Bohrer, 1935——　　），德国文学评论家，美学家。

③ 姚斯（Hans Robert Jauss, 1921—1997），德国美学家，接受美学理论创始人。

④ Albrecht Wellmer, *Zur Dialektik von Moderne und Postmoderne*, Frankfurt/M.: Suhrkamp 1985, S.27.

畴与审美规范，而且涉及到总体表象统一。这个统一总是与上帝创造宇宙的意义，即总体性相似。因而，现代艺术用这些非反思的暴力要素，即总体性对解放的审美意识进行回答。

在阿多尔诺那里，这些非反思的暴力要素与传统意义综合联系在一起，如果它一方面将现代艺术刻画为反对作为意义关联的艺术作品过程，另一方面又为现代艺术寻找个体化原则与个体教化原则的话。维尔默指出，随着非统一的东西、远离主体的东西、无意义的东西被纳入现代艺术中，一个越来越灵活的、个体化的组织效率就成为必要的。因而，艺术作品的敞开或去界限化就应当被理解成为对混乱与分裂进行审美整合的能力不断提高的相关物。实际上，阿多尔诺也将主体审美能力视为"理解世界残余物"的艺术启示的前提。就这一点而言，阿多尔诺已经将现代艺术的公共形式与主体性形式联系在一起。它们不再与资产阶级主体的刚性统一相符合，而是证明了"交往缺失"自我认同的灵活组织形式。不过，阻碍阿多尔诺将这个思想向前推进一步的东西，是他只承认现代艺术而不再承认现代社会：启蒙拓宽了主体边界，但启蒙命题不再以单线方式决定。如果以此为前提，那就暗示着，现代艺术反思的去界限化被带进接受主体关系中。这个关系与主体去界限化联系在一起的，它不仅是历史性的，而且是功能性的。这样，就像施瓦布①所说，文学描述形式的反思性开启，使得"消除差异化"与"差异化"之间的游戏在读者那里起作用，这似乎有助于主体边界的实际拓展。

因而，"在这个意义上，我们能够说，在现代艺术中，新的审美综合形式依赖于心理的、社会的、综合的新形式"②。不过，这必须做出如下区分：一是在历史时间的横断面上，思考现实中不断强化的意义瓦解与主体瓦解；二是在心理组织的垂直面上，考虑主体异化与远离意义层面的审美体验倾向。维尔默指出，阿多尔诺忽视的第二个要素，不是他对勋伯格所

---

① 施瓦布（Gustav Schwab,1792—1850），德国浪漫主义诗人。

② Albrecht Wellmer, *Zur Dialektik von Moderne und Postmoderne*, Frankfurt/M.: Suhrkamp 1985, S.28.

证明的东西的阐释盲点，而是哲学"先期抉择"（Vorentscheidung）的表达。这当然适合于，人们在与非审美的交往形式或自我与世界关系实际变化的关联中赋予艺术以功能。就此而言，艺术作品涉及到的实际和解，不是（还不是）表面的在场状态，而是对"从审美体验向象征行为或交往行为过渡"（姚斯语）这个过程的挑战潜能。

事实上，在阿多尔诺那里，美学范畴的意义与艺术和现实冲突有关，又与自然救赎视角区分开来。如果放弃这些前提中的一个，那首先需要解决的问题就是，阿多尔诺的"真实、表象、和解的内在关联"的乌托邦内涵。换言之，首先应当被质疑的是，"真实、表象、和解的内在关联"如何能够进入运动中，如果用主体化与物化的辩证法使它们从这个语境中摆脱出来的话。维尔默说，这个问题可以通过批评阿多尔诺的三个例子来说明，它们分别触及到这个问题的不同方面：

在《突发性：论审美表象瞬间》（1981）中，伯勒尔继尼采之后试图拯救审美表象范畴，并将它从与真实概念的相互关联中摆脱出来：仿佛审美表象如此地解放，以至于"真实、表象、和解的内在关联"消解在审美表象中，即和解的乌托邦进入审美表象瞬间中，乌托邦要素失去了现实未来的参照点。因而可以说，伯勒尔的美学消解了在阿多尔诺那里固有的（由于叔本华主义美学与马克思主义美学之间的张力导致的）歧义性，即"艺术作为幸福承诺"观念消解在审美体验的末世论要素中。然而，伯勒尔始终坚持审美体验的颠覆功能。这样，维尔默就能够将伯勒尔（对本雅明、穆希尔[1]的弥赛亚主义—末世论隐喻的讽喻作用）所说的东西，理解为阿多尔诺的去神秘化解释。

在《审美体验与文学诠释学》（1982）中，姚斯反对阿多尔诺对艺术交往功能的呼唤。他认为，在阿多尔诺那里艺术交往功能并不存在，这是因为，接受问题与交往问题只能处于艺术语境中，如果阿多尔诺的"真实、

---

[1]　穆希尔（Robert Musil,1880—1942），奥地利现代主义作家，与法国的普鲁斯特、德国的德布尔、爱尔兰的乔伊斯齐名。

表象、和解"的线性关系被质疑的话；相反，在对接受问题与交往问题恰当理解的尽头，这个相互关联就成为前提：仅有艺术作品的先天体验与哲学的"去谜化"（Enträtselung）才是应该被考虑在内的东西。因而，在某种程度上，随着艺术交往功能的言说代替"真实、表象、和解的内在关联"，"现实、艺术、接受主体的相互关联"就不能被理解为线性关系，而只能被理解为循环关系，即在生活实践中，艺术功能被理解为某种对现实具有反作用的东西。

在《观念主义美学批判》（1983）中，比格尔从另外的出发点批评阿多尔诺的"真实、表象、和解的内在关联"命题。就是说，在阿多尔诺作为和解范畴顶峰的审美表象救赎中，比格尔看到了阿多尔诺反对先锋派（使艺术与生活实践关系处于变化中）的尝试；也看到了阿多尔诺反对抛弃艺术的倾向(这个倾向如同一个阴影，伴随着20世纪先锋派艺术发展)。当然，像姚斯一样，比格尔还是严肃地对待阿多尔诺的"真实、表象、和解的内在关联"命题；不然的话，比格尔就必须认识到，阿多尔诺对抛弃"艺术作为幸福承诺"观念的倾向持保留意见是有根据的。维尔默指出，在艺术与生活实践关系历史变化观念中，比格尔看到了先锋派试图抛弃的艺术追求的真正创造性内核，与阿多尔诺的艺术和解范式实际上几乎是不一致的。就是说，比格尔试图用"现实、艺术、生活实践的相互关联"代替阿多尔诺的"真实、表象、和解的内在关联"，但这并不意味着，比格尔试图以断裂范畴取代审美表象范畴，相反，他试图捍卫艺术的真实性要求，认为这必然会成为阿多尔诺的美学基础。当然，如果通往审美表象乌托邦的通道被堵塞的话，这个美学基础就成为某种特别无意义的东西。

概言之，"在所有这三个作者中，伯勒尔是唯一坚持审美表象乌托邦价值的人。"[1] 这样，在某种程度上，伯勒尔处于阿多尔诺美学建构的重要的中间环节。不过，他是在拒绝所有（艺术的、政治的—道德的、超现实

---

[1] Albrecht Wellmer, *Zur Dialektik von Moderne und Postmoderne*, Frankfurt/M.: Suhrkamp 1985, S.25.

主义的、毁灭的或乌托邦的、伤感的）去界限化尝试下这样做的。因此，尽管伯勒尔始终坚持审美体验的颠覆功能，但他否定与艺术真实性要求联系在一起的乌托邦要素的现实—未来意义。相反，审美体验的颠覆功能，在姚斯、比格尔那里终结了。姚斯反对阿多尔诺对艺术交往功能的呼唤，尽管比格尔仍然捍卫艺术真实性要求，但是，前者试图用"现实、艺术、接受主体的相互关联"，后者试图用"现实、艺术、生活实践的相互关联"，代替阿多尔诺的"真实、表象、和解的内在关联"。就是说，"在所有这三个作者那里，'真实、表象、和解的内在关联'就消解了。事实上，消解不可避免的，如果我们放弃或不再接受阿多尔诺美学诗化的乌托邦视角的话。就这一点来说，所有这三个作者是一致的。"[1]

最后，维尔默讨论了生产美学与实用美学问题。与伊利奇[2]的"欢宴的器具"概念相联系，可以将技术区分为两类：一是以人的需要、人的自主性、交往合理性为取向的技术；二是着眼于资本利用的行政管理技术或政治操纵技术。"这个区分（不是工业媚俗与功能模型的区分）表明，它是审美—道德文化与野蛮的界限。"[3]因而，与 20 世纪初不同，这里出现了生产美学对实用美学的让位。

维尔默认为，在现代建筑功能主义、结构主义背后潜藏着某种信念，就是必须在预先给出的目的那里，从技术上找到一个无可指责的、材料正当的，与审美联系在一起的解决办法：即符合时代形式的问题。他说，即使在阿多尔诺关于材料、目的、形式结构相互渗透意义上理解问题的提法，那也回到了目的本身的恰当解释问题。因为一方面，尽管能够在材料、形式与目的关联中使目的具体化，但却不能被真正地解释；另一方面，日用品的审美与合目的性的内在关联，只有在（目的本身是容易理解

① Albrecht Wellmer, *Zur Dialektik von Moderne und Postmoderne*, Frankfurt/M.: Suhrkamp 1985, S.26.
② 伊利奇（Ivan Illich, 1926—2002），奥裔美国天主教神学家、社会批评家、社会教育家。
③ Albrecht Wellmer, *Zur Dialektik von Moderne und Postmoderne*, Frankfurt/M.: Suhrkamp 1985, S.130.

的且是有关主体的目的）那里，才是实在的和可理解的。因此，如果不能
澄清目的与目的关系，那么，被需要的东西也不可能是美的。那么，为什么
有许多现代建筑，即使从内在标准看是成功的，但最终却接近施瓦布所
说的，"装饰形式的"空洞的美；或像布洛赫所说的，变成"俗气的光"或"抛
光般的死气沉沉"。维尔默说，这就是原因之一。

因而在这里，维尔默主要想谈论实用美学问题，因为它关系到体现在
日常生活世界中的可理解的目的关系的审美质量。他说，符合时代形式的
问题，在今天主要是实用美学问题。对它的加工处理，仅凭艺术与工业相
互作用模型，肯定不能提供充分的观念。"在这个观念中，即工业进步动
力，借助审美启蒙的微观力量而被人道化与驯化，或许存在着某种幼稚成
分，即使人们把材料的、生产的审美启蒙纳入作为矛盾的概念中。"① 实际
上，直到 20 世纪 60 年代中期，人们才普遍意识到，目的关系就凝结在工
业产品中。在工业产品中，目的关系得以体现并被对象化。诚然，一般情
况下，这些目的关系几乎不能被带入可理解的关系中，但在富有活力的主
体世界中它能够被承认为生活目的关系。

所以，今天，关于日用品的形态问题，不仅是个人一时的兴趣问题，
它不仅关系到新风格或新模式，而且已经进入公众意识的目的和目的关
系中②。例如，在德国工业联盟中，传统手工业者被划分为技术人员、商
人与艺术家。实际上，手工业者的角色，应该是在产品中得到表达的集体
生活方式体现者。但成问题的是，在集体生活方式正常运转的地方，其基
础受到威胁并依赖于民主阐释过程。这样，目的与目的关系问题就一直延
伸到设计的审美问题中。当然，这并不意味着对审美想象的新挑战。因
为，就像在建筑例子中一样，它并不简单地关涉可用精神改写的技术目
的，而且目的本身也依赖于从材料与功能结构中成长起来的具体表现。这

---

① Albrecht Wellmer, *Zur Dialektik von Moderne und Postmoderne*, Frankfurt/M.: Suhrkamp 1985, S.130.

② Vgl. Albrecht Wellmer, *Zur Dialektik von Moderne und Postmoderne*, Frankfurt/M.: Suhrkamp 1985, S.131.

样，在建筑师与传统业主中，当然是前者将目的表现为精确的造型。与此相应，今天的造型艺术家也能够将审美想象带入对目的的交往阐述过程中，正如用城市建设例子证明的那样。不过，如果没有审美想象使目的得以实现；那么，人与人的关系就可能失去关键的语言维度，其目的本身也变得无从说起。

这样，帕斯确证的对艺术有用性与神圣性的双重超越，就不能通过在工业生产领域中，艺术与宗教的直接接触而实现。但可以理解的是，工业生产与交往阐释的目的设置联系在一起，并且艺术与审美想象交织在共同的交往阐释中。当然，也许能够通过艺术与工业的第三个中介，即在启蒙的民主实践媒介中，而聚合为工业文化要素。下面，我们谈谈文化工业与通俗艺术。

（三）大众艺术批判与审美乌托邦

从总体上看，法兰克福学派早期批判理论家，如霍克海默、阿多尔诺、马尔库塞等人，对大众文化持基本否定态度。当然，他们对大众文化的看法并不完全相同，例如，阿多尔诺与本雅明。尽管在《再论文化工业》（1963）中，阿多尔诺有限度地承认文化工业的作用，但终生相信《启蒙辩证法》中传播开来的文化工业理论的经验说服力。笔者认为，阿多尔诺如此强烈地批判文化工业、大众传媒，不外乎三方面原因：一是与其哲学基础、个人性格有关。崇尚思辨、思想深邃的阿多尔诺，与注重实证、思想肤浅的美国文化格格不入；具有浓郁精英主义气息、超凡脱俗的阿多尔诺，对浅薄流俗、功利实用的大众文化更是深恶痛绝。二是与他在美国体验到的大众传媒膨胀带来的负面影响有关。三是与本雅明对大众文化现象的经验观察有关。[①]在《机械复制时代的艺术作品》中，尽管本雅明也把文化工业形成体验为自主的艺术作品的毁坏过程：艺术作品在很大程度上

---

① 参见王凤才：《蔑视与反抗——霍耐特承认理论与法兰克福学派批判理论的"政治伦理转向"》，重庆出版社 2008 年版，第 92 页。

成为技术上可以复制的。这样，它就失去了原有的灵韵。不过，与阿多尔诺对待大众文化的态度不同，本雅明对机械复制艺术持基本肯定态度。

阿多尔诺对本雅明的批评是显而易见的。例如，在给本雅明的一封信中，尽管阿多尔诺也谈到了勋伯格，并把美国电影说成是"整个自由撕裂开了的一半"；但在同一封信中，他也清楚地指明，在大众艺术中能够真正揭示出来的不是自由，而是物化意识形态。其中，在"不和谐"一节，阿多尔诺指出，在艺术中，感性模仿与精神建构是对立的两极。但他强调感性的、表现的表象对维也纳古典音乐形式的解放作用，并由此强调所有伟大的后巴赫音乐。在对阿多尔诺那里，当代轻音乐如同电影一样，只是意识形态、文化快餐、文化工业产品。

维尔默认为，阿多尔诺的爵士乐研究应当被理解为《机械复制时代的艺术作品》对现代大众艺术乐观主义评价的批评性回应。"阿多尔诺对爵士乐的评判是毁灭性的。"① 但在这些评判中，不仅有对文化工业的合法性批判，同时也有传统主义偏见，这就阻碍阿多尔诺真切地感受本雅明对大众艺术创造性要素的阐释。当然，阿多尔诺也有很强的理论依据，这就是《启蒙辩证法》的基本命题。在他那里，某些矛盾的游戏空间，对伟大的艺术作品来说也许是多余的，但对大众文化来说并非多余的。它作为非幸运的东西，被归结在普遍的蒙蔽关系中。

然而，本雅明对现代大众艺术的分析最终并不想将审美想象与政治想象爆炸性地混合在一起，但维尔默认为，本雅明的论证应当被进一步推演，即在达达主义电影中，发现了现代大众艺术媒介；近似地，也能轻易地论证，正是在选举活动与抵抗运动这些新的政治活动中，行为艺术与互动表演找到了自己的语境：在这里，能够阐发审美的爆破力。但在这种情况下，本雅明的爆破理论很少能够得到保证。维尔默说，当阿多尔诺用这个标准（大众艺术只能表现为朴素的、幼稚的、玩世不恭的）来平衡现代

---

① Albrecht Wellmer, *Zur Dialektik von Moderne und Postmoderne*, Frankfurt/M.: Suhrkamp 1985, S.41.

大众艺术时，本雅明看到从新技巧与新接受方式的相互冲突中，产生出某种新的审美形式；在对现实进行审美加工的新形式中，创建了"人与机器之间的平衡"①。这样，机械复制艺术就成为反对集体主义心理机制的孕育剂。在其中，必须卸载在大众中产生的技术现实的可怕张力。

　　尽管本雅明并不怀疑社会阶级文化斗争决定社会整合潜能，但他对大众文化不同于阿多尔诺评价根本动机，在于审美政治化。不过，本雅明那里的审美政治化，应该与法西斯主义的政治审美化严格区分开来：前者激发大众参与政治的热情，后者通过剥夺大众而毁灭政治。与此同时，"本雅明在机械复制艺术中找到了反对技术社会从心理上毁灭人的解毒剂，而阿多尔诺则把大众艺术主要理解为适应和心理控制的手段。"② 因此，本雅明的分析至少暗示着承认现代大众艺术（从电影到摇滚乐）潜能；阿多尔诺由于传统主义偏见而不能看到这一点。实际上，在摇滚乐与对待它的态度、感受方式，及其相互关系产生出来的技巧中，隐藏着许多民主潜能与审美想象力。

　　尽管阿多尔诺与通俗艺术几乎天生是对立的，但讨论行为艺术、偶然艺术、通俗艺术却是值得的。维尔默说，阿多尔诺批评通俗艺术的核心论据经常被指责为理性主义的，并非完全没有理由，因而，必须在其核心论据问题上给出新的转向。不过，维尔默只想讨论两个问题：一是艺术与生活实践坐标的可变性问题；二是通俗艺术的审美价值问题。

　　如果人们想要区分科学的、法律的／道德的、艺术的有效性领域，并将这个区分过程理解为不可逆转的文化学习过程的表达；那么下述口号，"艺术在生活实践中的扬弃"，从字面上理解，就不再可能揭示出从艺术与生活实践的意识形态分离状态中摆脱出来的道路。因而，比格尔③ 所分析

---

① Walter Benjamin, *Das Kunstwerk im Zeitalter seiner technischen Reproduzierbarkeit*, in: Gesammelte Schriften, Bd. Ⅱ 2, Frankfurt/M.: Suhrkamp 1974, S.460.
② Albrecht Wellmer, *Zur Dialektik von Moderne und Postmoderne*, Frankfurt/M.: Suhrkamp 1985, S.42.
③ 比格尔（Peter Bürger,1936—　　），德国美学家，文学评论家。

的先锋派（试图将美学直接应用于实践中）的失败，也是以幻想的自我理解为基础的。"也许，我们能够将比格尔坚持的坐标系（艺术与生活实践一起处于这个坐标中）理解为变化的，那么有效性领域的区分就必须与一定形式的制度区分开来。比格尔将制度艺术进行先锋派改写的乌托邦在于，'所有自由创造的东西都能够被阐发'"①。但是，艺术实践的社会功能，被强烈地在生产美学上加以把握。因此，比格尔只能使之表现为反对阿多尔诺，并反对伟大的艺术作品概念；相反，接受美学并没有使人们明白：为什么关涉社会民主开启的艺术功能变化，应当排除伟大的艺术作品概念？因而，维尔默认为下述说法是正确的：没有伟大的艺术作品的产生，民主普遍化的美学生产也许成为艺术遗产。

事实上，对通俗艺术的批判，就是对资产阶级艺术、商品化的大众文化，以及作为意识形态慰藉的自负艺术的批判。维尔默指出，从交往合理化角度看，在直到《否定辩证法》强调的对资产阶级法权形式批判的马克思主义传统中，对这个问题都有恰如其分评价，并将它视为与启蒙传统联系在一起的。不过现在，维尔默可以重新表达阿多尔诺为乌托邦立场进行审美阐释的异议：客观理性被分裂成技术合理性、道德实践合理性、审美合理性，这种分裂不可能由理性的一种要素提供模式的社会加以克服。因为在阿多尔诺视阈里，通过把工具理性当作被扬弃的要素加以整合，艺术作品就能够从个别成分的多样性中创造出特有的非强制统一性，即审美统一性。这样，艺术作品的本真性就成为和解的假象。如果任其自然，阿多尔诺完全有理由同样不相信审美体验。他悖谬性地认为，只有哲学才能够真正揭示审美体验。因而，"承认艺术本身不可能是乌托邦视阈的载体，这是正确的；至于作为艺术作品根本特征的和解的外观，也许有人会怀疑，这种调和是超越理性的调和，是迷狂的、不可预期的。但对阿多尔诺来说，这也许是能够在工具理性的封闭世界中发现的唯一真正的超越冲动。这样，阿多尔诺就试图把它们解释成为空间和时间中的和解，解释成

---

① Peter Bürger, *Theorie der Avantgarde*, Frankfurt/M.: Suhrkamp 1974, S.135.

为马克思的唯物主义意义上的乌托邦。然而，代价是再一次失去了解放事业的历史政治维度。"①

此外，还有一种意义可以把审美体验与批判理论的乌托邦维度联系在一起：艺术能够说出人们说不出的东西。于是，如果要想理解新社会运动中进步的（和倒退的）要素，那么重释（废除资产阶级政治、法律、艺术）这种激进概念就是有益的。这就意味着，政治参与和交往行为的公共空间建构，不仅为经济过程、行政过程的民主控制提供了基础，而且为不断受到混乱和异化威胁的有活力的个体认同提供了社会基础，还将为把异化劳动转化为有意义的工作提供了基础。因而，如果资本主义的灾难性动力被终止，"各取所需"这一古老的共产主义箴言就仍然是可以实现的。正如维尔默所说，"我不知道我们是否应当仍然用'社会主义'这一过时的、声名狼藉的术语来指称这个事业。如果我们这样做，也许会有人说，无论如何，不断有迹象表明，资本主义世界的唯一代替者仍然是：社会主义或野蛮——倘若我们仍然有足够的时间进行选择的话。"②

当然，维尔默的出发点在于，制度艺术转型并不意味着精英文化废除；而是意味着，一方面精英文化与生活世界的网络建立，另一方面导致精英文化与通俗艺术分离。这样，它们之间的隔阂，又近似于霍克海默、阿多尔诺在文化工业批判中所称的美学与生产、高雅与低俗的对立。因而，现代性的解放潜能就在于，一个新的综合类型（审美的、道德心理的、社会的）不能被忽视。在这里，不明确的、非整合的、无意义的和分裂的东西进入非强制交往空间中。即在艺术的去界限化形式中，与在个体化和社会化类型的不再僵化的开放结构中一样。但是，"我们只能这样说，如果我们不再把艺术形式接受为首要的和解图式，而仅仅作为主体间交往的媒介，作为程序的、交互的手段，那么艺术形式就出现在主体形式与社会

---

① 维尔默：《后形而上学现代性》，应奇、罗亚玲编译，上海译文出版社 2007 年版，第 94 页。

② 同上书，第 95 页。

化形式的相互补充中。"①

　　到此为止，维尔默才能够说明，为什么阿多尔诺对属于现代艺术作品的"被破坏了的统一"的"否定性"进行了片面阐释：在伟大的艺术作品中，阿多尔诺首先看到的是，不断增强的意义瓦解与主体瓦解在现实中的忠实反映；此外，阿多尔诺的"对手"（Gegenspieler）概念并非不接近卢卡奇；但"艺术进一步否定的轨迹"也包含着其他要素，即在"客观上对意义负责的否定"中，成为审美加工成熟内涵的东西，它在艺术作品中的许诺，不再仅仅是被否定的东西，即被排除在象征交往之外的东西。然而，"如果我们承认这一点，那么，反对艺术作品作为意义关联的过程，就不再能够毫无疑问地被估计为资本主义现实中不断增长的意义瓦解。就此而言，对卢卡奇的指责并不比对阿多尔诺的指责少"②。但如果人们还相信艺术解放潜能，那么实际上应当揭开艺术与生活世界坐标变化的痕迹。从这些痕迹出发，人们就能够捍卫艺术与生活世界关系变化的观念。在这些观念中，创造性的、交往性的艺术潜能就被创造性地吸收进民主生活实践中。

　　由此可见，维尔默美学介于现代与后现代之间。就像 T. 多米斯所说，维尔默与同时代法国思想家之间的距离并不太大，因而，人们不仅能够将先锋艺术与生活实践的关系，以及建筑艺术与通俗艺术的美学评价变化视为生产劳动美学的自我反思，而且可以视为以自动化劳动真实内容为取向的艺术原则。甚至可以这样说，维尔默美学与利奥塔的后现代伦理学具有相当程度的亲缘性，总是期待大量的"元话语"（Metadiskurs）语言游戏得到和解。"维尔默赋予现代艺术这样的潜能：现代审美学习过程使主体潜能与解中心化相联系，这表明他的美学理论痛苦地徘徊在后现代性门槛上。"③

① Albrecht Wellmer, *Zur Dialektik von Moderne und Postmoderne*, Frankfurt/M.: Suhrkamp 1985, S.28.

② Albrecht Wellmer, *Zur Dialektik von Moderne und Postmoderne*, Frankfurt/M.: Suhrkamp 1985, S.29.

③ Albrecht Wellmer, *Revolution und Interpretation*, Van Gorcum 1998, S.9.

　　到此为止，我们已经讨论了维尔默政治伦理学的理论前提、理论基础、理论核心、理论向往。下面，我们将对维尔默政治伦理学进行理论评价，分析维尔默在派批判理论三期发展中的地位，以及维尔默政治伦理学对批判理论的"政治伦理转向"的贡献和局限性，并揭示派批判理论的最新发展趋势与最新发展动向。

第九章 从"批判理论"到"后批判理论"

众所周知，法兰克福学派以批判理论闻名于世。所谓"批判理论"，从广义来说，是指思想家们反思文明历史、批判社会现实的理论学说，不仅包括康德传统的纯粹理性批判，更包括马克思传统的政治经济学批判；从狭义来说，是指法兰克福学派"以辩证哲学与政治经济学批判为基础的"社会哲学理论。在几十年的历史演变过程中，法兰克福学派批判理论经历了三期发展，这就是从古典理性主义到感性浪漫主义再到理性现实主义的过程；从激进乐观主义到激进悲观主义再到保守乐观主义的过程；从欣赏、信奉到怀疑、批判再到超越、重建马克思主义的过程；从文化主体哲学到语言交往哲学再到政治道德哲学的过程。简言之，从"批判理论"到"后批判理论"的过程。对批判理论的"政治伦理转向"来说，维尔默政治伦理学，像奥菲的福利国家危机理论一样，起了重要的推进作用。

一、法兰克福学派批判理论三期发展

（一）批判理论第一期发展："批判理论"

从 20 世纪 30 年代初到 60 年代末，以霍克海默、阿多尔诺、马尔库塞、洛文塔尔、波洛克等人为代表的第一代批判理论家，致力于批判理论构建与现代工业文明批判，构成了批判理论第一期发展，这主要体现在以下三个方面：

第一，确立社会哲学研究方向，确定批判理论基本纲领。法兰克福社会研究所第一任所长格律恩堡领导的社会主义史与工人运动史研究，对批判理论建构并没有什么实质性贡献，但他为社会研究所规定的超党派学术立场、跨学科研究方法，成为社会研究所的一笔宝贵精神财富，并为法兰克福学派批判理论真正奠基人霍克海默所继承和发展。不过，早在1931年"社会哲学的现状与社会研究所的任务"就职演说中，霍克海默就力图改变格律恩堡"重史轻论"的学术路向，并将社会哲学确立为社会研究所新的研究方向。他认为"社会哲学"（Soziale Philosophie）既非一种为具体社会生活意义提供阐释的价值哲学，又非各种实证社会科学成果的综合，而是一种与经验研究相结合的关注社会总体的历史唯物主义理论。因而，社会哲学的最终目标在于，对"并非仅仅是作为个体的，而是作为共同体成员的人的命运进行哲学阐释。因此，社会哲学主要关心那些只有处于人类社会生活关系中才能够理解的现象，即国家、法律、经济、宗教，简言之，社会哲学从根本上关心人类的全部物质文化和精神文化"①。在《社会研究杂志》创刊号前言中，霍克海默进一步指出，社会哲学的任务是通过对历史和现实进行跨学科研究，揭示社会生活、个人心理与文化变化之间的关系，阐发作为社会成员的人的命运，彻底批判发达资本主义社会，从而在总体上把握整个人类文明。这样，霍克海默就为社会研究所确立了社会哲学研究方向。

不仅如此，霍克海默、马尔库塞还确定了批判理论基本纲领。在他们的视阈里，"批判理论"（Kritische Theorie）不是在唯心主义的纯粹理性批判意义上使用的，而是在政治经济学的辩证批判意义上使用的。这就意味着，法兰克福学派批判理论不是康德意义上的批判理论，而是青年马克思意义上的批判理论。因而，霍克海默等人又称之为"批判的社会理论"、"批判的马克思主义"。例如，在《传统理论与批判理论》中，霍克海默阐述了批判理论与传统理论的对立：首先，从理论基础看，传统理论以笛卡

---

① Max Horkheimer, *Gesammelte Schriften*, Bd 3, Hg. von Alfred Schmidt, Frankfurt/M.: Fischer 1988,S.20.

尔《方法谈》奠立的科学方法论为基础，只研究命题之间以及命题与事实之间的相互关系，从而把理论视为外在于社会历史的；而批判理论则以马克思的政治经济学批判为基础，它关注包括人在内的社会整体，并对之进行具体历史分析。其次，从理论性质看，传统理论是超然物外的知识论，是缺乏批判维度和超越维度的顺从主义；而批判理论则是批判社会的激进思想，是具有批判维度和超越维度的批判主义。最后，从理论目标看，传统理论仅仅是在认同、顺从、肯定社会现实中追求知识增长；而批判理论则在批判、反叛、否定社会现实中追求社会公正合理，求得人的解放和幸福。[①]

第二，系统阐发否定辩证法，试图为批判理论奠定规范基础。哈贝马斯、本哈比[②]、霍耐特等人认为，早期批判理论缺陷之一就是规范基础缺乏理论论证，或者说根本缺乏规范基础。那么，早期批判理论到底有没有规范基础？如果有，这个规范基础是什么？如果没有，这又意味着什么？这个问题历来是有争议的，不过有一点倒是明确的：尽管社会研究所早期核心成员的观点有所不同，但却有一个共同的思想，那就是都赞同否定辩证法。从这个角度看，是否可以将否定辩证法视为早期批判理论的规范基础？

阿多尔诺强调，否定辩证法应该摆脱同一性的还原主义传统，用非同一性原则代替同一性；或者说，改变概念形成的方向，使之从同一性转向非同一性，这就是否定辩证法的关键。因为概念本身已经包含非概念因素，即对自身否定的非同一性因素。易言之，概念与对象之间不仅不是同一的，反而是非同一的。这样，否定辩证法就要致力于"通过概念而超越概念"[③]，从根本上清除对概念的崇拜。因为只有清除概念，才

---

① Vgl. Max Horkheimer, *Traditionelle und Kritische Theorie*, Frankfurt/M.: Suhrkamp 2005, S.205–259.

② 本哈比（Seyla Benhabib），美国耶鲁大学政治学与哲学教授。著有《文化宣言：全球化时代的平等与多元》、《批判、范式与乌托邦》、《定位自我：当代伦理社会中的性别、共同体与后现代主义》等。

③ Theodor Wiesengrund Adorno, *Negative Dialektik*, Frankfurt/M.: Suhrkamp 1975, S.27.

能防止把概念变成绝对的东西。不仅如此，否定辩证法还应该摆脱任何肯定的特征，最终成为否定的。笔者认为，否定辩证法以非同一性原则为理论基础，以反概念、反体系、反传统为基本特征，以绝对否定为核心，对工业文明进行了颠覆和批判，但却陷入悲观主义，最终成为"瓦解的逻辑"。即使如此，否定辩证法仍然是阿多尔诺对批判理论的最大贡献。[①]

第三，全方位批判现代工业文明，使批判理论系统化并加以运用。正如前面所说，《启蒙辩证法》的核心问题是试图阐释，为什么在科学技术进步、工业文明发展似乎可以给人们带来幸福，在理性之光普照世界大地的时候，"人们没有进入真正的人性完善状态，而是深深地陷入了野蛮状态"[②]？我们知道，在《启蒙辩证法》中，霍克海默、阿多尔诺以人与自然关系为主线，以神话与启蒙关系为核心，揭示了"神话已经是启蒙，启蒙退化为神话"的辩证法，并断定启蒙精神的实现过程，就是进步与倒退相交织、文明与野蛮相伴生的过程。因而，启蒙精神最终走向了自我毁灭。

那么，"启蒙精神批判"到底是一种什么性质的批判？哈贝马斯认为，《启蒙辩证法》"没有充分注意到文化现代性的本质特征……根本没有告诉我们如何才能摆脱目的理性的神话暴力"[③]。所以，"启蒙精神批判"是一种带有悲观主义色彩的文化批判，仍然以马克思的历史哲学为根据、未能跳出主体哲学的窠臼。但霍耐特指出，在《启蒙辩证法》中，霍克海默、阿多尔诺从自然史而非从社会史出发重构欧洲文明过程。[④]从总体上看，"启蒙精神批判"并非纯粹的文化批判，而是一种自然支配模型批判，一种开

---

① 参见王凤才：《追寻马克思 —— 走进西方马克思主义》，山东大学出版社 2003 年版，第 111 页。

② Max Horkheimer/ Theodor Wiesengrund Adorno,*Dialektik der Aufklärung*，Frankfurt/M.: Fischer 1988,S.1.

③ 哈贝马斯：《现代性的哲学话语》，曹卫东译，译林出版社 2004 年版，第 131 页。

④ Axel Honneth,*Kritik der Macht.Reflexionsstufen einer kritischen Gesellschaftstheorie*，Frankfurt/M.: Suhrkamp 1989,S.49.

放的社会批判，其中贯穿着病理学诊断。维尔默认为，《启蒙辩证法》的不寻常之处，在于它试图把两个互不相容的传统，即启蒙理性批判传统与资本主义批判传统融合在一起。

在笔者看来，对"启蒙精神的批判"需要从三个方面加以分析：首先，这个批判表面上针对启蒙精神，实际上直指工业文明，甚至整个人类文明史。不过，需要纠正学术界一个流传甚广的误读，即法兰克福学派否定科学技术、否定理性和文明本身。事实上，他们只是对科学技术滥用、工具理性膨胀、工业文明弊端进行批判和矫正。当然，在这个过程中，确实存在着强烈情绪化和矫枉过正的片面性。其次，他们对商品拜物教的批判，要求纠正学术界长期以来存在着的一个较为普遍的看法，即法兰克福学派只是致力于文化和意识形态批判，而不太注重经济分析。实际上，尽管他们以文化和意识形态批判为核心，但并没有忽视、反而比较重视经济学分析。按霍耐特的说法，在早期批判理论历史哲学框架中，经济学解释模型、社会心理学解释模型、文化理论解释模型是相互补充的。最后，这个批判核心在于，对技术理性主义、人类中心主义、文明进步主义的批判。尽管这个批判是带有浓厚浪漫主义色彩的悲观主义文化批判，但这种批判性反思是发人深省的，实际上是对工具理性霸权、价值理性被贬抑的强烈抗议和愤懑呐喊。这种批判立场，上承卢梭等人浪漫主义、尼采等人非理性主义、卢卡奇等人早期西方马克思主义，下续福柯等人后现代主义。因而可以说，它在西方马克思主义和现当代西方哲学中都占有重要地位。

早期批判理论家，尤其是阿多尔诺对大众文化进行了强烈批判。他不仅明确提出要用"文化工业"代替"大众文化"概念，而且对肆虐的文化工业进行了最为严厉的系统批判。阿多尔诺认为，一切文化工业都是相似的，无论从微观角度看还是宏观角度看，文化工业都表现出齐一性，从而使个性成为虚假的；文化工业产品作为一种特殊商品，只注重经济效益，并使人的人格异化；文化工业通过广告诱导消费者，并通过娱乐活动或不断地向消费者许诺公开欺骗消费者。所以说，"整个世界都经过了文化工业的过滤"①，文化工业支配了社会生活的一切领域。就是说，文化工业已经成为欺骗大众的意识形态，它不仅不能触动资本主义制度，反而还为现存社会秩序辩护。在笔者看来，尽管阿多尔诺对大众文化愤世嫉俗的否定性批判是不可取的，但文化工业批判理论无疑是阿多尔诺对批判理论的第二个重要贡献。它不仅是对西方文化价值危机振聋发聩、发人深省的反思，而且对当代文化研究产生了重要影响，例如，鲍德里亚的消费社会批判、布尔迪厄的传媒批判等。

马尔库塞对工业文明也进行了批判性反思。他认为，文明产生于"基本压抑"（basic repression），即为了维持人类文明而不得不对性本能进行的必要压抑；工业文明产生于"额外压抑"（surplusrepression），即为了使人类文明永久存在下去而对性本能进行的附加压抑。如此说来，工业文明就是一种压抑性文明，发达工业文明则是压抑性文明的顶峰。马尔库塞断言，随着科学技术进步，文明不断发展，但文明发展并不意味着自由增加；相反，文明代价与文明发展是如影随形的。换言之，文明发展并没有给人们带来自由和幸福，而是带来了全面压抑和精神痛苦。尤为可悲的是，人们在物质享受的虚假满足中，已经感受不到痛苦反而感到幸福，即丧失了痛苦意识充满了幸福意识，心甘情愿地成为发达工业文明的奴隶。"发达工业文明的奴隶是升华了的奴隶，但他们仍然是奴隶"②

不过，与霍克海默、阿多尔诺对工业文明的悲观态度不同，马尔库塞试图在改造弗洛伊德压抑性文明论基础上重建非压抑性文明论。他指出，为了重建非压抑性文明，必须重建新文明观念，确立新文明目标。为了这个目的：一要超越现实原则，重建现实原则与快乐原则的关系，协调感性力量与理性力量的关系；二是将工作转变为游戏，消除一切异化劳动和异化现象。三是将性欲转变为爱欲，重建爱欲与文明的关系，通过性文化革

---

① Max Horkheimer/Theodor Wiesengrund Adorno,*Dialektik der Aufklärung*, Frankfurt/M.: Fischer 1988,S.134.

② Herbert Marcuse, *Der eindimensionale Mensch*, München: Deutscher Taschenbuch Verlag GmbH&Co. KG 1998, S.53.

命推翻现存社会秩序，重建人与自然、人与人的和谐，实现非压抑性升华。当然，重建非压抑性文明并不意味着回到原始自然状态，而是求助于文明的进一步发展。由此可见，马尔库塞对待未来文明的态度是相对乐观的，但最终没有逃脱悲观主义结局："批判的社会理论并不拥有能够消除当代与未来之间鸿沟的概念；它不承诺任何东西，不显示任何效果，它保留的只是否定。因而，它想忠诚于那些自身生活毫无希望，正在和将要献身于大拒绝的人们。"①

从本质上看，马尔库塞的非压抑性文明论是爱欲解放论。尽管他反对将它理解为性解放论，但它对性解放确实起了推波助澜作用；而且试图通过性文化革命反叛社会秩序也具有空想性。当然，尽管马尔库塞对发达工业文明的批判有片面与过激之嫌，但他不仅揭示了发达工业社会新特点，而且提出了某些合理见解和发人深省的问题。正如李小兵所说，作为反潮流的思想家，马尔库塞的思想是偏激的，其思想中的空想成分俯拾皆是。但是，他却在本体层面上，捍卫着知识价值、艺术价值、精神价值、人的价值。"马尔库塞的思想，表现出他作为当代思想家的独创个性：不是社会现实的建设者和辩护者，也不是人类原初精神家园的追忆者和眷恋者（像他的先师海德格尔那样）。毋宁说，马尔库塞是一位面向未来的预言家。"② 笔者认为，马尔库塞非压抑性文明论，以西方发达工业文明压抑性批判为核心，以重建非压抑性文明、实现人的爱欲解放为目标，尤其是关于人的感性与理性关系、爱欲与文明关系、人与自然关系、人与人关系的重建，对克服工业文明弊端，实现科学精神与人文精神融合具有重要启发意义。

（二）批判理论第二期发展："新批判理论"

批判理论第二期发展从 20 世纪 60 年代末到 80 年代中期，以前期哈

---

① Herbert Marcuse, *Der eindimensionale Mensch*, München: Deutscher Taschenbuch Verlag GmbH&Co. KG 1998, S.268.
② 参见马尔库塞：《审美之维》，李小兵译，广西师范大学 2001 年版，"译序"第 20 页。

贝马斯^①为代表，致力于批判理论重建与现代性批判，主要体现在以下四个方面：

第一，历史唯物主义重构，早期批判理论反思。早在《理论与实践》中，哈贝马斯就触及到历史唯物主义重构问题。在那里，他列举了"不利于马克思主义的四个事实"，认为马克思主义的经济基础概念、阶级斗争理论、革命主体、社会主义学说遇到了挑战，或者说不再适应了。在《作为"意识形态"的技术和科学》中，哈贝马斯又借口科学技术发展对马克思主义的影响，宣称马克思主义的许多理论"已经过时"。在《重建历史唯物主义》中，哈贝马斯试图用社会进化论对马克思主义进行"重构"；到《交往行为理论》中，哈贝马斯对马克思主义进行"重构"的工具换成交往行为理论或交往合理性理论。

在哈贝马斯看来，历史唯物主义至少存在着三个方面的问题：一是"非反思的历史客观主义"。他说，在马克思著作中已经出现这种历史客观主义；到第二国际的进化论和后来的辩证唯物主义体系中，它表现得更加明显。二是马克思的社会理论缺乏明确的规范基础。哈贝马斯认为，当马克思立足于存在与意识关系批判现代自然法和政治经济学时，同时也否定了资产阶级理论的内在规范价值。三是马克思只注重生产力而忽视道德规范在社会进化中的作用。哈贝马斯断言，由于科学技术发展，后期资本主义社会经济结构、政治结构、文化结构都发生了巨大变化，马克思根据自由资本主义社会创立的历史唯物主义的重要基础消失了，从而历史唯物主义的许多基本原理也就过时了。因而，要想使历史唯物主义成为具有普遍生命力的社会进化论，就必须对之进行重构，即"把一种理论拆开，用

---

① 关于哈贝马斯思想发展历程，学界已有不同分期法，这是由于研究角度不同导致的。在《蔑视与反抗》中，笔者把哈贝马斯思想发展分为前期和后期：从20世纪60年代初到80年代中期，称为前期哈贝马斯，致力于批判理论重建和现代性批判；20世纪80年代中期至今，称为后期哈贝马斯，开启了批判理论的"政治伦理转向"。（参见王凤才：《蔑视与反抗——霍耐特承认理论与法兰克福学派批判理论的"政治伦理转向"》，重庆出版社2008年版，第21页。）

新的形式重新加以组合，以便更好地达到这种理论所确立的目标"①。哈贝马斯说，这就是对待马克思主义的正确态度。

然而，经过哈贝马斯的"重构"，历史唯物主义已经变得面目全非：生产力与生产关系范畴应该用劳动与互动范畴代替；经济基础与上层建筑的区分只是相对的；社会组织原则代替生产方式作为划分社会形态的标准和社会进化的动力；阶级斗争、意识形态学说再也不能到处运用；劳动价值论、剩余价值学说已经过时。不过，这是哈贝马斯上世纪 60—70 年代对待马克思主义的态度。苏东剧变后，哈贝马斯像詹姆逊、德里达等人一样，宣称"马克思主义没有过时"。

对早期批判理论进行批判性反思，这几乎是阿多尔诺之后的所有批判理论家首先要做的事情。哈贝马斯可谓开风气之先。在一次学术访谈②中，当 E. 诺德勒－本特问到"早期批判理论的不足之处在哪里？"时，哈贝马斯回答说，早期批判理论的缺陷主要体现在：一是局限于工具理性批判，而没有对复杂的社会现实进行经验分析，由此陷入抽象的文化哲学批判中，从而使批判理论缺乏规范基础。二是未能扬弃黑格尔的理性概念，不能真正把握理性的含义。三是未能认真对待资产阶级民主，不能客观地评价后期资本主义社会福利政策所取得的成就。总之，早期批判理论仍然以马克思的历史哲学为根据，始终未跳出主体哲学窠臼。然而，运用主体哲学范式反思现代文明问题已经进入了死胡同。所以，需要转变哲学范式：从侧重主体与客体关系、崇尚主体性的"主体哲学"，转向侧重语言与世界关系、崇尚主体间性的"语言哲学"，从传统批判理论转向交往合理性理论。

第二，现代性话语的批判与重建。与某些后现代理论家不同，哈贝马

---

① 哈贝马斯：《重建历史唯物主义》，郭官义译，社会科学文献出版社 2000 年版，第 3 页。

② 20 世纪 80 年代初，霍耐特、E. 诺德勒－本特、A. 魏德曼曾经对哈贝马斯进行过一次学术访谈，他们围绕着批判理论传统、批判理论缺陷、合理性辩证法、危机理论与社会运动，以及科学与生活习惯等问题进行了广泛的讨论，并以《合理性辩证法》为题发表在《目标》1981 年第 49 卷上。（参见包亚明主编：《现代性的地平线——哈贝马斯访谈录》，上海人民出版社 1997 年版，第 45—46 页）

斯把现代性看作是一项未竟的事业，认为现代性还要继续发展，但必须用政治意志和政治意识加以引导。当然，哈贝马斯既非完全否定后现代主义，又非一味地认同现代性，而是试图对现代性进行批判与重建。在《现代性的哲学话语》中，哈贝马斯指出，后现代主义对当今论争发生了积极影响，这是无需怀疑的；但对后现代理论需要区别对待：无政府主义"告别整个现代性"，新保守主义"抛开文化现代性，保留现代化的无穷动力"。

在这里，哈贝马斯将笛卡尔确立的主体性原则视为现代性的基本原则，但认为这个原则使现代世界的进步与异化并存。因此，关于现代性的最初探讨中就包含着对现代性批判。这样说来，席勒的《审美教育书简》可以被视为现代性审美批判的第一部纲领性文献。因为在那里，席勒批判了异化劳动、官僚政治，以及远离日常生活问题的知性科学，强调艺术本身是通过教化使人达到真正政治自由的中介。18 世纪末，黑格尔首先提出了现代性的自我批判与自我确证问题，创立了启蒙辩证法原则。有了这个原则，现代性自我确证问题就能做到万变不离其宗。所以说，尽管黑格尔不是第一位现代哲学家，但"却是第一个意识到现代性问题，并清楚阐释现代性概念的哲学家"①。黑格尔之后，现代性话语出现了三个视角，即黑格尔左派、黑格尔右派和尼采。

然而，无论黑格尔，还是嫡传左派或右派，都未曾想对现代性成就提出质疑。只有那位"艺术家型的哲学家"尼采试图打破西方理性主义框架。尼采认定人们对现代性已经无可奈何，因而就放弃了对主体理性的再修正，并放弃了启蒙辩证法。换言之，尼采依靠超越理性视阈的激进的理性批判，最终建立起权力理论的现代性概念。从此开始，现代性批判就不再坚持解放内涵。哈贝马斯指出，随着尼采进入现代性话语，整个讨论局面发生了翻天覆地的变化。尼采之后，现代性批判在两个方向上被发扬光大：一是从海德格尔到德里达；二是从巴塔耶到福柯。"如果说尼采打开了后现代的大门；那么海德格尔与巴塔耶则在尼采基础上开辟了两条通往后

---

① 哈贝马斯：《现代性的哲学话语》，曹卫东译，译林出版社 2004 年版，第 51 页。

现代的路径。"①

在"尼采讲座"中，海德格尔继承了黑格尔以来构成现代性话语的主题动机，但却独创性地将现代主体支配落实到形而上学历史中，贯穿于现代时间意识中。如果说尼采曾经希望通过瓦格纳歌剧回到古希腊悲剧中"未来的过去"；那么海德格尔也希望从尼采权力意志形而上学回到前苏格拉底。然而，海德格尔在拒绝主体哲学本体化过程中，仍然拘泥于主体哲学提问方式，因而，除了抽象否定之外，海德格尔也没有给出打破主体哲学牢笼的途径，最终还在否定意义上坚持了主体哲学的基础主义。譬如，《存在与时间》就流露出空洞抉择的决定论倾向。哈贝马斯指出，在《存在与时间》中，尽管海德格尔通过对"此在"（Dasein）的生存论分析为走出主体哲学框架做出了诸多努力，但并没有从交往行为理论角度回答"此在为谁"的问题；而且，尽管海德格尔已经意识到自己走出主体哲学的努力失败了，但并没有意识到这是追寻存在意义问题的必然结果。当然，海德格尔后来为基础本体论注入了新的内容，并出现了从基础本体论到"思"（Denken）的转向。按哈贝马斯理解，该转向体现在三个方面：放弃了形而上学提出的自我确证、终极论证要求；拒绝了存在本体论的自由概念；否定了还原到第一原则的基础主义思想。哈贝马斯说，这本来可以被当作走出主体哲学死胡同的出路，但海德格尔断然拒绝这种做法。后期海德格尔用"事件"（Ereignis）取代主体性。这样，后期海德格尔"就超越了尼采的形而上学分析，而且事实上也脱离了现代性话语"②。

德里达遵循着海德格尔的思路，试图与胡塞尔的"在场形而上学"划清界限。在《声音与现象》中，德里达反对胡塞尔的意义理论，并揭露现象学的形而上学特征。在《文字学》中，德里达把"文字学"称为形而上学批判的科学导言，因为它深入到了模仿声音的文字的根源。德里达反对胡塞尔的核心观点，是胡塞尔放任自己被西方形而上学基本观念所蒙蔽，

---

① 哈贝马斯：《现代性的哲学话语》，曹卫东译，译林出版社 2004 年版，第 121 页。
② 同上书，第 186 页。

即理想的自我认同的意义只能由活生生的在场加以保证。尽管可以把德里达的解构主义与阿多尔诺的否定辩证法视为对同一问题的不同回答，但阿多尔诺的否定辩证法与海德格尔的形而上学批判一样都不能令人满意。因而，德里达试图颠覆逻辑学优于修辞学的传统，让修辞学成为逻辑学的基础，并消解哲学与文学、文学与文学批评的文类差异。这受到了罗蒂的追捧，但被哈贝马斯视为错误要求。哈贝马斯指出，尽管德里达摆脱了后期海德格尔的隐喻学，并超越了海德格尔试图颠覆的基础主义。这样，德里达的语音中心论批判就可以被视为超越始源哲学过程的关键一环，但德里达最终未能摆脱海德格尔束缚，因而也未能走出主体哲学窠臼。

哈贝马斯认为，巴塔耶与海德格尔一样都致力于打破现代性牢笼，并试图打开西方理性的封闭空间，但他们有着不同的人生取向和政治选择。这主要在于两种体验：超现实主义审美体验和左翼激进主义政治体验。"他们之所以有如此巨大的差异，原因在于巴塔耶在攻击理性时并没有触及认知合理性的基础，即科学技术客观化的本体论前提，而是关注伦理合理性的基础。虽然巴塔耶给现代性的哲学话语指出的方向与海德格尔的方向相似，但他选择了另外一种完全不同的途径来告别现代性。"[①] 就是说，巴塔耶继承了萨德的黑色写作风格，并试图继承尼采作为意识形态批评家留下的遗产，从而表现出与尼采的亲和性，主要表现为审美自由概念，以及超人的自我捍卫。所以，哈贝马斯断言，尽管巴塔耶与青年卢卡奇、早期批判理论有相似之处，但他所思考的问题根本不是物化理论，而是一种关于排挤的历史哲学，一种关于不断剥夺神圣的治外法权的历史哲学，最终给人们提供的是一种表现为用人类学扬弃经济学的消极的形而上学世界观。

诚然，作为"纯粹历史学家"、哲学家的福柯与作为人种学家、社会学家的巴塔耶根本不属于同一传统中成长起来的人，但巴塔耶反对启蒙的性话语非自然化，并试图恢复性放纵、宗教放纵的色情意义，这深深地吸引了福柯。这样，尼采的理性批判主题就是经过巴塔耶而非海德格尔传给

---

① 哈贝马斯：《现代性的哲学话语》，曹卫东译，译林出版社 2004 年版，第 248 页。

了福柯。在《词与物》中，福柯认为现代性的特征在于，主体具有自相矛盾的、人类中心的知识型。从 60 年代末开始，在尼采的影响下，福柯就力图将历史学与人文科学对立起来。如果说，"海德格尔和德里达想沿着解构形而上学的思路把尼采的理性批判纲领推向前进，福柯则想通过解构历史学实现这一目的。海德格尔和德里达用超越哲学的思想来超越哲学，福柯则用以反科学形式出现的历史学来超越人文科学。"① 不过，福柯一直没有弄清楚话语与实践的关系。直到 70 年代初，他才力图将知识考古学与权力谱系学区分开来，在方法论上告别解释学，并试图抛弃现代性的在场时间意识，从而把普遍历史推向了终结。哈贝马斯认为，福柯遇到了三个难题：一是没有认识到人文科学考古学与海德格尔的形而上学批判之间的亲和性；二是福柯与结构主义之间的亲和性是成问题的；三是仅用知识考古学手段研究人文科学的发生，最终陷入了尴尬。总之，福柯无法用从主体哲学自身获得的权力概念，消除他所批判的主体哲学的种种困境。

综上所述，从黑格尔到马克思，经尼采到海德格尔和德里达，或巴塔耶和福柯，他们对现代性的批判最终也没有摆脱主体哲学窠臼。然而，主体性原则以及自我意识结构只是理性的一个侧面，而非全部理性。因此，他们对现代性的批判始终没有走出主体理性批判模式。为了走出这个批判模式，哈贝马斯试图重建交往合理性。

第三，创立交往行为理论，重建批判理论规范基础。早期批判理论家试图修正马克思的错误预测，但并没有打算彻底告别马克思。当然，流亡经历肯定影响了他们的历史唯物主义立场。正如杜比尔② 所说，在 20 世纪 30 年代，他们还从历史哲学角度对理性抱有部分信任；但到 40 年代的《启蒙辩证法》中，这种信任就消失贻尽：他们反对将理性作为意识形态批判的有效基础，认为意识形态批判应该让位于总体批判。在哈贝马斯看来，《启蒙辩证法》更多的应归功于尼采。因为在阿多尔诺的《美学理论》

---

① 哈贝马斯：《现代性的哲学话语》，曹卫东译，译林出版社 2004 年版，第 300 页。
② 杜比尔（Helmut Dubiel, 1946—　），法兰克福学派第三代代表人物之一，著有《科学组织与政治体验》、《什么是新保守主义?》、《不确定性与政治》、《社会批判理论》等。

之前，尼采第一个使审美现代性概念化，并将意识形态批判转向谱系学批判。因而可以说，"尼采的知识批判与道德批判也预设了霍克海默、阿多尔诺用工具理性批判形式所阐述的思想。"① 在启蒙传统中，启蒙理性总是被理解为神话的对立面；但霍克海默、阿多尔诺则强调启蒙与神话的同谋关系，并教导人们不要对启蒙的拯救力量抱有任何希望。这样，"他们就从早先对实证主义科学观的批判，转变为对被工具理性同化的整个科学的不满；并从元伦理道德阐释的批判，转向对道德怀疑主义的赞同。"②

哈贝马斯指出，从韦伯、卢卡奇一直到早期批判理论，现代性概念的立足点就是被总体管制的社会与被伤害的个体主体之间的对立；但霍克海默、阿多尔诺把韦伯的"铁的牢笼"主题重新翻译成黑格尔主义的马克思主义的历史哲学语言，并把现代性批判还原为工具理性批判。简言之，他们只是批判了工具理性，但没有说明批判的根据何在，从而没有能够为批判理论奠定坚实的规范基础。为了重建批判理论规范基础，从上世纪60年代起，哈贝马斯就一直酝酿交往行为理论，但直到80年代初，交往行为理论才最终完成，从而实现了批判理论的"语言哲学转向"（linguistischphilosophische Wende）。在哈贝马斯那里，交往行为理论作为其现代性理论的核心，主要是探讨交往合理性问题。因而，在一定意义上说，交往行为理论就是交往合理性理论。交往合理性问题，实质上就是社会合理化问题。为了解决社会合理化这个难题，就需要制定一个交往行为理论，出发点是为了重建批判理论规范基础。就是说，交往行为理论可以摆脱主体哲学的前提，对黑格尔的伦理生活关系概念加以重建；并可以从中归纳出一种新古典主义的现代性概念，以便作为批判理论规范基础。

第四，揭露现代文明危机根源，寻找通往未来文明之路。如果说，交往行为理论的出发点是为了重建批判理论规范基础；那么，交往行为理论的中心问题就是对现代工业文明进行反思、对后期资本主义社会进行批

---

① 哈贝马斯：《现代性的哲学话语》，曹卫东译，译林出版社2004年版，第141页。
② 哈贝马斯：《现代性的哲学话语》，曹卫东译，译林出版社2004年版，第128—129页。

判。在《后期资本主义的合法性问题》中，哈贝马斯将后期资本主义危机
划分为四种类型：一是经济危机，这是以利润率下降为特征的经济系统的
持续性危机；二是合理性危机，这是由合理性欠缺导致的政治系统的产出
危机，它是一种被转嫁的系统危机；三是合法化危机，这是由合法性欠缺
导致的政治系统的投入危机，它是一种直接认同危机；四是动机危机，这
是由合作动机欠缺而导致的文化系统的产出危机。[①] 与此同时，哈贝马斯
还揭露了现代文明危机根源。他指出，十九世纪最后二十五年以来，后期
资本主义社会出现了两个巨大变化，一是国家强化了对经济生活的干预，
二是科学技术成为第一生产力并成为意识形态。这两个变化使交往合理性
与工具理性的关系紊乱，从而导致了生活世界殖民化，即作为现代文明系
统的市场经济系统和官僚政治系统，借助货币和权力媒介侵蚀原本属于非
市场和非商品化的私人领域和公共领域，从而导致生活世界意义和价值丧
失；而且，由于现代技术进步服务于生产力发展，放逐了早期市民社会的
自由、平等、正义这些价值观念，从而使文化世界荒芜，最终导致了文明
危机。

　　由此可见，哈贝马斯像早期批判理论家一样，也对现代工业文明进行
了批判，但在摆脱文明危机的途径、走向未来文明的出路等问题上，哈贝
马斯与早期批判理论家不同：霍克海默、阿多尔诺对工业文明只是激进批
判，没有找到摆脱文明危机的途径，没有指出通往未来文明之路：要么在
早期资本主义文明的认同中自我安慰（霍克海默），要么在现代资本主义文
明的否定中自我折磨（阿多尔诺），或在非压抑文明性文明的憧憬中自我
陶醉（马尔库塞）；哈贝马斯则对现代工业文明具有辩护倾向，并试图在现
代工业文明校正中重建后期资本主义文明。在他看来，既然后期资本主义
文明危机根源于生活世界殖民化，那么摆脱后期资本主义文明危机、拯救
现代文明的途径，当然在于生活世界殖民化的克服。为此目的，必须重新

---

① Vgl. Jürgen Habermas, *Legitimationsprobleme im Spätkapitalismus*, Frankfurt/M.: Suhrkamp
　 1973, S.73–128.

协调系统与生活世界的关系，平衡工具理性与交往合理性的关系，只有这样才能实现社会合理化，关键在于交往合理性重建。重建交往合理性、实现社会合理化，就成为交往行为理论的最终目标。所谓"社会合理化"，就是借助普通语用学改变社会舆论结构，创造理想言谈情境，使所有对某一情境不满的人，自由地进入讨论该问题的话语结构中，经过协商达成共识；在普遍共识基础上，通过规范调节实现个人与社会的协调一致。因而，必须用理解、宽容、和解态度处理不同信仰、不同价值观、不同生活方式、不同文化传统、人际关系和国际关系，因为只有符合交往合理性的话语民主与平等才是社会交往、文化交流的行为准则，是建立理想、公正、稳定社会秩序的前提条件，是社会文明合理性的基础，是社会合理化的根本标志，是未来文明发展方向。

（三）批判理论第三期发展：从"批判理论"转向"后批判理论"

从 20 世纪 80 年代中期至今，以后期哈贝马斯、霍耐特、维尔默、奥菲等人为代表，构成了批判理论第三期发展，实现了批判理论的"政治伦理转向"。

所谓"转向"，可以从两个角度理解：一是指研究思路、基本观点转变；二是指研究领域、研究侧重点转变。这里的"政治伦理转向"，是从后面意义上说的。因而，批判理论的"政治伦理转向"就意味着，在这之前，政治伦理向度在批判理论中至多处于边缘地位；在这之后，政治伦理向度在批判理论中处于核心地位。从这个角度看，早期批判理论中确实存在着政治伦理向度，但这个向度只处于边缘而非核心地位。这里有两层意思：一是政治伦理向度为社会研究所外围人员所拥有；二是政治伦理向度在社会研究所核心成员那里只处于边缘地位。①

诚然，20 世纪 60 年代初，哈贝马斯就讨论了"资产阶级公共领域"(die

---

① 从与批判理论关系角度看，我将霍克海默、阿多尔诺、马尔库塞、洛文塔尔、波洛克等人称为社会研究所早期核心成员，而将 W. 本雅明、弗洛姆、诺伊曼、基希海默等人称为社会研究所早期外围人员。

bürgerliche Öffentlichkeit）的产生、结构、功能、转型等问题，将公共领域范畴置于古典政治哲学关注的比较开阔的视野中进行跨学科研究①；并分析了古典政治哲学与现代社会哲学、自然法与政治革命的关系，以及黑格尔的政治哲学等问题。到 70 年代，哈贝马斯又讨论了道德发展与自我认同问题，尤其考察了后期资本主义合法化危机问题。然而，所有这些，在前期哈贝马斯学术视阈中都处于边缘地位，它们对批判理论发展没有产生像交往行为理论那样的影响。实际上，正如前面所说，从 60 年代到 80 年代初，创立交往行为理论、为批判理论奠定规范基础，是哈贝马斯的理论重心所在。易言之，政治伦理向度在前期哈贝马斯思想中不处于核心地位。应该说，批判理论的"政治伦理转向"始于后期哈贝马斯：话语伦理学与协商政治理论，开启了批判理论的"政治伦理转向"；维尔默政治伦理学、奥菲的福利国家理论，进一步推进了这个转向；霍耐特承认理论及其多元正义构想，标志着批判理论的"政治伦理转向"最终完成。

第一，作为交往行为理论在伦理学领域拓展的话语伦理学。交往行为理论（交往合理性理论）是话语伦理学的理论基础，话语伦理学是交往行为理论（交往合理性理论）在伦理学领域的拓展。这样，理解交往行为（交往合理性行为）就成为理解话语伦理学的前提。所谓"交往行为"（Kommunikatives Handeln），就是指两个或两个以上的具有语言能力和行为能力的主体，以语言或其他符号为媒介，通过非强制的诚实对话而达到的相互理解的共识、和谐行为。正如前面所说，在哈贝马斯那里，交往行为有三个有效性要求，即断言的真实性、规范的正当性、表达的真诚性，它们被视为重建交往合理性的前提。交往合理性与工具合理性本质上是不同的。交往合理性不仅注重交往行为的有效性要求，而且有遵守道德规范要求。这样，交往合理性就不仅是交往行为理论的核心概念之一，而且也是话语伦理学的核心概念之一。

如果说，交往合理性理论是话语伦理学的基础；那么，普遍化原则与

---

①   Jürgen Habermas, *Strukturwandel der Öffentlichkeit*, Frankfurt/M.: Suhrkamp 1990,S.51.

话语伦理原则就是话语伦理学的基本原则。早在《后期资本主义的合法性问题》中，哈贝马斯在讨论"实践问题的真诚性"时就触及到"搭桥原则"，认为只有它才能区分认知主义伦理学与非认知主义伦理学。哈贝马斯说，"规范有效性要求的基础，不是缔约双方的非理性意志行为，而是由合理性动机诱发的对规范的承认。所以，规范的认知要素并不局限于规范行为期待的命题内涵；毋宁说，规范有效性要求本身在假定意义上是认知的，这种规范有效性要求是通过话语来兑现的，即存在于参与者通过论证获得的共识中"。[①] 就是说，由于所有参与者原则上都有机会参与实际协商，因而这种话语意志形成的理性就在于，被提高为规范的相互行为期待，在没有欺骗情况下使被确定下来的共同利益具有正当性。到了《道德意识与交往行为》、《话语伦理学解说》等著作中，哈贝马斯又对"普遍化原则"和"话语伦理原则"（Diskursethischer Grundsatz）做了详细阐发。在他看来，所谓 U 原则就是指，"每个有效规范都必须满足这些条件，即对该规范的普遍遵守所产生的预期效果与附带效果，对每个具体的人的利益满足来说，能够为所有参与者非强制地接受"[②]。所谓 D 原则就是指，"每个有效规范都将会得到所有参与者的赞同，只要他们能参与实践话语。"[③]

　　众所周知，在《伦理学原理》（1903）中，摩尔第一次提出"元伦理学"（meta-ethics）与"规范伦理学"（normative ethics）的划分，宣告了元伦理学时代到来。从此以后，元伦理学就成为与规范伦理学相对立的当代西方最重要的伦理学说。尽管黑尔力图将"普遍主义与规定主义结合起来"[④]，创立一种"普遍的规定主义"伦理学，使事实、逻辑、价值统一起来，从而使元伦理学从非认知主义、反规范主义转向认知主义、价

①　Jürgen Habermas, *Legitimationsprobleme im Spätkapitalismus*, Frankfurt/M.: Suhrkamp 1973, S.144.

②　Jürgen Habermas, *Moralbewußtsein und Kommunikatives Handeln*, Frankfurt/M.: Suhrkamp 1983, S.131.

③　Jürgen Habermas, *Moralbewußtsein und Kommunikatives Handeln*, Frankfurt/M.: Suhrkamp 1983, S.132.

④　Richard Mervyn Hare, *Freedom and Reason*, Oxford, 1963, p.16.

值规范科学；但从总体上看，元伦理学，如摩尔的价值论直觉主义、罗斯等人的义务论直觉主义、斯蒂文逊等人的情感主义、图尔敏等人的规定主义①，或多或少都与道德怀疑主义甚或道德相对主义有牵连，它们或者本身就是道德怀疑主义，或者最终滑向了道德怀疑主义。在这种背景下，哈贝马斯的话语伦理学强调交往合理性、实践话语普遍化、话语伦理普遍性、道德规范有效性，可以被看作是继罗尔斯的《正义论》之后，道德普遍主义的又一次高扬。尽管西方学者，如费拉拉、阿雷托、钱伯斯等人，将哈贝马斯的话语伦理学归结为政治伦理学未必完全正确，但是无论如何，话语伦理学实现了当代伦理学的范型转换，并成为后期哈贝马斯的政治哲学，即协商政治理论的一个基准点。

第二，作为话语理论的拓展和运用的协商政治理论，主要体现在《事实与价值》、《包容他者》、《后民族结构》等著作中。

《事实与价值：关于法权的和民主法治国家的话语理论》（1992）是哈贝马斯的一部重要法哲学著作②，它对批判理论的"政治伦理转向"的贡献在于：其一，将交往行为理论当作法权话语理论基础，揭示触及到交往行为理论基础的事实与价值之间的张力，并试图澄清常常被人忽视的、"交往行为理论的多元主义特质"③。在这里，哈贝马斯不仅讨论了作为事实与价值之社会媒介范畴的法权，而且讨论了社会学的法权构想与哲学的正义构想。他认为，法权话语理论就是要对现代性道德实践的自我理解进行重

---

① 摩尔（George Edward Moore,1873—1958）、罗斯（Sir William David Ross,1877—1981）、图尔敏（Stephen Edelston Toulmin, 1922—2009）皆为英国哲学家、伦理学家；斯蒂文逊（Charles Leslie Stevenson,1908—1978）为美国伦理学家。

② 尽管人们对《事实与价值》有不同评价，例如，Andrew Arato 认为该书忠实地继承了批判理论遗产，坚持了法兰克福学派内在批判的方法与视角；Michael Power 认为该书用新自由主义模型代替启蒙模型，它标志着哈贝马斯对批判理论最终放弃。但几乎所有人都强调该书的重要性，David M.Rasmussen 甚至认为这是一部非同寻常的著作，从某种意义上说，它可能是哈贝马斯最好的著作。（参见《在事实与规范之间：关于法律和民主法治国家的商谈理论》，童世骏译，三联书店 2003 年版，第 703 页。）

③ Jürgen Habermas, *Faktizität und Geltung.Beiträg zur Diskurstheorie des Rechts und des demokratischen Rechtsstaats*, Frankfurt/M.: Suhrkamp 1992,S.9.

构，以便保护自己的规范内核既能抵制科学主义的还原，又能抵制审美主义的同化。其二，用话语伦理学阐发法权话语理论内容，揭示法权本身蕴含着的事实与价值之间的张力，并重新阐释道德规范与法律规范的关系。在这里，哈贝马斯在法权话语理论框架中，不仅讨论了法权体系和法治国家原则，而且讨论了法权的不确定性与判决的合理性，以及宪法判决的作用与合法性问题，尤其是重新阐释了道德规范与法律规范的复杂关系，即道德规范与法律规范都是用来调节人际关系冲突的，它们都应该平等地保护所有参与者及其自主性，但两者的调节对象和外延是不同的：前者保护个体的人格完整，后者保护法权共同体成员的人格完整。不过，在后形而上学论证基础上，道德规范与法律规范应该协调一致。其三，在澄清"协商政治"（deliberative Politik）概念规范内涵基础上，从社会学视角检视对复杂社会权力循环过程进行法治国家调节的条件，并从合法性视角讨论话语民主理论，最后提出程序主义的法权模型。① 在这里，哈贝马斯不仅讨论了经验的民主模型、规范的民主模型，以及程序的民主概念，而且讨论了公民社会与政治公共领域的作用。他指出，在复杂社会中，要在素不相识的人之间建立具有道德法则性质的相互尊重关系，法律仍然是唯一媒介。当然，对于社会秩序建构这个"霍布斯难题"，无法用个别行为者合理抉择的偶然聚合做出满意解释。在语言学转向后，康德的道德义务论获得了话语理论理解。由此，契约模型就为话语模型取代：法权共同体是通过协商达成的共识构成的而非通过社会契约构成的。于是，哈贝马斯就把话语伦理学的普遍化原则发展成为话语民主理论的协商原则。所谓"协商原则"就是指，"只有那些所有可能的相关者（作为合理协商参与者）都可能同意的行为规范才是有效的"。② 在此基础上，哈贝马斯提出了超越自由主义与共和主义的程序主义法权模型，并强调在该模型中，富有生机

---

① Vgl. Jürgen Habermas, *Faktizität und Geltung.Beiträg zur Diskurstheorie des Rechts und des demokratischen Rechtsstaats*, Frankfurt/M.: Suhrkamp 1992,S.10.

② Jürgen Habermas, *Faktizität und Geltung.Beiträg zur Diskurstheorie des Rechts und des demokratischen Rechtsstaats*, Frankfurt/M.: Suhrkamp 1992,S.459.

的公民社会与健全的政治公共领域必须承担相当部分的规范期待。

《包容他者：政治理论研究》（1997）是哈贝马斯的道德哲学、政治哲学文集。该文集的核心问题是，在今天，共和主义的普遍内涵究竟带来了什么后果？哈贝马斯从多元主义社会、跨民族国家、世界公民社会三个方面加以论述。① 因而，该文集对协商政治理论，从而对批判理论的"政治伦理转向"的贡献在于：其一，进一步阐发了"对差异十分敏感的道德普遍主义"，它要求"每个人相互之间都平等尊重，这种尊重就是对他者的包容，而且是对他者的他性的包容，在包容过程中既不同化他者，也不利用他者"②。因而，"包容他者"意味着道德共同体对所有人开放，包括对那些陌生人或想保持陌生的人；它要求平等尊重每个人，包括尊重他者的人格或特殊性；它要求所有人都团结起来，共同为他者承担义务。其二，话语理论更适合把握道德直觉观念，这是哈贝马斯与罗尔斯论争中提出的一个重要观点。诚然，哈贝马斯高度评价罗尔斯的正义论，认为《正义论》是当代实践哲学里程碑式的著作，因为它恢复了长期以来备受压抑的道德问题作为哲学研究对象的地位，但他怀疑罗尔斯是否始终如一地以最有说服力的方式运用自己的直觉观念。因此，在肯定罗尔斯的正义论基础上，哈贝马斯批评罗尔斯的政治自由主义，并力图将它与自己的康德式的共和主义区分开来，强调话语理论更适合把握他们共同关注的道德直觉观念。其三，进一步拓展公民身份与民族认同观念，并探讨在全球范围内及一国范围内的人权承认问题。哈贝马斯指出，在多元主义社会中，文化生活方式、民族共同体、宗教信仰与世界观越来越多元化，多元文化矛盾日益尖锐，政治文化统一性与亚文化多样性矛盾越来越突出；民族国家中潜藏着共和主义与民族主义冲突，将无力应对多元文化背景下社会分化与全球化问题，最后民族国家丧失了国际国内主权，成为跨国共同体。目前，整个世界已经成为"风险共同体"（Risikogemeinschaft）。在这种背景下，

---

① Vgl. Jürgen Habermas, *Die Einbeziehung des Anderen*, Frankfurt /M.: Suhrkamp 1997, "Vorwort".

② 哈贝马斯：《包容他者》，曹卫东译，上海人民出版社 2002 年版，第 43 页。

公民身份与民族认同越来越迫切；国际人权承认问题日益凸显；主流政治文化压制少数民族文化倾向遭到抵制。针对泰勒的社群主义，哈贝马斯认为，承认政治应当能够保障不同亚文化、不同生活方式在一个法治国家内平等共存，即使没有共同体的权利与生存保障，承认政治也应该能够贯彻下来。其四，在论述三种民主规范模式基础上，再次论述法治国家与民主的内在关联，进一步完善协商政治理论。哈贝马斯指出，自由主义与共和主义主要分歧在于，对民主进程作用的理解不同，从而导致了关于公民地位、法律观念、政治意志形成过程的不同理解。实际上，自由主义与共和主义各有优缺点，协商政治理论吸收了两方面要素，将民主程序与规范内涵融合起来。就是说，这种程序主义的民主理论在协商、"自我理解话语与正义话语"（Selbstverständigungs-und Gerechtigkeitsdiskursen）之间建立起了内在关联。这样，协商政治理论作为民主与法治国家的基本观念，就"有助于揭示人民主权与人权同源同宗这一事实"①。由此可见，哈贝马斯的协商政治理论试图超越自由主义与共和主义的对立，并将消极自由与积极自由之争表述为人权与人民主权之争，进而将关涉正义问题的协商原则与论证形式视为民主政治核心。然而，由于哈贝马斯一方面承认现代社会价值多元化事实；另一方面又强调公民之间通过非强制的自由协商达成政治共识的可能。所以，协商政治理论在受到当代自由主义关注的同时，也受到了深受哈贝马斯影响的维尔默、麦卡锡等人的批评。

《后民族结构：政治文集》（1998）是哈贝马斯的政治哲学文集，该书围绕着"在超越民族界限情况下，社会福利国家的民主如何能够持续和发展？"这个核心问题，表达他对当前德国政治与国际政治等问题看法。②因而，该书对批判理论的"政治伦理转向"的贡献在于：其一，从不同视角讨论了民族结构，分析了从文化民族概念到民族国家概念的转变，认为"德国的政治统一可以被描述为长期以来形成的文化民族统一体的过时的

① 哈贝马斯：《包容他者》，曹卫东译，上海人民出版社2002年版，"前言"第3页。
② Vgl. Jürgen Habermas, *Die Postnationale Konstellation*, Frankfurt/M.: Suhrkamp 1998, "Vorwort".

完成……在民族国家中，语言共同体必须与法权共同体一致。因为，每个民族似乎从一开始就有政治独立权利"①。哈贝马斯既回顾了共和主义的萌芽，又看到了它在今天的终结。其二，探讨了民主合法性与社会正义的关系。哈贝马斯指出，保守主义基本原则之一就是，没有社会正义就没有民主合法性。但是，哈贝马斯既不认同保守主义，又对超越新自由主义和社会民主主义的"第三条道路"不抱任何希望，至少是对"超越左和右"的乌托邦设计持怀疑态度。因为在他看来，革命派与保守派存在着角色互换的可能。其三，在欧盟实现联邦制的基础上，在未来建立一种既能保持差异性，又能实现社会均衡的新世界秩序。"对每个社会的和文化的暴力驯化来说，欧洲既要保护自己不受后殖民主义侵蚀，又不退回到欧洲中心主义之中。"② 就是说，即使对关于人权的文化间性话语，也能保持这种充分解中心的视角。

第三，霍耐特承认理论及多元正义构想，对批判理论的"政治伦理转向"的贡献主要体现在以下三个方面：

其一，对传统批判理论进行批判性反思，阐明批判理论的"承认理论转向"③ 必要性。为了避免批判理论社会规范的缺失，又防止弗里德堡经验情结的误区，霍耐特从梳理社会哲学的两条路径（即历史哲学路径与人类学路径）出发，对从霍克海默到哈贝马斯的批判理论进行了批判性反思。他指出，早期批判理论试图把哲学的时代诊断与经验的社会分析融合在一起，但从一开始就陷入了困境：从霍克海默批判理论的社会性缺失，到《启蒙辩证法》的自然支配批判的历史哲学模型的局限性，直至后期阿多尔诺批判理论对社会性的最终排斥。霍耐特说，尽管自 70 年代以来，批判理论的两个最有影响的分支（即福柯的权力理论与哈贝马斯的交往行为理论）可以被视为早期批判理论历史哲学模型所导致困境的两种不

---

① Jürgen Habermas, *Die Postnationale Konstellation*, Frankfurt/M.: Suhrkamp 1998,S.23.

② Jürgen Habermas, *Die Postnationale Konstellation*, Frankfurt/M.: Suhrkamp 1998,S.9.

③ Nancy Fraser/Axel Honneth, *Umverteilung oder Anerkennung? Eine politisch-philosophische Kontroverse*, Frankfurt/M.: Suhrkamp 2003,S.148.

同解决方式，但他们试图通过告别劳动范式来解决早期批判理论困境并不成功，即使交往行为理论也没有为批判理论奠定规范基础。实际上，批判理论的规范基础只能到人类学中去寻找。为此，必须走规范研究与经验研究相结合的道路。就是说，必须走出对交往范式的狭义理解，从语言理论转向承认理论。"交往范式不能理解为语言理论……而只能理解为承认理论。"①

其二，运用米德的社会心理学重构青年黑格尔的承认学说，阐明批判理论的"承认理论转向"可能性；并以承认与蔑视关系、蔑视与反抗关系为核心，建构承认理论基本框架。从社会冲突两种模式（即"为自我保护而斗争"与"为承认而斗争"）出发，霍耐特借助米德的社会心理学对青年黑格尔的承认学说进行重构，从而使黑格尔的承认观念实现了自然主义转化，以此阐明批判理论的"承认理论转向"可能性。在此基础上，霍耐特将爱（情感关怀）、法权（法律承认）、团结（社会尊重）视为三种相互承认形式，它们分别对应着自信、自尊、自豪三种实践自我关系；将强暴、剥夺权利、侮辱视为个体认同所遭遇的三种蔑视形式，它们摧毁了个体基本自信、伤害了个体道德自尊、剥夺了个体自豪感。此外，霍耐特还以蔑视与反抗为主题，阐发社会冲突的道德逻辑，断定蔑视体验是社会反抗的道德动机，并试图在社会冲突中重建道德规范，将人际关系道德重建视为承认理论目标。这样，霍耐特就描述了社会承认关系基本结构。

其三，提出一元道德为基础的多元正义构想，并试图建构以正义与关怀为核心的政治伦理学。在承认理论进一步拓展过程中，霍耐特首先把黑格尔法哲学重构为规范正义理论；通过分析再分配与承认关系，断定分配冲突是承认斗争的特殊形式，并考虑到文化承认作为第四种承认形式的可能性；针对弗雷泽的指责，霍耐特强调承认理论并非"文化主义一元

① Axel Honneth, *Kritik der Macht.Reflexionsstufen einer kritischen Gesellschaftstheorie*, Frankfurt/M.: Suhrkamp 1989,S.230.

论",而是"道德一元论"①,并试图在一元道德基础上建构多元正义构想。在与当代实践哲学对话中,霍耐特明确提出了"政治伦理学"(politische Ethik)概念,并围绕着承认与正义关系、承认与道德关系,阐发了自由、民主、人权、共同体、正义、关怀等问题,而且试图建构正义与关怀为核心的"政治伦理学",从而最终完成了批判理论的"政治伦理转向"。这不仅标志着批判理论进入了最新发展阶段,而且使政治哲学、道德哲学成为批判理论最新发展趋向。

二、维尔默与批判理论的"政治伦理转向"

如果说,批判理论第一期发展侧重于文化意识形态问题,批判理论第二期发展侧重于语言交往问题;那么,批判理论第三期发展则侧重于政治伦理问题。正如前面所说,后期哈贝马斯开启的批判理论的"政治伦理转向",最终是由霍耐特来完成的。然而,这个转向的完成,既不是哈贝马斯一人之力,也不是霍耐特一己之功。维尔默、奥菲进一步推进了这个转向。具体地说,维尔默对批判理论的"政治伦理转向"的贡献,主要体现在以下六个方面:

(一)批判理论规范基础重建:政治伦理学的理论背景

关于批判理论规范基础问题,历来是批判理论家关注的核心问题之一。哈贝马斯、本哈比、霍耐特等人认为,早期批判理论的缺陷之一,就是缺乏对规范基础的理论论证,或者说根本缺乏规范基础。那么,早期批判理论到底有没有规范基础?这历来是有争议的问题。实际上,从霍克海默等人的启蒙辩证法,到阿多尔诺的否定辩证法,再到哈贝马斯的交往合理性,都是构建批判理论规范基础的尝试。因而,关于合理性在批判理论

---

① Nancy Fraser/ Axel Honneth, *Umverteilung oder Anerkennung? Eine politisch- philoso- phische Kontroverse*, Frankfurt/M.: Suhrkamp 2003,S.292.

中的地位和作用问题，就成为后来的批判理论家，如维尔默等人讨论的对象。为了阐发政治伦理学，维尔默必须解决“规范基础”这个前提性问题。

首先，在考察批判理论与马克思主义关系基础上，维尔默对启蒙辩证法进行了重新诠释。按维尔默理解，在批判理论与马克思主义关系问题上，在 30 年代初期，尽管霍克海默等人已经不是正统的马克思主义者，但他们都以马克思的政治经济学批判为理论取向，并且寄希望于无产阶级革命。所以，这时他们的理论取向还能够被理解为，从黑格尔、马克思直至早期卢卡奇的西方马克思主义传统的继续。准确地说，批判理论不过是将韦伯洞见整合进被修正的马克思主义理论框架中。但到了 40 年代，他们试图将“反启蒙的文明批判”整合进马克思主义取向的启蒙理论中。这样，批判理论的规范基础就是包含着集体生活过程和谐统一图景的合理性概念。维尔默指出，这个详尽阐述的合理性概念，清楚地反映了他们属于黑格尔主义的马克思主义传统。“尽管在某些方面，《启蒙辩证法》意味着与法兰克福学派社会理论取向决裂，但并没有与早期阿多尔诺哲学路向真正决裂。”[1] 实际上，批判理论作为战后德国唯一有代表性的理论立场，它与未和德国文化传统彻底断裂的法西斯主义彻底断裂。然而，尽管批判理论开始时属于黑格尔主义的马克思主义，但最终不再属于马克思主义传统。

众所周知，《启蒙辩证法》的核心问题是，为什么在科学技术进步、工业文明发展似乎可以给人类带来幸福、在理性之光普照大地的时候，“我们没有进入真正的人性状态，而是深深地陷入了野蛮状态”？[2] 在这里，霍克海默、阿多尔诺以人与自然关系为主线，以神话与启蒙关系为核心，揭示了启蒙与神话、文明与野蛮、进步与倒退的辩证法，从而开创了法兰克福学派悲观主义文明论之先河。

---

[1] Albrecht Wellmer, *Zur Dialektik von Moderne und Postmoderne*, Frankfurt/M.: Suhrkamp 1985, S.139.

[2] Max Horkheimer/ Theodor Wiesengrund Adorno, *Dialektik der Aufklärung*, Frankfurt/M.: Fischer 1988, S.1.

维尔默认为，《启蒙辩证法》的独特之处，不仅在于其散文风格，更在于它将两种相互矛盾的哲学路向融合起来：一是从叔本华、尼采到克拉格斯的启蒙理性批判路向；二是从黑格尔、马克思、韦伯到早期卢卡奇的资本主义批判路向。因而可以把《启蒙辩证法》理解为"以马克思主义方式重新占有克拉格斯的激进文明批判与理性批判的尝试。这样，从自然魔力中解放出来的各个阶段，以及与之相应的阶级统治的各个阶段（马克思），就被同时理解为主体化与物化辩证法的各个阶段（克拉格斯）"[1]。维尔默指出，长期以来，《启蒙辩证法》被视为法兰克福学派的原创性文献，并意味着霍克海默、阿多尔诺离开了用马克思的思想和革命实践意图推进的历史理论。这种说法，在今天几乎成为套话，但可以肯定地说，《启蒙辩证法》最终成为阴郁的现代性理论。

其次，在批判性重构否定辩证法与交往合理性基础上，维尔默试图通过对理性的合理性、解中心的合理性，以及多元的、公共的合理性的阐发重建批判理论规范基础。他指出，在阿多尔诺的非同一性理论中，隐藏着他所批判的传统哲学固有的"同一性强制"。不过，"形而上学沉思"可以视为阿多尔诺与康德批判性救赎形而上学的唯一一论争。"如果阿多尔诺在神学主题中赋予（针对超越动能世俗化的）唯物主义主题以意义，那他就是非康德主义的，甚至是反康德主义的……；但阿多尔诺'实践理性优于理论理性'的假定则是康德主义的。"[2]

哈贝马斯将阿多尔诺基本概念纳入非强制交往概念中，并与语言哲学概念交织在一起，从而实现了阿多尔诺基本概念的交往行为理论转型，这意味着哈贝马斯从否定主义与弥赛亚主义内在关联中摆脱了出来。然而，这个转型并没有抓住阿多尔诺基本概念的最重要方面：尽管它不关涉非强制交往，却关涉非强制综合；不关涉对他者的非同一性承认，却关涉对现

---

① Albrecht Wellmer, *Zur Dialektik von Moderne und Postmoderne*, Frankfurt/M.: Suhrkamp 1985, S.10.

② Albrecht Wellmer, *Endspiele. Die unversöhnliche Moderne*, Frankfurt/M.: Suhrkamp 1999, S. 209.

368

实性把握与主体自我理解的非同一性承认。因而，维尔默并不相信哈贝马斯的交往合理性理论能够解决问题。因为按维尔默理解，哈贝马斯对后期资本主义发展趋势的诊断与韦伯、霍克海默、阿多尔诺的诊断大同小异，尽管哈贝马斯运用系统—生活世界模型重新描述了"合理化悖论"。就是说，哈贝马斯的成就在于通过对批判理论概念的内部修正，有可能避免马克思和批判理论的理论困境，但哈贝马斯理论最终并不意味着对批判理论历史视阈的重新占有，而是意味着历史可能性视阈的开启。

尽管"哈贝马斯关于现代社会体系合理化侵蚀交往合理化的独特解释，最终是马克思主义的"①，但交往合理性概念并没有为真理共识论提供另外的证据，这就允许人们思考多元的、公共的合理性概念。维尔默说，如果生活世界合理化不表征可能的理想状态，而只包含着结构变化的描述，那么就非常清楚：为了把握某些特殊问题与不合理的社会现象，仅有生活世界合理化概念不是够的。但是无论如何，合理性都有一个基础，那就是活生生的"理性的文化"。

笔者认为，在批判理论规范基础重建问题上，维尔默与哈贝马斯有四个共同点：一是都认为早期批判理论陷入了悲观主义文化批判，从而缺乏规范基础。二是都认为早期批判理论仍然处在主体哲学框架中，沉溺于工具理性批判，从而不能正确对待现代性。三是都认为现代性哲学话语需要引入新的思维范式，用语言交往哲学代替主体哲学。四是都强调维特根斯坦语言哲学在重建现代性哲学话语中的作用。如果说有什么不同的话，那就是哈贝马斯用自己创立的交往合理性理论重建批判理论规范基础，维尔默只是利用交往合理性理论改造阿多尔诺的乌托邦救赎美学，并认为这个改造的关键在于，使美学视阈从主体意识哲学转向主体间性语言哲学，重建艺术与生活的关系。当然，只有立足于交往实践成就，才能真正理解理性批判的意义；只有立足于交往合理性，才能重建现代性批判的规范基

---

① Albrecht Wellmer, *Zur Dialektik von Moderne und Postmoderne*, Frankfurt/M.: Suhrkamp 1985, S.22.

础。可见，维尔默总体上并没有跳出哈贝马斯思维框架。

（二）后形而上学现代性理论：政治伦理学的理论视阈

在现代性与后现代性关系问题上，尽管哈贝马斯并非一味赞同现代性，而是对现代性进行批判性重建，但他仍然强调现代性是一项未完成的规划：现代性还要继续发展，只是需要用政治意志与政治意识加以引导。维尔默与哈贝马斯不同，但与阿多尔诺非常相似：一方面，维尔默在区分阅读阿多尔诺的两种方式基础上，讨论了阿多尔诺的非同一性思想；在后形而上学现代性语境中，分析了主体理性批判的三种形式，论述了"理性的他者"；并断定现代性的政治道德基础被毁坏了，"以至于决胜局变成了玩火的游戏"[1]。这表明，维尔默对现代性的不信任，以及对后现代性的同情。另一方面，维尔默又反对理性批判夸大了的怀疑主义，并指出后现代性的局限性。就是说，在考察"现代性之死"与"乌托邦终结"基础上，分析了"后……"概念与"字谜画"的相似性，并以詹克斯建筑美学为例，阐发了现代性与后现代性辩证法。维尔默认为，既非艺术又非哲学能够与意义或真理打交道，而只能与不再能回到"记忆、主体、认同"的能量转换打交道。这样，政治经济学就转变为力比多经济学。"这个异乎寻常的、或许受到瓜塔里、德鲁兹的'反俄狄浦斯'启发的、从资本主义向社会主义过渡的后现代主义构想，意味着毫不费力地从阿多尔诺倒退到了尼采，正如从阿多尔诺过渡到实证主义一样。"[2] 由此可见，维尔默既同情后现代性，又指出了它缺乏社会理论视角的局限性。因为在他那里，"后现代性，正确地理解，或许是一个规划；而后现代主义，就它确实不仅仅是一个纯粹的模型、倒退的表达或新的意识形态而言，最好被理解为寻找记录变革

---

① Albrecht Wellmer, *Revolution und Interpretation*, Van Gorcum 1998, S.10.

② Albrecht Wellmer, *Zur Dialektik von Moderne und Postmoderne*, Frankfurt/M.: Suhrkamp 1985, S.52.

痕迹并使这个规划的轮廓更加凸现出来的尝试。"① 这样，不仅意义概念，而且真理概念、论证概念、合理性概念，都能够从形而上学环绕中摆脱出来；但捍卫形而上学终结概念，并不意味着告别理性与现代性，而是理性批判与现代性批判的自我肯定。

实际上，自《启蒙辩证法》以来，现代性的哲学话语就日益集中于启蒙理性批判，它有两条路径：一是走出启蒙理性，告别现代性；二是反思启蒙理性，重建现代性。后现代主义者与第一代批判理论家的某些思想观点属于第一条路径；第二代批判理论家哈贝马斯与第三代批判理论家基本属于第二条路径。面对当代哲学陷入基础主义或相对主义、现代主义或后现代主义非此即彼的困境，维尔默强调，现代性的真正主题仍然是阿多尔诺提出的，即在形而上学不可避免没落的时代，如何拯救形而上学真理？在维尔默看来，后现代主义不过是后形而上学的现代主义，是主体理性批判的最高形式，"后现代可以理解为对启蒙理性的极端批判，同时它也是对现代性批判的自我超越"②。

当然，就后形而上学现代性理论而言，维尔默与哈贝马斯也有两个共同点：一是都对现代性哲学话语进行批判性反思；二是都看到了后现代主义的两面性。不过，维尔默将西方思想史上的主体理性批判模式分为三种：一是以弗洛伊德为代表的总体化理性的心理学批判；二是以尼采、霍克海默、阿多尔诺、福柯为代表的工具理性的哲学—心理学—社会学批判；三是以后期维特根斯坦为代表的自明理性及其意义—构成主体的语言哲学批判。维尔默认为，前两种批判形式尽管功不可没，但总体上没有摆脱主体哲学框架；只有第三种批判形式才真正突破了主体哲学限制，为重建后形而上学理性观和主体概念提供了出路。这样看来，维尔默的观点与霍耐特的论述就非常相似，不同的是，霍耐特将现代主体性批判分为心理

---

① Albrecht Wellmer, *Zur Dialektik von Moderne und Postmoderne*, Frankfurt/M.: Suhrkamp 1985, S.109.

② 维尔默：《论现代与后现代的辩证法》，钦文译，商务印书馆 2003 年版，"中文版前言"第 1 页。

学批判与语言哲学批判两条路径。尽管有这样或那样的差异，但这足以说明，第三代批判理论家都受到哈贝马斯的较大影响，就是试图用当代语言哲学成果避免第一代批判理论家工具理性批判的片面性，重建现代性的哲学话语。可见，维尔默是有意识地"与后现代主义和法国新哲学家进行严肃对话的社会批判理论家"①。换言之，维尔默是介于现代性与后现代性之间的批判理论家。

（三）共同体主义政治哲学：政治伦理学的理论基础

维尔默的政治哲学主要体现在两个方面：其一，在讨论现代自由两种模式，即（消极的）个体自由与（积极的）共同体自由基础上，阐发了自由平等与合理性原则、自由民主与政治合法性问题，并分析了自由主义与社群主义之争，以及自由与民主之间的相互交织。通过这些问题的阐发，显露出维尔默的自由民主观念是介于自由主义与社群主义之间的，因而是"自由的社群主义"或曰共同体主义的。

在现代政治哲学中，自由主义与社群主义（或个体主义与共同体主义）对自由的理解构成了现代自由的两种模式，即消极自由（个体自由）与积极自由（共同体自由）。维尔默说，如果现代世界的自由包括（消极的）个体自由与（积极的）共同体自由之间的二元论，那么普遍自由概念就内含着个体主义与共同体主义之间的张力。归根到底，个体主义与共同体主义之争，不过是关于下述问题之争，即资产阶级自由民主在现代市民社会中起什么作用？与自由主义者不同，维尔默不是强调个体自由，而是强调共同体自由；与社群主义者也有所不同，他并不完全否定个体自由，而是主张对个体自由进行共同体主义阐释。正是在这个意义上，维尔默自称为"共同体主义者"，或"自由的社群主义者"。

作为"共同体主义者"，维尔默不仅从黑格尔、马克思、托克维尔那里寻找精神资源，而且试图阐明新个体主义（如诺齐克）的自由概念从根

---

① Douglas Keller, *Critical Theory, Marxism and Modernity*, Polity Press 1989, p.173.

本上说是错误的，新共同体主义（如哈贝马斯）的自由概念从根本上说是正确的。维尔默说，诺齐克与哈贝马斯的不同在于，在前者那里，关涉个体权利的元原则，主要是消极自由原则；在后者那里，关涉话语合理性的元原则，主要是公共自由和民主意志形成的制度化原则。不过，与流行观点不同，维尔默认为，话语合理性条件不能等同于民主话语条件，个体权利不能从合理性原则中引出来。

因而，在维尔默视阈里，尽管自由主义与社群主义存在着根本差异，即它们对待欧美自由民主社会的态度不同，但在很大程度上，它们是共同的价值取向内部的不一致，即它们强调同一传统内部的不同方面：自由主义强调自由的基本权利及其非欺骗性；社群主义更喜欢与美国早期"公民共和主义"，即与共同体的民主自治传统联系在一起。这样，它们之间的不一致可以这样来描述：自由主义的兴趣在于自由的基本权利。因而，对自由主义来说，个体的自由权利构成自由民主传统的规范内核；社群主义则试图证明，只有在社群的生活方式中，自由的基本权利才能获得合法意义。可见，自由主义与社群主义之争仍然是自由民主社会内部之争，其根本差异在于善或正义的优先性问题。但是，无论如何，自由与民主能够联结成自由民主的政治共同体。

其二，在阐发人权普遍主义与公民权特殊主义基础上，讨论了人权与政治自由的关系，以及公民权、人民主权与民主合法性问题。维尔默指出，人权与公民权之间，不仅存在着内在关联，而且存在着特有的张力关系。因而，人权就不能化约为公民权，但人权可以作为公民权。这样，人权与公民权之间的张力关系，就作为公民权阐释与对这些阐释进行道德批判之间的张力关系出现。换言之，作为公民权的人权，是自由民主主义者借助普遍主义道德理解，承认为道德的或以道德为基础的法律诉求。这样，在法律体系中发生的人权侵犯，同时被描述为对公民权的侵犯，如果有关法律体系容许这样侵犯的话。正是在这种语境中，维尔默乐观地肯定，在非西方社会实现人权也是可能的，尽管很难给出正义与非正义的标准，但是，一方面，若将对文化认同、宗教认同和传统的破坏描述为伤害，也许是没有问题的；另一方面，如果完全没有这样的伤害，那无疑就不可能在世界范围内形成广泛的自由民主共识。

事实上，阿伦特肯定康德的人权普遍主义，但将人权普遍主义理解为道德概念。这样，她一方面没有觉察到人权与政治自由的内在关联；另一方面没有觉察到人权与民主话语的内在关联。于是，维尔默试图重构阿伦特的政治哲学，以阐发人权与政治自由的内在关联。维尔默指出，阿伦特对现代革命史的重释，以及她对自由民主传统和政治自由遗忘的批判在哲学意义上是激进的，从而与她的前驱（古希腊城邦无神论者、美国共和主义者）保持了富有特色的距离，这个距离决定了她的后形而上学思想。然而，尽管阿伦特并不否定人权普遍主义，但却否定政治普遍主义。就是说，尽管她试图对政治概念进行普遍主义阐释，但却否定政治自由与人权普遍主义的根本关联。当然，阿伦特并不想使政治概念与自由秩序的道德基础及其内含的目的对立起来；毋宁说，她的基本命题是，为了论证恰当的政治概念，仅有自由秩序范畴是不够的。对她来说，"政治的"就是指在公共空间中，自由地平等地共同行动。这样，阿伦特的政治概念的困难就在于，没有理解自由民主社会中日常生活的政治体验，从而使政治变成了"政治的他者"。

因而，维尔默试图对阿伦特的政治概念进行民主理论阐释，并赋予她的革命概念、政治概念的原创性意义。维尔默认为，阿伦特的几乎是经验的革命普遍主义，在如何对待既是自由主义传统又是马克思主义传统的普遍主义方面，并不是确定无疑的，但是，阿伦特的论证根本不能够被质疑：经济的、技术的普遍主义不能从世界中创造出来。因为在她那里，未来自由世界也不排除文明的野蛮形式。维尔默指出，诚然，阿伦特的政治概念的最大缺点是特殊主义，但这也是今天非政治或反政治潮流中，崇拜者使用其政治概念的原因。

在维尔默视阈里，公民权与民主话语的双重关系不可避免地存在着"解释学循环"，即人权承认不仅是政治自由、民主话语的前提，而且是政治自由、民主话语的结果。维尔默说，通过公民权与民主话语的解释学循环，可以回到民主法律体系的内在关联中。这种内在关联，对民主法权共同体来说是结构性的。因而，在一定程度上，民主话语只能进行双重解码。就是说，民主合法性原则的两个层面能够相互阐发：一方面，民主合法性原则作为正义原则，要求所有参与者有可能实际参与民主话语；另一方面，民主合法性原则作为平等的参与权和交往权，包括参与民主话语要求。因而，如果阿伦特的政治领域与社会的、经济的、行政管理的与法律的领域结合在一起，那么经济的、行政管理的与法律体系的独特逻辑之间的界限问题将被忽略，并且这些东西不再能够成为政治问题。维尔默说，尽管阿伦特预见性地与马克思论战，反对马克思在政治经济学批判中寻找现代自由问题解决办法，并认为这最终近乎无效的前沿阵地，然而，只有当阿伦特从她所反对的自由民主传统的前沿阵地中摆脱出来时，她的努力才能成为创造性的。因为没有对资本主义的驯化，政治自由就不能成为现实的解决方案。

（四）普遍主义伦理学重构：政治伦理学的理论前奏

维尔默对普遍主义伦理学的重构包括两个部分：第一，在重构康德的形式主义伦理学基础上，论述从形式主义伦理学向话语伦理学过渡的必要性，并得出结论说"话语伦理学既是康德的又不够康德的"。正如前面所说，康德的形式主义伦理学有三个缺点：一是其道德原则之形式主义的、独白的特征；二是以形式主义预设为基础的"严肃主义"；三是康德对道德原则论证的企图。维尔默认为，这三个缺点，应当通过道德普遍主义的独白式理解在对话式理解中扬弃得到消除。他强调，为了将道德原则阐发为普遍准则，必须从下述观点出发，即迄今为止所讨论的普遍准则，已经描述了康德的绝对命令范畴所描述的东西。不过，维尔默补充了两点：一是康德的"理性的事实"不能被还原为普遍准则；二是康德的道德原则不能从普遍准则中推导出来。这样，普遍准则或许就标志着康德的道德原则的本质维度。正是在这里，绝对命令范畴才第一次成为道德原则，从而接近于普遍准则。就是说，绝对命令范畴的潜能在于，"应当"、"必须"、"可以"这些道德规范与作为理性上可观察的道德判断，借助绝对命令范畴就能够被归为"应当"范畴。因而，对维尔默来说，在某种意义上，普遍化原则表达了道德义务。

为了更好地理解普遍化原则，维尔默区分了"弱"普遍化与"强"普遍化。他认为，就非普遍准则消除而言，只有"弱"普遍化就够了，但为了论证普遍化原则是实践准则，只有"弱"普遍化是不够的，毋宁说，"强"普遍化概念是必要的。在这里，维尔默又回到了这个命题："被推导出来的"道德规范，作为严格的普遍规范，也许是作为植根于特例的规范；在否定的意义上，它是从非普遍准则中推导出来的。为了更好地解决道德特例问题，维尔默重构了黑尔关于特例问题的解决办法，并重构了道德判断或道德论证逻辑。维尔默指出，从某种意义上说，黑尔关于道德原则的直觉层面与批判层面的区分，可以看到（康德思维框架中）特例问题解决办法的其他语言转译：结构性同源是显然的。但若这样理解的话，那黑尔就更加接近亚里士多德传统而非康德传统。事实上，至少在康德思维框架中（也许在黑尔意义上），关于道德特例问题，维尔默的解决办法要比黑尔的解决办法更有说服力。不过，在具体情境中的特例问题，也不能通过道德原则不受限制的具体化而得到解释。

对康德伦理学的重构来说，大致有三种可能的方案：第一种方案承认，不同的"理性的存在"能够期待以完全不同的行为方式成为普遍的；第二种方案试图论证"最低限度伦理学"；第三种方案是对康德的道德原则话语伦理学拓展。维尔默认为，只有第三种方案能够被看作是为康德的实践理性恢复名誉的尝试，它既无条件地捍卫道德规范的可论证性，又无条件地捍卫道德"应当"的合理内涵。像哈贝马斯、阿佩尔一样，维尔默也看到了从形式主义伦理学向话语伦理学过渡与从主体哲学向语言哲学过渡的内在关联，但这个关联使得康德伦理学需要用对话式理解的普遍主义重新规定。为此目的，维尔默区分了"对话的伦理学"与"对话伦理学"：在前者那里，对话原则代替道德原则；在后者那里，对话原则处于道德原则的核心位置。然而，话语伦理学既是康德的又不够康德的。由此可以看出维尔默的基本立场，是倾向于康德伦理学而批评话语伦理学。

第二，在批评话语伦理学的两个前提基础上，维尔默对话语伦理学的基本原则，尤其是 U 原则进行了重构，他将 U 原则不是视为合法性原则而是视为道德原则，并认为 U 原则是对绝对命令的话语伦理学重述。

首先，维尔默批判了话语伦理学的真理共识论。在他看来，（1）真理并非产生于合理共识，而是产生于有说服力的论据，因为合理共识不是被形式地刻画的，而是通过论证产生的。（2）真理与合理共识并不必然叠合，只有从参与者内部视角出发，真理与合理共识才能够叠合。然而，这并不意味着合理共识是真理的附加论据，因为合理共识并不必然是真的。（3）合理共识不可能是真理的标准，真理标准是通过理解语言使用规则确定的。（4）真理共识论的非规范解释，即使不是空洞的也是不真实的。总之，在理想言谈情境获得的共识，并不必然是真正的共识。即理想言谈情境既不保证真理又不保证共识。

其次，维尔默反驳了话语伦理学的"最终论证要求"。他指出，普遍主义道德原则不能够从论证规范中推导出来，因为对论证的接受或中断来说，论证规范显然不是道德规范；而且，在论证规范中根本不关涉道德义务。在这里，维尔默试图阐明，论证规范根本不是道德规范，而合作规范是话语规范的对立物。为了在论证中相互承认为有平等权利的伙伴，合作规范使人们有义务合作。

再次，维尔默重构了话语伦理学 U 原则。他说，如果将 U 原则理解为合法性原则，就会产生下述困难，即 U 原则没有解决这个问题：我"能够非强制地承认"普遍遵守一个规范，对每个具体的人来说意味着什么？因而也没有解决这个问题，即在这个意义上，所有人能够承认一个规范意味着什么？为了解决这个问题，维尔默对 U 原则进行了重新解读：（U1）一个规范，如果为所有利益相同的参与者普遍遵守，那这个规范就是有效的；（U2）一个规范，如果能够为所有利益相同的参与者非强制地承认，那这个规范就存在于所有参与者的共同利益中；（U3）在 S h 情境中被做的（事情），（在道德上）是被正确地（禁止的），如果相应的行为方式被理解为普遍的，并考虑到每个具体的、利益相同的参与者能够非强制地承认其预期后果的话；(U4) 在 S h 情境中被做的（事情），（在道德上）是被正确地（禁止的），如果所有利益相同的参与者能够（非强制地）期待，相应的行为方式（考虑到它对每个具体的、利益相同的参与者来说的预期后果）成为普遍的。由此可见，在这个问题上，维尔默的阐释与哈贝马斯的阐释是相似的：通过有效性标准，道德规范有效性的意义被理解为以语言为中介的主体间性的普遍结构。因而，维尔默指出，U 原则作为对绝对命令的话语伦理学重述，现在似乎可以被说成是，如果一个行为被理解成普遍的，对所有参与者来说是可承认的，那么它就是正确的。

最后，维尔默对有效性要求进行了批判性反思。他指出，康德的道德"应当"范畴是有效性要求的表达。因而，"应当"在"期待"中的扬弃，必须被理解为道德意识形式。话语伦理学将规范有效性要求运用于道德规范有效性要求是一个错误，因为规范有效性要求和道德规范有效性要求不能相齐并论。这就表明，道德"应当"问题根本不能够通过规范有效性要求的逻辑重构来完成，毋宁说，它留下了一个特别的问题即在特殊情况下，作为，不是正确的作为；在一定意义上，正确的作为是被无条件地禁止的。这样看来，维尔默想要证明的东西，是"必须"范畴的可能性，即规范意识的可能性。他说，规范意识，尽管有高度情感的，但不能称为道德的。诚然，维尔默怀疑从道德规范有效性出发能够恰当地重构有效性领域的内在关联，但他认为，有效性领域不能根据言语行为理论论证的类型学标准和有效性维度区分开来，从而不能归属于理论话语、实践话语、审美话语，而是在理论话语与实践话语内部，对不同类型的有效性要求和所属的论证形式进行区分。当然，在生活世界中，道德的、实践技术的、审美的、真理的观点或话语，总是相互联系的。就是说，不同有效性要求总是相互交织在一起。

（五）民主伦理学构想：政治伦理学的理论核心

在考察政治哲学与道德哲学、法哲学与伦理学关系基础上，维尔默试图构建民主伦理学构想，这主要体现在三个方面：其一，在讨论政治哲学与道德哲学关系时，维尔默做出了三个区分：(1)"是"与"应当"的区分。维尔默指出，尽管"是"与"应当"的区分以规则与规范存在为前提，但对规则与规范的承认内含着"是"与"应当"的区分。这个区分是伦理学的前提。"欧洲道德哲学，就是从个体伦理学和政治哲学两个维度对这两个问题的加工处理。"①黑格尔哲学则是为重新统一这两个相互分离领域所进行的最后的伟大尝试。然而，即使不是在马克思那里，但也许是在马克思主义传统中仍然重复着"将是还原为应当、将应当还原为是的"错误。(2)法律规范与道德规范的区分表明，法律规范与道德规范相对立，将成为有效的或失效的；法律规范与道德规范的对立是结构性的；法律规范通常与外部认可的法律威胁联系在一起。不过，维尔默承认，他对法律规范与道德规范的区分，并没有注意到传统社会的具体伦理，但在向后传统道德过渡中，道德的去习俗化意味着法律的习俗化，即在某种程度上，法律规范被自由支配，即使屈从于道德规范限制。(3)在谈到道德原则与民主合法性原则的区分时，维尔默指出，道德成为凌驾于法律之上的审判机关；道德论证逻辑是通过普遍主义道德原则确定的；如果道德话语不同维度能够获得共识，那么道德冲突一般都可以得到解决；道德规范论证问题具有应用问题的特征。

　　其二，在谈到法哲学与伦理学关系时，维尔默指出，"为了阐明道德原则与法律原则如何相关联，我想直接引用它们之间的一致与差异。"②他说，在将它们表述为规范的普遍化原则时，法权学说与伦理学说是一致的，其结构性一致在于，这两者固有的共识原则或对话原则最终都被压抑了。在这个意义上，康德的形式法概念就直接反映了绝对命令范畴的形式主义特征。在最坏意义上，法权学说与伦理学说之所以是"形式主义的"，

---

① Albrecht Wellmer, *Endspiele. Die unversöhnliche Moderne*, Frankfurt/M.: Suhrkamp 1999,S.96.

② Albrecht Wellmer, *Endspiele. Die unversöhnliche Moderne*, Frankfurt/M.: Suhrkamp 1999,S.107.

是因为康德使实践理性概念中固有的"程序形式主义",在关键点上停留在逻辑语义学的形式主义。因而,"通过对康德、黑格尔、马克思关于自然法的接受与批判的概述表明,关于自然法的合理内核问题,他们当中没有一个人能够找到令人满意的答案。"①

其三,与霍耐特借助杜威的民主伦理学构建形式伦理不同,维尔默的民主伦理概念,是从黑格尔、托克维尔那里寻找思想资源的。他指出,后期黑格尔试图为现代社会建构普遍的民主伦理概念,并将它建构为"伦理的立足点",但黑格尔并没有说明,民主伦理形式如何对待传统的、前现代社会的伦理实质?就是说,黑格尔(包括马克思)并没有真正解决作为私人自主与公共自主中介的民主伦理问题;相反,托克维尔试图解决如何构建民主伦理问题。因而,维尔默将民主伦理构想追溯到托克维尔,并将民主伦理如何可能的问题视为政治伦理学的核心问题。"民主伦理概念并不规定美好生活的某些内容,而是规定相互修正的善的概念之平等的、交往的、多样的共生形式。"②然而,民主伦理概念的悖谬性似乎在于,它不是被"实体性地"、而是被"形式性地",(即"程序性地")规定的。维尔默认为,根本不存在民主话语的伦理实体,因为民主话语条件规定着民主伦理内核。他说,尽管个体基本权利与自由权利属于制度保障条件,但如果("程序性地")谈论民主伦理内核,那是引人误入歧途的。因而,在公民共和主义意义上,民主伦理与公民德性再次聚合为实体的整体是不可能的。当然,民主伦理学的目标是建立世界公民社会。世界公民社会标志着人权与公民权之间差异的扬弃,标志着现代世界和平的文化多元主义条件,标志着从人权的幻想概念向纯粹道德的或纯粹经济学的状态过渡,但并不意味着民主政治终结,而是作为新的情况下现代民主需要进一步发展的生存条件。由此可见,维尔默的民主伦理概念试图将托克维尔与黑格

① Albrecht Wellmer, *Endspiele. Die unversöhnliche Moderne*, Frankfurt/M.: Suhrkamp 1999,S.152.

② Albrecht Wellmer, *Endspiele. Die unversöhnliche Moderne*, Frankfurt/M.: Suhrkamp 1999,S.69.

尔、个体主义与共同体主义整合在一起。

（六）艺术崇高与审美救赎：政治伦理学的理论向往

维尔默美学主要体现在四个方面：其一，在继承与超越康德美学、阿多尔诺美学基础上，围绕着"真实、表象、和解的内在关联"这个核心问题，阐发了自然美与艺术美、艺术真实与审美体验、艺术与崇高之间的关系。例如，在分析阿多尔诺的"美是精神与自然的和解"、"艺术美是对自然美的模仿"、"艺术真实是'作为表象的表象'"等观点基础上，维尔默阐发了自己的美学思想：美是"和解"的乌托邦、美是神圣功能与世俗功能的统一、只有审美综合（'真实Ⅰ'）才是对现实（'真实Ⅱ'）的艺术认知、审美体验是某种精神可能性，并论述了审美表象辩证法，主张将崇高嫁接到艺术中，因而认为崇高是艺术的基本结构，断言艺术崇高是对"和解"的彻底否定、崇高意味着审美的强化，等等。

其二，从现代艺术的二律背反出发，对现代—后现代艺术进行了批判性反思。在这里，维尔默不仅批判了现代建筑艺术的功能主义，而且阐发了后现代建筑艺术本真的折衷主义。他认为，现代艺术的二律背反结构，一开始就存在于图像与符号、非概念综合与概念综合的分离中，即使在发达的工具理性条件下，它也与现代艺术一起成为自我意识。因而，尽管功能主义曾经起过一定历史作用，但缺陷在于，它是一种与技术理性至上精神一致的、形式化的、简化了的机械主义，它没有对功能与目的关系进行恰当反思；而只有从这个反思出发，人们才能够有效地进行生产和建造，而且只有这样，粗俗的功能主义才能够持续地服务于现代化进程。这样，詹克斯就属于后现代建筑和城市规划维护者，从而是极端的现代主义者。因而，在一定意义上，詹克斯建构了对现代建筑的后现代批判。

其三，在更广阔视野中对现代—后现代美学进行了批判性反思。维尔默认为，阿多尔诺的否定美学与利奥塔的崇高美学，可以被视为真实美学与效果美学。他指出，尽管利奥塔与阿多尔诺之间存在着某些不一致，但在他们那里，理性批判与语言批判深层逻辑的共同性，表现为同一性思维批判与表现符号批判之间的结构同质性。尽管阿多尔诺的《美学理论》命运不佳，但关于"真实、表象、和解的内在关联"描述，即否定美学概念又出现在伯勒尔的突发性美学、姚斯的接受美学中。与此同时，技术被区分为两类：一是以人的需要、人的自主性、交往合理性为取向的技术；二是着眼于资本利用的行政管理技术或政治操纵技术。因而，与 20 世纪初不同，这里出现了生产美学对实用美学的让位。实用美学关系到体现在日常生活世界中可理解的目的关系的审美质量。

其四，维尔默通过阐发大众艺术批判与审美乌托邦，对大众文化与通俗艺术进行了批判性解读。在这里，维尔默既肯定阿多尔诺对文化工业批判的合法性，也指出阿多尔诺忽视了大众艺术隐藏着民主潜能与审美想象力；与此同时，维尔默肯定本雅明关于机械复制艺术暗示着现代大众艺术潜能的分析，但也指出，本雅明对大众艺术评价不同于阿多尔诺的根本动机在于审美政治化。由此可以看出，尽管维尔默对审美乌托邦怀着深深的向往，但对通俗艺术也并非完全否定，而是适度地肯定。在这一点上，维尔默显然不同于阿多尔诺，而是类似于本雅明。更准确地说，维尔默对大众艺术的态度是，批判中带有肯定，肯定中带有批判，这既不同于阿多尔诺基本否定的态度，也不同于本雅明基本肯定的态度，倒类似于哈贝马斯的态度——这恐怕是对待大众艺术的正确态度。

综上所述，维尔默是在法兰克福学派批判理论传统中成长起来的。作为阿多尔诺的学生、哈贝马斯的科研助手，维尔默与第一代批判理论家，尤其是与第二代批判理论家存在着直接的学术传承关系。在笔者看来，尽管人们一般将维尔默划归为第三代批判理论家，但实际上，他是介于法兰克福学派第二代与第三代之间的过渡性人物，是批判理论第二期发展与第三期发展之间的中介人物，在批判理论发展史上具有承上启下的作用。因而可以说，维尔默政治伦理学介于批判理论与后批判理论、现代主义与后现代主义、自由主义与社群主义、普遍主义与特殊主义之间，它对批判理论的"政治伦理转向"做出了重要贡献，并体现着批判理论最新发展趋势和当代西方实践哲学发展方向。然而，如何在批判理论与后批判理论、现代主义与后现代主义、自由主义与社群主义、普遍主义与特殊主义之间寻找一个合适的平衡点,对维尔默来说,并不是一件很容易的事情。

结 语

那么，法兰克福学派三代代表人物今安在？法兰克福社会研究所现状如何？未来，法兰克福学派是否会出现第四代代表人物？批判理论是否会出现第四期发展？所有这些，都是人们非常关心又急切了解的问题。

法兰克福学派第一代代表人物辞世已久，他们的思想遗产已经成为全世界的精神财富；对其理论学说的研究"冷热不匀"，仍然需要进一步拓展和深化。

1940年，本雅明在极度焦虑和极端痛苦中结束了自己年仅48岁的生命。然而，这位经历坎坷、性格怪异、思想独特的"难以归类的人"①，在去世后却逐渐声名鹊起，这得益于阿多尔诺、舒勒姆、蒂德曼、施威蓬豪伊塞尔、克劳斯哈尔等人，他们编辑出版了《本雅明文集》（两卷，1955）、《本雅明书信集》（两卷，1965）、《本雅明全集》（共7卷17册，1972—1989），以及《本雅明书信汇编》（1995—2000）。这些都是研究本雅明的基本资料。今天，在国际学术界，本雅明研究已经成为"显学"；但在中国学术界，尤其是哲学界，还基本处于"译而不作"状态。尽管也出版了好几部研究性著作，并发表了不少研究性文章，不过，将本雅明置于批判理论语境中进行系统研究，必将推进批判理论研究的进一步拓展和深化。

---

① 学界一般认为，本雅明是一个"难以归类的人"。不同人赋予本雅明不同的形象：文学批评家（韦勒克）；犹太思想家（舒勒姆）；历史哲学家（阿多尔诺）；政治革命家（克劳斯哈尔）。

1954 年，诺伊曼 54 岁时因车祸身亡；1965 年，基希海默去世时 60 岁。尽管他们很早就与法兰克福社会研究所建立了学术联系，但从一开始就与社会研究所核心成员处于冲突中。因而，他们像本雅明一样，始终是社会研究所的"边缘人物"。不过，作为政治学家和法学家，他们的贡献在于，不仅提出了"极权垄断经济"（totalitäre Monopolwirtschaft）概念，而且阐发了"政治妥协理论"（politische Verflechtungstheorie）。该理论认为，社会整合过程是在社会群体政治交往过程中实现的，而社会宪法秩序总是各种政治力量普遍让步或共识的表达。这样，他们提出的"私人资本主义理论"，就不仅仅是经验知识，而且开辟了可靠的法西斯主义分析之路。今天，国际学术界对诺伊曼这位德国现代政治学创始人，以及德国著名法学家基希海默"青眼有加"；但国内学术界，尤其是哲学界对他们的研究则不甚了了。除个别著作和文章涉及他们的思想观点外，至今没有系统的研究。然而，他们的理论学说不仅具有原创性，而且具有现实意义。

1969 年，阿多尔诺在郁郁寡欢中客死瑞士，享年 66 岁。起因于 1968 年，阿多尔诺因不满于青年学生"用燃烧弹来实现自己的理想"而被讥讽为保守派，并遭受到一群女学生"弑父般地"羞辱。但阿多尔诺去世后，人们并没有忘记这位超凡脱俗、才华横溢、思想深邃的"很难划定边界的人"。在蒂德曼、G. 阿多尔诺、布克—莫斯、舒尔茨等人通力合作下，《阿多尔诺全集》（20 卷 23 册）于 1970—1986 年面世，这就为阿多尔诺研究提供了最全面、最系统、最权威的资料。此外，自 1993 年起，法兰克福苏尔坎普出版社开始编辑出版《阿多尔诺遗稿》，主要收录阿多尔诺未完成的或未公开发表的著作以及学术讲座和谈话的整理稿。在国际学术界，阿多尔诺研究至今仍然是"显学中的显学"；在中国学术界，尽管阿多尔诺研究从总体上看始终"不温不火"，但对否定辩证法、文化工业批判，尤其是否定美学研究，"热度"有增无减。笔者认为，今天，加强对阿多尔诺的伦理思想的研究，准确地说，他关于道德哲学思考的研究，对于深化阿多尔诺研究，以及拓展法兰克福学派批判理论研究，将是十分有益的。

1970 年，波洛克逝世，享年 76 岁。早在 1923 年，波洛克就与霍克海默等人一起筹建社会研究所，并将几乎所有精力都投入到社会研究所的管理工作中。作为社会研究所"行政总管"，为法兰克福学派做出了巨大贡献。在波洛克去世后，欧美世界再版了其主要著作，如《苏联实施计划经济的尝试：1917—1927》、《资本主义实施社会计划的可能性与限度》、《社会主义和农业》、《资本主义发展阶段》等。与此同时，波洛克的"国家资本主义理论"，似乎又引到了人们的关注，但不论中国还是国外，波洛克研究还差得很远，几乎到了"被人遗忘"的程度。事实上，作为国民经济学家，波洛克的思想观点是值得认真对待的。

1973 年，霍克海默逝世，享年 78 岁。在他去世后，A. 施密特、诺尔等人编辑出版的《霍克海默全集》（共 19 卷，1988—1996），为世人提供了一份研究霍克海默，从而研究法兰克福学派的珍贵资料。不过，在国内外学术界，尤其是中国学术界，霍克海默研究一直"冷冷清清"，尽管霍克海默的部分著作、文章被译成中文，但迄今未见有研究性专著出版；尽管时有关于霍克海默研究的论文发表，或被选为研究生学位论文选题，但与他对法兰克福学派批判理论的贡献相比，学术界对霍克海默的研究还远远不够，这应该引起注意。

1979 年，马尔库塞远离了政治、远离了学术，并最终离开了这个世界，享年 81 岁。此后，"风靡一时"的马尔库塞一度"销声匿迹"。不过，在他去世后 20 年，人们重新想起了这位一生都游离于政治与学术之间、介于乐观与悲观之间的"实践型理论家"。在詹森（Peter-Erwin Jansen）等人的努力下，"马尔库塞遗稿"自 1999 年开始出版，至今已经出版了 7 卷。随着这些"遗稿"的问世和研究，一方面，可以进一步确证马尔库塞的"旧形象"，另一方面，或许可以给出一个马尔库塞的"新形象"。

1980 年，弗洛姆辞世，享年 80 岁。早在 1930 年，弗洛姆就加入了社会研究所。后来，因与研究所核心成员的理论观点分歧加深，于 1939 年离开了社会研究所，从此与法兰克福学派脱离了组织上的联系。不过，弗洛姆撰写的几十部著作几乎都成为畅销书。[①] 在国外学术界，弗洛姆研究至今仍然很热闹，并编辑出版了《弗洛姆全集》（12 卷，1999）。上世纪 80 年代初至到 90 年代中期，中国学术界也非常重视弗洛姆，甚至出现了"弗洛姆热"，但这并不体现在研究上，而主要体现在著作翻译上。弗洛姆的二十多部著作被译成中文，有的不下十个版本。当然，这并不是说对弗洛姆没有研究，而是已经出版发表了几部著作和许多论文，但从总体上看，弗洛姆研究是"虚假繁荣"，即表面上热热闹闹，实际上尚需深入探讨。

1993 年，洛文塔尔逝世，享年 93 岁。这位早年加入法兰克福社会研究所，战后居留美国发展的批判理论家、文学理论家、传媒理论家，一生都将法兰克福学派批判理论应用于文学、文化、社会问题研究，在文学理论、通俗文化理论、传媒批判理论方面做出了重要贡献。作为社会研究所的"老人"，他不仅为马丁·杰撰写《法兰克福学派史（1923—1950）》提供了许多详细资料和精确回忆，而且直接或间接地培养了一代又一代美国批判理论家。今天，国内外学术界从文学批评、文化传媒、文学社会学角度对洛文塔尔的研究已经很多，但如何从文化社会学、文化哲学视角进行研究，却是值得认真尝试的。

法兰克福学派第二代人物即将退出历史舞台，但他们的余威与影响仍在；对他们的理论学说的研究，可谓"冰火两重天"。

1994 年，哈贝马斯从法兰克福大学哲学系光荣退休。然而，作为法兰克福学派第二代学术领袖，哈贝马斯并没有停止自己的学术活动，而是仍然继续著书立说，进一步阐发自己的政治哲学、道德哲学、法哲学、宗教哲学思想。近年来，哈贝马斯集中讨论宗教和上帝问题，探讨宗教信仰

---

① 例如，《逃避自由》从 1941—1961 年英文 22 版，中文有多个版本，仅工人出版社 1987 年版印数就达 7 万多册；《爱的艺术》从 1956—1970 年被译成 28 种文字，仅英文版就销售 150 多万册，德文版超过 40 万册，中文版多个译本，仅安徽文艺出版社 1986 年版印数就达 6 万册；此外，像《寻找自我》、《健全的社会》、《占有还是生存》等，都是一版再版。

在现代化进程中的双重性。例如，《人性的未来》（2001）、《在自然主义与宗教之间》（2005）、《世俗化的辩证法》（2005）。又如，2010 年，尽管哈贝马斯已经 81 岁高龄，但还是接受了一次关于宗教问题的访谈："哲学对宗教的新兴趣？关于后世俗意识与多元文化世界社会的哲学状况"[1]。与此同时，哈贝马斯总是在重大事件中发出自己的声音。例如，在阿本德罗特[2] 诞辰 100 周年纪念活动中，他将阿本德罗特誉为"伟大的工人运动知识分子"、"开创性的政治学家、法学家"。他指出，阿本德罗特对民主法权国家基本法的解释是令人信服的，但力图在宪法框架内进行社会主义变革的理论已经过时。再如，在金融危机的深度反思中，哈贝马斯指出，这次金融危机清楚地反映出新自由主义加剧了生活世界殖民化，因而要有效遏制美国霸权，就需要批判美国文化普遍主义。另外，在"第 21 届德国哲学大会"[3] 上，哈贝马斯作为特邀嘉宾做了"从生活图景到生活世界"闭幕词。

　　无论在国内还是在国外，哈贝马斯可谓"炙手可热"。在国外学术界，哲学家、社会学家、政治学家、伦理学家、法学家、神学家等，长期以来致力于哈贝马斯的新批判理论研究；近年来，尤其关注哈贝马斯的宗教思想。例如，《圣徒与传播：基督徒和哈贝马斯的道德对话》（2006）等。在中国学术界，哈贝马斯研究也是汗牛充栋，它几乎占据着批判理论研究领域的"半壁江山"。学者们从不同维度对哈贝马斯进行了全方位深度探索。例如，哈贝马斯的社会批判理论、后期资本主义理论、历史唯物主义重建论、现代性理论、交往行为理论、话语伦理学、协商政治理论、宗教观与宗教哲学研究等。

---

① Jürgen Habermas/Eduardo Mendieta, *Ein neues Interesse der Philosophie an der Religion*?, in: Deutsche Zeitschrift für Philosophie, 2010.1.

② 阿本德罗特（Wolfgang Abendroth, 1906—1985），德国"左翼马克思主义精神导师"、社会学家、法学家、政治科学家。

③ 德国哲学大会每三年召开一次。"第 21 届德国哲学大会"于 2008 年 9 月 15—19 日在埃森召开，会议主题："生活世界与科学"；三个分议题：技术行为与自然、医学伦理学问题，法哲学问题，音乐美学问题。

2011 年，A. 施密特已经 80 岁高龄，但前几年还活跃在国际学术舞台上。[①] 作为法兰克福学派"正统派"继承人，A. 施密特坚持早期法兰克福学派"批判的唯物主义"基本立场，捍卫传统社会批判理论的基本观点。尽管他的《马克思的自然概念》、《历史和结构》产生了较大的影响，但在国内外学术界，A. 施密特研究只能算是"星星点点"。例如，一件非常令人不解的事情：1999 年，时任社会研究所所长的弗里德堡在为社会研究所网站撰写的"社会研究所概况"中，对曾任社会研究所第五任所长的 A. 施密特硬是不置一词。这其中可能有人际关系原因，可能与 A. 施密特理论原创性不够有关，更大可能是为哈贝马斯的光芒所覆盖。在批判理论发展问题上，作为"重建派"的哈贝马斯战胜了作为"正统派"的 A. 施密特，从而不仅主导了批判理论第二期发展，而且开启了批判理论的"政治伦理转向"，对批判理论第三期发展起到了奠基作用。

实际上，在批判理论第二期发展过程中，除以前期哈贝马斯为代表的规范研究外，还有以弗里德堡为代表的经验研究，致力于批判理论个案研究和现实问题解决。在法兰克福学派发展史上，弗里德堡[②] 本是一个不该被忘记的人物，但迄今为止，学术界对他几乎没有什么研究，甚至很少有人提起他。这与他倾向于经验研究而忽视规范研究，致力于现实问题解决而缺乏理论创造有很大关系。作为实证社会学家而非社会理论家，弗里德堡注重个案研究和现实问题是必然的，但在德国这样一个重视思辨和理论创造的国度里，他不被重视也是不言而喻的。尤其是他长期处在社会研究所所长位置上，不创立一个理论是很难服众的，遭受非议也是理所当然的。就学术取向而言，笔者不喜欢弗里德堡的经验研究路径，而是欣赏哈

[①] 2008 年 9 月 25—28 日，在法兰克福召开的"批判—理论—批判理论"国际会议上，A. 施密特不仅做了发言，还主持了笔者与其他几位学者的大会发言。笔者的发言题目是《法兰克福学派批判理论的中国研究范式》。

[②] 弗里德堡（Ludwig von Friedeburg, 1924—　　），德国社会学家，法兰克福学派第二代主要代表人物之一，长期担任社会研究所所长（1975—2001）；曾任柏林自由大学、法兰克福大学社会学教授和黑森州文化部部长；自 2002 年起担任法兰克福社会研究所基金会咨询委员会荣誉委员。

贝马斯、维尔默、霍耐特的学术路向。不过，客观地讲，弗里德堡的经验研究和对现实问题的关注，还是有实际价值的。

作为法兰克福学派第二代与第三代之间的过渡人物，维尔默今年已经78岁，但近年来仍然著述不断。例如，《有一个超越陈述真理的真理吗?》（合著，2001）、《语言哲学讲座》（合著，2004）、《语词有什么意义：语言哲学文集》（2007）、《关于音乐与语言的尝试》（2009）等。在这些著作中，维尔默对"本质上孤独的言说者"进行了质疑，认为"本质上孤独的言说者"不可能把自己理解成一个言说者。就是说，人们关于意义、理解、真理的概念不可能运用于他，从而人们的语言概念也不能运用于他。由此可见，维尔默的论证与 D. 戴维森[①] 的论证有相似之处，但也有所不同，他不相信意义可以根据真值条件加以解释。因而，在表达自己的论证时，维尔默转而追随维特根斯坦、克里普克，尤其是讨论了克里普克的"维特根斯坦问题"，即私人语言论证的克里普克版本。不过，维尔默认为，在对维特根斯坦关于规则、意义、理解的论述阐释达成某种最低限度一致的情况下，克里普克几乎是平淡无奇的。这样，维尔默走向了解释学理性的批判，强调解释学反思中的"后解释学转向"（阿多尔诺、德里达、罗蒂）——只有超越传统，才能保持传统的活力。毫无疑问，维尔默的语言哲学，也值得人们认真研究。

比维尔默小几岁的奥菲（今年已经71岁），自上世纪70年代以来出版了大量著作，例如，《绩效原则与工业劳动：工业"绩效社会"组织原则中的地位分配机制》（1970）、《资本主义国家的结构问题：政治社会学文集》（1972）、《福利国家与大众忠诚》（合著，1975）、《"劳动社会"：结构问题与未来视角》（1984）、《多数人民主的局限性：多数规则的政治学与社会学》（合著，1984）、《被组织的自我劳动》（1990）、《光底隧道：原民主德国政治转型调查》（1994）、《转型期的政治理论》（合著，1996）、《政治文化的内部整合：对后共产主义转型特殊性的说明》（1997）等，在这

---

① D. 戴维森（Donald Davidson,1917—2003），美国分析哲学家。

些著作中，奥菲阐发了政治社会学思想，尤其是福利国家危机理论，对批判理论的"政治伦理转向"起到了积极的推进作用。

新世纪以来，奥菲又出版了许多著作，如《连续性与危机：资本主义社会与后社会主义社会的制度政策》（合编，2001）、《信任：社会合作的基础》（合编，2001）、《民主的挑战：制度政策的整合能力与效能》（2003）、《权力的多面性：新社会科学图书馆》（2003）、《民主的民主化：诊断与改革建议》（编著，2003）、《参与型社会：福利国家新模式》（合著，2006）、《主权、法权与道德：政治共同体的基础》（合著，2007）、《统一的欧洲——分裂的历史：1989 年后的 20 年》（合著，2009）、《政治理论与政治哲学手册》（合编，2010）等，在这些著作中，奥菲进一步阐发了自己的政治社会学思想。不仅如此，奥菲至今仍然活跃在国际学术舞台上。例如，在 2011年"哲学与社会科学"国际学术讨论会上，他做了题为《从地理空间迁移到历史时间迁移：欧洲视角》的大会发言。①

上世纪 90 年代初，霍耐特凭借承认理论登上了国际学术舞台。2001年，他出任法兰克福社会研究所第七任所长，并逐步成为法兰克福学派第三代学术领袖。今天，国内外学术界的霍耐特研究，可谓"风头正劲"。

近年来，相对年轻的霍耐特（今年已经 62 岁）又出版了一系列著作：不仅对批判理论做了进一步批判性反思，如《阿多尔诺：否定辩证法》（合著，2006）、《批判理论关键词》（合著，2006）、《理性的病理学：批判理论的历史与现状》（2007）、《批判的创新：与霍耐特谈话》（合著，2009）；而且对承认理论及其多元主义构想做了进一步发展，如《正义与交往自由：对黑格尔结论的思考》（合著，2007）、《厌恶、傲慢、仇恨：敌对情绪现象学》（合著，2007）、《从个人到个人：人际关系的道德性》（2008）、《我们中的自我：承认理论研究》（2010）；并且试图创建民主伦理构想，如《自由的权利：民主伦理大纲》（2011）。在这些著作中，尤其重要的是《我们

---

① 一年一度的"哲学与社会科学"国际学术讨论会，2011 年 5 月 11—15 日在布拉格召开。奥菲的题目是：《从地理空间迁移到历史时间迁移：欧洲视角》；笔者的题目是《从"批判理论"到"后批判理论"：对法兰克福学派批判理论三期发展的批判性反思》。

中的自我》和《自由的权利》。

　　前者是霍耐特的一部文集，包括近年来已发表和未发表的 14 篇论文或讲演稿，主要有四部分内容：（1）进一步拓展和重构黑格尔的承认学说，强调《精神现象学》、《法哲学原理》对承认理论的重要性，这与在《为承认而斗争》中强调《伦理体系》、《耶拿实在哲学》明显不同；（2）进一步阐发劳动与承认、承认与正义的关系，强调道德与权力的内在关联；（3）重新规定社会化与个体化、社会再生产与个体认同形成之间的关系，强调社会哲学规范问题的解决必须包容经验追求；（4）从心理分析视角进一步拓展承认理论，不仅讨论了心理分析的承认理论修正，而且分析了"我们中的自我：作为群体驱动力的承认"等问题。总之，该书是霍耐特对承认理论的进一步思考，不仅修正、深化了早年的某些观点，而且开辟了新的研究领域，并试图为正义理论提供一个新文本。

　　后者是霍耐特近五年呕心沥血的结晶，其学术地位足以和《为承认而斗争》媲美。在该书中，霍耐特试图以黑格尔的《法哲学原理》为蓝本，在社会分析形式中阐发社会正义原则，并致力于阐发民主伦理构想。该书共有三编：第一编"自由的权利"历史回顾。在这里，霍耐特主要阐发了"消极的自由及其契约论结构"、"反思的自由及其正义构想"、"社会的自由及其伦理学说"。第二编"自由的可能性"，从"此在基础"、"局限性"、"病理学"三个层面阐发了"法律的自由"与"道德的自由"。第三编"自由的现实性"分为三章，分别讨论了"个人关系中的'我们'"（友谊、私密关系、家庭）；"市场经济行为中的'我们'"（市场与道德、消费领域、劳动市场）；"民主意志形成中的'我们'"（民主公共领域、民主法权国家、政治文化展望）。① 可见，该书在霍耐特思想发展中占有非常重要的地位。如果说，《为承认而斗争》标志着霍耐特承认理论基本框架形成；《正义的他者》、《再分配或承认?》等著作，标志着霍耐特承认理

---

① Vgl. Axel Honneth, *Das Recht der Freiheit. Grundriß einer demokratischen Sittlichkeit*, Frankfurt/M.: Suhrkamp 2011, S.5–6.

论进一步完善与多元正义构想和政治伦理学初步建构；那么，《自由的权利》则意味着霍耐特民主伦理构想基本形成。这不仅标志着霍耐特已经从"批判理论"走向了"后批判理论"，而且标志着霍耐特已经成为当代最重要的实践哲学家之一。

诚如第九章所说，作为法兰克福学派第三代核心人物，霍耐特对批判理论第三期发展做出了决定性贡献，这不仅表现在其个人学术成就上，还表现在他对批判理论第三期发展的引领上。就后者而言，主要体现在三个方面：

第一，力主规范研究与经验研究相结合，重新调整社会研究所的研究方向。2001年，霍耐特上任伊始，就发表了题为"关于社会研究所的未来"[1]就职演说，直陈社会研究所当时所处的困境，并指明社会研究所的未来发展方向。他指出，为了摆脱上世纪70年代以来的非规范化趋向，社会研究所必须将规范研究与经验研究结合起来。霍耐特领导下的社会研究所出现了四个方面转变：一是研究方法新调整——规范研究与经验研究相结合；解释学方法与描述性方法相结合；跨学科研究与个案研究相结合。二是研究领域新拓展——社会不平等研究；家庭社会学与心理分析；社会理论；法律社会学；工业社会学与组织社会学；国家理论；传媒文化与美学。三是研究方向新确定——资本主义社会规范整合的结构转型；资本主义合理化与劳动；家庭变迁与变化了的社会化条件；社会政治变化与民主；文化工业与电子传媒。四是研究课题新变化——（1）消极的等级划分：当代社会秩序中的不平等意识形态；市场社会中的效率；风险社会的发生学诊断；社会政策中个体义务归属与刑罚；资本主义现代化悖谬。（2）在顾客导向、体制要求与职业性之间：与顾客联系中的服务性行业从业者；电子工业的新生产模式与国际劳动分工；创新、市场化与制度保证。（3）敌视社会又不犯罪的个体与制度冲突关系；父亲身份、核家庭与社会化；

---

[1]　Axel Honneth, *Zur Zukunft des Instituts für Sozialforschung*, in: Mitteilungen des Institut für Sozialforschung(Hg.),Heft 12,Sept.2001,S.54–63.

母亲和父亲对家庭与职业协调重要性的想法；工作还是回家：社会实践与社会政策；代际之间与生活质量的女性视野。（2）人道主义与少数民族创业者家庭内部第二代子女的发展机会危机。为了适应研究方向新变化，社会研究所停办了《社会研究所通讯》（1992—2003），并于 2004 年出版《西方的终结：社会研究所新杂志》（WestEnd.Neue Zeitschrift für Sozialforschung）第 1 卷，至今已出版 14 卷。该杂志宗旨是，从文化社会学、发展心理学、法学、哲学、政治经济学等维度，分析当代社会结构转型，并对当代社会危机、病态、悖谬进行时代诊断。

第二，加强人才队伍建设，培育了一支优秀学术团队。截至 2011 年 10 月①，法兰克福社会研究所在编研究人员 58 人。其中，教授 11 人，他们是：霍耐特（Axel Honneth）、弗里德堡（Ludwig von Friedeburg）、耐克尔（Sigland Neckel）、津特（Klaus Günther）、舒姆（Wilhelm Schumm）、普卢珀（Werner Plumpe）、多伊彻曼（Christoph Deutschmann）、哈克尔（Hille Haker）、凯普拉（Angela Keppler）、迈瓦尔特（Kai-Olaf Maiwald）、苏特尔吕特（Ferdinand Sutterlüty）。另外，国际学术顾问 5 人，他们是：纽黑文耶鲁大学教授本哈比（Seyla Benhabib）、特拉维夫大学教授布伦纳（José Brunner）、东京大学教授三岛（Kenichi Mishima）、圣多伦多大学教授瓦格纳（Peter Wagner）、巴黎法国高等社会科学院教授齐默尔曼（Bénédicte Zimmermann）。可惜的是，在学术体制上，哈贝马斯、A. 施密特、维尔默、奥菲，以及约阿斯（Hans Joas）、杜比尔（Helmut Dubiel）等人，由于年龄或其他原因，已经不再属于法兰克福社会研究所。当然，社会研究所前任所长弗里德堡是个例外，尽管已经 87 岁高龄，但仍然属于"在编研究人员"。

第三，加强国际学术交流与合作，进一步扩大批判理论的国际影响。霍耐特上任不久，就开展了一系列国际学术活动，邀请国际知名学者来社会研究所作学术报告，或召开国际学术会议。例如，"法国当代社会理论

---

① http://www.ifs.uni-frankfurt.de/people/index.htm.

系列报告"（2001—2004，6 次）；"时代断裂：当代诊断系列报告"（2003—2011，近 20 次）；"阿多尔诺讲座"（2002—2011，10 次），并召开了阿多尔诺国际学术讨论会；其他学术活动每年 10 次左右。此外，法兰克福社会研究所于 2003 年成立了"国际批判理论研究会"（Internationale Studiengruppe zur kritische Theorie），现已更名为"国际批判理论研究协会"（Der Internationale Arbeitskreis für Kritische Theorie），目的是"推动批判理论在国际范围内的研究、应用与进一步发展"，主要有三项任务：一是举办国际学术会议；二是促成国外学者关于批判理论的研究著作以德文出版；三是接纳已经获得博士学位者或即将获得博士学位者从事研究工作（类似于"博士后"或"高级访问学者"）。

　　由此可见，尽管法兰克福社会研究所不再强大，法兰克福学派不再辉煌，批判理论也不再强势，但社会研究所仍然存在，在霍耐特领导下甚至有较大的发展，"法兰克福学派"并没有成为人们逝去的记忆，它仍然是一个重要学术团队的象征，"批判理论"转向了"后批判理论"，标志着批判理论进入了最新发展阶段，而且已经融入到与当代政治哲学、道德哲学主流话语对话的语境之中。

　　诚然，霍耐特至今仍然活跃在国际学术舞台，甚至已经成为后哈贝马斯时代法兰克福学派的象征，但根据德国学术体制，一般情况下教授 65 岁就需要退休，那么，在霍耐特退休之后，谁将出任社会研究所第八任所长？谁会成为法兰克福学派第四代核心人物？是否会出现批判理论第四期发展？在这里，笔者不妨大胆猜测：假如 2014 年霍耐特按时退休，估计他也不会像一般教授那样偃旗息鼓、颐养天年，而是会像哈贝马斯那样，笔耕不断、光芒四射。至于社会研究所第八任所长，R. 弗斯特（Rainer Forst）应该是一个不错的人选。之所以这样说，大致有两个原因：一是自身原因。R. 弗斯特生于 1964 年，到 2014 年刚好 50 岁，具有年龄优势；早年在法兰克福大学学习政治理论与哲学，现为法兰克福大学政治学研究所与哲学研究所教授，与社会研究所有大致相同的研究领域；目前，不仅成为著作等身的国际著名学者，而且是自成体系的哲学家、批判理论家，在政治哲学、道德哲学，尤其是在正义与平等、宽容与德性、公民社会与责任、辩护的权利等方面有独到见解。例如，《论社群主义对义务论正义理论的批判》(1990)、《正义的语境：超越自由主义与社群主义的政治哲学》(1994)、《宽容：有争议的德性的哲学基础和社会实践》(2000)、《冲突中的宽容：有争议的宽容概念的历史、内涵与现状》(2003)、《政治平等：〈哲学与政治〉第 8 卷》(2005)、《辩护的权利：构成主义正义理论要素》(2005)、《公民社会中的责任：矛盾原则的回升》(2006)、《辩护关系批判：批判的政治理论视角》(2010)、《伦理学与道德》（与哈贝马斯合编，2001)、《社会哲学与批判》（与霍耐特合编，2009)、《规范秩序的形成：跨学科视角》（与津特合著，2011）二是外部原因。深得哈贝马斯赏识；与霍耐特有良好的关系；具有较大国际影响。例如，2002 年，北京大学陈波教授受中国人民大学出版社委托，邀请十几位当今世界一流哲学家任"当代西方哲学译丛"编委，并恳请他们推荐近 50 年来最重要的 10 部西方哲学著作，得票较多的著作依次是：《哲学研究》（维特根斯坦，1953)、《正义论》（罗尔斯，1971)、《语词和对象》（奎因，1960)、《个体：论描述的形而上学》（施特劳逊，1959)、《事实、虚构和预测》(N. 古德曼，1954)、《命名和必然性》（克里普克，1972)、《意向》(G.E.M. 安斯康姆，1957)、《如何以语词行事?》（奥斯汀，1962)、《科学革命的结构》（库恩，1970)、《形而上学的逻辑基础》(M. 达米特，1991)、《实在论的多副面孔》（普特南，1987)、《词与物：人文科学考古学》（福柯，1966）等。其中，哈贝马斯推荐的 3 部著作是：《为承认而斗争》（霍耐特，1992)、《正义的语境》(R. 弗斯特，1994)、《黑格尔法哲学评论》（施耐德巴赫，2001)。① 这就意味着，哈贝马斯将《正义的语境》视为"近 50 年来最重要的西方哲学著作"之一。再如，《社会哲学与批判》是献给霍耐特 60 周岁的贺礼，这既表明 R. 弗斯特的学术地位，也说明他与霍耐特的良好关系。另外，R. 弗斯特还是（布拉格）"哲

---

① 参见陈波：《过去 50 年最重要的西方哲学著作》，载《哲学门》第 5 辑，湖北教育出版社 2003 年版。

学与社会科学"国际学术讨论会主席之一,霍耐特是名誉主席之一。[1]

由此可见,R.弗斯特已经具备成为法兰克福社会研究所所长的条件,并极有可能成为法兰克福学派第四代学术领袖,也有可能引领着批判理论走向第四期发展。然而,R.弗斯特是否能够成为社会研究所所长?是否能够成为法兰克福学派第四代核心人物?是否能够引领着批判理论走向第四期发展?这取决于许多因素。那么,结果究竟如何,我们将拭目以待。[2]

---

[1] "哲学与社会科学"(Philosophy and the Social Sciences)国际学术讨论会每年召开一次,自上世纪80年代初到1991年在前南斯拉夫;1992年临时迁至意大利;1993年起迁至布拉格。第一任主席:Jürgen Habermas and Gajo Petrovic;现任主席:Maeve Cooke (University College Dublin), Alessandro Ferrara (University of Rome, "Tor Vergata"), Rainer Forst (University of Frankfurt), Nancy Fraser (New School), Marek Hrubec (Academy of Sciences of the Czech Republic), Maria Pia Lara (Universidad Autònoma Metropolitana, Mexico City), Hartmut Rosa (University of Jena), and Bill Scheuerman (Indiana University);现任名誉主席:Jean L. Cohen (Columbia University, New York), Peter Dews (Essex University), Axel Honneth (University of Frankfurt) ,Frank Michelman (Harvard University)。

[2] M.哈特曼(Martin Hartmann,1968—   )也是一个可能的人选。现为社会研究所研究人员。主要研究领域:政治理论、社会哲学、社会理论、情绪理论。主要著作:《信任:社会合作的基础》(与奥菲编著,2001)、《习惯的创造性:实用主义民主理论的基本特征》(2001)、《情绪:科学如何解释它》(2005)、《国家比较分析中的法权国家与腐败的文化决定论》(2008)、《信任的实践》(2011)等。

参考文献

1. Albrecht Wellmer, Kritische Gesellschaftstheorie und Positivismus. Frank-furt/M.: Suhrkamp 1969.

2. Albrecht Wellmer, Praktische Philosophie und Theorie der Gesellschaft. Zum Problem der normativen Grundlagen einer kritischen Sozialwissen-schaften, Konstanzer Universitäts Verlag, 1979.

3. Albrecht Wellmer, Zur Dialektik von Moderne und Postmoderne. Ver-nunftkritik nach Adorno, Frankfurt/M.: Suhrkamp 1985.

4. Albrecht Wellmer, Ethik und Dialog. Elemente des moralischen Urteils bei Kant und in der Diskursethik, Frankfurt/M.: Suhrkamp 1986.

5. Albrecht Wellmer, Endspiele. Die unversöhnliche Moderne. Essays und Vorträge, Frankfurt/M.: Suhrkamp 1999.

6. Albrecht Wellmer, Revolution und Interpretation. Demokratie ohne Letzt-begründung, Van Gorcum 1998.

7. Jürgen Habermas/Axel Honneth/Tomas McCarthy/Claus Offe/Albrecht Wellmer, Zwischenbetrachtungen. Im Prozeß der Aufklärung, Frankfurt/ M.: Suhrkamp 1989.

8. Axel Honneth, Kritik der Macht.Reflexionsstufen einer kritischen Gesell-schaftstheorie, Frankfurt/M.: Suhrkamp 1989.

9. Axel Honneth, Die zerrissene Welt des Sozialen.Sozialphilosophische Auf-sätze, Frankfurt/M.: Suhrkamp 1999.

10. Axel Honneth, Kampf um Anerkennung.Zur moralischen Grammatik so zialer Konflikte, Frankfurt/M.: Suhrkamp 2003.

11. Axel Honneth, Desintegration. Bruchstücke einer soziologischen Zeitdiagnose, Frankfurt/M.: Fischer 1994.

12. Axel Honneth, Das Andere der Gerechtigkeit. Aufsätze zur praktischen Philosophie, Frankfurt/M.: Suhrkamp 2000.

13. Axel Honneth, Leiden an Unbestimmtheit. Eine Reaktualisierung der hegelschen Rechtsphilosophie, Stuttgart: Reclam 2001.

14. Axel Honneth, Unsichtbarkeit.Stationen einer Theorie der Intersubjektivität, Frankfurt/M.: Suhrkamp 2003.

15. Nancy Fraser/Axel Honneth, Umverteilung oder Anerkennung? Eine politisch-philosophische Kontroverse, Frankfurt/M.: Suhrkamp 2003.

16. Axel Honneth, Verdinglichung. Eine anerkennungstheoretische Studie, Frankfurt/M.: Suhrkamp 2005.

17. Axel Honneth, Pathologien der Vernunft: Geschichte und Gegenwart der kritischen Theorie, Frankfurt/M.: Suhrkamp 2007.

18. Axel Honneth, Von Person zu Person: zur Moralität persoenlicher Beziehungen, Frankfurt/M.: Suhrkamp 2008

19. Axel Honneth, Das Ich im Wir: Studien zur Anerkennungstheorie, Frankfurt/M.: Suhrkamp 2010.

20. Axel Honneth, Das Recht der Freiheit. Grundriß einer demokratischen Sittlichkeit, Frankfurt/M.: Suhrkamp 2011.

21. Axel Honneth, Dialektik der Freiheit.Frankfurter Adorno—Konferenz 2003, Frankfurt/M.: Suhrkamp 2005.

22. Axel Honneth/Hans Joas, Sozioles Handeln und menschliche Natur. Anthropologische Grundlagen der Sozialwissenschaften, Frankfurt/M.: Suhrkamp 1980.

23. Axel Honneth (Hg.), Kommunitarismus.Eine Debatte über die moralischen

Grundlagen moderner Gesellschaften, Frankfurt/M. New York: Campus Verlag, 1993.

24. Axel Honneth (Hg.), Befreiung aus der Mündigkeit. Paradoxien des gegenwärtigen Kapitalismus, Frankfurt/M.: Suhrkamp 2002.

25. Axel Honneth/M.Saar, Michel Foucault—Zwischenbilanz einer Rezeption. Frankfurter Foucault—Konferenz 2001, Frankfurt/M.: Suhrkamp 2003.

26. Claus Offe, Leistungsprinzip und industrielle Arbeit: Über einige Mechanismen der Statusverteilung in Arbeitsorganisationen der industriellen "Leistungsgesellschaft", Frankfurt/M.: Suhrkamp 1977.

27. Claus Offe, Strukturprobleme des kapitalistischen Staates: Aufsätze zur politsischen Soziologie, Frankfurt/M.: Suhrkamp 1986.

28. Claus Offe, "Arbeitsgesellschaft". Strukturprobleme und Zukunftsperpektiven, Frankfurt/M.New York: Campus Verlag, 1984.

29. Claus Offe, Organisierte Eigenarbeit. Das Modell Kooperationsring, Frankfurt/M.: Suhrkamp 1990.

30. Claus Offe, Der Tunnel am Ende des Lichts. Erkundungen der politischen Transformation im Neuen Osten, Campus Fachbuch, 1994.

31. Claus Offe, Die politisch-kulturelle Innenseite der Konsolidierung: eine Anmerkung über Besonderheiten der postkommunistischen Transformation, Frankfurt/M.: Suhrkamp 1997.

32. Claus Offe, Herausforderungen der Demokratie: zur Integrations-und Leistungsfähigkeit politischer Institutionen, Frankfurt/M.: Suhrkamp 2003.

33. Claus Offe, Die vielen Gesichter der Macht: Neue Sozialwissenschaftliche Bibliothek, Frankfurt/M.: Suhrkamp 2003.

34. Claus Offe (Hg.) Demokratisierung der Demokratie: Diagnosen und Reformvorschläge , Frankfurt/M.: Suhrkamp 2003.

35. Bernd Guggenberger/Claus Offe, An den Grenzen der Mehrheitsdemokratie: Politik und Soziologie der Mehrheitsregel, Opladen: Westdeutscher

Verlag ©1984.

36. Gerd Grözinger/Michael Maschke/Claus Offe, Die Teilhabegesellschaft: Modell eines neuen Wohlfahrtsstaates, Frankfurt/M.: Suhrkamp 2006.

37. Martin Hartmann/Claus Offe, Politische Theorie und Politische Philosophie: Ein Handbuch, Frankfurt/M.: Suhrkamp 2010.

38. Claus Offe, Contradiction of the Welfare State, Cambridge: The MIT Press, 1984.

39. Claus Offe, Disorganized Capitalism.Contemporary Transfromation of Work and Politics, Cambridge: The MIT Press, 1985.

40. Claus Offe, Modernity and the State.East, West, Cambridge: The MIT Press, 1996.

41. Claus Offe, Varieties of Transition.The East European and East German Experience , Cambridge: The MIT Press, 1996.

42. J. Elster/Claus Offe, Institutional Design in PostCommunist Societies: Rebuilding the Ship at Sea (Theories of Institutional Design), Cambridge University Press, 1998.

43. M. Hartmann/Claus Offe,Vertrauen.Die Grundlage des sozialen Zusammenhalts, Frankfurt/M. New York: Campus Verlag, 2001.

44. J. Kocka/ Claus Offe, Geschichte und Zukunft der Arbeit, Frankfurt/M. New York: Campus Verlag, 2001.

45. Hans Joas, Praktische Intersubjektivität. Die Entwicklung des Werkes von George Herbert Mead, Frankfurt/M.: Suhrkamp 1980.

46. Hans Joas, Die Kreativität des Handelns, Frankfurt/M.: Suhrkamp 1992.

47. Hans Joas, Die Entstehung der Werte, Frankfurt/M.: Suhrkamp 1997.

48. Hans Joas, Pragmatismus und Gesellschaftstheorie, Frankfurt /M.: Suhrkamp 1999.

49. Helmut Dubiel, Wissenschaftsorganisation und politische Erfahrung. Studien zur frühen kritischen Theorie, Frankfurt/M.: Suhrkamp 1978.

50. Helmut Dubiel, Was ist Neokonservatismus? Frankfurt/M.: Suhrkamp 1985.

51. Helmut Dubiel, Ungewissheit und Politik, Frankfurt/M.: Suhrkamp 1994.

52. Helmut Dubiel, Kritische Theorie der Gesellschaft, Juventa 2001.

53. Sigland Neckel, Status und Scham. Zur symbolischen Reproduktion sozialer Ungleichheit, Frankfurt/M.: Suhrkamp 1991.

54. Sigland Neckel, Die Macht der Unterscheidung.Essays zur Kultursoziologie der mondernen Gessellschaft, Frankfurt/M.: Suhrkamp 2002.

55. Sigland Neckel, Recht, Kultur und Gessellschaft im Prozeß der Globalisierung, Bad Homburg v.d.H. 2001.

56. Klaus Günther, Schuld und komunikative Freiheit.Studien zur personalen Zurechnung strafbaren Unrechts im demokratischen Verfassungsstaat, Frankfurt/M.: Suhrkamp 2002.

57. Rainer Forst, Zur kommunitaristischen Kritik deontologischer Gerechtigkeitstheorien, Frankfurt/M.: Suhrkamp 1990.

58. Rainer Forst, Kontexte der Gerechtigkeit: Politische Philosophie jenseits von Liberalismus und Kommunitarismus, Frankfurt/M.: Suhrkamp 1994.

59. Rainer Forst, Toleranz: Philosophische Grundlagen und gesellschaftliche Praxis einer umstrittenen Tugend, Frankfurt/M.: Suhrkamp 2000.

60. Rainer Forst, Toleranz im Konflikt: Geschichte, Gehalt und Gegenwart eines umstrittenen Begriffs, Frankfurt/M.: Suhrkamp 2003.

61. Rainer Forst, Philosophie und Politik, (Bd.8: Politische Gleichheit), Frankfurt/M.: Suhrkamp 2005.

62. Rainer Forst, Das Recht auf Rechtfertigung: Elemente einer konstruktivistischen Theorie der Gerechtigkeit, Frankfurt/M.: Suhrkamp 2005.

63. Rainer Forst, Verantwortung in der Zivilgesellschaft: Zur Konjunktur eines widersprüchlichen Prinzips, Frankfurt/M.: Suhrkamp 2006.

64. Rainer Forst, Kritik der Rechtfertigungsverhältnisse: Perspektiven einer

kritischen Theorie der Politik, Frankfurt/M.: Suhrkamp 2010.

65. Rainer Forst/Jürgen Habermas, Ethik und Moral, Frankfurt/M.: Suhrkamp 2001.

66. Rainer Forst/Axel Honneth, Sozialphilosophie und Kritik, Frankfurt/M.: Suhrkamp 2009.

67. Rainer Forst/Klaus Günter, Die Herausbildung normativer Ordnungen: interdisziplinärePerspektiven, Frankfurt/M.: Campus 2011.

68. Jürgen Habermas, Strukturwandel der Öffentlichkeit: Untersuchungen zu einer Kategorie der bürgerlichen Gesellschaft, Frankfurt/M.: Suhrkamp 1990.

69. Jürgen Habermas, Zur Logik der Sozialwissenschaften, Frankfurt/M.: Suhrkamp 1985.

70. Jürgen Habermas, Technik und Wissenschaft als"Ideologie", Frankfurt/M.: Suhrkamp 1970.

71. Jürgen Habermas, Legitimationsprobleme im Spätkapitalismus,Frankfurt/M.: Suhrkamp 1973.

72. Jürgen Habermas, Zur Rekonstruktion des historischen Materialismus, Frankfurt/M.: Suhrkamp 1976.

73. Jürgen Habermas, Theorie des kommunikativen Handelns, Frankfurt/M.: Suhrkamp 1981.

74. Jürgen Habermas, Moralbewußtsein und kommunikatives Handeln Frankfurt/M.: Suhrkamp 1983.

75. Jürgen Habermas, Der Philosophische Diskurs der Moderne, Frankfurt/M.: Suhrkamp 1985.

76. Jürgen Habermas, Nachmetaphysisches Denken: philosophische Aufsätze, Frankfurt/M.: Suhrkamp 1988.

77. Jürgen Habermas, Erläuterungen zur Diskursethik, Frankfurt/M.: Suhrkamp 1991.

78. Jürgen Habermas, Faktizität und Geltung.Beiträg zur Diskurstheorie des Rechts und des demokratischen Rechtsstaats, Frankfurt/M.: Suhrkamp 1992.

79. Jürgen Habermas, Die Einbeziehung des Anderen: Studien zur politischen Theorie, Frankfurt /M.: Suhrkamp 1997.

80. Jürgen Habermas, Die Postnationale Konstellation. Politische Essays, Frankfurt/M.: Suhrkamp 1998.

81. Jürgen Habermas/Lutz Wingert/Klaus Günther, Die Öffentlichkeit der Vernunft und die Vernunft der Öffentlichkeit, Frankfurt/M.: Suhrkamp 2001.

82. Bd.1.Aus der Pubertät: Novellen und Tagebuchblätter, 1914–1918./von Max Horkheimer Hrsg. von Alfred Schmidt-Frankfurt am Main: S. Fischer 1988.

83. Bd.2.Philosophische Frühschriften: 1922–1932./von Max Horkheimer Hrsg. von Alfred Schmidt-Frankfurt am Main: S. Fischer 1987.

84. Bd.3.Schriften 1931–1936./von Max Horkheimer Hrsg. von Alfred Schmidt-Frankfurt am Main: S. Fischer 1988.

85. Bd.4.Schriften 1936–1941/von Max Horkheimer Hrsg. von Alfred Schmidt.-Frankfurt am Main: S. Fischer 1988.

86. Bd.5. "Dialektik der Aufklärung" und Schriften 1940–1950./von Max Horkheimer Hrsg. von Alfred Schmidt-Frankfurt am Main: S. Fischer 1987.

87. Bd.6. "Zur Kritik der instrumentellen Vernunft" und "Notizen 1949–1969"/von Max Horkheimer Hrsg. von Alfred Schmidt-Frankfurt am Main: S. Fischer 1991.

88. Bd.7.Vorträge und Aufzeichnungen 1949–1973; 1/3. Philosophisches, Würdigungen, Gespräche./von Max Horkheimer Hrsg. von Alfred Schmidt-Frankfurt am Main: S. Fischer 1985.

89. Bd.8.Vorträge und Aufzeichnungen 1949–1973; 4/5. Soziologisches, Uni-

versität und Studium./von Max Horkheimer Hrsg. von Alfred Schmidt-Frankfurt am Main: S. Fischer 1985.

90. Bd.9.Nachgelassene Schriften 1914–1931; 1. Vorlesung über die Geschichte der neueren Philosophie./von Max Horkheimer Hrsg. von Alfred Schmidt-Frankfurt am Main: S. Fischer 1987.

91. Bd.10.Nachgelassene Schriften 1914–1931; 2/3. Vorlesung über die Geschichte der deutschen idealistischen Philosophie. Einführung in die Philosophie der Gegenwart (Vorlesung und Publikationstext)./von Max Horkheimer Hrsg. von Alfred Schmidt-Frankfurt am Main: S. Fischer 1990.

92. Bd.11.Nachgelassene Schriften 1914–1931; 4/7. Aufzeichnungen und Vorträge, Notizen, Poetische Versuche, Diskussionsprotokoll./von Max Horkheimer Hrsg. von Alfred Schmidt-Frankfurt am Main: S. Fischer 1987.

93. Bd.12.Nachgelassene Schriften 1931–1949; 1/5. Vorträge und Aufsätze, Memoranden. Aufzeichungnen und Entwürfe, Poetische Versuche, Diskussionsprotokolle. /von Max Horkheimer Hrsg. von Alfred Schmidt- Frankfurt am Main: S. Fischer 1985.

94. Bd.13.Nachgelassene Schriften 1949–1972; 1/4. Vorträge und Ansprachen, Gespräche, Würdigungen, Vorlesungsnachschrifte./von Max Horkheimer Hrsg. von Alfred Schmidt-Frankfurt am Main: S. Fischer 1989.

95. Bd.14.Nachgelassene Schriften 1949–1972; 5. Notizen./von Max Horkheimer Hrsg. von Alfred Schmidt-Frankfurt am Main: S. Fischer 1988.

96. Bd.15.Briefwechsel 1913–1936./von Max Horkheimer Hrsg. von Alfred Schmidt-Frankfurt am Main: S. Fischer 1995.

97. Bd.16.Briefwechsel 1937–1940./von Max Horkheimer Hrsg. von Alfred Schmidt-Frankfurt am Main: S. Fischer 1995.

98. Bd.17.Briefwechsel 1941–1948./von Max Horkheimer Hrsg. von Alfred Schmidt-Frankfurt am Main: S. Fischer 1996.

99. Bd.18.Briefwechsel 1949–1973./von Max Horkheimer Hrsg. von Alfred

Schmidt-Frankfurt am Main: S. Fischer 1996.

100. Bd.19.Nachträge, Verzeichnisse und Register / hrsg. von Gunzelin Schmid Noerr. Mit Beitr. von Jan Baars./von Max Horkheimer Hrsg. von Alfred Schmidt-Frankfurt am Main: S. Fischer 1996.

101. Theodor Wiesengrund Adorno,Gesammelte Schriften Bd.1- Philosophische Frühschrfiten, Frankfurt/M.: Suhrkamp 1973.

102. Theodor Wiesengrund Adorno,Gesammelte Schriften Bd.2- Kierkegaard. Konstruktion des Ästhetischen, Frankfurt/M.: Suhrkamp 1979.

103. Theodor Wiesengrund Adorno,Gesammelte Schriften Bd.3- Dialektik der Aufklärung, Frankfurt/M.: Suhrkamp 1981.

104. Theodor Wiesengrund Adorno,Gesammelte Schriften Bd.4- Minima Moralia.Reflexionen aus dem beschädigten Leben, Frankfurt/M.: Suhrkamp 1980.

105. Theodor Wiesengrund Adorno,Gesammelte Schriften Bd.5- Zur Metakritik der Erkenntnistheorie/Drei Studien zu Hegel, Frankfurt/M.: Suhrkamp 1970.

106. Theodor Wiesengrund Adorno,Gesammelte Schriften Bd.6- Negative Dialektik/Jargon der Eigentlichkeit, Frankfurt/M.: Suhrkamp 1970.

107. Theodor Wiesengrund Adorno,Gesammelte Schriften Bd.7- Ästhetische Theorie, Frankfurt/M.: Suhrkamp 1970.

108. Theodor Wiesengrund Adorno,Gesammelte Schriften Bd.8- Soziologische FrühschrfitenI, Frankfurt/M.: Suhrkamp 1972.

109. Theodor Wiesengrund Adorno,Gesammelte Schriften Bd.9.1- Soziologische FrühschrfitenII, Erste Hälfte, Frankfurt/M.: Suhrkamp 1975.

110. Theodor Wiesengrund Adorno,Gesammelte Schriften Bd.9.2- Soziologische FrühschrfitenII, Zweite Hälfte,Frankfurt/M.: Suhrkamp 1975.

111. Theodor Wiesengrund Adorno,Gesammelte Schriften Bd.10.1- Kulturkritik und GesellschaftI, Frankfurt/M.: Suhrkamp 1977.

112. Theodor Wiesengrund Adorno, Gesammelte Schriften Bd.10.2- Kulturkritik und GesellschaftII, Frankfurt/M.: Suhrkamp 1977.

113. Theodor Wiesengrund Adorno, Gesammelte Schriften Bd.11.1- Noten zur Literatur, Frankfurt/M.: Suhrkamp 1974.

114. Theodor Wiesengrund Adorno, Gesammelte Schriften Bd.11.2- Noten zur Literatur, Frankfurt/M.: Suhrkamp 1974.

115. Theodor Wiesengrund Adorno, Gesammelte Schriften Bd.12- Philosophie der neuen Musik, Frankfurt/M.: Suhrkamp 1975.

116. Theodor Wiesengrund Adorno, Gesammelte Schriften Bd.13- Die musikalischen Monographien, Frankfurt/M.: Suhrkamp 1971.

117. Theodor Wiesengrund Adorno, Gesammelte Schriften Bd.14- Einleitung in die Musiksoziologie, Frankfurt/M.: Suhrkamp 1973.

118. Theodor Wiesengrund Adorno, Gesammelte Schriften Bd.15- Komposition für den Film(und Eisler)/Der getreue Korrepetitor, Frankfurt/M.: Suhrkamp 1976.

119. Theodor Wiesengrund Adorno, Gesammelte Schriften Bd.16- Musikalische SchriftenI-III, Frankfurt/M.: Suhrkamp 1978.

120. Theodor Wiesengrund Adorno, Gesammelte Schriften Bd.17- Musikalische SchriftenIV, Frankfurt/M.: Suhrkamp 1982.

121. Theodor Wiesengrund Adorno, Gesammelte Schriften Bd.18- Musikalische SchriftenV, Frankfurt/M.: Suhrkamp 1984.

122. Theodor Wiesengrund Adorno, Gesammelte Schriften Bd.19- Musikalische SchriftenVI, Frankfurt/M.: Suhrkamp 1984.

123. Theodor Wiesengrund Adorno, Gesammelte Schriften Bd.20.1- Vermische SchriftenI, Frankfurt/M.: Suhrkamp 1986.

124. Theodor Wiesengrund Adorno, Gesammelte Schriften Bd.20.2- Vermische SchriftenII, Frankfurt/M.: Suhrkamp 1986.

125. Max Horkheimer, Traditionelle und Kritische Theorie, Frankfurt/M.:

Suhrkamp 2005.

126. Max Horkheimer/Theodor Wiesengrund Adorno, Dialektik der Aufklärung, Frankfurt/M.: Fischer 1995.

127. Theodor Wiesengrund Adorno, Negative Dialektik, Frankfurt/M.: Suhrkamp 1975.

128. Theodor Wiesengrund Adorno, Ästhetische Theorie, Frankfurt /M.: Suhrkamp 2003.

129. Theodor Wiesengrund Adorno, Probleme der Moralphilosophie (1963) (Nachgelassene Schriften), Frankfurt/M.: Suhrkamp 1996.

130. Herbert Marcuse, Reason and Revolution, London: 1955.

131. Herbert Marcuse, Eros and Civilization. A Philosophical Inquiry into Freud, Boston: Becon Press, 1974.

132. Herbert Marcuse, Der eindimensionale Mensch, München: Deutscler Taschenbuch Verlag GmbH&Co. KG, 1998.

133. G.W.F.Hegel, Grundlinen der Philosophie des Rechts, Werke in zwanzig Bänden, Bd.7, Frankfurt/M: Suhrkamp 1970.

134. （古希腊）柏拉图：《理想国》，郭斌和、张竹明译，商务印书馆 2002 年。

135. （古希腊）柏拉图：《法律篇》，张智仁、何勤华译，上海人民出版社 2001 年。

136. （古希腊）亚里士多德：《尼各马可伦理学》，廖申白译注，商务印书馆 2003 年。

137. （古希腊）亚里士多德：《政治学》，颜一、秦典华译，中国人民大学出版社 2003 年。

138. （英）霍布斯：《利维坦》，黎思复、黎廷弼译，商务印书馆 1986 年。

139. （英）霍布斯：《论公民》，应星、冯克利译，贵州人民出版社 2003 年。

140. （英）洛克：《政府论》（上、下），叶启芳、瞿菊农译，商务印书馆

2004 年。

141.（英）西季威克：《伦理学史纲》，熊敏译，江苏人民出版社 2008 年。

142.（英）西季威克：《伦理学方法》，廖申白译，中国社会科学出版社 1993 年。

143.（法）卢梭：《社会契约论》，何兆武译，商务印书馆 2003 年。

144.（法）贡斯当：《古代人的自由与现代人的自由》，阎克文、刘满贵译，上海人民出版社 2005 年。

145.（法）托克维尔：《论美国的民主》，董果良译，商务印书馆 2004 年。

146.（德）康德：《纯粹理性批判》，邓晓芒译，人民出版社 2004 年。

147.（德）康德：《实践理性批判》，邓晓芒译，人民出版社 2003 年。

148.（德）康德：《判断力批判》，邓晓芒译，人民出版社 2002 年。

149.（德）康德：《历史理性批判文集》，何兆武译，商务印书馆 2005 年。

150.（德）康德：《道德形而上学原理》，苗力田译，上海人民出版社 2005 年。

151.（德）康德：《法的形而上学原理》，沈叔平译，商务印书馆 2005 年。

152.（德）费希特：《伦理学体系》，梁志学、李理译，商务印书馆 2010 年。

153.（德）黑格尔：《精神现象学》，贺麟、王玖兴译，商务印书馆 1997 年。

154.（德）黑格尔：《法哲学原理》，范杨、张企泰译，商务印书馆 1982 年。

155.（英）伯林：《自由论》，胡传胜译，译林出版社 2003 年。

156.（英）哈耶克：《通往奴役之路》，王明毅等译，中国社会科学出版社 1997 年。

157.（英）哈耶克：《自由秩序原理》，邓正来译，三联书店 2003 年。

158.（法）福柯：《疯癫与文明》，刘北成、杨远婴译，三联书店 2007 年。

159.（法）福柯：《知识考古学》，谢强、马月译，三联书店 2007 年。

160.（法）福柯：《规训与惩罚》，刘北成、杨远婴译，三联书店 2004 年。

161.（法）利奥塔《后现代道德》，莫伟民等译，学林出版社 2001 年。

162.（德）胡塞尔：《生活世界现象学》，倪梁康、张廷国译，上海译文出版社 2005 年。

163. （德）哈贝马斯：《现代性的哲学话语》，曹卫东译，译林出版社 2004 年。

164. （德）维尔默：《后形而上学现代性》，应奇、罗亚玲编译，上海译文出版社 2007 年。

165. （美）阿伦特：《极权主义的起源》，林骧华译，三联书店 2008 年。

166. （美）阿伦特：《人的境况》，王寅丽译，上海世纪出版集团 2009 年。

167. （美）阿伦特等：《〈耶路撒冷的艾希曼〉：伦理的现代困境》，孙传钊编译，江苏人民出版社 2003 年。

168. （美）阿伦特：《论革命》，陈周旺译，译林出版社 2007 年。

169. （美）阿伦特：《马克思与西方政治思想传统》，孙传钊译，江苏人民出版社 2007 年。

170. （美）罗尔斯：《正义论》，何怀宏、何包钢、廖申白译，中国社会科学出版社 2003 年。

171. （美）罗尔斯：《政治自由主义》，万俊人译，译林出版社 2002 年。

172. （美）罗尔斯：《道德哲学史讲义》，张国清译，上海三联书店 2003 年。

173. （美）罗尔斯：《作为公平的正义——正义新论》，姚大志译，上海三联书店 2003 年。

174. （美）诺齐克：《无政府、国家与乌托邦》，何怀宏等译，中国社会科学出版社 1991 年。

175. （美）德沃金：《认真对待权利》，信春鹰、吴玉章译，上海三联书店 2008 年。

176. （美）德沃金：《原则问题》，张国清译，江苏人民出版社 2005 年。

177. （美）德沃金：《自由的法：对美国宪法的道德解读》，刘丽君译，上海人民出版社 2001 年。

178. （美）麦金泰尔：《追寻美德》，宋继杰译，译林出版社 2003 年。

179. （美）麦金泰尔：《谁之正义？何种合理性?》，万俊人、吴海针、王今一译，当代中国出版社 1996 年。

180. （美）沃尔泽：《正义诸领域：为多元主义与平等一辩》，褚松燕译，译林出版社 2002 年。

181. （美）桑德尔：《自由主义与正义的局限》，万俊人等译，译林出版社 2002 年。

182. （美）桑德尔：《民主的不满：美国在寻找一种公共哲学》，曾纪茂译，江苏人民出版社 2008 年。

183. （美）桑德尔：《公正：该如何做是好?》，朱慧玲译，中信出版集团 2011 年。

责任编辑：邓仁娥

责任校对：胡　催

图书在版编目（CIP）数据

从公共自由到民主伦理：批判理论语境中的维尔默政治伦理学 /
　王凤才　著 . - 北京：人民出版社，2011.12

ISBN 978 - 7 - 01 - 010416 - 4

I. ①从…　II. ①王…　III. ①法兰克福学派－哲学理论－研究
　IV. ① B089.1

中国版本图书馆 CIP 数据核字（2011）第 237540 号

从公共自由到民主伦理

CONG GONGGONGZIYOU DAO MINZHULUNLI

——批判理论语境中的维尔默政治伦理学

王凤才　著

人民出版社 出版发行

（100706　北京朝阳门内大街 166 号）

北京集惠印刷有限责任公司印刷　新华书店经销

2011 年 12 月第 1 版　2011 年 12 月北京第 1 次印刷
开本：710 毫米 × 1000 毫米 1/16　印张：26
字数：375 千字　印数：0,001 - 3,000 册

ISBN 978 - 7 - 01 - 010416 - 4　定价：56.00 元

邮购地址 100706　北京朝阳门内大街 166 号
人民东方图书销售中心　电话（010）65250042　65289539